21世纪高等院校经济学系列教材

Antimonopoly
Economics
Theory and Policy

反垄断
经济学
理论与政策

唐要家 编著

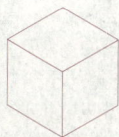

东北财经大学出版社
Dongbei University of Finance & Economics Press

大连

图书在版编目（CIP）数据

反垄断经济学：理论与政策 / 唐要家编著. —大连：东北财经大学出版社，2022.1

（21世纪高等院校经济学系列教材）

ISBN 978-7-5654-4364-0

Ⅰ．反… Ⅱ．唐… Ⅲ．反垄断-高等学校-教材 Ⅳ．F014.9

中国版本图书馆CIP数据核字（2021）第212134号

东北财经大学出版社出版

（大连市黑石礁尖山街217号 邮政编码 116025）

网　　址：http://www.dufep.cn

读者信箱：dufep@dufe.edu.cn

大连日升彩色印刷有限公司印刷　　东北财经大学出版社发行

幅面尺寸：185mm×260mm　　字数：438千字　　印张：20.25

2022年1月第1版　　2022年1月第1次印刷

责任编辑：刘东威　　　　　　　　责任校对：吉　扬

封面设计：冀贵收　　　　　　　　版式设计：冀贵收

定价：58.00元

教学支持　售后服务　联系电话：（0411）84710309

版权所有　侵权必究　举报电话：（0411）84710523

如有印装质量问题，请联系营销部：（0411）84710711

Preface

前言

反垄断法是市场经济的基础性法律，是维护市场竞争体制的基础性制度安排和最主要的公共政策执行依据，对维护自由竞争体制和促进社会福利发挥了重大的作用。因此，建立反垄断法律制度，排除各种阻碍市场机制有效发挥作用的因素，保持竞争性市场体制成为中国经济持续高质量发展的政策基础。2007年8月30日第十届全国人民代表大会常务委员会第二十九次会议通过《中华人民共和国反垄断法》，并自2008年8月1日起施行。反垄断目标的实现不仅需要颁布基础性的反垄断法，而且需要有一系列与之配套的法律法规并建立有效的反垄断法实施体制。经过十几年的反垄断实践，中国的反垄断立法和执法都取得了重要的成就，并积累了相对丰富的执法经验，形成了具有中国特色的反垄断法律体系和反垄断实施体制。在反垄断法律制度建设上，中国既需要制定与国际接轨的反垄断法律实体规范和执法规则，也需要在总结国际国内反垄断实践经验的基础上，建立具有中国特色的反垄断法实施制度。

反垄断法作为一部与经济学理论紧密结合的法律，其立法和执法都要以坚实的经济学理论作为基础。反垄断经济学是现代经济学的重要研究领域，是经济学和法学结合得最为密切的应用经济学学科。反垄断经济学已经具有深厚的研究基础。目前国际上该领域的代表性著作是：莫塔（2004）所著的《竞争政策》、布莱尔和卡希曼（2008）所著的《反垄断经济学》（第二版）、保罗·巴塞罗西（2007）主编的《反垄断经济学手册》、温斯顿（2006）所著的《反垄断经济学前沿》、柯武卡和怀特（2003）主编的《反托拉斯革命》、博克（1978）所著的《反托拉斯悖论》。中国反垄断经济学的理论研究相对薄弱，并且对中国反垄断面临的重大问题和独特的反垄断体制缺乏深入的分析，没有形成具有中国特色的反垄断经济学理论体系。

本书主要采用经济学的方法，在汲取20世纪90年代以来反垄断经济学理论最新成果的基础上，对各种限制竞争行为进行了深入分析，力图全面系统地阐释反垄断法的经济学基础；不仅对价格合谋、滥用支配地位和企业并购的反垄断经济学理论和政策进行了系统介绍，而且对数字经济、知识产权等反垄断理论和实践的新问题进行了阐述。反垄断经济学不仅要为反垄断执法提供理论基础，而且要为反垄断执法提供可行的执法规则。本书作者在广泛吸收借鉴国际经验、充分总结中国反垄断的成功经验的基础上，尝试撰写与中国国情相适应的反垄断经济学教材，从而使学生通过课程学习充分认识"竞争政策基础性地位"的国家战略部署，并坚信中国反垄断的制度优势。

本书的第一版于2008年由中国社会科学出版社出版，同年我在浙江财经大学经济学相关专业的高年级本科生和产业经济学硕士研究生中开设了"反垄断理论与政策"课程，并受到学生的欢迎，选修这门课的学生数量日益增多，一些学生提出的问题和建议对本书的进一步完善大有裨益。经过几年的教学实践和探索，我深感本书第一版中某些过于理论化的内容介绍不利于学生的自我学习，为了进一步完善本书的内容体系，为学生提供更好的专业教材，我决定对本书第一版的内容体系做进一步修改，具体来说：首先，进一步吸收了反垄断经济学的最新理论成果，如市场界定临界损失分析方法、宽大政策、横向并购单边效应检验方法、纵向并购市场封锁效应、双边市场理论等；其次，对数字经济反垄断、知识产权反垄断等诸多新的反垄断理论和实践问题进行介绍；再次，为方便学生学习，每一章末尾还增加了本章小结、课后习题和本章参考文献；最后，增加中国反垄断立法和执法的成功经验及取得的成就，在行文中融入思政教育内容。

本教材共有14章，具体组成如下：

第1章至第3章是反垄断经济学的理论基础。第1章主要介绍反垄断法的目标、禁止内容、执法原则，并对美国、欧盟和中国的反垄断法律体系进行介绍，在此基础上介绍反垄断经济学的理论发展及其影响；第2章介绍市场势力及其福利效果，探讨市场势力的形成原因和反垄断法的作用空间；第3章主要介绍市场界定和市场势力衡量的具体方法。

第4章至第5章介绍垄断协议的反垄断理论与政策。第4章介绍合谋行为的维持机制、影响因素，以及有效的反卡特尔政策；第5章介绍纵向限制合约的经济效应及其反垄断执法政策选择。

第6章至第7章介绍企业并购反垄断理论与政策。第6章介绍企业横向并购的经济效应，重点是单边竞争效应的形成机制和检验方法，以及横向并购控制政策；第7章介绍非横向并购（纵向并购和混合并购）的经济效应及反垄断审查方法和执法政策。

第8章至第11章介绍典型的滥用行为。第8章介绍掠夺性定价的策略性理论基础和可行的执法规则；第9章介绍价格歧视的福利效应及反垄断政策；第10章介绍捆绑与搭售的经济效应及反垄断执法政策；第11章介绍拒绝交易行为，重点是拒绝接入必要设施行为。

　　第12章至第13章介绍反垄断两个最重要的前沿领域，即知识产权反垄断、数字经济反垄断。第12章介绍知识产权反垄断问题，重点是各种滥用知识产权行为的经济效应和反垄断政策；第13章介绍网络产业的反垄断问题，重点介绍数字平台的反垄断理论与政策。

　　第14章介绍反垄断法实施体制。这一章主要介绍反垄断实施体制，特别是行政机构体制、民事诉讼体制和法律责任体制。

　　本书在编写中参考了大量文献，在此向各位作者表示衷心感谢，同时感谢东北财经大学出版社对本书出版的大力支持。

　　由于作者学识、时间、精力有限，书中不足之处在所难免，恳请大家指正。

唐要家

2021年秋

Preface

Contents

目 录

Contents

目 录

Contents

Contents

目 录

第11章
拒绝交易 | 228

第12章
知识产权反垄断 | 245

Contents

Contents

第1章
反垄断经济学基础

1.1 反垄断经济学概述

反垄断经济学是现代经济学的一个重要分支和新兴的交叉学科。反垄断经济学主要是运用现代产业组织理论来分析高集中度市场中支配企业实施各种限制竞争行为的竞争效应和福利影响，并设计有效的反垄断政策和执法审查机制，以维护市场自由竞争，促进社会福利提高。

反垄断经济学的理论基础主要是产业组织理论和法经济学理论。产业组织理论主要是为分析各种限制竞争行为的产生机制、竞争效应提供理论基础，法经济学理论主要是为设计最优的反垄断执法政策、审查机制、救济措施等法律实施体制提供理论支持。

反垄断法是与经济学理论联系最为密切的一部法律，反垄断经济学与经济学具有密切的关系，可以说经济学在现代反垄断法中居于核心的地位。反垄断法作为维护市场竞争的专门性法律，其法律条文的制定、执法活动和救济措施都要以科学的经济学理论分析为基础。反垄断经济学的发展直接服务于政府如何制定有效的反垄断政策，进行科学的反垄断案件审查，设计高效的反垄断实施体制，促进反垄断法的完善和有效实施。

反垄断法的理论基础主要是反垄断经济学，反垄断经济学理论的发展是推动反垄断法日益科学化和不断发展的重要动力。首先，反垄断经济学在反垄断法的制定和反垄断执法政策方面发挥了重要的指导作用，使反垄断立法和执法更加科学有效。其次，反垄断经济学的发展，加深了人们对各种限制竞争行为的认识，深刻地影响着反垄断法的制定、法律解释、案件裁决和救济措施的采用，使反垄断法发生了革命性的变革。再次，反垄断经济学有助于反垄断机构确定哪些案件应该被起诉，执法调查的核心问题是什么，如何基于数据和经济理论对案件进行分析，以及如何对案件的总体效应做出判定。反垄断案件的裁决往往就是运用反垄断经济学理论对案件进行分析并得出结论。最后，反垄断经济学有助于执法机构设计更为精准有效的反垄断救济政策。

总体来说，反垄断经济学的主要研究内容是市场界定与市场势力衡量、垄断行为（合谋、并购、滥用支配地位）、反垄断法实施体制这三部分。各国反垄断法的核心是禁止合谋、控制并购和禁止滥用支配地位行为，因此这三部分内容是反垄断经济学的核心内容和三大支柱（见图1-1）。

反垄断经济学的主要研究方法分为理论研究方法和经验研究方法。理论研究方法主要是博弈论、激励理论、福利经济学等，重在解释和判断各种限制竞争行为的福利效应；经验研究方法主要是计量经济学、模拟方法、案例方法等，重在检验市场中是否存在限制竞争行为、这些行为对竞争的确切影响。

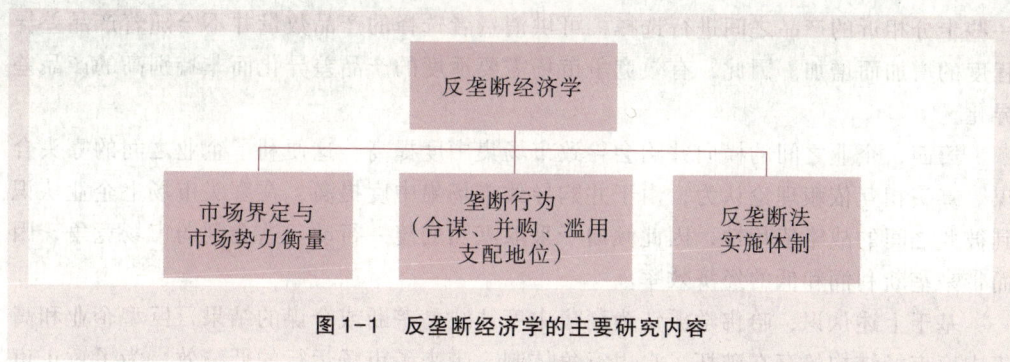

图1-1 反垄断经济学的主要研究内容

1.2 反垄断经济学理论发展

反垄断经济学的理论发展大致可以划分为三个重要的阶段：哈佛学派的结构主义阶段、芝加哥学派的效率主义阶段和后芝加哥学派的策略性理论阶段。

1.2.1 哈佛学派的结构主义

20世纪30—60年代，哈佛学派成为美国反垄断法的主流经济学基础，提出了结构主义的反垄断经济学理论观点。哈佛学派的产生是由于古典经济学理论对当时大企业不断涌现并占据较高的市场份额，以及市场出现突出的高集中和高价格、高利润相伴的经济现实问题缺乏充分的解释力。哈佛学派在对古典自由竞争理论批评的基础上认为，市场并非只有完全竞争和完全垄断，现实中市场结构更具多样性，并且市场结构对企业行为和经济绩效具有重要的决定性影响。

张伯伦（1933）和罗宾逊（1933）在同一年分别出版了《垄断竞争理论》和《不完全竞争经济学》，提出了寡头市场理论和垄断竞争市场理论，认为少数大企业之间的合谋会带来同垄断一样的效果。哈佛学派的代表人物有梅森、贝恩、特纳、谢勒等经济学家。哈佛学派认为，市场结构决定企业市场行为，企业市场行为决定市场绩效，即提出了SCP范式，该分析范式突出了结构对行为和绩效的根本性影响，因而被冠以"结构主义"学派。哈佛学派反垄断经济学的基本观点是：由结构性进入壁垒形成的高市场集中度会使市场绩效恶化，市场并不是一个能够自我调节的机制，反垄断有助于维护和改进效率，反垄断的重点是打击大型企业的市场势力。哈佛学派的主要观点是：

第一，在一个行业内，高市场集中度往往是与高利润率呈正相关关系的，这种高垄断利润是大企业驱动市场势力或寡头合谋的结果，因此高集中度会产生较差的市场绩效，市场集中度和企业市场份额成为判断市场竞争状况的重要依据。

第二，高集中度往往是因为产品差别化、绝对成本优势和规模经济等进入壁垒所导致的。与低市场进入障碍相比，高市场进入障碍会对市场绩效产生明显的负面影响。因此，要提高市场绩效，必须消除进入障碍。

第三，过高的产品差异化程度并不能导致很好的市场绩效，因为消费者通常只在一些十分相近的产品之间进行选择，可供消费者选择的产品数量并不会随着产品差异程度的增加而增加。因此，有效竞争市场需要适度的产品差异化而非特别高的产品差异化。

第四，企业之间的横向并购会导致市场集中度提高，这便利了企业之间的寡头合谋。寡头相互依赖理论认为，由于并购导致市场集中度提高，在寡头市场上企业认识到彼此之间的战略依赖性，因此倾向于采取默契的统一行动。这会削弱市场竞争，因而带来垄断利润和低的经济效率。

基于上述认识，哈佛学派认为高集中度往往是垄断或合谋的结果，巨型企业和高集中度市场结构的存在破坏了自由竞争体制，带来了市场运行的低绩效。为了矫正市场失灵，促进有效竞争，获得令人满意的市场绩效，政府必须对市场结构加以干预。具体地说，政府必须通过反垄断法来阻止卡特尔组织和合谋行为的产生，拆散市场中占垄断地位的企业，控制大企业间的并购，禁止设立人为的进入障碍。

哈佛学派的观点与美国20世纪30—60年代对大企业经济集中的担忧和反对大企业垄断的政策主旨相吻合，成为当时美国反垄断政策的主导经济思想。正如汉德法官在美国铝业公司案中所陈述的：反垄断法就是针对市场势力的政策，而且市场势力在很大程度上是由市场结构所决定的，维持垄断地位本身就显示了垄断化的意图。这个阶段的反垄断执法体现了政府积极干预的特点，反垄断执法的重点是打击大型企业的市场势力，即通过并购实现集中的行为。

哈佛学派的反垄断政策影响主要体现在以下三个方面：一是美国司法部1968年发布由哈佛学派经济学家特纳主持制定的《企业并购指南》，该指南完全采纳了哈佛学派的结构主义思想，将市场结构作为反垄断并购控制政策的主要依据。在20世纪50—60年代的并购审查中，美国反垄断主管机构依据"集中趋势"和"集中度"等指标，成功阻止了一些企业之间的并购，如1963年的费城国民银行案、1962年的布朗鞋业案等。二是强调了合谋等行为适用本身违法原则。通过对1939年的Interstate Circuit案和1940年的Socony-Vacuum Oil案等合谋行为的裁决，美国法院抛弃了阿巴拉契亚煤炭卡特尔的裁决先例，强调了合谋行为的本身违法原则并进行了严厉的处罚，而且执法机构还将本身违法原则适用于搭售、纵向限制等领域。三是由于这一时期反托拉斯机构对各种限制竞争行为的积极干预，改变了20世纪30年代以来美国反垄断法的消极状态，因此这一时期的执法也被称为"政府总是赢"。由于很多哈佛学派经济学家参与了当时的反垄断立法和执法活动，提高了反垄断法的科学性，以及经济学方法在反垄断法中的应用，使产业组织理论成为反垄断法的主要理论基础，对反垄断法的发展做出了重要的基础性贡献。

但是由于哈佛学派基于简单的SCP框架，没有考虑行为和绩效对市场结构的影响，其分析框架也缺乏严谨的经济学逻辑基础，因此存在一定的缺陷，基于结构主义的反垄断政策干预也对市场机制产生了一定的负面影响，有可能出现过度干预问题，可能会将提高效率的大企业经营行为看作是反竞争的。

1.2.2　芝加哥学派的效率主义

芝加哥学派提出了效率主义的反垄断经济学理论观点，在20世纪70—80年代成为美国反垄断法的主流思想。芝加哥学派的学者强调对许多现象的效率解释，包括产业集中、并购和企业之间的合约限制，而所有这些都是20世纪50年代和60年代的反托拉斯法所极力反对的。芝加哥学派的代表人物有斯蒂格勒、博克、波斯纳、威廉姆森、麦吉、蒂莱科特、伊斯特布鲁克、巴克斯特等。其中博克（1978）的《反托拉斯悖论》和波斯纳（1976）的《反托拉斯法》对芝加哥学派反垄断经济学思想有较好的总结。

芝加哥学派崇尚自由竞争，相信市场的力量。芝加哥学派以新古典经济学的价格理论为基础，通过微观经济学的模型分析指出，市场机制远比人们想象的要强有力得多，竞争是市场经济的常态，而垄断只是暂时的现象，通过市场机制的自我调节，最终能够实现完全竞争的市场经济。由于市场竞争机制能有效发挥作用，因此政府不需要介入，最好的反垄断政策是管得尽可能少的反垄断政策。通过运用微观经济学的价格理论，芝加哥学派提出了经济自由主义的反垄断思想主张。芝加哥学派认为：

第一，市场机制本身具有自我修复功能。有效的市场竞争并不一定需要数量众多的企业，即使市场当中只有少数几家企业，在非合谋的情况下，也足以保证市场的竞争性。进一步说，即使竞争不充分，企业任何制定垄断价格的企图也会被新企业的进入所消除。在可竞争的市场上，即使只有一个企业在经营，也会带来同完全竞争相似的绩效结果。垄断市场势力的存在往往是由政府阻碍新企业进入引起的。如果没有政府的支持，私人企业的垄断势力将是短暂的，因为在自由进入的情况下，引入竞争会消除企业的市场势力。

第二，效率应当成为反垄断的唯一目标。高市场集中度是市场竞争的结果，高市场集中度是与企业的高效率相一致的，对整个社会是有好处的。因此，反垄断不应以市场结构作为依据，反垄断执法应当追求社会福利最大化，评价市场势力需要进行成本和收益分析，权衡其福利降低效应和效率提高效应。

第三，企业并购和纵向合约关系往往具有重要的效率基础。企业横向并购反垄断审查既要分析其导致高价格的竞争损害效应，也要分析其成本节省的效率效应；企业之间的纵向限制行为如一体化、搭售、转售价格保持、独占交易、价格歧视等，更多的是出于效率原因，是企业实现外部性的内部化和交易成本节约的高效率组织制度的选择。

第四，企业策略性行为往往具有效率理由。市场主体是由以追求利润最大化为目的的企业组成的，这些企业都进行理性的决策，其采取的各种策略性行为更多的是出于效率原因而采取的竞争性行为，不应视为限制竞争的排他行为。因此，不应将企业的策略性行为看作反竞争的，其更多的是基于效率原因。

第五，卡特尔协议具有内在的不稳定性。由于卡特尔要得到实施不仅需要达成协议，还需要及时发现背叛行为并对其加以惩罚，由于信息不对称，很多卡特尔不具有可维持性，只有那些"赤裸裸的限制行为"才可能带来合谋的不利后果，因此企业之间协调制定高价格并不是寡头市场的必然现象。

第六，创立了法经济学理论。芝加哥学派认为经济学分析会使立法和执法制度得到完善，效率原则同样也适用于整个法律制度。法律裁决的形成和法律规则的评价都应从经济效率的角度进行分析。法经济学不仅将个人理性假设运用于法律问题的分析当中，而且重在分析法律制度对法律主体——个人或企业的行为激励作用，并认为当存在交易成本时，基于效率要求，法律应该以社会成本最小化为目标。因此，防止反垄断机构的过度干预并建立有效的反垄断实施体制以及建设一个能有效制约政府行为的政治法律体制是实现反垄断目标的重要内容。

总体来说，芝加哥学派对现代反垄断法的发展做出了重要的贡献，被称为"芝加哥学派的经济学革命"。芝加哥学派对反垄断法的影响不仅仅是技术层面的，它改变的是反垄断法的基本价值观念和目标，对反垄断法的影响是系统性的、革命性的。芝加哥学派的贡献主要体现在：

第一，效率成为反垄断法的唯一目标，排除了政治、社会性目标的影响，传统的保护小企业和防止市场势力集中伤害民主的思想被彻底抛弃。最重要的体现就是美国的企业并购司法指南的变化，在1982年的《企业并购指南》中，不再将企业纵向并购和混合并购作为反垄断执法的重点。在横向并购的案件中尽管仍然分析市场结构，但是突出强调了效率是反垄断执法需要考虑的重要因素，效率抗辩成为重要的内容，而且在分析竞争影响时进入的可能性、有效性和及时性成为重要的考虑因素。

第二，经济学分析在反垄断立法和执法当中发挥着重要的作用。芝加哥学派具有强大的政治影响力，在里根政府期间，巴克斯特和米勒分别担任了司法部反托拉斯局局长和联邦贸易委员会主席，波斯纳、伊斯特布鲁克和博克还先后担任了联邦法院法官。由于很多芝加哥学派的学者直接参与反垄断执法实践，他们将反垄断经济学的理论直接运用到案件分析当中，使产业组织理论真正成为反垄断法的理论基础，扩大了产业组织理论的影响。

第三，由于芝加哥学派的影响，合理推定原则成为反垄断执法的主要原则。在芝加哥学派反垄断思想指导下，美国联邦法院大大缩小了本身违法原则的适用范围，只有那些"赤裸裸的限制"才是本身违法，对其他企业行为如纵向限制、掠夺性定价等的反垄断指控采用合理推定原则进行审理，这无疑大大放宽了对企业行为的限制。芝加哥学派的上述贡献也被概括为反垄断法的"一个目标和一个方法"，即反垄断法的目标是经济效率，反垄断法的分析方法是经济学方法。

1.2.3 后芝加哥学派的策略性理论

哈佛学派和芝加哥学派争论的核心集中于垄断的福利效应，即是否承认垄断也存在效率效应。后芝加哥学派集中于垄断的可维持性问题和垄断行为的可信性问题，提出了策略性反垄断经济学理论观点。后芝加哥学派主要产生于20世纪80年代以后，一些反垄断经济学家应用博弈论工具和新实证产业组织经济学分析工具对企业策略行为进行了深入的分析，用策略博弈理论、沉淀成本、激励理论等理论工具，对一些传统理论解释不清或不准确的产业组织问题给出了新的更科学的解释。随着新实证产业组织理论的发展，运用经验分析技术来检验理论和为案件的裁决提供支持对反垄断法发挥着重要的作用。由于这一学派的反垄断思想诞生在芝加哥学派之后，而且主要是修正芝加哥学派自由主义反垄断思想的缺陷，因此被冠以"后芝加哥学派"，其代表人物有夏皮罗、司马兰西、塞罗普、贝克尔、克莱恩、巴克、泰勒尔、斯宾斯、萨顿等。

与芝加哥学派笃信市场机制的完美性相反，后芝加哥学派认为由于信息不对称、沉淀成本、网络效应和企业策略行为等因素的影响，现实的市场是不完美的。后芝加哥学派的理论贡献主要体现在以下几个方面：

第一，现实市场中相关企业的数量是有限的，企业之间存在策略性相互作用，企业是博弈参与人而不是单纯的价格接受者。企业之间的限制竞争行为不仅仅是将竞争对手逐出市场，根据提高竞争对手成本理论，还包括使竞争对手的生产和销售成本上升，以削弱其参与竞争的能力。市场结构是企业之间的策略博弈的内生结果，而不是外生给定的。因此，反垄断执法必须将结构分析和策略行为分析有机地结合起来。

第二，由于现实市场的不完美，这为在位企业采取策略性行为来获得战略优势提供了空间。首先，现实市场中普遍存在信息不对称问题，即企业和企业之间、企业和消费者之间都存在信息不对称问题，信息占优的一方往往会利用这一优势获得一些策略优势。在信息不对称的情况下，掠夺性定价是在位企业向竞争对手发出自己是强在位者或进入者如进入则无利可图的重要信号机制。其次，由于沉淀成本的存在，在位企业和潜在企业的竞争是不完全的。在企业之间动态的策略博弈的过程中，企业之间的地位通常是不同的，在位企业通常具有先动优势，通过投资和空间先占、专利抢先等策略性行为，在位支配企业能够影响竞争对手或潜在进入者的预期，阻止进入者的进入，从而获得策略优势。在这些情况下，企业策略行为确实会带来损害市场竞争的结果，应该受到反垄断法的禁止。

第三，横向并购具有单边效应。在产品差别化的市场当中，采用相同生产函数的企业可以通过并购来提高它们的市场势力，横向并购会产生单边市场势力提高的效应。这就是说，即使企业之间没有合谋效应，寡头企业的横向并购也会提高其市场势力，带来限制竞争的结果。

第四，纵向并购和纵向限制会产生市场封锁效应。尽管纵向并购或纵向限制会产生效率收益，但是如果纵向市场结构是非竞争性的寡头市场，企业之间的纵向并购或纵向限制会产生排斥竞争对手的竞争损害效果。

第五，寡头企业价格合谋具有内在的可维持机制。针对芝加哥学派的合谋不可维持理论，后芝加哥学派运用超级博弈理论分析了默契合谋的可维持机制问题，认为在有效惩罚机制情况下，企业之间的合谋是可以长期维持的。

基于以上认识，后芝加哥学派认为现实市场中的企业策略行为可能导致垄断，并且市场机制本身无法消除这种垄断，因此，政府用反垄断法来调整企业策略性行为是有必要的。后芝加哥学派并不反对政府干预，而且也不反对芝加哥学派的效率观点，但是主张对各种限制竞争行为进行仔细认真的分析，然后再做出裁决并采取措施。后芝加哥学派对美国反托拉斯的影响主要体现在如下几个方面：

第一，司法部和联邦贸易委员会联合发布的1992年《企业横向并购指南》开始采纳后芝加哥学派的观点，对基于芝加哥学派的1982年和1984年的《企业并购指南》进行修订，1992年《企业横向并购指南》首次采用了企业并购的单边效应理论。由后芝加哥学派学者夏皮罗主持修订的2010年《企业横向并购指南》则进一步引入了单边效应、拍卖理论、买方势力等理论，并引入了竞争效应审查的UPP检验量化分析方法。

第二，后芝加哥学派对平台经济学的理论发展做出了重要的贡献。网络产业主导企业的策略性排他行为成为反垄断的重点。自20世纪90年代以来，在微软垄断案、美国在线与时代华纳并购案、MCI世界电信并购案、维萨卡和万事达卡案、美国运通公司案等案件中，后芝加哥学派的经济学理论对这些案件的裁决产生了决定性的影响。

第三，反卡特尔政策的重大进步是提出了"宽大政策"。根据宽大政策，反垄断机关对主动向反垄断机构告发的企业给予罚金的减免。这一政策的执行在维生素、石墨电极和动态随机存储器等国际恶性卡特尔案件中取得了明显的成效。

第四，明确了知识产权反垄断问题。20世纪90年代以来，创新和知识产权成为反垄断执法考虑的重要因素。为了有效调整知识产权许可行为，司法部和联邦贸易委员会在1995年联合发布了《知识产权许可反托拉斯指南》，抛弃了原来严格的"九不原则"，对交叉许可、专利池等采用宽松的反托拉斯政策。

后芝加哥学派的理论研究对推动反垄断执法的科学化做出了重大的贡献。该学派经济学家用更先进的分析工具（如博弈论等）发展了一些新的理论，作为分析企业行为和评估政府在什么市场状况下进行干预的依据。但后芝加哥学派也存在一定的缺陷：首先，后芝加哥学派没有形成一个统一的可以替代其他学派的分析范式，很多理论还处在发展当中。其次，由于采用以博弈论为主的分析方法，多重均衡结果限制了执法规则的具体化和可操作性。建立在博弈论模型基础上的结论不具有可检验性，实证研究发展的滞后也制约了其应用性发展。最后，后芝加哥学派主张在具体案件执法中大量引入经验分析方法，推动案件审查的量化工具和计量方法的运用，但这也使案件审查陷入了对数据、方法等工具的争论当中。

1.3　反垄断法及其发展

1.3.1　反垄断法

反垄断政策是指通过对各种限制竞争行为的调节，以维护市场竞争的政策或法律。作为主要的产业组织政策，反垄断政策通常以法律的形式存在，并通过法律手段来执行。从狭义来说，反垄断政策和反垄断法是同义语。反垄断法是通过阻止垄断、惩处卡特尔和其他保护竞争的方式来控制私人经济势力的滥用，以维护自由竞争的市场体制。

由于反垄断法主要是保护市场竞争，在某些国家，反垄断法也被称为竞争法或竞争政策。对于发展中国家和转型经济国家来说，竞争政策往往具有更宽泛的内容，它不仅包括反垄断执法，也包括放松管制和私有化等内容。从广义来说，竞争政策是指促进市场竞争的所有政策，如欧盟将竞争政策划分为四个主要的领域：限制竞争的协议和行为，并购控制，政府补贴，国有企业、自然垄断行业的自由化。因此，竞争法或竞争政策可以看作确保市场竞争不被有损于社会福利的企业行为所限制的一系列政策和法律的总称。

由于各个国家的法律制度和反垄断法的发展路径差别，反垄断法在不同的国家具有不同的称谓。美国于1890年颁布的《谢尔曼法》是世界上第一部反垄断法。美国的反垄断法也被称为"反托拉斯法"，这主要是由于美国《谢尔曼法》的出台是针对当时的主要私人垄断形式——托拉斯①，因此反垄断的称谓具有明显的历史痕迹并体现了反垄断法的历史延续性。在欧盟，反垄断法则称为竞争法或竞争政策，其主要体现在《欧洲共同体条约》第81条、第82条。欧盟竞争法的目的不仅是维护自由竞争，而且要打破国家之间的壁垒，促进欧洲统一大市场的建立。日本于1947年制定的反垄断法为《关于禁止私人垄断和维护公平交易的法律》；韩国1980年制定的反垄断法称为《管制垄断和公平交易法》。尽管各个国际反垄断法产生的历史起源差异形成了不同的反垄断法律称谓，但目前国际上更一般的称谓是用"竞争法"。

1.3.2　反垄断法的"经济宪法"地位

经济学的精密体系已经证明，竞争能够为消费者提供价格更低、质量更好的产品，能够实现资源的优化配置，达到帕累托最优的效率结果。新竞争理论则进一步表明，在信息不对称的情况下，竞争能够降低信息不对称带来的激励不足问题，通过增强激励提高企业效率。因此，维护竞争是实现经济效率和促进经济增长的最基本机制，是一个国家一项基本的政策。反垄断法的直接目标就是保护竞争自由，维护市场经济体制的有效运转。

由于反垄断法是保护竞争自由的，因此反垄断法也被称为"经济自由的宪法"或"经济宪法"。反垄断法之所以具有经济宪法的地位，并不是因为它具有如同一个国家"宪法"一样的高法律效力，而主要是因为其维护的是市场经济的基本运行机制——竞争机制，保障的是市场主体的基本权利——竞争自由。市场经济的基本特点是自由的市场主体从事自由的商业活动，这集中表现在市场主体的竞争自由。反垄断法的基本功能就是限制私人企业对竞争的抑制，保护自由竞争的市场体制。因此，具有了与宪法相似的基础性价值。正如在1958年的西北太平洋公司案中美国联邦法院所指出的："《谢尔曼法》是经济自由的全面宪章，目的是维护作为买卖规则的自由和不受束缚的竞争。"在1972年的Topco案中，美国联邦法院对反垄断法的重要性重申指出：反托拉斯法是基本法，它是自由企业的大宪章。它对于保障经济自由和自由企业制度的重要性如同《人权法案》对于保护我们的基本自由之重要性。所有商业部门无论大小都被保证享有的自由是参与竞争的自由，是主张活力、想象力、热情和创造力以及

---

① 托拉斯（Trust）是由生产同类产品或彼此在生产上联系密切的企业通过实行统一生产和统一销售所组成的庞大的企业联合组织。这种企业组织形式产生于19世纪末期，最早出现在美国，典型的是美孚石油托拉斯和美国钢铁公司。经过美国经济上的第一次兼并浪潮，到1904年美国形成了445个托拉斯，包括工商业、公用事业等主要经济部门，当时美国成了典型的"托拉斯王国"。

一切可以集合的经济元素的自由。

1.3.3 反垄断法的目标

现代反垄断经济学认为，反垄断法应该追求一元目标，但是对于这个目标是经济效率还是消费者福利则存在争论，具体来说主要有三种代表性观点：

一是反垄断应坚持社会总福利最大化目标。以博克（1978）为代表的学者支持反垄断法的目标应该是社会福利最大化，反垄断法的唯一目标应当是促进经济学意义上的效率。尽管博克（1978）同时提出了消费者福利最大化目标和社会福利最大化目标，但是在他的表述中认为二者本质是一致的。坚持社会福利最大化目标的观点认为，反垄断法应以社会福利最大化作为唯一的目标，"反垄断的所有任务可以总结为在不伤害生产效率的同时提高配置效率，从而达到既不产生额外收益又不使消费者剩余产生净损失的状态"。即反垄断法的目标是提高经济效率，以实现社会福利的最大化。

二是反垄断应坚持消费者福利最大化目标。以兰德（1982，1999）为代表的学者则支持反垄断法的目标应该是消费者福利最大化，认为反垄断法应该直接保护相关市场中的消费者福利，以防止企业限制竞争行为造成的高价格对消费者福利的损害。消费者福利最大化目标主要关注相关市场中消费者支付的价格，认为"反垄断法主要关注的是确保消费者不支付高于竞争水平的价格"。这一观点的理由是社会福利最大化目标本身是无法有效衡量的，消费者福利最大化能充分保护处于弱势地位的消费者的利益。但是很多经济学家和法学家对美国反垄断执法是否体现和维护了消费者福利最大化这一问题的实证检验分析发现，美国的反垄断执法实践并没有体现出明显的维护消费者利益的倾向。

三是反垄断应坚持多元经济社会目标。近年来，以莉娜·汉（2016）、蒂姆·吴（2018）等为代表的新布兰戴斯主义学者指出，美国反垄断法的立法历史显示，反垄断法并不是仅关注消费者福利，而是主要关注经济势力以促进多元化目标。反垄断应追求包括经济和非经济目标在内的多元目标，如分配公平、小企业发展、劳动力就业等。新布兰戴斯主义的起源是1916—1939年担任联邦最高法院法官的布兰戴斯，他一直坚持反垄断是重构经济社会的重要工具，反垄断法应该确保公平地分配权利和机会。新布兰戴斯主义主张美国反垄断应坚持反垄断法最初立法的目标，即反垄断法应追求广泛的经济和社会目标。莉娜·汉（2016）指出，以追求消费者福利为目标的反垄断政策框架存在严重缺陷，它违背了美国反垄断法的立法目标并具有误导性，应当被抛弃。

从反垄断经济学理论和各国反垄断执法的实践来看，反垄断法的根本目标应该是追求经济效率，反垄断执法应该基于社会福利最大化。这并不是说消费者福利不重要，而是因为充分竞争的市场会自动实现消费者福利最大化，在这里消费者福利和社会总福利是一致的。在某些情况下，尽管企业的行为可能具有较大的收益，但是反垄断执法机构也要确保这种收益能够被消费者所分享。另外，在特定情况下，反垄断私人诉讼制度也会为消费者的利益维护提供很好的渠道。因此，社会福利最大化目标并不与消费者福利最大化目标相冲突，在有效的制度设计下，二者本质上是一致的。尽管就业、收入分配公平等社会性目标非常重要，但是反垄断法并不是实施社会性目标的政策工具，其应该由政府其他的政策工具来解决。

1.3.4　反垄断法的禁止内容

尽管各国在反垄断法的发展历史和执法程序上存在一定的差异，但是随着经济活动国际化的发展和国际经济一体化进程的加快，竞争也要遵守国际规则，各国反垄断法的实体性内容和执法理念与原则正逐渐走向趋同，反垄断法体现出明显的趋同化特点。一般说来，反垄断法的实体性内容主要由三个部分构成：

一是企业间限制竞争的合谋协议。企业之间横向限制竞争协议有时也称为合谋，指企业之间通过合同、决议或者协调一致的行动，共同实施的划分市场、固定价格或产量、串通投标等限制竞争的行为。企业之间的合谋往往具有损害竞争的重大后果，因此它是各国反垄断执法重点打击的对象。由于价格合谋具有明确的严重损害竞争效果和企业实施价格合谋行为的隐蔽性，因此反垄断执法的重点是有效发现企业合谋的确凿证据并给予充分的处罚，以威慑犯罪。

二是企业滥用市场支配地位行为。滥用市场支配地位是指具有市场支配地位的单个企业，为维护或扩大其市场势力，对竞争对手的市场进入或市场扩张设置障碍，以将竞争对手排挤出市场的各种行为。滥用市场支配地位行为一般包括：与价格有关的滥用行为，如掠夺性定价、价格歧视等；拒绝交易行为，如绝对拒绝、不合理的交易条款、拒绝许可、拒绝接入等；纵向市场排斥行为，如独占交易、搭售等；以及其他提高竞争对手成本或使竞争对手处于不利市场竞争地位的各种排他性行为。支配企业的战略行为并不总是违法的，在很多情况下往往是效率效应和竞争损害效应并存，因此反垄断执法的重点是首先需要判断企业是否具有市场支配地位，其次重点分析支配企业的行为是否具有严重的竞争损害效果。

三是企业间限制竞争的并购。由于企业并购带来的市场份额上升，可能会导致垄断性市场结构的出现并带来市场价格的明显提高，进而出现限制市场竞争和损害社会福利的结果，所以并购控制制度是反垄断法的重要内容。企业之间的并购一般包括横向并购、纵向并购和混合并购，其中横向并购是反垄断法关注的重点。在反垄断执法中，企业并购主要是采取事前控制为主，反垄断执法的重点是对企业并购申报核准的程序性问题做出具体的规定，通过申报审查制度防患于未然，反垄断审查的重点是准确判断企业之间的并购是否会导致损害竞争的市场集中度上升或企业市场势力的增强。

1.3.5　反垄断法的发展

反垄断法的发源地是美国[①]。美国在内战前几乎不存在由垄断导致的经济问题，社会经济的主要构成主体是小企业、小商人和农场主等。随着始于19世纪后半期的快速工业化，美国从一个地方性的分散的农业经济转变为一个迅速膨胀的工业化国

---

① 《谢尔曼法》全称是《抵制非法限制与垄断保护贸易及商业法》。实际上，世界第一部反垄断法是加拿大在1889年颁布的《预防和制止限制贸易之联合行为的法律》，但是由于美国《谢尔曼法》的巨大影响，所以很多学者将其作为反垄断法的起源。

家。在19世纪80年代，由于交通等基础设施的发展带来国内市场的扩大，美国许多大型公司迅速发展起来，行业市场集中度明显提高，垄断和寡头市场成为主要行业的典型市场结构状态，卡特尔非常普遍。在竞争过程中，企业规模不断扩大，经济力量通过合股、合伙、托拉斯、并购等方式不断集中。石油、电力、铁路、烟草等行业出现了以"托拉斯"为主要形式的行业垄断组织，并且掠夺性定价等行为十分盛行。

人们认为，毫无约束地追逐私人利益，以及由此而来的不择手段的竞争带来了糟糕的结果。数目庞大并且在政治上拥有广泛权利的工商阶层和消费者，包括农民和劳工，都感到了由新组成的托拉斯控制的大公司的威胁，强烈要求政府对大企业进行干预。由于当时处于美国社会主导地位的伦理观念倒向同情弱小的小企业，即流行的是"民粹主义"。可以说，要求通过《谢尔曼法》的压力主要不是来自消费者或一般的公众，而是来自一些特殊的利益集团，这些利益集团在产业变革带来的新的竞争中失利了。民粹主义的代表——人民党认为，经济力量的集中会取代小的高成本的生产者，为了实现经济民主，国家应该保障经济自由，为各种企业提供平等地参与竞争的机会。

《谢尔曼法》的制定者将古典经济学的自由竞争价值和政治自由价值紧密地联系在一起。美国《谢尔曼法》的通过主要是基于亚当·斯密所主张的古典主义自由经济思想。由于美国国会担心不受政府控制的私人企业集中，会破坏自由市场，并最终毁灭民主的经济基础，因此，《谢尔曼法》被设计用来抑制私人企业的过分集中，促进和维护自由竞争体制，以实现最佳的资源配置状态。《谢尔曼法》并不主张对经济的全面干预，它只是对不合理的限制贸易行为加以法律禁止。作为独立的市场主体，企业享有充分的竞争自由和决策权，只有在违反法律的条件下才会受到政府的禁止。尽管反垄断法是政府应对市场失灵的一种政策选择，但是"按照传统的观念，反托拉斯法一般并不代表政府的干预，这种社会的控制与其说是对自由企业体制本身进行限制，还不如说是用来扩大企业在市场上的总体自由"（霍华德，1991）。但是由于国会在制定法律的时候并没有明确地以经济效率为目标，《谢尔曼法》试图同时追求政治、经济、道德等多重的目标，因此经济学分析方法在反垄断执法中受到排斥。

美国反垄断法倡导古典完全竞争理想的同时，也在倡导一种关于民主的和自由的政治理念。人们认为反垄断法应当致力于建立一个民主的经济体系，这种经济制度将促进多元主义、机会、自治和免于剥削的自由。在这样一个社会中能够充分地实现机会平等、竞争自由和社会生活的健康活力。在反垄断法的早期，虽然美国最高法院一直都承认反垄断法的多重目标，但是当在各目标间进行权衡的时候，法院经常限制或者否认经济效率的重要性。对经济效率作为反垄断法之价值目标的漠视是一个重要的特点。但是基于自由主义和平民主义的反垄断法一直陷在自身的矛盾当中，一是在政治价值和经济价值之间徘徊，二是在自由竞争理想和经济垄断现实之间徘徊，三是在政府干预和竞争自由之间徘徊，因此反垄断执法具有很大的不确定性。

20世纪30年代大危机的出现，使美国反垄断法抛弃了自由主义的内在理念，干预主义上升为主导的政策思想，这主要体现在对煤炭危机卡特尔的批准和《国家产业复兴法》和《罗宾逊-帕特曼法》的颁布。1933年，联邦最高法院批准了阿巴拉契亚地区137个煤炭生产企业为应对危机组建的实行保护性高价格的煤炭卡特尔。同期为了应对经济危机，美国政府颁布了《国家产业复兴法》，它允许出于防止破坏性过度竞争和追求公平竞争的目的，企业之间可以进行价格、销售等方面的协调。1936年在小零售店主的压力下，通过了保护在与大的连锁商店竞争中失利的小零售企业的法律。这些事件说明，大危机后干预主义的反垄断执法背离了反垄断法保护竞争的根本目标，成为保护竞争者和产业利益集团的工具，是对反垄断立法精神的背叛。因此，这种做法遭到激烈的反对。在1940年，即煤炭卡特尔获得批准的7年之后，联邦最高法院自己推翻了这一错误的决定；《国家产业复兴法》在颁布后不久就被宣布为违反宪法；《罗宾逊-帕特曼法》遭到经济学家的激烈批评，反垄断机构并没有对其加以严格执行。20世纪三四十年代，美国政府的干预主义实际上是对反托拉斯法的自由竞争理念的背叛，因此被称为反托拉斯的"黑暗时代"或"被遗忘的时代"。

从20世纪50年代开始，由于经济学理论的发展和对反垄断法的巨大影响，反垄断法具有了坚实的经济学分析基础。反垄断法发生了革命性的变化，扮演了它应该扮演的角色。哈佛学派、芝加哥学派和后芝加哥学派理论的发展深化了对各种限制竞争行为的理论认识和执法实践，推动了反垄断立法和执法的科学性和有效性，对反垄断法的发展做出了基础性的贡献，反垄断法日益成为基于经济学的法律。

从1890年美国第一部反垄断法——《谢尔曼法》颁布以来，反垄断法已经走过了100多年。在这个过程中，反垄断法也在不断地发生着变化。这种变化实际上主要源于三种力量：一是现实经济发展带来的新的反垄断问题导致反垄断执法重心的不断变化。传统的反垄断法主要基于工业经济时代各种企业限制竞争行为，近年来随着信息技术革命和知识经济的出现，以及全球化进程的加快，创新、知识产权、数字平台的反垄断以及竞争政策的国际协调等日益成为现代反垄断法当中的重大问题。二是反垄断经济学的发展。反垄断法的发展是经济学和法律相互之间不断凝聚的过程。随着经济学理论的发展，反垄断的理论依据和执行政策也逐步发生改变。三是反垄断法作为一种公共政策，立法和执法很大程度上还受到特定时期政治环境的影响。主流的政治意识、政治集团的偏好和不同利益集团的活动都深深地影响着不同时期的反垄断执法政策导向、执法力度和执法成效。

由于美国反垄断法在促进美国经济发展、提高社会福利和促进社会民主方面的巨大示范作用，第二次世界大战以后，在美国的推动下，很多国家以美国反垄断法为版本，先后制定和颁布了本国的反垄断法。在20世纪80年代后期，随着越来越多的国家实行市场经济体制的发展道路并认识到一个自由竞争的市场对促进社会福利的重大价值，这些国家也自觉地制定和颁布本国的反垄断法，目前全球已经有140多个国家或地区都制定了反垄断法，并且竞争政策问题也日益成为全球经济体制的重大问题。

1.3.6　中国反垄断法与竞争政策的发展

自改革开放以来，中国着力推进反垄断法治建设，逐步确立了中国特色的竞争政策和反垄断法律制度体系。反垄断既是完善社会主义市场经济体制、推动高质量发展的内在要求，也是融入全球化市场体系、参与国际竞争规则制定的外在需要。中国反垄断法的制定及其不断完善是中国市场经济体制改革的重要组成部分，也是推进和维护市场经济改革成果的重要保障。

中国制定出了一部符合国情和市场经济发展需要的反垄断法。1993年中共十四届三中全会关于经济体制改革的决定指出，"发挥市场机制在资源配置中的基础性作用，必须培育和发展市场体系。当前要着重发展生产要素市场，规范市场行为，打破地区、部门的分割和封锁，反对不正当竞争，创造平等竞争的环境，形成统一、开放、竞争、有序的大市场"。2007年国家颁布了《中华人民共和国反垄断法》（以下简称《反垄断法》），对垄断协议、滥用市场支配地位、经营者集中、滥用行政权力排除限制竞争行为都做出了全面的禁止性规定，这标志着中国竞争政策的基本法律制度的确立。制定和实施《反垄断法》是完善我国社会主义市场经济法律制度、促进社会主义市场经济发展的内在要求。

中国不断强化竞争政策基础地位。2013年中共十八届三中全会《关于全面深化改革若干重大问题的决定》再次重申，"建设统一开放、竞争有序的市场体系，是使市场在资源配置中起决定性作用的基础""清理和废除妨碍全国统一市场和公平竞争的各种规定和做法，严禁和惩处各类违法实行优惠政策行为，反对地方保护，反对垄断和不正当竞争"。2014年中共十八届四中全会通过的《中共中央关于全面推进依法治国若干重大问题的决定》提出，"社会主义市场经济本质上是法治经济。使市场在资源配置中起决定性作用和更好发挥政府作用，必须以保护产权、维护契约、统一市场、平等交换、公平竞争、有效监管为基本导向，完善社会主义市场经济法律制度……反对垄断，促进合理竞争，维护公平竞争的市场秩序"。2015年10月，中共中央国务院颁布的《关于推进价格机制改革的若干意见》提出，"逐步确立竞争政策的基础性地位"，第一次在政策层面用"竞争政策的基础性地位"回应中共十八届三中全会提出的"使市场在资源配置中起决定性作用和更好发挥政府的作用"。在发展中国家和转型经济国家，以保护产业发展为核心的产业政策和以促进市场竞争为核心的反垄断政策之间一直存在着政策冲突，为了进一步保障市场在资源配置中的决定性作用，防止各级政府部门实施的各种类型产业政策阻碍和扭曲市场，2015年3月中共中央国务院颁布的《中共中央　国务院关于深化体制机制改革加快实施创新驱动发展战略的若干意见》提出"探索实施公平竞争审查制度"。2016年6月国务院印发《关于在市场体系建设中建立公平竞争审查制度的意见》，建立了公平竞争审查制度，提出要逐步清理废除已有的妨碍公平竞争的规定和做法。公平竞争审查制度正式建立成为中国落实竞争政策的关键路径。

2020年12月11日，中共中央政治局召开会议，要求强化反垄断和防止资本无序扩张。2020年12月16日，中央经济工作会议明确将"强化反垄断和防止资本无序扩张"列为2021年八项重点任务之一，强调反垄断、反不正当竞争是完善社会主义市场经济体制、推动高质量发展的内在要求；要完善平台企业垄断认定、数据收集使用管理、消费者权益保护等方面的法律规范；要加强规制，提升监管能力，坚决反对垄断和不正当竞争行为。2020年12月，国家市场监督管理总局对阿里巴巴实施"二选一"等涉嫌垄断行为做出了182亿元的处罚。2021年2月7日，国务院反垄断委员会印发《国务院反垄断委员会关于平台经济领域的反垄断指南》。2021年中共中央总书记、国家主席习近平在8月30日主持召开中央全面深化改革委员会第二十一次会议时强调，强化反垄断、深入推进公平竞争政策实施，是完善社会主义市场经济体制的内在要求。要从构建新发展格局、推动高质量发展、促进共同富裕的战略高度出发，促进形成公平竞争的市场环境，为各类市场主体特别是中小企业创造广阔的发展空间，更好地保护消费者权益。

1.4　美国、欧盟与中国反垄断法

反垄断法实际上并不是一部单一的法律，而是一个完整的法律体系。从世界各国的反垄断法来看，通常是由一部基础性的反垄断法和若干专门性或解释性法律法规、执法指南和法院的司法判例等组成。从广义的法律划分来说，反垄断法通常包括两个基本的部分：实体性法律规定和程序性法律规定。实体性法律规定主要是规定法律禁止的内容，反垄断法的程序性法律规定主要是对执法程序和诉讼程序所做出的规定。由于各国的历史文化、政治体制和法律制度等的差异，各国反垄断法的程序性规范存在一定的差异，反垄断法的程序性条款必须根据各国特殊的法律制度来制定。反垄断法的实体性法律规定和程序性法律规定的目的是保证法律的稳定性、一致性和灵活性，其中保证反垄断法的目标明确、内容一致、法律适用原则的一贯性和救济措施的灵活性是反垄断法律体系的核心。

美国是反垄断法的发源地，经过多年的执法实践和法律发展，已经形成一套有效的反垄断法律制度体系和执法原则。美国反托拉斯法具有巨大的国际辐射力，现代各国的反垄断法基本规则大都与美国反托拉斯法具有一定的渊源关系。比如目前已经建立反垄断法的主要国家和地区如欧盟、日本、澳大利亚等，其反垄断法都深受美国的影响。欧盟作为目前最有成效的区域合作组织，其竞争法具有明显的跨国协调特征，主要服务于促进共同市场这一核心目标，尽管其借鉴了美国反垄断法的合理因素，但是由于历史传统、立法理念、政治体制和跨国协调的需要等因素的影响仍保留了自己的特点，并形成了独具特色的反垄断法律体系。自2008年《反垄断法》实施以来，中国在反垄断立法和执法中都取得了重大的进步，中国反垄断法在吸收借鉴国际经验的基础上基于中国国情不断完善反垄断法律体制和执法实践。

1.4.1　美国反托拉斯法

美国是世界上反垄断法历史最悠久和法律体系最发达的国家。美国反托拉斯法主要来自普通法对限制贸易自由的规定。由于美国法律属于英美法系，法律的来源具有多元性。从总体上来看，美国反垄断法体系主要由三部分组成：一是成文法，包括《谢尔曼法》、《克莱顿法》和《联邦贸易委员会法》这三部基本法律，以及对这些基本法律进行修改和补充的相关法律法规；二是法院审理各类案件所形成的大量判例以及由判例所确立的各项法律原则；三是司法部、联邦贸易委员会各自或联合发布的不具有约束力的各种司法指南。

（1）成文法

1890年美国国会通过的《谢尔曼法》以简洁的法律条款表明了美国政府对合谋和垄断化行为的反对态度，并确定了罚款、监禁等救济措施，以及法院的执法权限和执法程序。《谢尔曼法》有两个独立的条款，其中一条是禁止所有有碍于贸易的合同、并购及合谋，用来打击诸如限价协议等公开策略性行为。另一条是禁止垄断企图，用来打击诸如旨在排挤竞争对手的低成本定价之类的非合作策略性行为。

1914年，美国根据经济发展现实和反垄断执法经验，颁布了《克莱顿法》和《联邦贸易委员会法》。这两部法律是对《谢尔曼法》的修改和补充，增加了一些反垄断、反限制竞争与不正当竞争的新规定，完善了《谢尔曼法》的有关制度与原则。《克莱顿法》主要是规定了四种违法行为：价格歧视、搭售和排他性交易、公司并购和连锁董事。《联邦贸易委员会法》主要是规治不正当竞争行为，同时根据该法还设立了新的专门的行政执法机构——联邦贸易委员会。

《谢尔曼法》、《克莱顿法》和《联邦贸易委员会法》这三部法律构成了美国反垄断法的基本框架。在此基础上，美国国会还颁布了一系列的对基本法律的修改、补充的相关法律规定，如1936年的《罗宾逊-帕特曼法》对价格歧视进行了补充规定；1938年的《韦勒-李法》对不正当商业行为作了扩展；1950年的《赛勒-克福勒反并购法》弥补了反并购的法律漏洞；1976年的《哈特-斯科特-诺迪罗反托拉斯修正法》对执法程序进行了规定，重点是对企业并购申报制度做出了规定。

（2）司法判例

美国作为一个普通法系的国家，其判例法的特点决定了审理反垄断案件所形成的各种判例是美国反托拉斯法的重要渊源之一。美国反托拉斯法的一个重要特点是广泛的禁止，但是从不对"贸易限制""垄断""限制竞争"等加以明确的界定，这些法律的应用由法官来决定。因此，反垄断法的许多原则都依赖于法院的司法解释和法官的裁决。在美国，由法官而非立法机构来真正制定反垄断法，在法律没有明确规定或含混不清的时候，法官有权决定法律的规定。法官对法律的解释主要是遵循先例原则。遵循先例原则就是"以相似的方法处理相似的案件，并遵循既定的法律规则与实践"。一个案件被法院审决后，其判决就成为一个先例，即成为以同一种方法判决类似案件的理由。遵循先例原则意味着两个含义：一是在判决新案件时，如果新案件的事实和判例的事实没有足够的不同，法官应该做出相同的裁定结论；二是要改变根据判例制定的法律，就必须提出把一个案件区别开来的新的事实。一般说来，单一的先例是单薄无力的，它容易被各级法院和行政执法机构所忽视，但有关同一问题的先例累积就会产生一个实际上具有明确成文法规则作用的法律适用原则。美国在100多年的反垄断司法实践当中，积累了大量、丰富的判例，并根据这些判例确立了一系列重要的法律适用原则，它们构成了美国反托拉斯法的最重要、最生动的组成部分。

（3）司法指南

《谢尔曼法》、《克莱顿法》和《联邦贸易委员会法》等美国反垄断成文法，总体上的规定都是比较概括和原则性的，特别是对于实体性的规定往往不具体。这不仅会给执法带来一定的困难，而且也会使企业感到无所适从。为解决该问题，美国司法部和联邦贸易委员会根据美国经济发展和反垄断经济学的发展，在不同的时期先后发布了大量的不具有约束力的反垄断行为指南，以指导企业的经营行为。最典型的法律指南是迄今为止美国司法部和联邦贸易委员会已经先后多次修订发布的《企业并购指南》。反垄断行动指南是反垄断经济学和法律条款紧密结合的最好体现，既是经济学的法律体现，又是法律的具体化。反垄断行动指南对反垄断案件的审议和裁决，以及指导企业的行为都发挥了重要的作用。

1.4.2 欧盟竞争法

欧盟竞争政策的基本目标是维护欧盟市场竞争和欧洲市场的统一。欧盟委员会认为一个内部市场是发展高效率和高竞争力产业的重要条件，将竞争政策作为一个有效的工具来禁止私人企业造成的贸易障碍，禁止成员国家间签订商品销售和许可协议，以及竞争者之间互相划分市场的协议，来促进内部统一市场的建立。

作为特殊国际组织的欧盟，其竞争法体系比较复杂，体现出明显的跨国性和国家之间的协调性特征。就制定主体来看，欧盟竞争法由欧盟和各成员国共同完成，欧盟制定的竞争方面的条约、规则等在效力上高于成员国的竞争法。各成员国可以直接实施欧盟竞争法，也可通过纳入本国的竞争法律间接实施。就法律形式来划分，欧盟竞争法体系包括由欧盟联盟条约，欧盟制定的规则、指令、决定及成员国制定的法律等构成的成文法，以及欧洲法院和各成员国法院的判例构成的不成文法①。在欧盟层次上，竞争法又可分为三个层次：

第一层次是欧盟联盟条约中关于竞争的基本规则及有关规定。这些条约是欧盟反垄断法的一级立法规范，具有最高的法律效力，对成员国政府、企业和个人具有普遍的约束力。其中直接规定竞争规则的是《欧洲共同体条约》第81条和第82条，第81条禁止限制竞争的协议，第82条禁止滥用市场优势地位行为，与之对应的是《欧盟运行条约》第101条和102条。

第二层次是欧洲理事会制定的条例。欧洲理事会是欧盟主要的决策机关，与欧洲议会共同行使立法机关的职能。在竞争法方面，欧洲理事会制定第二层次的竞争规则，主要是就如何适用条约第81条、第82条等规则制定实施细则。这些实施细则可分为两类：一是适用于欧盟所有成员国及所有行业的一般性规则，如企业之间并购控制的4064/89号条例和新颁布的理事会第1/2003号条例；二是适用于特定行业或行为的规则，如海运业适用第81条、第82条的理事会第4056/86号条例、海运业不公平定价行为的理事会第4057/86号条例等。

第三层次是欧盟委员会制定的竞争条例、指令和决定等。欧盟委员会是欧盟的竞

---

① 在欧盟竞争执法当中，原则上不受判例的拘束，法院的判决只有既判力，没有拘束力。但是从实际执法效果来看，竞争主管机构的判决具有判例法的效果。

争政策执行机构，有权向欧洲议会和欧盟理事会提交立法草案、提供立法建议。作为执法机关，欧盟委员会的职责主要体现为：一是根据建立欧共体条约和欧洲理事会的规则制定更加具体的实施规定，一般是针对各个行业制定具体的可操作的规定；二是对企业和公民的限制竞争行为进行直接的执法活动，做出有关的决定和命令。在欧盟竞争法体系中，欧盟委员会制定的竞争规则在数量上是最多的。

除实体性规定之外，欧盟竞争政策还有很大部分的内容对程序性问题做出规定，特别是对执行欧盟竞争政策的权力在欧盟委员会和成员国执法机构之间的分配问题做出了具体的规定，因为这是区域性反垄断政策能否得到有效实施的重要内容。

1.4.3　中国反垄断法

《中华人民共和国反垄断法》（以下简称《反垄断法》）是2007年8月30日颁布，自2008年8月1日起开始施行的。《反垄断法》共有8章57条，法律禁止的核心内容规定体现在：

第2章禁止垄断协议。《反垄断法》第13条对横向协议做出禁止性规定："禁止具有竞争关系的经营者达成下列垄断协议：固定或者变更商品价格；限制商品的生产数量或者销售数量；分割销售市场或者原材料采购市场；限制购买新技术、新设备或者限制开发新技术、新产品；联合抵制交易；国务院反垄断执法机构认定的其他垄断协议。" 第14条对纵向协议做出禁止性规定："禁止经营者与交易相对人达成下列垄断协议：固定向第三人转售商品的价格；限定向第三人转售商品的最低价格；国务院反垄断执法机构认定的其他垄断协议。"

第3章禁止滥用市场支配地位。《反垄断法》第17条规定："禁止具有市场支配地位的经营者从事下列滥用市场支配地位的行为：以不公平的高价销售商品或者以不公平的低价购买商品；没有正当理由，以低于成本的价格销售商品；没有正当理由，拒绝与交易相对人进行交易；没有正当理由，限定交易相对人只能与其进行交易或者只能与其指定的经营者进行交易；没有正当理由搭售商品，或者在交易时附加其他不合理的交易条件；没有正当理由，对条件相同的交易相对人在交易价格等交易条件上实行差别待遇；国务院反垄断执法机构认定的其他滥用市场支配地位的行为。"

第4章经营者集中控制（并购控制）。《反垄断法》第20条规定："经营者集中是指下列情形：经营者并购；经营者通过取得股权或者资产的方式取得对其他经营者的控制权；经营者通过合同等方式取得对其他经营者的控制权或者能够对其他经营者施加决定性影响。"

第5章禁止滥用行政权力排除、限制竞争（禁止行政垄断）。

本章小结

竞争是促进一国实现社会福利最大化的最有效方式。反垄断法是市场经济体制下最重要的基础性法律，是维护自由竞争市场体制的重要制度基础。反垄断法的目标应该是一元目标——经济效率，反垄断执法应该基于社会福利最大化。反垄断法的作用应该限于保护自由竞争体制，而非保护在竞争中失利的企业。反垄断法主要是针对三种限制竞争行为：合谋、滥用支配地位、企业并购。反垄断法的基本执法原则是本身违法和合理推定。

反垄断法的理论基础主要是反垄断经济学，反垄断经济学的发展经历了哈佛学派的结构主义、芝加哥学派的效率主义和后芝加哥学派的策略性理论三个阶段。反垄断经济学理论的发展是推动反垄断法日益科学化和不断进步的重要动力。由于反垄断经济学的发展，反垄断执法逐步从以适用"本身违法"原则为主向以适用"合理推定"原则为主转变，科学的经济学分析在反垄断执法中扮演着越来越重要的角色，企业行为的策略可信性和效率权衡成为反垄断裁决的核心问题。

课后习题

1. 反垄断法保护的是公平竞争还是自由竞争？
2. 反垄断法的目标应该是消费者福利最大化还是社会总福利最大化？
3. 在转型经济国家，如何科学处理好反垄断政策与产业政策之间的关系，从而确立竞争政策的基础性地位？

本章参考文献

[1] AREEDA, TURNER. Antitrust Law: An Analysis of Antitrust Principles and Their Application [M]. Volume I-IV, Boston: Little, Brown Book Group, 1978.

[2] BAKER. The Case for Antitrust Enforcement [J]. Journal of Economic Perspectives, 2003, 17, 27-50.

[3] ELHAUGE. Research Handbook on the Economics of Antitrust Law [M]. Northampton: Edward Elgar Publishing Limited, 2012.

[4] ELHAUGE. United States Antitrust Law and Economics [M]. Goleta: Foundation Press, 2011.

[5] BAIN. Industrial Organization [M]. New York: Wiley, 1959.

[6] BLAIR, KASEMAN. Antitrust Economics [M]. 2nd ed. Oxford: Oxford University Press, 2008.

[7] HOVENKAMP. Economics and Antitrust Law [M]. St.Paul: West Publishing, 1985.

[8] HOVENKAMP. Antitrust Law: An Analysis of Antitrust Principles and Their Application [M]. New York: Aspen Law and Business, 1999.

[9] KHAN L. Amazon's Antitrust Paradox [J]. Yale Law Review, 2016, 126: 710-805.

[10] LARNER, MEEHAN. Economics and Atitrust Policy [M]. Westport: Greenwood Press, Inc., 1989.

[11] LANDE. Wealth Transfers as the Original and Primary Concern of Antitrust: The Efficiency Interpretation Challenged [J]. Hasting Law Journal, 1982, 34: 65-16.

[12] LANDE. Proving the Obvious: The Antitrust Laws were Passed to Protect Consumers (Not just to Increase Efficiency) [J]. Hasting Law Journal, 1999, 50: 959-968.

[13] POSNER. Antitrust Law [M]. Chicago: University of Chicago Press, 2001.

[14] POSNER. Antitrust Law: An Economic Perspective [M]. Chicago: University of Chicago Press, 1976.

[15] KOVACIC, SHAPIRO. Antitrust Policy: A Century of Economic and Legal Thinking [J]. Journal

of Economic Perspectives，2000，14：43-60.

[16] KWOKA，WHITE．The Antitrust Revolution［M］．New York：Oxford University Press，2004.

[17] LANDES．Optimal Sactions for Antitrust Violations［J］．University of Chicago Law Review，1983，50：652-678.

[18] MOTTA．Competition Policy：Theory and Practice［M］．New York：Cambridge University Press，2004.

[19] PAOLO BUCCIROSSI．Handbook of Antitrust Economics［M］．Cambridge：MIT Press，2008.

[20] SALOP，STEVEN，DAVID SCHEFFMAN．Raising Rivals Costs［J］．America Economic Review，1983，73（2）：267-271.

[21] WU T．The Curse of Bigness：Antitrust in the New Gilded Age［R］．Columbia Global Reports，2018.

[22] WALDMA N．The Economics of Antitrust：Cases and Analysis［M］．Boston：Little，Brown Book Group，1986.

[23] 波斯纳．反托拉斯法［M］．孙秋宁，译．北京：中国政法大学出版社，2003.

[24] 吉尔霍恩．反垄断法律与经济［M］．4版（影印注释本）．北京：中国人民大学出版社，2001.

[25] 温斯顿．反垄断经济学前沿［M］．张嫚，等译，大连：东北财经大学出版社，2007.

第2章
市场势力与社会福利

经济学理论已经充分证明，市场竞争是促进资源优化配置、企业持续提升效率和进行创新、改进消费者福利和提高社会总福利的最有效制度。维护市场竞争是反垄断法追求的目标，而防止垄断的出现和限制企业滥用市场势力则是反垄断执法的基本任务。这是因为市场势力的存在可能会限制市场竞争机制对促进经济效率作用的发挥，尤其是当拥有市场势力的企业滥用其市场势力时，不仅会伤害消费者的福利，而且还会带来社会福利的净损失，所以需要政府通过有效的反垄断政策来维护市场竞争。

2.1 垄断的社会福利损失

2.1.1 配置低效率

根据社会福利的定义，在一个给定的产业当中，福利通常是由社会总剩余决定的，即由消费者剩余加生产者剩余所构成。单个消费者剩余是消费者对产品的支付意愿与支付价格之间的差。单个生产者的剩余等于企业销售特定商品所获得的利润。当市场价格等于生产的边际成本时，消费者剩余和生产者剩余都达到了最大化，因此在竞争市场实现了社会福利最大化。如果市场当中只有一家企业，该企业的产品没有替代品并且进入很困难，那么这家企业就是一个垄断企业。由于垄断企业提高价格而不用担心会有其他竞争者通过降低价格来抢夺市场，因此垄断企业就是市场，它对市场上出售的产品价格和销量具有完全的控制力。在不能实行价格歧视的情况下，垄断企业追求利润最大化的决策将导致比竞争市场更高的价格和更低的产量。在其他条件给定的情况下，被售商品价格上升将使得只有较少的消费者以较高的价格来购买产品，而另一些消费者则停止购买该产品，因此这会降低社会福利。

垄断对社会福利的影响主要体现在两个方面：一是收入转移效应，一部分消费者的剩余转变成垄断企业的利润；二是由于垄断的高价格和低产量造成资源错误配置损失，带来社会福利净损失。

垄断企业的垄断定价会造成消费者福利损失。从图2-1中我们可以看到，在竞争性市场当中，价格为 $p_c = MC$，消费者的剩余是三角形 $p_c ac$ 的面积，产品数量是 Q_c。在垄断的情况下，垄断企业根据利润最大化来进行决策，在边际收益曲线与边际成本曲线的交叉点进行生产，此时价格是 p_m，产量是 Q_m，消费者的剩余变成三角形 amp_m 的面积。在消费者剩余减少的部分中，长方形 $p_m p_c bm$ 的面积变成了垄断企业的利润。在这里垄断企业这一部分利润的增加并不是由于高效经营，而完全是因为垄断势力，从继续购买商品的消费者手中"抢夺"过来的。

垄断带来的福利损失更重要的是生产者剩余增加的部分无法完全补偿消费者剩余减少的部分，带来了社会福利的净损失。在图2-1中，三角形 mbc 代表了在竞争价格下将会购买，但是在垄断价格下停止购买该产品的那些消费者所损失的价值，三角形 mbc 的面积被称为社会福利净损失，也称垄断福利净损失的"哈伯格三角形"。从图2-1中我们可以看到，在这个区域内，需求曲线位于边际成本曲线之上，说明该产品给那些不再购买的消费者带来的价值超过生产的机会成本。当该产品被垄断定价时，这部分超出的价值就损失掉了，而且它没有从垄断企业那里得到补偿，因为垄断企业没有生产这部分产品。由于垄断势力行使带来的主要问题是造成社会福利的净损失，因此反垄断法关注的核心是如何将社会福利净损失降到最低。

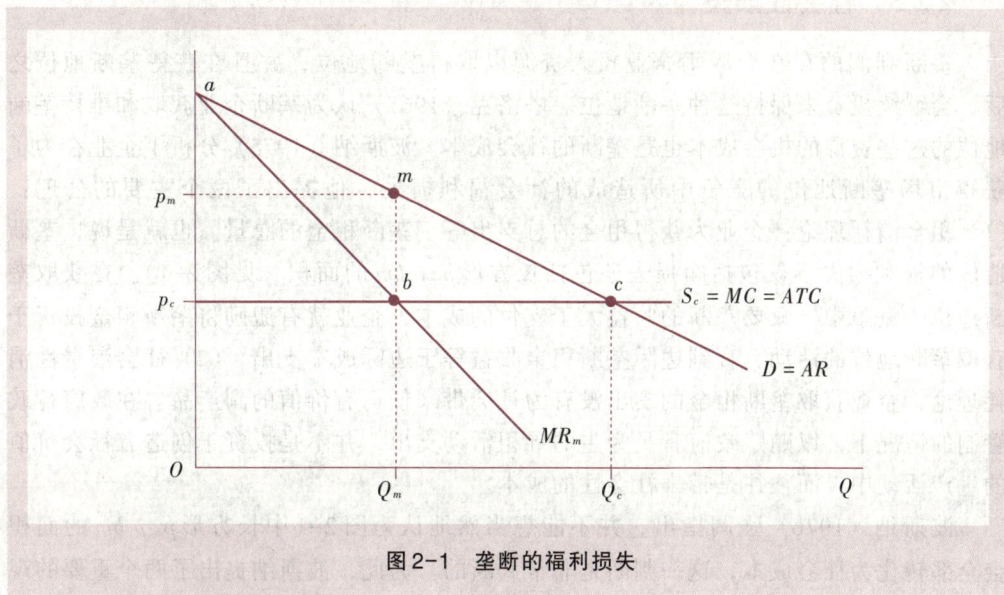

图 2-1　垄断的福利损失

2.1.2　生产低效率

根据激励理论，在委托–代理框架下，信息不对称会带来较严重的生产非效率问题。在垄断市场上，信息不对称问题会比竞争市场表现得更为严重。在这种情况下，经理就有机会追求个人目标，产生管理松懈和低效率现象，使企业的生产经营活动无法达到最低成本的效率水平，从而产生生产非效率。正如希克斯（1935）所说，"平静的生活是最好的垄断利润"。

激励理论的分析表明，竞争的重要作用就是降低信息不对称带来的激励不足问题，通过增强激励提高企业的效率。霍姆斯特姆（Holmstrom，1982）、纳里贝夫和斯蒂格利茨（Nalebuff & Stigliz，1983）等的分析表明，市场中的竞争企业越多，对经理的激励强度越大。这是因为竞争为相对业绩比较提供了更大的可能，相对业绩作为一个充足统计量可以大大减少信息不对称的影响，使经理的报酬与其个人努力的关系更加密切，调动其努力工作的积极性。哈特（1983）、梅耶和维克斯（Meyer & Vickers，1995）、施米德特（Schmidt，1997）等认为，在市场中经理的努力和经理的能力是无法观察到的，所有者只能观察到企业的产出，而产出受到外生的市场波动的影响。如果市场当中有许多企业，由于企业之间共同受市场波动的影响，则企业之间的业绩比较消除了市场波动的不确定性影响，使所有者可以识别经理的努力和能力。由于垄断企业缺乏竞争提供的充分信息，这增加了委托–代理关系中委托人的信息劣势，使代理人更有可能偷懒。因此，垄断性企业的生产或经营成本通常会明显高于竞争市场中的企业，带来资源使用的低效率。由于浪费性使用资源带来的高成本，垄断企业并不总是体现出高利润，因此，垄断企业的低利润并不能成为不存在垄断的合理理由，一个企业不存在垄断利润并不意味着不存在垄断。

2.1.3　社会性损失

垄断利润的存在会激励企业投入资源以取得垄断地位，并且在获得垄断地位之后，会继续投资来保持这种垄断地位。塔洛克（1967）认为垄断企业获取和维持垄断地位的这些资源的机会成本也是垄断的社会成本。波斯纳（1975）分析了企业在为了获得市场垄断地位的竞争中所造成的社会福利损失，他提出了两个主要的公理：（1）租金消耗理论：企业为获得租金的总支出等于垄断租金的总量。也就是说，垄断造成的福利损失不仅包括净损失还包括长方形 $p_m p_c b m$ 的面积（见图 2-1）。在获取垄断地位的竞争中，只要垄断的收益大于支付的成本，企业就有激励将垄断租金投资于获取垄断地位的活动，直到边际垄断租金收益等于边际成本支出。（2）社会浪费性消耗理论：企业获取垄断租金的支出没有为社会带来任何有价值的副产品。在政府行政管制的情况下，以贿赂政府官员为主的寻租活动支出，并不是投资于创造有社会价值的生产活动中，而往往是带来社会性的成本。

波斯纳（1976）强调指出，并不能想当然地认为图 2-1 中长方形 $p_m p_c b m$ 的面积会全部转化为社会成本，这一判断是非常武断的。为此，波斯纳提出了两个重要的观点：首先，公理 1 的租金消耗理论通常是不能被满足的，原因是：垄断可以通过运气而不是通过预见来获取；各企业的势力是不对称的，优势企业会保有一部分租金；租金不一定会被完全消耗掉。其次，企业为了获得或保持垄断地位的行为不一定就是没有任何社会价值的行为。为了获得或保持垄断地位，企业通常要进行战略性支出和寻租性支出。战略性支出的典型例子是企业为获取专利的研发投入，这保证了对专利产品的垄断。当企业获取垄断地位是通过降低成本和提高效率，以及通过技术创新获取专利等方式来进行的时候，其带来的社会收益要远远大于支出成本。基于效率的寻租行为是合理的企业行为，基于效率取得的垄断地位是合法的。寻租性支出主要是指企业为了获取或维护垄断地位，用垄断利润来贿赂政府官员，以及为了应付反垄断指控的法律成本。这一支出则是一种社会成本。

2.1.4　经验证据

很多学者对垄断的福利损失进行了检验，美国学者哈伯格（1954）首先对垄断的福利净损失进行了实证检验，通过采用 20 世纪 20 年代的行业数据，他的结果显示美国制造业企业动用垄断势力造成的福利损失是较低的，大约占当时国民生产总值的 0.1%。哈伯格（1954）的分析是比较粗略的，其采用的数据和检验方法受到很多学者的批评。波斯纳（1975）在假设所有的垄断利润都浪费在寻租行为中的前提下，重新计算了受管制的和不受管制的垄断所带来的福利净损失。他发现在机动车运输、医疗、石油等行业的福利净损失高达收入的 30%，并发现垄断福利损失往往是与政府保护在位企业的行政管制紧密联系在一起的。考灵和穆勒（1978）通过收集的企业层面的数据，连带考虑了垄断的社会成本，对垄断的福利损失进行了测算。他们的估计结果显示，美国公司垄断势力造成的福利损失占美国公司全部产出的 4%～13%。但他们的分析也存在问题：一是将企业等同于市场，没有考虑产品之间的替代性，市场定义有问题；二是将企业的广告支出看作是垄断企业的社会性成本，没有考虑广告信号显示的作用，而且广告支出并不等于垄断的社会成本；三是没有考虑垄断的效率收益。

2.2　垄断的潜在效率收益

垄断并不总是带来福利损失，垄断也可能带来更低的成本和更低的价格，因此垄断也可能带来效率收益。垄断的效率收益主要来自规模经济、创新激励和网络外部性。

2.2.1　规模经济

垄断福利损失模型的一个重要假设是企业市场份额的上升不会带来效率收益，即成本曲线是一条水平线。这意味着无论生产数量多少，任何一个单位产出的成本都是相同的，就是说单位成本与产量无关。威廉姆森（1968）指出，市场份额的上升有可能伴随平均成本的下降，此时反垄断必须权衡效率收益和福利损失。在固定成本投资巨大，而且市场需求规模有限的情况下，由于一家企业的生产成本越低越具有竞争力，低成本企业的规模扩张会逐步将其他竞争对手挤出市场，从而使市场实现经济效率。

在图 2-2 中，尽管垄断带来福利净损失，但是同时由于垄断带来更低的生产成本，使生产成本由 AC_0 下降为 AC_1，带来长方形 P_cTEP_1 面积为 S_2 的成本节省。在此情况下，只要成本降低带来的效率收益高于垄断定价带来的效率损失，即图 2-2 中的 $S_2 > S_1$，那么这种垄断就不会降低社会总福利，就不应该受到反垄断法的严格禁止。

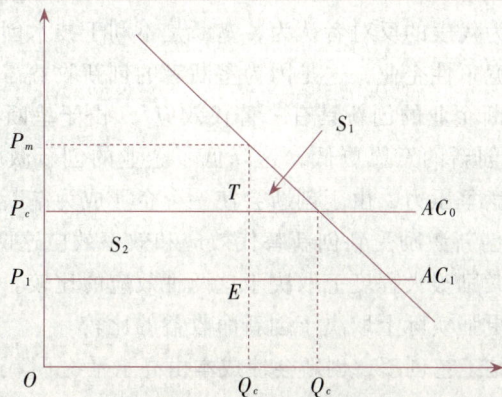

图 2-2　垄断的效率收益

在此意义上，垄断市场结构是市场竞争的结果，垄断市场结构是效率选择的必然结果。在这里，建立在规模经济基础上的垄断是市场竞争性选择的结果而不是相反，不能因为某些行业具有规模经济性，为了实现规模经济而通过行政性进入限制保护垄断企业。没有竞争往往会出现有规模但不经济的结果。因此，规模经济不应成为维护垄断的理由，而应是打破行政垄断的目标。

2.2.2 创新激励

在经济学理论中关于市场竞争与创新之间的关系是最具争议的话题，主要有两个代表性观点：一是熊彼特（1943）提出的垄断有利于创新的观点；二是阿罗（1962）提出的竞争有利于创新的观点。

熊彼特（1943）指出，垄断是研发激励的一个必要条件，尤其是当创新要求赋予创新者独占权的时候。熊彼特认为由于创新具有高风险性和不确定性，因此高利润是激励企业创新所必不可缺的。他的基本观点基于两个理论：一是由于创新需要有高利润回报作为保障，因此垄断市场结构和大企业是有利于技术创新的，如果要鼓励企业研发就应该容许垄断的存在。对于这一观点，一直存在反对意见，而且这一观点并没有得到强有力的实证支持。二是由于技术创新具有外部性，通过有效的专利制度赋予企业对创新成果的独占权是激励创新所必需的。对于垄断企业来说，其是否从事技术创新主要取决于"效率效应"。效率效应是指由于其他企业的技术创新往往会侵蚀或消除垄断企业的垄断利润，垄断企业有很强的激励通过创新来保持自己的垄断地位，维护自己的垄断利润。从"效率效应"的角度来说，垄断企业的创新激励更强。效率效应对社会福利的影响效应同规模经济降低成本的情况是一样的（见图2-2）。需要注意的是，在这里并不是垄断市场结构有利于创新，而是在一定时期内对创新成果的独占权（知识产权）为创新提供了激励，赋予企业创新成果的独占权并不等于赋予企业市场垄断权。在很多情况下，在位垄断者抢先于潜在进入者进行创新的主要目的是阻止进入者进入，而不是为了创新成果的应用，在"效率效应"下可能会出现很多的"沉睡专利"现象。

以阿罗（1962）为代表的反对者认为，垄断是不利于技术创新的，因为垄断者来自创新的收益要小于竞争性企业，这是因为垄断者的创新收益需要减去目前享有的垄断利润，也就是说垄断企业的创新具有"替代效应"，由于垄断企业不愿意自己替代自己现有的技术，其创新的意愿更低，这降低了企业的创新激励。相反，在竞争市场，企业存在巨大的竞争压力，由于创新会使一个企业成为垄断者，这会激励企业进行创新。由于企业的创新激励受到创新替代效应和效率效应这两种相反力量的作用，因此垄断企业的创新激励很大程度上取决于这两种效应的比较。创新激励在垄断市场更强还是在竞争市场更强实际上取决于创新净收益的比较。

假设企业从事的是工艺创新，创新会使成本由高水平 c_1 下降到低水平 c_2。如图2-3所示，在创新之前，垄断企业的价格和产量分别为 P_{m1} 和 Q_{m1}，垄断利润 $\pi(c_1)$ 为图中的面积 $P_{m1}RIP_c$。在创新之后，垄断企业的价格和产量分别为 P_{m2} 和 Q_{m2}，创新后的利

润 $\pi(c_2)$ 为图中面积 $P_{m2}TEF$。对于垄断企业来说，创新的净收益是创新后的垄断利润 $\pi(c_2)$ 减去创新前的垄断利润 $\pi(c_1)$，即 $P_{m2}TEF$ 的面积减去 $P_{m1}RIP_c$ 的面积。相应的，在竞争市场，由于潜在竞争的压力，创新企业的价格不能高于创新前的市场竞争价格，因此价格和产量仍分别为 P_c 和 Q_c。对于竞争市场创新企业来说，由于不存在创新收益对垄断利润的替代，创新后的利润 $\pi(c_2)$ 为图 2-3 中 $P_c gkF$ 的面积。显然，对于垄断企业来说，只有在 $\pi(c_2) - \pi(c_1) > 0$ 的情况下，它才会进行创新；对于竞争企业来说，只要 $\pi(c_2) > 0$，它就会进行创新。因此，从替代效应来说，竞争更有利于企业的技术创新。当然这不应该被解释为竞争越激烈，企业创新激励就越强。

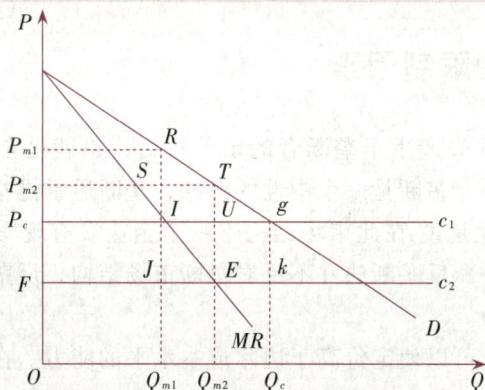

图 2-3 市场结构与企业创新激励

关于市场结构和创新之间关系的实证研究并不支持垄断或竞争市场结构与创新之间存在明显的正相关或负相关关系，更可能的情况是倒 U 形曲线关系，某种中间程度的市场结构更有利于创新。阿格依奥（Aghion）等（2005）指出市场竞争和创新之间是倒 U 形曲线关系，即增加市场竞争会促进创新，但达到一定程度后的过度竞争则不利于创新，因为过度竞争降低了创新的收益。阿格依奥等（2005）指出竞争与创新之间的关系取决于企业之间的技术离散程度并具有两种效应，当企业之间技术水平接近时，竞争会激励企业通过创新来逃避竞争压力并获得高利润，即逃离竞争效应；当企业之间技术水平差距大时，竞争会降低技术相对落后企业的创新激励，即熊彼特效应。

2.2.3 网络外部性

在网络产业，一种产品对消费者的价值往往随其他消费者消费该产品的数量或互补产品的数量而增加。这也就是说，随着越来越多的人消费这一产品或者有越来越多的这一产品的互补产品供应，单个消费者对该产品的支付意愿就会增加。网络外部性实际上是需求方规模经济。由于网络外部性，市场竞争的结果通常是一家企业占据整个市场的"赢家通吃"。

在市场存在网络外部性的情况下，尽管市场具有垄断性结构，但是市场运行仍然是有效率的，并不会产生过度的福利净损失。首先，垄断市场结构能够有效地实现网络需求方规模经济，降低产品价格，这有助于消费者福利的改善。其次，即使不存在市场内的竞争，争夺市场的竞争也足以消除垄断利润。再次，网络产业持续的技术创新会不断地制造新的竞争压力。只要在事前企业之间争夺市场的竞争非常激烈，就足以消除垄断收益；而且网络产业往往是技术快速更新的行业，一个企业产品的网络外部性往往与知识产权联系在一起。因此，在网络外部性显著的市场中，垄断市场结构并不一定会带来社会总福利的降低，但网络外部性会提高市场进入壁垒，强化支配企业的市场势力，有可能便利支配企业实施各种限制竞争的行为。因此，反垄断执法的关键是看在位支配企业是否实施了各种严重损害市场竞争的行为，以及并购是否会导致过高集中市场的形成。

2.3　市场势力的限制因素

垄断带来的福利损失产生于垄断者的定价行为，也就是企业动用市场势力的行为。在反垄断经济学中，垄断是一个中性的概念，垄断通常是指不存在现实竞争对手的市场结构状态，也就是说,在此市场结构下一个企业没有现实的竞争对手，尽管可能存在潜在的竞争对手。反垄断法并不反对垄断市场结构，反垄断法关注的核心是企业的滥用市场势力行为。

市场势力是指企业可以使定价高于边际成本水平的能力。在反垄断经济学中，垄断市场结构不等于企业就具有市场势力，具有市场势力也不等于企业就会动用市场势力。因此，垄断并不一定必然会带来社会福利损失，对垄断福利效应的判断必须基于细致的经济学分析。传统的垄断福利损失模型是建立在如下假设基础上的：垄断者生产单一产品；垄断者实行统一定价；非耐用品的短期决策；不存在潜在的进入威胁，市场垄断地位是可维持的；策略非可信性垄断者；垄断企业和消费者之间是直接的交易关系。另外，传统的垄断定价福利损失没有考虑垄断可能存在的效率收益。当这些假设条件不具备的时候，垄断带来福利损失的结论不再是普遍适用的，损害社会福利的垄断受到多种复杂因素的影响。

2.3.1　结构性影响因素

市场势力受多种因素的影响，这些因素决定了市场势力的存在及其强度。在独家垄断的情况下，企业面临的需求弹性是影响其市场势力的根本因素，即市场势力的直接反映因素是消费者对价格变动的反应能力，也就是企业的需求价格弹性的大小[①]。一般来说，企业索取高于竞争水平价格的能力取决于消费者对该产品的购买意愿。在完全竞争市场上，消费者对任何产品的购买意愿是一致的，一个企业即使将价格提高一点点，也会失去所有的顾客。可以说，一个消费者对价格一个较小变化的反应越强烈，企业的市场势力就越小，企业获取过高利润和造成资源配置扭曲的机会就越少。

（1）独家垄断企业

假设垄断企业的收入函数为 $R = pQ$，其中 p 为价格，Q 为产量。显然，边际收

---

① 需要注意的是，这里的需求弹性是企业需求弹性，采用市场需求弹性时会有不同的结论。

入为

$$MR = p + \frac{Q dp}{dQ} = p\left(1 + \frac{Q}{p}\frac{dp}{dQ}\right)$$ （2-1）

企业产品的价格弹性为

$$\varepsilon = -\frac{p}{Q}\frac{dQ}{dp}$$ （2-2）

根据利润最大化的一阶条件，并代入上式可得

$$MC = MR = p\left(1 - \frac{1}{\varepsilon}\right)$$ （2-3）

$$\frac{p - MC}{p} = \frac{1}{\varepsilon}$$ （2-4）

从上式可以看出，一个企业的市场势力主要取决于需求弹性的倒数，企业需求越缺乏弹性，则企业的市场势力就越大，造成的福利净损失就越大。在企业需求无弹性的情况下，垄断企业可以占有更多的消费者剩余，并造成更大的社会福利净损失；在企业需求有弹性的情况下，企业的市场势力和相对福利损失就较小（见图2-4）。因此，垄断企业并不能随心所欲地制定价格，需求弹性会对市场中的企业运用市场势力施加一定的限制，最终决定市场势力的是企业面对的需求弹性。因此，在评价企业的市场势力时，必须考虑企业面临的需求弹性。

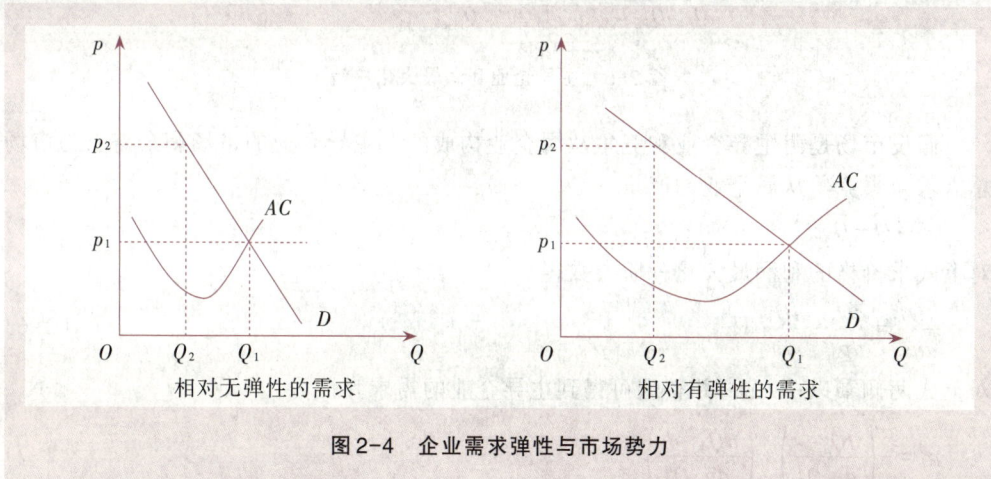

图2-4　企业需求弹性与市场势力

决定企业需求弹性的因素主要有三个：首先，市场需求弹性。市场需求弹性限制了企业市场势力，市场需求弹性具有明显的行业差异，受产品特点、消费者购买的产品结构等因素的影响。其次，替代品的影响。当企业提高价格时，企业的消费者流失程度取决于消费者获取替代品的可能性和替代品的吸引力大小。替代品通常既包括相同产业相同产品的供给者数量，即现实的竞争程度；又包括潜在的产品供应商，如临近市场的相同产品的生产者或临近产品的生产者；同时也包括其他替代品的供应者。最后，企业之间的相互作用。即使市场当中仅有少数几家企业，但是如果企业之间实力相当并彼此竞争激烈，则各个企业都无法通过大幅度提价来获利。

（2）市场支配企业

在现实当中，纯粹的独家垄断是很少见的，许多市场具有寡头市场结构，这些寡头企业通常都具有一定的将价格定在边际成本之上的能力，也就是说具有市场势力。在大多数情况下，典型的市场结构是一家企业占据市场主导地位，同时市场还存在大量的小规模竞争性从属企业。这些竞争性从属企业的存在会对主导企业的决策产生影响，但是并不会消除主导企业所具有的市场势力。在图2-5中，市场总需求是由主导企业和竞争从属企业来提供的，主导企业的市场需求实际上是市场总需求减去从属企业的供给 S_F 后的剩余需求 S_L^d。主导企业利润最大化决策下的产量为 Q_L，竞争从属企业的利润最大化产量为 Q_F。

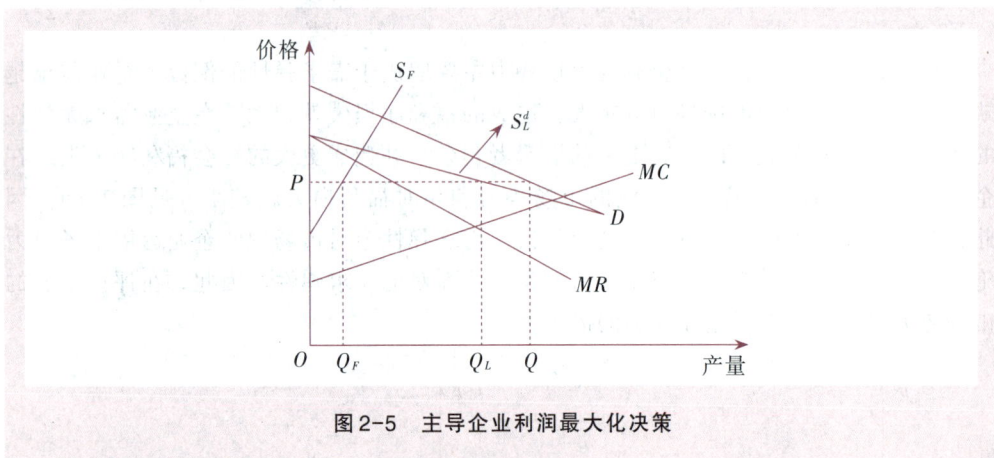

图2-5 主导企业利润最大化决策

假设市场是由主导企业和竞争从属企业构成的，主导企业的市场剩余需求为市场总需求减去竞争从属企业的产量

$$Q_L^d = Q - Q_F \tag{2-5}$$

对上式求价格的利润最大化一阶导数得

$$\frac{dQ_L^d}{dp} = \frac{dQ}{dp} - \frac{dQ_F}{dp} \tag{2-6}$$

对上式两侧乘以 $-p/Q_L^d$，并整理可得到主导企业的需求弹性为

$$\varepsilon_L^d = -\left(\frac{dQ}{dp}\frac{p}{Q_L^d}\right) + \left(\frac{dQ_F}{dp}\frac{p}{Q_L^d}\right) \tag{2-7}$$

第一个括号乘以 $\frac{Q}{Q}$，第二个括号乘以 $\frac{Q_F}{Q_F}$，则得到下式

$$\varepsilon_L^d = -\left(\frac{dQ}{dp}\frac{p}{Q}\frac{Q}{Q_L^d}\right) + \left(\frac{dQ_F}{dp}\frac{p}{Q_F}\frac{Q_F}{Q_L^d}\right) \tag{2-8}$$

假设市场需求弹性和竞争从属企业的需求弹性分别为 ε 和 ε_F，则得到下式

$$\varepsilon_L^d = \varepsilon\left(\frac{Q}{Q_L^d}\right) + \varepsilon_F\left(\frac{Q}{Q_L^d}\right) \tag{2-9}$$

假设 $S_L = \frac{Q_L^d}{Q}$ 是主导企业的市场份额，$1-S_L$ 是竞争从属企业的供给，则式（2-9）

进一步简化为

$$\varepsilon_L^d = \frac{\varepsilon + \varepsilon_F(1 - S_L)}{S_L} \tag{2-10}$$

据此，主导企业的勒纳指数可以表示为

$$L = 1/\varepsilon_L^d = \frac{S_L}{\varepsilon + \varepsilon_F(1 - S_L)} \tag{2-11}$$

根据上式（2-11），从主导企业的角度看，企业的市场势力取决于三个因素：一是企业市场份额。主导企业的市场势力与其市场份额成正比，在需求弹性给定的情况下，主导企业的市场份额越大，其市场势力就越大。二是市场需求价格弹性。主导企业的市场势力与市场需求弹性成反比，这与独家垄断的情况一致。三是竞争从属企业的需求弹性。主导企业的市场势力与竞争从属企业的需求弹性成反比，这说明竞争从属企业对主导企业价格上涨做出的增加产量的反应越明显，主导企业的市场势力就越小。

2.3.2　行为性影响因素

在不完全竞争的市场上，在位主导企业为了维持其市场势力会有激励采取各种策略行为来排斥竞争对手。但是在某些情况下，由于各种条件的限制，主导企业追求利润最大化的行为却可能给自己带来运用市场势力的限制。

（1）多产品垄断者

当垄断者生产多种产品时，企业并不一定会实行垄断性定价行为。这里分两种情况：

第一种情况是产品之间的需求是相互依赖的，但是成本是分离的。产品之间的相互依赖主要是产品之间具有替代关系或互补关系。当产品之间是替代品关系时，一种产品价格的提高会使其他产品的需求上升，企业内部各个分支机构为了多销售自己的产品，会制定较低的价格。也就是说，由于企业内部产品之间的竞争性，产生了产品之间的负外部性，垄断企业的产品定价远低于垄断利润最大化水平。当产品之间是互补关系时，一种商品价格降低会促进其他产品销量的下降，一种产品价格的下降会对其他产品产生正外部性。此时一种或几种产品会以较低的价格，甚至是边际成本的价格来销售，以充分扩大其他产品的销量。

第二种情况是产品之间的需求是相互独立的，但是成本是相互依赖的。也就是说，产品之间具有学习效应。在生产具有学习效应的情况下，企业有激励通过在第一阶段的低价销售和多生产来获得第二阶段的低成本。在此情况下，理性的垄断企业并不会在第一期对产品实行垄断定价，因而可能并不会带来严重的福利净损失。

（2）差别化定价垄断者

由于垄断企业统一定价和消费者边际效用存在差异，因此导致一些边际效用低的消费者放弃了对高价格垄断产品的消费，从而造成福利损失。如果垄断企业能够针对不同消费者的支付意愿实行差别性价格，尽管垄断企业会占有更多的消费者剩余，但是垄断企业的定价行为并不一定会带来社会福利损失。价格歧视通常会增加产品的销售，提高社会福利。在完全价格歧视下，垄断企业根据每个消费者的支付意愿制定差别化的价格，此时尽管由于消费者剩余完全转移到生产者手中会带来消费者和生产者之间的收入分配问题，但是它并不存在任何社会福利净损失。

在现实当中，垄断企业要完全占有消费者剩余面临的约束是信息不对称和转售。根据激励理论，垄断企业要在"参与约束"和"激励相容约束"下来设计有利的价格水平。为了阻止高需求消费者虚报自己的类型，避免产生混同均衡的结果，分离均衡条件要求垄断者向高需求消费者支付"信息租金"。因此，在信息不对称情况下，垄断企业的实际价格水平要低于统一垄断价格。在二级和三级价格歧视下，垄断企业的定价仍然要遵循拉姆齐逆弹性定价规则，在其不导致市场消费量下降的情况下，并不会带来社会福利的净损失。在信息不对称的情况下，如果价格歧视带来总产出的增加，是因为扩大了在垄断定价下没有市场需求的消费者的购买量，则价格歧视是有助于提升效率的。此时，禁止价格歧视的反垄断政策可能会要求垄断企业实行统一定价，使垄断统一定价具有了可维持性，并导致企业停止供应某些市场，这会降低社会福利。因此，不恰当的禁止价格歧视是有损于社会福利的。

（3）耐用品垄断者

垄断定价的福利损失假设垄断企业的价格具有完全的承诺能力。但是科斯猜想（1972）指出，耐用品垄断者的垄断定价往往不具有完全的承诺能力。耐用品垄断企业并不能实行完全的垄断定价。在耐用品市场，消费者今天的购买是明天购买的一种不完全的替代。因此，耐用品垄断者在不同时期提供的商品是替代品。耐用品垄断者创造了自身的竞争。它通过今天的销售降低了明天的需求。为了向剩余的消费者多销售产品，垄断者会在以后的销售中降低价格。消费者今天愿意购买该商品的数量取决于他们对未来购买该商品的价格预期。由于消费者预期未来价格会下降，会理性地推迟消费来增加个人效用。因此，缺乏可信的承诺机制使耐用品垄断者无法制定垄断价格。

假设企业面对两类消费者：高评价消费者和低评价消费者。在垄断者推出产品之后，首先购买的是对商品评价较高的消费者，并且这些消费者也愿意支付高价格。由于垄断企业在第1期以垄断价格卖出商品之后，它又激励在第2期以低于第1期的价格来进行更多的销售。消费者会预期到企业将在第2期降价销售，所以消费者并不在第1期花高价进行购买，而是等待企业在未来降价。消费者的理性预期伤害了垄断者。如果市场中的消费者具有多种类型，那么垄断企业的价格调整频率会非常高。科斯猜想（1972）指出，当价格调整的频率较高的时候，垄断者的利润会收敛到零，所有的交易几乎都是在价格接近边际成本的时候发生的。在博弈时期无限的情况下，当垄断企业价格调整使价格收敛到零时，一个耐用品的垄断者失去了全部的垄断力量。耐用品垄断者制造了与其自身进行竞争的局面，它通过眼前的销售降低了未来的需求，企业被自己的灵活性所伤害。垄断者随时间调整价格的灵活性实际上伤害了自身。如果垄断者能够事前承诺不改变价格，即不在对商品评价较高的消费者购买之后降价，它的状况会更好。为了克服不完全承诺问题，垄断企业可能会采取出租而非出售、耐用品与非耐用品（如维修服务）的搭售、销售合约限制、纵向一体化等行为。

在某些情况下，这些行为有助于垄断企业维持市场势力。

（4）策略可信性垄断者

当在位垄断者面临进入威胁时，它可能会采取三种行为：进入封锁，在位者之间进行竞争，就像不存在进入威胁一样，此时，市场进入对进入者不再具有吸引力；进入遏制，在位者不能对进入实行封锁，但是它可以采取各种行为来排斥新企业的市场进入；进入容纳，当在位者发现阻碍新企业进入的代价要高于容纳竞争企业进入时，会理性地选择进入容纳。显然，在三种策略性行为中，只有进入遏制行为会对竞争造成损害，进入封锁和进入容纳并不会伤害市场竞争和社会福利。在面临进入威胁的情况下，理性的在位垄断企业并不一定会采取损害竞争的进入遏制行为（见图2-6）。

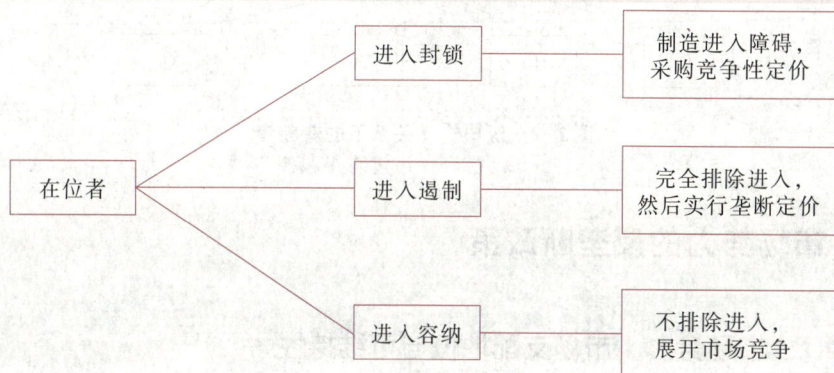

图2-6　面对进入在位垄断者的策略选择

根据后芝加哥学派的策略性理论，在市场进入博弈当中，只有当进入遏制成为精炼博弈均衡时，也就是说该策略在博弈的每个阶段都具有策略可信性时，企业才会采用并付诸实施，但是进入遏制要具有策略可信性，必须具备严格的条件，而这些条件在现实中通常难以满足。在不对称信息的情况下，当面临进入威胁时，在位垄断企业更可能采取的策略是低价格而非垄断高价，因为垄断高价会增强进入者的进入动力。因此，从策略博弈的角度看，垄断企业并不一定会采取严重损害竞争的行为，严重损害市场竞争的策略性行为只在特定的情况下才会出现，反垄断执法必须分析严重损害竞争策略行为的发生条件和策略可信性问题。

（5）纵向交易关系下的垄断者

垄断福利损失模型假设垄断企业和消费者之间是直接的交易关系，不存在中间企业。当垄断企业提供的产品要通过一个中间商或其提供的中间产品需要下游企业进一步加工才能变成最终产品时，上下游企业之间会产生复杂的委托－代理关系和纵向交易合约关系（见图2-7）。因为中间商或下游企业的决策不仅仅是是否购买产品以及购买多少，还涉及很多的投资决策关系。由于"双重加成"会恶化社会福利，因此当企业之间的纵向限制能消除"双重加成"时，纵向限制会提高福利。尽管尚有垄断企业实行纵向控制的目的是实现纵向一体利润的最大化，但是由于信息的不对称、外部性和纵向谈判力的分布格局，在纵向交易中，垄断企业的市场势力受到多种因素的影响，并不能完全得到运用。上下游企业之间的纵向合约安排往往是解决道德风险、外部性和谈判博弈均衡的制度安排。只有在特定的市场结构下，企业之间的纵向合约安排才会带来严重的竞争损害效应。

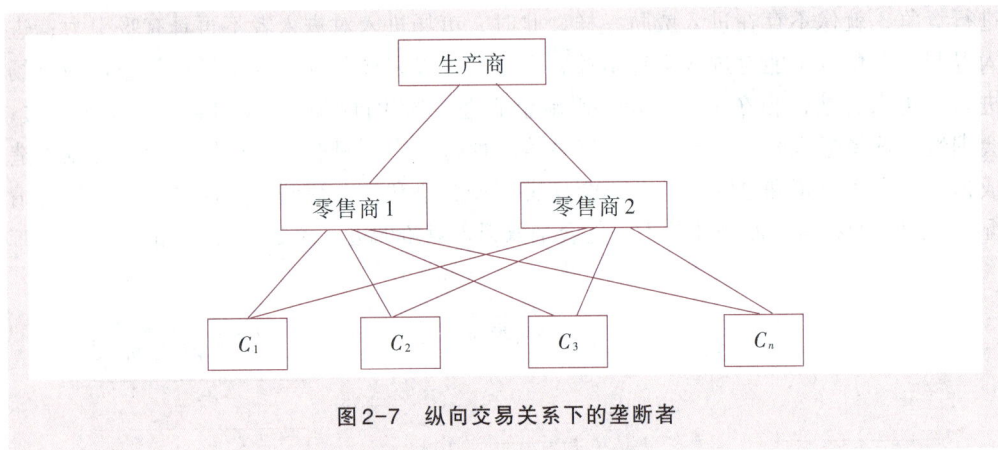

图2-7　纵向交易关系下的垄断者

2.4　市场势力的反垄断政策

2.4.1　市场势力、市场支配地位与可维持性

在美国反托拉斯法中，通常采用"市场势力"或"垄断势力"的概念。美国反托拉斯法中的市场势力概念主要是指企业将价格定在高于竞争水平之上的能力。美国最高法院在杜邦玻璃纸案判决中指出"垄断势力是控制价格或排除竞争的能力"[①]。因此，美国反垄断法重点关注的是严重损害竞争的市场势力行为。在美国的反垄断法当中，垄断势力不仅指单个企业的行为，而且也指多个企业的行为。正如波斯纳（1976）给出的"垄断势力"概念，"如果在市场当中只有一个企业，那么它就拥有垄断势力；如果在市场当中有多个企业能通过合谋而像一个企业那样行动，则它们就联合拥有垄断势力"。

欧盟竞争法没有采用市场势力的概念，而是采用"市场支配地位"的概念，它通常被解释为一个企业拥有较大的市场势力并使其能够索取近于垄断的价格。在Hoffman-La Roche案中，欧洲法院把市场支配地位定义为："一个企业拥有的使得企业有能力在很大程度上不受竞争对手、客户和消费者影响地独立行事从而能阻止有关的市场上保持有效竞争的经济势力。"[②]根据欧盟竞争法的规定，市场支配地位不仅适用于垄断企业，而且也适用于未达到垄断地位但是拥有较大市场势力的企业。欧盟委员会2009年发布的《适用欧共体条约第82条查处市场支配地位企业滥用性排他行为的执法重点指南》和2010年发布的《支配企业滥用排他性行为的执法重点指南》将市场支配地位定义为：支配地位是指一个企业所拥有的经济实力，这种经济实力能够让其在相关市场中妨碍有效竞争，且能够让其很大程度上独立于竞争者、顾客和最终

① U.S. v. E.I. Du Pont de Nemours & Co. 351 U.S. 377 at 391（1956）.
② Hoffman-La Roche v. European Commission 1979 ECR461.

的消费者，从而使该企业继续保持此种市场支配地位。根据这一概念界定，市场支配地位就意味着对企业的竞争约束不是充分有效的。

市场支配地位不仅具有特定的市场结构状态，而且更重要的是这种市场结构状态使企业具有了伤害竞争的可能。中国《反垄断法》第十七条规定：市场支配地位，是指经营者在相关市场内具有能够控制商品价格、数量或者其他交易条件，或者能够阻碍、影响其他经营者进入相关市场能力的市场地位。这个概念界定更强调结果，是与市场势力这一概念的基本思想相一致的。

2.4.2 市场势力可维持性

在反垄断经济学中，垄断结构并不等于企业拥有市场势力，市场势力也不等于企业会采取限制竞争的行为。从反垄断法的角度来看，反垄断法更关注导致或强化市场势力以及滥用市场势力，严重损害竞争的行为。正如 OECD 竞争法框架中对市场支配地位的定义，"如果一个企业能独立地在一段较长的时期内有利可图地、实质性地限制或者减少一个市场中的竞争，则该企业就拥有支配地位"。因此，并不是所有的市场势力都会引起反垄断机构的关注，只有严重损害竞争的垄断市场势力才会引起反垄断机构的关注。

从反垄断经济学的角度来说，市场势力是指在相当长的一段时间内企业能有利可图地将价格定在竞争水平之上的能力。英国竞争政策专家厄顿（Utton，1995）认为，市场支配地位是指企业持续地将价格定在高于长期平均成本曲线之上的能力，否则的话会导致市场销量的下降，价格水平是不可维持的。显然根据该定义，市场势力是价格持续高于成本的现象，短期因素造成的价格超过成本不应被看作是市场支配力的增强。由此，市场势力的核心要素是企业控制价格的能力和通过排除竞争对手维持垄断利润的能力。从长期来看，是企业排除竞争对手的能力赋予了企业市场势力，如果市场进入很容易，则市场势力会被削弱甚至消除。因此，只有在市场势力具有重大的和可持续的特点时，市场势力才会引起反垄断机构的关注。市场势力的重大性不仅意味着价格超过成本，而且更重要的是超过长期平均成本并获得利润；市场势力的可持续性意味着企业可以在较长的时期内维持其较高的经济利润。

市场势力只是企业具有提高价格的一种潜在的能力，这种能力要带来严重损害竞争的结果必须具有可维持性。垄断势力的可维持性主要体现在三个方面：

第一，垄断性市场结构是可维持的，也就是说企业不存在现实或潜在的竞争压力，从而拥有长期稳固的市场地位。结构可维持性的核心是市场进入条件，在易于进入的市场上，潜在竞争的压力能够将反竞争的行为遏制在萌芽状态。

第二，行使市场势力行为是可维持的，即反竞争行为具有策略可信性。这也就是说,在策略博弈当中运用市场势力行为是符合企业的利益的。如果行使垄断势力的行为不具有策略可信性，则并不会出现反竞争的企业滥用市场支配地位的行为。

第三，损害市场竞争结果是可维持的，市场势力滥用行为造成的竞争损害应该是严重的。反竞争行为结果可维持性的主要表现是价格在较长时期内严重背离成本，或者严重阻碍创新。由于不具有可维持性的滥用市场势力行为不会发生，或者即使发生也不会对市场竞争造成严重的影响，因此对于不具有可维持性的市场势力，反垄断机构没有必要对此加以关注。

2.4.3 市场势力可维持性与反垄断政策

根据产业组织理论，在某些情况下，市场势力和高的市场份额是一致的，但是在某些情况下二者是不一致的。一个主导企业即使没有拥有全部市场份额也可能具有市场势力，同样如果消费者能够很容易地购买到替代品或者新企业进入市场很容易，一个拥有全部市场份额的企业也不具备市场势力。一个企业的市场势力大小并不仅仅取决于其是否拥有高的市场份额，而且还取决于市场的进入情况。根据进退无障碍理论，即使是一个垄断的市场，只要进退自由，一个在位垄断企业也会像竞争性企业一样来定价，市场势力是不可维持的。因此，从某种意义上来说，市场势力可维持性的根本原因是存在较高的进入障碍，由于其他企业不能进入市场并与在位企业进行充分的竞争，才使在位企业的垄断地位具有了可维持性。

根据进入障碍产生的原因，垄断市场势力的来源主要有三个：结构性因素、企业策略性行为和政府的进入限制。由于上述这些进入壁垒的存在，市场机制自身无法自动纠正市场竞争的失灵问题，因此有效公共政策就成为恢复市场竞争机制的重要选择。但是，由于垄断势力形成的原因不同，反垄断法并不能解决所有的垄断市场势力问题，但反垄断法有其发挥作用的空间。

（1）结构性因素

哈佛学派的贝恩（1959）指出了三种结构性进入障碍：规模经济、必要的资本支出、产品差别化。但是芝加哥学派的学者认为，进入障碍是指在位企业无须承担而新进入企业必须承担的成本，这些结构性进入障碍并不是真正的进入障碍（斯蒂格勒，1968）。只要市场机制是有效的，这些因素并不构成新企业进入市场的障碍，相反这些因素构成进入障碍的背后原因实际上可能是政府干预的结果。

后芝加哥学派则强调只有沉淀成本才构成进入障碍[①]。鲍莫尔和威利格（1982）指出，只有在存在沉淀成本的情况下，垄断企业的市场地位才是可维持的。沉淀成本是指资产不能移作他用的特性，由于沉淀成本是一种历史支出，在位企业采取的策略和决策不会对其加以考虑。对于潜在进入企业来说，沉淀成本是一种未来支出，它决定了进入市场后的收益大小，因此潜在进入企业的策略和决策必须考虑沉淀成本的影响。沉淀成本的存在造成在位企业和潜在进入企业之间的策略不一致，使潜在进入者处于策略被动的地位。根据萨顿（Sutton，1991）的分析，在存在较高沉淀成本的情况下，自由进入或市场规模的扩大并不会降低在位企业的市场份额，反而会增加在位企业的市场份额。从这个意义上来说，市场结构并不是企业之间的市场份额分布格局，而是决定企业之间的博弈规则。在某些产业，由于沉淀成本和成本劣加性，一个企业供应整个市场是成本最低的。在在位企业的产品定价具有可维持性的情况下，其他企业没有进入的动力。因此，市场会形成自然垄断。由于自然垄断天然地抵制竞

---

① 沉淀成本可以分为内生沉淀成本与外生沉淀成本，外生沉淀成本主要是指以规模扩张为核心的固定资产投资，内生沉淀成本主要是指以广告和研发投资为主所形成的投资。

争，因此政府的反垄断政策是实行经济管制。

网络经济学理论则指出，在具有网络效应的市场当中，市场结构更可能出现高集中的趋势。因此，当存在消费者转换成本和网络效应时，即使可以自由进入，市场机制并不能够有效地约束企业的市场势力，市场也会形成少数大企业占据市场的强市场势力。

（2）行为性因素

在寡头市场中，导致垄断的行为主要是寡头企业采取策略性进入阻止和排他性行为，这是各国反垄断执法主要针对的问题。由于支配企业的滥用优势地位行为往往是出于维护或谋求市场垄断地位的目的，会阻碍竞争者的进入和竞争者之间的竞争程度，因此会对市场竞争造成损害。在反垄断经济学中，根据企业之间的行为关系，企业的策略性行为还可以分为多企业的集体行为和单个企业的单边行为。

多个企业的集体行为通常包括合谋、横向并购等企业间的横向协调行为和不同环节企业之间的纵向合约限制或纵向一体化行为。横向协调行为通常会削弱甚至消除企业之间的竞争，带来市场垄断效率的结果。但是企业之间的合谋并不总是成功的，只有在企业之间形成可信的合谋维持机制的情况下，合谋才会成功。纵向限制或纵向并购往往是具有明显效率的原因，只是在特定的市场结构下才会产生市场封锁效应。

单个企业的单边行为，也称为滥用市场支配地位行为，是指在面临进入的情况下，在位支配企业采取的以排斥其他企业为目的的各种策略性行为，诸如过度生产能力投资、品牌空间先占、拒绝交易、掠夺性定价、搭售等行为，通过这些行为使进入者无法有效进入或使进入者处于被动的地位。企业滥用行为可维持性的一个重要条件是行为实施主体必须具有一定的市场势力或支配地位，对于一个不具有市场支配地位的企业来说，它既无排他的能力也无排他的激励。因为排他行为并不总是有利可图的，只有在排他行为符合在位者利益的情况下，在位企业才会选择排他行为。

（3）行政性因素

行政性进入障碍是指政府授予企业的垄断性市场地位和合法的市场垄断权，限制其他企业进入市场或参与竞争。如公用事业在位企业的排他性经营权利、烟草与食盐等行业的专营体制、创新成果的专利权等。政府的进入限制往往出于多种目的：实现经济效率、保证财政收入、促进创新和实现社会分配公平等。在竞争性市场除知识产权保护制度外，政府对市场的进入限制行为一直受到经济学家的批评，因为目前还没有证据能明确证明进入限制会提高市场绩效，相反政府实行进入限制带来负面影响的例子却是比比皆是，尤其是当政府被利益集团所俘获或政府官员具有个人或部门利益的时候，行政性进入限制往往会带来严重的社会福利损失。

在转型经济国家，由于制度的不完善，政府的行政性进入限制不仅在自然垄断性行业出现，而且还在一般竞争性领域大量出现。在我国，行政性限制竞争行为也被称为"行政垄断"。行政垄断是指政府及其所属机构利用行政权力损害市场竞争的行为。行政垄断的典型形式有两种：一种是地区垄断，又称为"横向垄断"或"块块垄断"，是指地方政府及其部门出于地方利益通过行政权力限制地区间市场竞争的行为；另一种是部门垄断，又称为"纵向垄断"或"条条垄断"，是指特定行业的部门管理者为了保护本部门的企业利益，利用合法拥有的行政权力，排斥、限制竞争的行为。

相对于市场垄断来说，行政垄断的行使方式主要是各级政府部门借助法律法规，这种权力具有公定力和强制执行力，是超越市场的垄断权力，因此行政垄断是强可维持的垄断市场势力。行政垄断往往会造成垄断租金和资源配置的低效率，它不仅降低社会福利，而且也阻碍市场经济体制的发展。正是这个原因，中国、俄罗斯等转型经济国家在本国的反垄断法当中对行政垄断行为做出特别的规定。但是国际经验显示，仅仅靠反垄断法并不能有效解决行政垄断问题。由于行政垄断主要是经济体制转型中改革不到位和制度不完善所造成的。因此，消除行政垄断主要应该通过深化行政体制改革和市场化改革来加以解决。

本章小结

反垄断法之所以反对垄断行为，是因为垄断会严重损害社会福利最大化的目标。在完全垄断的市场结构下，垄断企业的利润最大化决策会带来社会福利净损失、生产低效率和社会性损失，对于垄断福利损失的经验研究也支持这一结论。但是在规模经济、网络经济显著、创新具有外溢性的情况下，垄断会有一定的效率收益。由于垄断既有成本也有收益，因此反垄断法不是凡垄断必反，反垄断法并不反对垄断市场结构而是反对企业各种严重限制竞争的行为。企业市场势力受到需求弹性、企业市场份额、其他企业的供给弹性等因素的约束。对于具体的行为来说，由于存在企业之间的策略互动和博弈可信性要求，严重伤害市场竞争的行为只会发生在特定的情况下。因此，反垄断执法需要谨慎干预、严谨审查。可维持的市场势力对社会福利造成严重的损害，它应该成为反垄断关注的重点。可维持市场势力产生的原因是存在高的结构性进入障碍、支配企业的排他性行为和政府赋予的行政垄断。反垄断法不是万能的，对于自然垄断主要是实行政府管制，对于行政垄断行为更应该通过深化行政体制和市场化改革来解决。反垄断执法主要针对的是单个企业独立行使或多个企业联合行使的各种限制竞争行为。

课后习题

1. 如何评价垄断的成本与收益？
2. 反垄断法干预市场的理由是什么？
3. 如何评价创新与垄断的关系？创新性产业反垄断应注意什么？
4. 如何评价数字经济中日益突出的市场冒尖和高集中化趋势？政府是否需要禁止少数数字平台的高市场份额并实行结构性拆分政策？

本章参考文献

[1] AGHION, DEWATRIPONT, REY. Corporate Governance, Competition Policy and Industrial Policy [J]. European Economic Review, 1997, 41: 797-805.

[2] AGHION, BLOOM, BLUNDELL, et al. Competition and Innovation: An Inverted-U Relationship [J]. Quarterly Journal of Economics, 2005, 120 (2): 701-28.

[3] KLEIN. "Market Power in After-markets" [J]. Managerial and Decision Economics, 1996, 17: 143-164.

[4] LERNER. The Concept of Monopoly and the Measurement of Monopoly Power [J]. Review of Economic Studies, 1934, 7: 157-175.

[5] PIGOU. The Economics of Welfare [M]. London: Macmillan, 1920.

[6] HALL. The Relationship between Price and Marginal Cost in U.S. Industry [J]. Journal of Political Economy, 1988, 96: 921-947.

[7] MASKIN, RILEY. Monopoly with Incomplete Information [J]. The RAND Journal of Economics, 1984, 15: 171, 196.

[8] SUTTON. Sunk Cost and Market Structure [M]. Cambridge: MIT press, 1991.

[9] TULLOCK, GORDON. The Welfare Costs of Tariffs, Monopolies, and Theft [J]. Western Economic Journal, 1967, 5: 224-232.

[10] WILLAMSON. Economies as an Antitrust Defense: The Welfare Trade-offs [J]. American Economic Review, 1968, 59: 954-959.

[11] 莫塔. 竞争政策——理论与实践 [M]. 沈国华, 译. 上海: 上海财经大学出版社, 2006.

[12] 唐要家. 竞争、所有权与中国工业市场绩效 [M]. 北京: 中国社会科学出版社, 2005.

[13] 唐要家. 市场势力可维持性与反垄断 [M]. 北京: 经济管理出版社, 2007.

[14] 唐要家. 数字平台反垄断的基本导向与体系创新 [J]. 经济学家, 2021 (5).

第 3 章
市场界定与市场势力衡量

在滥用市场支配地位和企业并购的反垄断案件执法中，确定企业是否具有市场势力或市场支配地位是执法中的重要基本步骤，它往往决定了一个案件的裁决结果。市场界定的目的是准确判定企业是否具有市场势力，从而准确判定特定企业行为是否会造成竞争损害。一个不具有市场势力或市场支配地位的企业，不仅往往不具有实施反竞争行为的条件，而且其反竞争行为往往也不会对市场竞争造成严重的损害，因而不会被反垄断法禁止。

3.1 相关市场界定

与经济学中的市场界定主要是用来分析影响市场价格均衡的因素不同，反垄断市场界定的目的是判断企业的市场势力以及是否存在反竞争效应。在滥用市场势力和企业并购的相关案件中，界定市场是判断企业是否具有市场势力的决定性因素，反垄断案件的诉讼结果经常取决于如何定义市场的范围。对反垄断案件中的当事人来说，相关市场的界定对其案件的裁决结果有着重要的影响，甚至是决定性的影响。在1956年美国政府指控杜邦公司垄断玻璃纸生产一案中，因为玻璃纸为杜邦公司独家生产和销售，政府认定该公司在玻璃纸产品市场上占有百分之百的市场份额。然而，美国最高法院在这个案件中将玻璃纸看作包装材料中的一种材料，而在包装材料这一产品市场上，杜邦公司仅占18%的市场份额。因此，杜邦公司并没有违法。

在2011年中国北京奇虎公司起诉腾讯公司在互联网市场滥用市场支配地位的案件中，奇虎公司将市场界定为国内即时通信市场，并认为腾讯公司具有市场支配地位，其实施的要求用户"二选一"行为是损害市场竞争的滥用行为。法院分析认为，腾讯QQ与"文字、音频及视频单一功能的即时信"、"SNS社交网站及微博"等属于同一商品市场，该案相关市场范围远大于原告界定的"即时信软件及服务市场"，原告对该案相关地域市场的界定有错误，该案的相关地域市场应为全球市场。因此，腾讯公司不具有市场支配地位，其行为不具有损害竞争的结果。

从经济学意义上来说，市场是买卖商品的场所，即市场是由一系列的产品、购买者、销售者和地理区域构成的，在该区域内这些购买者和销售者相互讨价还价并确定每个商品的价格。在反垄断法中，"相关市场"并不是一些具有相同特征的产品的集合，而是这些产品之间是否可以对彼此的竞争产生约束性影响。相关市场的核心是市场中不同企业的产品之间存在竞争性限制，即一个企业提高其产品价格会导致消费者转向其他生产相同产品的企业，从而使涨价行为无效。因此，相关市场是指在一定的地理区域范围和时间范围内相互产生竞争性约束的同类产品或密切替代品。

确定相关市场的基本因素是产品之间存在"替代性"。也就是说，如果产品之间存在明显的可替代性，就可以认定它们属于同一市场，否则就属于不同的市场。反垄断执法对产品之间合理可替代性的分析主要是从需求可替代性和供给可替代性两个方面来加以考虑的，需求交叉价格弹性和供给交叉价格弹性成为判定相关市场的基本工具。现代反垄断经济学理论指出，企业间的竞争要受制于三个因素：需求可替代性、供应可替代性和潜在竞争。

从需求的角度来看，这些替代性产品之所以被看作同一个特定的市场，是因为产品在属性、用途和价格相同的情况下，它们能够满足消费者同样的需求，一个产品价格的上涨会导致消费者转向购买其他的产品。如果一个企业或一个企业集团的顾客能够轻易转向其他可获得的替代产品或者转向其他地域的供应商，这个企业或这个企业集团就不可能对市场上现在的销售条件（如价格方面）产生重大的影响。从经济学角度来看，对于相关市场界定来说，需求替代可以对特定产品供应商构成最直接、最有效的制约，特别是能够对企业的定价决策产生很大的影响。

从供给的角度来看，只有用同样的生产设备进行生产才可以归为同一特定的市场，一个产品的涨价会吸引其他生产者进入市场从事该产品的生产，即生产者之间的产品具有替代性。在反垄断执法当中，这就需要分析其他供应商在面对相关产品价格数目不大的、长期性的上涨时，是否能够在短期内转而生产该相关产品并把它们销售出去，同时不会引起大量的附加成本或风险。如果其他供应商转而生产该产品需要大幅度调整现有的有形和无形资产、附加投资、战略决定或有时间延迟，则在市场界定阶段就不会认为其具有可替代性，则这些供应商的产品就不会对当事企业的产品造成竞争性限制。在消费产品领域，特别是品牌饮料业就是典型的例子。尽管饮料生产企业原则上可以生产不同的饮料，但在产品实际售出之前需要成本投入（在广告、产品试验和推销方面进行投入）。

相关市场界定需要考虑产品范围、地理范围和时间范围三个维度。相关市场具体分为三种主要类型：相关产品市场、相关地域市场、相关时间市场。

（1）相关产品市场

相关产品市场是指根据产品的特性、价格及其用途等，被消费者认为能够与某种商品发生竞争关系的同类产品或紧密替代品所组成的市场。相关产品市场的这些产品之间具有"同一性"和"替代性"。定义相关产品市场的决定因素是产品之间具有合理的可替代性，即这些产品是否限制了该企业提高产品价格的能力。

在界定相关产品市场的时候，决定性的因素不是绝对的价格差异，而是一种产品的价格变化是否对另一种产品产生了竞争性的影响。这里就涉及需求交叉弹性的问题。需求交叉弹性是指一种产品价格稍稍发生变化，所引起消费者对其他产品需求的变化程度。需求交叉弹性反映了消费者在选择商品或者服务时产品之间相互影响的程度，因此，需求交叉弹性是合理可替代性的表现。从国际经验来看，界定产品市场的可替代性分析一般考虑如下因素：产品物理特性、产品最终用途、产品价格、消费者偏好、消费者转移成本、转换供给成本、其他因素。

（2）相关地域市场

相关地域市场是指相关企业从事产品或者服务供应并且产品或替代品具有同一性，能够对该产品产生竞争性影响的地理区域。在这个地域范围内，相关的产品或者服务对该产品存在竞争性限制。在这个地域内该产品涨价会导致该地域消费者转向其他地区购买与其相竞争的产品。因此，地域市场是指特定的地区，在该区域内企业和它的竞争对手销售相互竞争的产品。

界定地域市场同界定产品市场一样，也是考虑合理的可替代性和需求的交叉弹性。如果一个企业在该区域提高产品价格并且不会吸引新企业进入或不会导致原有顾客转向其他地区购买替代品的地理区域，则该区域就构成一个地域市场。否则，应该进一步扩大地域界定范围。在界定地域市场时，为了更好地分析产品之间的可替代性，除了考虑相关产品的性能和用途外，主要考虑如下这些因素：

地区间客观差别：地区间的差异是界定相关地域市场的基础。在这个方面，国家的外贸政策、现存的进口关税、进入一个国家或者地区销售所需要的条件以及销售设施、语言等常常使同一种产品的生产或销售处于不同的竞争条件下，从而使它们处于不同的地域市场。

运输成本差别：这里主要涉及产品运费和产品价值之间的关系。有些产品如水泥、平板玻璃和石膏板，它们相对来说分量重而单位价值轻，所以，这些产品的相关地域市场一般比较小。

产品价格差别：如果两个地区属于同一个地域市场，一个地区的消费者应当可以非常方便地转向购买另一个地区的产品。在这种情况下，一个地区的产品价格就会影响另一个地区的产品价格。

消费者偏好差别：有时候尽管两个地区的产品在用途上是很好的替代品，但是由于消费者偏好的原因，随着一种产品的价格上涨，消费者却没有从一个地区转向另一地区购买产品。

（3）相关时间市场

相关时间市场是指有竞争关系的同类产品或紧密替代品之间存在竞争性约束影响的时间范围。在相关产品市场和相关区域市场给定的情况下，只要时间因素使得产品竞争条件一致，则就可以认定这些产品属于同一个市场。界定相关市场时考虑的因素包括：

产品使用的期限：产品使用期限越短，替代品就越多，产品的供给弹性就越大，相关市场的范围就越大。

产品的季节性：季节性较强的产品如水果等，只在一定的季节才存在竞争。

法律因素：比如在政府的知识产权保护有效期结束后，相关市场就会扩大。

产品生产周期：生产周期短的产品往往存在较强的竞争约束，市场范围会较大。生产周期长的产品则正好相反。

3.2　相关市场界定方法

在美国的早期反垄断执法当中，界定市场主要依据合理可替代性对需求替代和供给替代进行分析，但是这些方法的运用存在很大的主观性和不确定性，因此现代反垄断执法越来越依赖于数量方法来界定市场。目前，相关市场界定的方法主要是采用假设垄断检验法和临界损失分析法。

3.2.1　假设垄断检验法

美国司法部和联邦贸易委员会在联合发布的1982年《企业横向并购指南》首次

提出了界定相关市场的SSNIP①检验方法，该检验也称为假设垄断检验。根据SSNIP检验方法，在界定一个相关市场时，假设垄断者对某一产品实施了一个"数目不大非暂时性的相对价格上涨"行为，如果有相当数量的消费者转向其他商品，则这些商品应该包括在相关市场中。在涨价的情况下，当事企业的消费者是否会转向购买其他替代品或者转向其他地区的供货商？如果这一涨价行为导致当事企业无利可图，则说明该企业的顾客大量转向其他产品，此时的市场界定过窄，应该扩大市场范围，扩大相关产品市场或者相关地域市场直至这一涨价不能导致出现充分的需求替代产品，从而使涨价有利可图。比如，当A口味饮料的顾客面对A饮料5%的非临时性涨价，如果有足够数量的顾客转向购买B饮料，则A饮料的涨价因销售量大幅减少而无利可图，那么这个市场就至少包含A饮料和B饮料。这个过程将一直延伸到其他口味的饮料，直到找到一系列涨价也不能导致出现充分的需求替代产品，使涨价成为有利可图的一组产品构成相关市场。

一般说来，使用SSNIP检验界定一个相关市场的时候，总体上需要四个步骤：

第一步是确定初步市场，即确定一个待确定的相关当事人销售的产品和地域，假设产品为A，其他相关产品为B和C。

第二步是提价，采用一个数额不大但重要的非临时性的涨价来观察消费者的需求反应。在实际执法当中，通常采用价格上涨5%的标准，因此这个标准也被称为认定需求替代的"5%标准"。非暂时性一般采用1年的观察时间。

第三步是调整市场范围，当产品A存在着一个数额不大但长期性涨价的时候，该产品的用户将会转向产品B、产品C，如果有足够多的消费者进行了消费转移，则说明假定垄断者涨价无利可图，市场界定过窄，应该扩大市场范围。

第四步是重复进行市场范围调整，直到产品A涨价不再使其消费者大量转向购买其他替代品为止，说明此时假设垄断者涨价会有利可图，此时的这组产品就构成一个相关市场。

在具体案件中，运用SSNIP检验方法需要避免产生"玻璃纸谬误"问题。假设在一个滥用市场支配地位的案件中，反垄断调查的第一步是判断企业是否存在市场势力。在企业已经具有市场势力的情况下，恰当的市场界定检验方法不应当是判断一个假设的垄断者相对于现有价格的一个数额不大但重要的非临时性的涨价，而应该是竞争性价格。在企业已经具有市场势力的情况下，这个垄断企业已经将价格定得非常高，消费者转向替代品的意愿已经很强，运用SSNIP检验方法会发生消费者大量转向其他替代品的现象，导致进一步涨价无利可图，因此这会带来市场界定的范围过大。在美国杜邦玻璃纸公司案中，杜邦玻璃纸公司已经占有75%的玻璃纸市场，并实行了垄断性价格，在这样的垄断高价格下，任何略微的涨价都会导致消费者大量流失。因为在如此高的价格水平下，即使劣质的替代品，消费者也会去选择。在该案中，由于执法机构误以垄断价格作为界定市场的基础价格，因此错误地运用了SSNIP检验方法，这被称为"玻璃纸谬误"。

在双边平台市场，由于交叉网络效应，平台往往对一侧用户实行免费，而对另一

---

① SSNIP的全称为small but significant not-transitory increase in prices。

侧用户收费，在这种不平衡价格结构下，由于单侧市场的价格为零，因此SSNIP检验方法失效，同时由于两侧市场的价格相互影响，单边市场逻辑的SSNIP检验方法无法有效适用双边市场，需要基于双边市场的独特定价模式来寻求替代性市场界定方法。

3.2.2　临界损失分析法

市场界定的临界损失分析方法是由哈里斯和西蒙斯（Harris and Simons，1989）首先提出的，该方法可以看作是SSNIP方法的一个经验应用方法。当假定的垄断者小幅非暂时性涨价之后，其利润的变化受到两种力量的影响：一是由于单位产品的价格上升带来的收益增加，二是由于价格上涨导致销量下降带来的收益减少。我们将假设垄断者产品价格上涨导致销量下降带来的收益减少称为"实际损失"；将假设垄断者在对相关产品或服务实行一个小幅并且持续的涨价后，仍能够实现有利可图所能承受的最大销售额损失称为"临界损失"。临界损失就是在产品价格上涨x%的情况下使企业利润不发生变化的产品销量的下降百分比。临界损失实际就是要保证涨价带来的收益增加和涨价带来的收益减少相等。

在假设垄断者产品价格上涨幅度和垄断者利润给定的情况下，垄断者所能承受的销售量减少是有限的。因为作为理性的经济人，它必然要求涨价行为能为其带来更多的利润，至少保证涨价后所获得的利润不会少于没有涨价时的利润。当垄断企业涨价的实际损失超过临界损失时，则表明它的涨价行为是无利可图的。因此，将涨价所得等于涨价所失时的临界损失和涨价实际发生的损失进行比较就可以确定某种替代品是否应该纳入相关的市场。

由于前提假设的不同，临界损失分析有两种计算方法："利润最大化临界损失"和"盈亏平衡临界损失"。"利润最大化临界损失"假设企业作为私利最大化的理性人，为实现利润最大化目标，当涨价所得大于因涨价而引起的销量下降所受的损失时，它会继续实施涨价行为，直到涨价所得等于涨价所失时停止。"盈亏平衡临界损失"主要是分析假设垄断企业涨价而利润保持不变时的销售损失比例。在实践应用中，目前较多采用盈亏平衡临界损失分析方法。

我们假设一个垄断者原来的价格为 P，产量为 Q，边际成本为 MC，假设垄断企业进行了产品小幅度非暂时性涨价，价格上涨幅度为 ΔP，由此导致产量变化幅度为 ΔQ，由于价格上升导致产量下降，因此 ΔQ 为负。显然，涨价带来的收益增量为 $\Delta P(Q+\Delta Q)$；涨价带来的收益减少为 $-(P-MC)\Delta Q$。根据临界损失的定义，涨价的盈亏平衡临界点为

$$\Delta P(Q+\Delta Q) = -(P-MC)\Delta Q \tag{3-1}$$

对上式两边同时除以 PQ 可得

$$\frac{\Delta P}{P}\left[1+\frac{\Delta Q}{Q}\right] = -\left(\frac{P-MC}{P}\right)\frac{\Delta Q}{Q} \tag{3-2}$$

对上式进行整理求 $-\dfrac{\Delta Q}{Q}$ 可得如下结果

$$-\frac{\Delta Q}{Q} = \frac{\frac{\Delta P}{P}}{\frac{\Delta P}{P} + CM} \qquad (3-3)$$

（3-3）式左侧就是涨价无利可图时的销售量损失比例，即临界损失 CL。假设总利润边际为 $CM = \frac{P-MC}{P}$，X 表示价格上涨幅度，因此，临界损失的基本计算公式如下

$$CL = \frac{X}{X+CM} \qquad (3-4)$$

上面的公式显示，在总利润边际给定的情况下，涨价幅度越高，临界损失就越大；在涨价幅度 X 给定的情况下，总利润边际越高，临界损失就越小。

为了更好地分析临界损失，我们通过一个数值计算的例子来加以解释。假设垄断企业的 SSNIP 涨价幅度为 5%，我们计算出了不同总利润边际下的临界损失数值（见表3-1）。从表中我们可以看出，在价格上涨幅度给定为 5% 的情况下，高总利润边际通常带来低临界损失。在美国 SunGard 数据系统公司拟议并购 Comdisco 公司案中，SunGard 数据系统公司宣称其利润边际为 90%，在涨价幅度为 5% 的情况下，如果其产品销量下降大于等于 5.3% 的话，则企业此时的实际损失将会高于临界损失，此时其涨价行为将是无利可图的。

表3-1　　　　　　　　　　　价格上涨 5% 下的临界损失

总利润边际（CM）	10%	20%	40%	60%	75%	90%
临界损失（CL）	33.3%	20%	11.1%	7.7%	6.3%	5.3%

在实际应用中，传统上用临界损失来界定市场通常有三个步骤：一是计算假定垄断者涨价 5% 时的临界损失，二是计算实际损失，三是通过比较临界损失和实际损失来界定市场。如果实际损失超过临界损失，则表明假定垄断者的涨价行为无利可图，目标商品范围过大。如果实际损失小于临界损失，则表明该涨价有利可图，目标商品可能构成独立的相关市场，也可能界定过窄。

传统的临界损失方法存在两个问题：首先，如上面计算结果所示的，高总利润边际 CM 通常带来低临界损失 CL，但高总利润边际 CM 也意味着一个低的实际损失，此时即使临界损失较低，涨价也可能是有利可图的。这是因为，根据勒纳指数 $CM = \frac{1}{\varepsilon}$，高总利润边际也意味着消费者对价格变化不敏感，即消费者的需求弹性较小，尤其是在产品差别化的情况下这一点更为突出，从而造成产品涨价后垄断企业的实际损失较小。传统的临界损失忽略了这一点，有可能造成计算的错误，影响了市场界定的准确性。其次，传统的临界损失分析假设产品是无差别的，此时一个企业涨价会导致消费者流失到其他企业。在差别化产品市场，这种效应会明显降低，从而产生过宽的市场界定。再次，临界损失分析没有考虑并购当事企业之间的产品转移问题。比如，两个出售差别化产品的企业并购之后，企业可能单方面地提高产品价格并能保持盈利，这

是因为并购一方的产品因涨价而导致的销售损失可能只是转移到并购另一方的产品上，另一方的产品销量相应增加。

卡兹和夏皮罗（2003）提出，在临界损失分析当中应该引入"转移率"，从而对传统的临界损失分析加以改进，使其适应多产品情况。这里的转移率是指因一种产品价格的一次上涨而导致的销量损失中转移到其他替代产品的比例，即消费者将其他产品作为替代品而产生的销量损失占涨价企业销量损失的比例。假设产品 A 涨价 5%，则导致其销量减少了 200 个单位，但是待评估市场中产品 B 的销量因此增加了 90 个单位，则总转移率就是 $D = \dfrac{90}{200} \times 100\% = 45\%$。一般说来，总转移率在 0～100% 之间。

在企业并购案件中，如果 A 产品企业和 B 产品企业之间拟议并购，则总转移率越高，涨价所获得的利润就越高。这是因为并购后 A 产品价格的提高会大大增加 B 产品的销量，并购后的企业利润会增加。同样，在假设垄断者生产多种产品的情况下，也是如此。总转移率可以通过调查数据和计量分析方法来计算得出。

在界定相关市场时，根据盈亏平衡分析，最简单的对称产品市场界定标准是：当 $D \geq \dfrac{X}{X + CM}$ 时，SSNIP 检验的候选产品就构成一个相关市场。例如，如果涨价 5%，总利润边际为 0.45，则临界损失为 0.1。此时，如果总转移率 $D \geq 0.1$，则所分析的相关产品就构成一个相关市场。

在拟并购企业产品之间或垄断企业同时提供替代性多产品的情况下，由于产品之间存在转移率，一个假设垄断者涨价的实际损失仅仅是 $(1 - D)$。因此，在考虑转换率的情况下，临界损失的计算公式为

$$CL = \frac{X}{X + CM}(1 - D) \tag{3-5}$$

如果产品 A 和产品 B 具有不同的利润加成 $P - MC$，则我们将两个产品之间的相对利润加成表示为 $\lambda = \dfrac{P_B - MC_B}{P_A - MC_A}$，此时临界损失的计算公式则变为

$$CL = \frac{X}{X + CM}(1 - \lambda D) \tag{3-6}$$

3.3 市场势力衡量

市场界定的目的是准确判断企业是否具有市场势力，即企业是不是市场支配企业。根据产业组织理论，一个企业的市场势力可以从市场结构、市场行为和市场绩效三个方面来加以判断。这也就是说，企业的市场支配地位通常表现为较高的市场份额、长期获得较高的利润、实行了某些损害竞争的行为。目前，在反垄断执法实践当中，衡量市场势力主要有三种方法，即市场结构的 HHI 指数法、市场绩效的勒纳指数法、通过计量方法来直接测算市场势力的新经验产业组织方法。

3.3.1　市场结构标准

市场结构标准是各国反垄断执法当中最基础的市场势力判定依据。欧盟委员会2004年发布《横向并购评估指南》明确指出，市场份额和HHI指数是反映市场竞争程度的首要指标，为反垄断审查提供了最有价值的信息。

（1）市场份额

在反垄断法中，为了判断企业市场势力，执法机构采用更简便的市场份额标准。美国法院最初将一个企业在相关市场份额超过30%认定为具有市场支配地位，这也被称为"费城国民银行"推定。在玩具反斗城案中，美国法院则将一个企业拥有相关市场20%的份额认定为具有市场势力。欧盟竞争法认定企业具有市场支配地位的标准是单个企业市场份额占30%以上，中国反垄断法的标准是单个企业市场份额占50%以上，就可以认定为具有支配地位。

在数字经济情况下，市场竞争具有更多的维度，市场份额计算指标不仅可以采用销售收入、利润、价格边际等价格性指标，也可以采取活跃用户数、用户流量等非价格性指标来更准确地反映单个企业的市场势力。

（2）HHI指数

赫芬达尔 - 赫希曼指数（HHI）是行业企业市场份额的平方加总，具体为：

$$HHI = S_1^2 + S_2^2 + S_3^2 + \cdots + S_n^2 = \sum_{i=1}^{n} S_i^2 \tag{3-7}$$

在反垄断执法中，将企业市场份额作为企业市场势力的代表性指标的做法是建立在这样的假设基础上的，即认为较高的市场份额就是具有市场势力，市场份额和市场势力之间具有紧密的正相关关系。假设市场中有 N 家企业，它们有相同的边际成本 c。从企业 i 的观点来看，总产量 Q 是由两部分构成：一部分是企业 i 的自身产量 q_i，另一部分是除了企业 i 以外的其他企业的产量，我们以 Q_{-i} 表示。就是说，$Q = q_i + Q_{-i}$。考虑一般的逆需求函数 $P(Q)$，企业 i 将该需求函数写作 $P(q_i + Q_{-i})$。相应地，这意味着企业 i 的利润函数为 $\pi_i = \left[P(q_i + Q_{-i}) - c_i \right] q_i$。显然，利润最大化的一阶条件为

$$P(q_i + Q_{-i}) - c_i = -q_i \frac{P(q_i + Q_{-i})}{q_i} \tag{3-8}$$

我们重新把式（3-7）写成如下的形式

$$\frac{P(q_i + Q_{-i}) - c_i}{P(q_i + Q_{-i})} = -\frac{q_i}{Q} \frac{\left[\dfrac{P(q_i + Q_{-i})}{q_i} \right] Q}{P(q_i + Q_{-i})} \tag{3-9}$$

同样，经过整理勒纳指数公式为

$$\frac{P - c_i}{P} = \frac{s_i}{\varepsilon} \tag{3-10}$$

在此基础上，我们可以用单个企业的市场份额 s_i 为权数来建立一个加权平均的价格 - 成本边际 $\dfrac{(P-c)}{P}$，具体如下

$$\sum_{i=1}^{N} s_i \left(\frac{P - c_i}{P} \right) = \frac{\sum_{i=1}^{N} s_i^2}{\varepsilon} = \frac{HHI}{\varepsilon}$$

$$(3-11)$$

根据式（3-10），在需求弹性给定的情况下，主导企业的市场份额越大，企业的市场势力就越大。结果也显示，企业市场势力与以 HHI 指数衡量的市场结构有直接的正相关关系。

HHI 指数的最大优势是对企业之间市场份额的相对差距更敏感，尤其是对大企业的市场份额变化能更好地加以反映。HHI 指数是用市场份额来计算，在反垄断执法实践中一般将上述计算结果乘以 10 000。根据这一惯例，完全竞争市场 HHI 为 0，完全垄断市场 HHI 为 10 000。如美国 2010 年《企业横向并购指南》依据 HHI 指数将市场划分为三种类型：低集中度市场，HHI 指数低于 1 500；适度集中度市场，HHI 指数在 1 500 和 2 500 之间，高集中度市场，HHI 指数高于 2 500。

从执法效率的角度来说，市场结构指标提供了最有效的识别市场势力或支配地位的工具，采用市场结构指标来判断市场势力的存在及其程度大小，可以显著节省执法成本。同时为了防止失误，在判断企业市场势力时，除了主要根据市场份额、HHI 指数等结构性指标之外，还要考虑其他的相关因素来做出最终的判断。

3.3.2　市场绩效标准

市场绩效标准通常是以完全竞争市场为基准，即企业价格偏离边际成本的幅度或企业的净利润高于行业平均利润的幅度。欧盟 2010 年发布了《支配企业滥用排他性行为的执法重点指南》，如果一家企业能够在一段时期内以高于竞争水平的高价盈利，说明该企业没有受到充分有效的竞争约束，因此该企业通常被认为具有市场支配地位。目前，市场绩效标准主要是利润指标和勒纳指数。

（1）利润指标

一个企业拥有超额垄断利润往往被看作拥有市场势力的重要指标。因为在竞争市场中，一个企业很难长期获得稳定的超额利润。

总体来说，基于财务利润指标来检验企业的市场势力面临的主要问题是财务数据通常并不能准确反映企业的市场势力，这主要是因为：首先，财务数据很大程度上受到企业选择的会计核算规则的影响；其次，在多产品企业或多工厂企业，会存在企业内部交叉补贴和内部转移定价；再次，以利润作为反垄断执法准则，会引起企业的行为扭曲，为了逃避反垄断惩罚，企业会采取各种手段来压低财务利润数据，这不利于社会资本的有效使用和促进企业改进效率。尽管企业拥有超额利润不是确定垄断的决定性指标，但是如果一个企业长期获得稳定的超额利润，则一定是建立在垄断势力的基础上。

（2）勒纳指数

根据第 2 章的分析，我们知道在独家垄断的情况下，企业市场势力的勒纳指数为

$$L = \frac{P - MC}{P} = \frac{1}{\varepsilon} \tag{3-12}$$

直观地来看，勒纳指数与价格和边际成本有直接的关系。勒纳指数的值总是在0～1之间。对于一个完全竞争企业来说，$P = MC$，勒纳指数为零。勒纳指数越大，企业的市场势力就越大。另外，勒纳指数还与价格弹性成反比关系。从表3-2中可以发现，企业产品的价格弹性越大，企业拥有的市场势力就越小。

表3-2　　　　　　　　　　独家垄断下的勒纳指数

ε	4	2	1	0.5	0.25
L	0.25	0.5	1.0	2.0	4.0

根据第2章的分析，在支配企业的情况下，反映企业市场势力的勒纳指数为

$$L = \frac{S}{\varepsilon + \varepsilon_F (1 - S)} \tag{3-13}$$

上面（3-13）式表明支配企业的市场势力与支配企业的市场份额成正比，与市场需求弹性和从属企业需求弹性成反比。如表3-3所示，在两个企业价格弹性都等于1的情况下，支配企业的市场份额越高，其市场势力勒纳指数也越高。

表3-3　　　　　　　　支配企业勒纳指数$\varepsilon = 1$，$\varepsilon_F = 1$　　　　　　（单位：%）

S	10	20	30	40	50	60	70	80	90	100
L	5	11	18	25	33	43	54	67	82	100

从执法实践来说，将勒纳指数应用于评估企业的市场势力存在三个问题：首先，由于很难测定边际成本，因此经常采用平均可变成本代替来计算；其次，如果企业的价格低于最大化利润的价格，则它的垄断势力无法通过该指数显示；再次，该指数没有考虑诸如学习效应、需求变动等因素对定价的动态影响；最后，值得注意的是，具有一定的市场势力并不一定意味着高利润，利润取决于相对价格的平均成本水平。比如企业A可能比企业B具有更大的市场势力，但是由于它的平均成本要高得多，它的利润可能反而会较低。尤其是在企业存在生产非效率的时候，这一问题尤为突出。

3.3.3　计量方法

现代反垄断执法对企业市场势力的衡量主要是通过采用计量经济学工具来直接测算和评估企业的市场势力，这一方法也称为企业竞争行为标准。竞争行为标准主要是研究竞争对手的价格和产量变化对该企业的销售和产出变化的影响。企业竞争行为检验主要是基于新经验产业组织理论的实证方法。新经验产业组织理论实证方法的主要特点是：不采用基于成本的财务数据；主要估算单一产业的市场势力；基于寡头理论模型来检验市场势力；基于企业行为来判断市场势力的大小。新经验产业组织理论主要采用经济计量学的工具来直接测算企业的市场势力。

目前，具体的计量方法主要有如下四种：一是结构模型方法，根据反需求函数和边际成本方程，通过估计市场需求弹性来测算勒纳指数；二是豪尔（Hall，1988）提

出的基于生产函数的简约形式估计法，通过引入工具变量来估计其与索罗剩余之间的相关性进而估计市场势力；三是贝克与布拉斯纳罕（Baker and Bresnahan，1985，1988）提出的剩余需求函数方法，根据剩余需求方程来估计剩余需求弹性，并根据剩余需求弹性与市场势力倒数的关系来直接测算出市场势力；四是麦克菲顿（McFadden，1973）提出的 logit 模型方法，该模型主要运用于产品差别化市场，以检验是否存在合谋以及企业并购的竞争效应。

3.3.4　综合分析

对具体案件来说，在判断企业市场势力或是否具有市场支配地位时，上述三种方法的测算结果是判定的重要依据，但最终的认定还需要根据个案并综合考虑多种因素来做出判定。

欧盟委员会 2009 年发布的《适用欧共体条约第 82 条查处市场支配地位企业滥用性排他行为的执法重点指南》指出，对市场支配地位的评估将考虑市场的竞争结构，特别是以下因素：现有供应渠道、市场地位、实际竞争对手的市场地位；实际竞争对手未来扩张或潜在竞争对手的进入情况；客户讨价还价能力、产品差别化程度、市场竞争获利等。欧盟委员会 2020 年 12 月颁布的《数字市场法》针对大型数字平台提出了"守门人"市场势力的认定标准：一是具有强大的经济地位，对市场具有重要的影响；二是具有强大的中介地位，运营一个核心的平台服务，并且该服务是商业用户实现与终端用户交易的重要通道；三是具有稳固和可持续的市场地位。

根据中国《反垄断法》第十八条的规定，认定经营者具有市场支配地位，应当依据下列因素：该经营者在相关市场的市场份额，以及相关市场的竞争状况；该经营者控制销售市场或者原材料采购市场的能力；该经营者的财力和技术条件；其他经营者对该经营者在交易上的依赖程度；其他经营者进入相关市场的难易程度；与认定该经营者市场支配地位有关的其他因素。2021 年国务院反垄断委员会印发的《关于平台经济领域的反垄断指南》第十一条结合平台经济的特点，提出了市场支配地位认定可以具体考虑的因素：（1）经营者的市场份额以及相关市场竞争状况。分析相关市场竞争状况，可以考虑相关平台市场的发展状况、现有竞争者数量和市场份额、平台竞争特点、平台差异程度、规模经济、潜在竞争者情况、创新和技术变化等。（2）经营者控制市场的能力。可以考虑该经营者控制上下游市场或者其他关联市场的能力，阻碍、影响其他经营者进入相关市场的能力，相关平台经营模式、网络效应，以及影响或者决定价格、流量或者其他交易条件的能力等。（3）经营者的财力和技术条件。可以考虑该经营者的投资者情况、资产规模、资本来源、盈利能力、融资能力、技术创新和应用能力、拥有的知识产权、掌握和处理相关数据的能力，以及该财力和技术条件能够以何种程度促进该经营者业务扩张或者巩固、维持市场地位等。（4）其他经营者对该经营者在交易上的依赖程度。可以考虑其他经营者与该经营者的交易关系、交易量、交易持续时间、锁定效应、用户黏性，以及其他经营者转向其他平台的可能性及转换成本等。（5）其他经营者进入相关市场的难易程度。可以考虑市场准入、平台规模效应、资金投入规模、技术壁垒、用户转换成本、数据获取的难易程度、用户习惯等。（6）其他因素。

3.4　市场进入分析

竞争是一个动态的过程，对一个企业限制竞争的评估不能仅仅根据现有的市场状况。实际竞争对手的扩张或潜在竞争对手的进入带来的影响，包括此类扩张或进入的威胁都应作为相关因素予以考量。如果市场扩张或进入是可能的、及时的、充分的，则可以阻止企业提高价格。

鲍莫尔、潘扎和维利格（1982）提出的可竞争市场理论指出，在市场进退无障碍的情况下，潜在进入企业可以采取"打了就跑"的方式进入和退出，此时，即使市场只有一个企业垄断经营，潜在竞争压力也会带来竞争性价格和效率结果。完全可竞争市场是其中任何一个市场均衡结果都是可维持的，市场具有如下的均衡特征：在均衡情况下，企业获得零利润；在产业均衡条件下，尽管只有一家企业经营，但是不存在任何的生产效率扭曲；在长期均衡下，市场流行平均成本定价，产品在价格等于边际成本的条件下来销售。因此，只要市场上存在获利机会，采用"打了就跑"战略的企业就会进入市场并获利，抢夺在位企业的利润和市场，这样即使在位主导企业拥有较高的市场份额，潜在竞争的压力也会阻止在位企业制定高价格并促使其高效率地经营。在进退无障碍的市场结构下，包括自然垄断在内的高集中度的市场结构是可以和效率、消费者福利并存的。从长期来看，在一个进退无障碍的市场上，不会存在超出正常利润的高额垄断利润。在此情况下，政府的政策与其重视市场结构倒不如重视是否存在阻碍新企业进入市场的障碍，并尽可能地降低新企业的进入障碍，创造可竞争的市场。

根据可竞争市场理论，在进退自由的市场上，一个拥有高市场份额的企业并不能够运用市场势力，因为其他企业采取"打了就跑"的策略会限制企业市场行为，也就是说即使市场份额高，只要价格有充分的弹性，高市场份额不一定就有强的市场势力。相反在产品差别化显著的市场，由于消费者转换成本造成的低需求弹性，一个企业即使拥有较低的市场份额，仍可以有效地运用市场势力。另外，一个企业拥有高的市场份额并不意味着企业能够维持垄断性价格并获取垄断性收益，只有当市场份额是以市场进入障碍为基础时，企业才可能拥有市场势力。因此，正确运用市场结构检验标准要求仔细分析各种市场条件，在采用市场份额或利润作为市场势力的指标的同时，还要考虑市场的进入障碍和产品差别化等其他市场条件。如果进入在数量、特征和范围上是及时的、可能的和充分的，则进入就非常容易。这种进入也称为"不受约束的进入"。在一个进入具有及时性、可能性和充分性的市场上，高市场份额并不会引起限制竞争问题[①]。

根据美国2010年《企业横向并购指南》，对于进入和退出市场需要花费巨大沉淀成本的受约束的进入，反垄断机构采用了三个步骤来分析被讨论的进入是否会阻止或抵消竞争影响这个问题。

---

① 进入所需时间不足一年和进入沉淀成本微不足道的供给反应，也适用于同样不受约束进入的分析。

第一步是分析进入是否会在一个适当的时期内对市场产生显著的影响。如果这种显著的市场影响需要一个更长的时间，进入将不会阻止或抵消竞争影响问题。

第二步是分析被指控的进入是否有利可图，且进入是否可能是对具有竞争影响问题的并购做出的一个反应。那些企业在考虑需要发生重大的沉淀成本的进入时，必须基于对市场长期参与的基础来评价进入的获利性。盈利能力取决于：考虑了新进入者面临的障碍后，进入者可能获得的产出水平；考虑了进入本身对价格的影响后，进入者进入后可能获得的价格；进入者的单位成本，单位成本取决于进入者的生产规模。

第三步是分析及时的和可能的进入是否足以将市场价格恢复到并购前的水平。这种结果可能通过多个或者足够规模内的单个进入而实现。即使进入是及时的和可能的，但是如果由于先进入者的控制限制了对基础性资产的获得，使得进入不能达到有利可图所必需的销售水平，则进入仍然是不充分的。

反垄断机构需要分析进入者进入市场所采取的进入方式的及时性、可能性和充分性，以判定市场进入是否会对市场竞争产生影响：

第一，进入的及时性。为了阻止和抵消反竞争效果，进入必须能尽快对相关市场的价格产生显著的影响。对于一般商品，如果进入能够在两年内完成，进入就能够阻止或抵消并购对竞争的影响，则进入就是及时的。

第二，进入的可能性。进入的可能性主要是分析进入障碍，包括资产、生产能力、必需的资金、规模经济、范围经济、资源获取、网络效应、转换成本等结构性因素，也包括在位企业巨大投资所形成的过剩生产能力、排他性交易合约等行为性进入障碍。在特殊情况下，还要考虑政府管制政策造成的法律障碍等影响。

第三，进入的充分性。如果由于先进入者的控制，进入者不能充分获得所要求的有形资产或无形资产从而对它们的销售机会做出充分的反应，则尽管这种进入是可能的，但却是不充分的。进入的充分性要求进入者能够获得充分竞争的有形资产和无形资产。

本章小结

界定相关市场是反垄断案件审查的一个重要前提。界定相关市场的决定因素是产品之间具有合理可替代性，合理可替代性需要从需求和供给两个方面来加以考虑。目前，国际上比较通用的相关市场界定方法是假设垄断检验法和临界损失分析法。

从反垄断执法的角度来说，市场界定的目的是进一步判断相关企业的市场势力或企业并购等行为对竞争的影响。目前，在反垄断执法实践当中，衡量市场势力主要通过三种方法，即衡量市场结构的HHI指数法、直接衡量市场势力的勒纳指数法和通过计量方法来直接测算市场势力的新经验产业组织方法。

根据可竞争市场理论，企业的市场势力很大程度上受到市场进入难易程度的影响。反垄断机构主要分析进入者进入市场的及时性、可能性和充分性，以判定市场进入是否会对市场竞争产生影响。

课后习题

1.如何界定相关市场？

2.将市场结构作为判定市场势力的重要依据背后的经济学原理是什么？

3.基于市场结构的市场势力判定方法在运用到差别化产品市场时会出现什么问题？

4.市场进入是如何影响企业的市场势力的？

5.对于多边市场的数字平台来说，由于交叉网络效应平台通常对消费者实行免费，此时SSNIP分析方法是否有效？

推荐阅读资料

关于市场界定方法的系统介绍请阅读李虹（2011）的研究，O'Brien 和 Wickelgren（2003）对盈亏平衡临界损失方法进行了推导并对其应用进行了介绍，关于如何对临界损失分析加以改进的系统论述请阅读Farrell 和 Shapiro（2008）的文献。关于现代市场势力衡量方法的详细介绍请阅读Perloff、Karp 及 Golan（2007）的研究，关于数字平台相关市场界定请阅读Filistrucchi（2018）和唐要家、唐春晖（2021）的研究。

本章参考文献

[1] DEMSETZ. Industry Structure, Market Rivalry, and Public Policy [J]. Journal of Law & Economics, 1973, 16: 1-9.

[2] BAUMOL, SWANSON. The New Economy and Ubiquitous Competitive Price Discrimination: Identifying Defensible Criteria of Market Power [J]. Antitrust Law Journal, 2003, 70: 661-686.

[3] BRENNAN. Why Regulated Firms Should be Kept Out of Unregulated Markets: Understanding the Divestiture in United States v AT&T [J]. The Antitrust Bulletin, 1987, 32: 741-793.

[4] FARRELL, SHAPIRO. Antitrust Evaluation of Horizontal Mergers: An Economic Alternative to Market Definition [J]. Journal of Theoretical Economics, Vol. 10, 2010.

[5] FUDENBERG, TIROLE. The Fat Cat Effect, the Puppy Dog Ploy and the Lean and Hungry Look [J]. American Economic Review, 1984, 74: 383-402.

[6] FARRELL, SHAPIRO. Improving Critical Loss Analysis [R]. Working Paper, 2008.

[7] FILISTRUCCHI. Market Definition in Two-sided Markets: Theory and Practice [J]. Journal of Competition Law and Economics 2014, 10 (2).

[8] FUDENBERG, TIROLE. Game Theory [M]. Cambridge: MIT Press, 1991.

[9] HARRIS B C., SIMONS J J. Focusing Market Definition: How Much Substitution is Enough [J]. Research in Law and Economics (12), 1989.

[10] MANKIW, WHINSTON. Free Entry and Social Inefficiency [J]. The RAND Journal of Economics, 1986, 17: 48-58.

[11] HART. The Market as an Incentive Scheme [J]. Bell Journal of Economics, 1983, 14: 366-382.

［12］HAY, VICKERS. The Economics of Market Dominance［M］. Oxford：Bail Blackwell, 1987.

［13］KATZ, SHAPIRO. Critical Loss：Let's Tell the Whole Story［J］. Antitrust Magazine, Spring, 2003, pp.49-56.

［14］KLEIN, WILEY. Market Power in Economics and in Antitrust：Reply to Baker［J］. Antitrust Law Journal, 2003, 70：655-660.

［15］NILSSEN. Two kinds of Consumers witching Costs［J］. The RAND Journal of Economics, 1992, 23：579-589.

［16］O'BRIEN, WICKELGREN. A Critical Analysis of Critical Loss Analysis［J］. Antitrust Law Journal, 2003, 71（1）：161-191.

［17］THOMAS M. Concentration Ratios and the Degree of Monpoly［J］. International Economic Review, 1970, 11（1）：139-146.

［18］SCHERER. Industrial Market Structure and Economic Performance［M］. Chicago：Rand-McNally, 1980.

［19］GREGORY W. Demand Elasticities in Antitrust Analysis［J］. Antitrust Law Journal, 1998, 66：363-414.

［20］丁茂中. 反垄断法实施中的相关市场界定研究［M］. 上海：复旦大学出版社，2011.

［21］李虹. 相关市场理论与实践［M］. 北京：商务印书馆，2011.

［22］唐要家，唐春晖. 数字平台反垄断相关市场界定［J］. 财经问题研究，2021（2）.

第4章
合　谋

　　在完全竞争的市场上，单个企业的价格调整行为并不会为自己带来益处。在没有法律限制的情况下，竞争性企业都希望联合起来消除彼此之间的竞争，并通过限制产量来提高价格以获得更多的利润。由于企业之间的合谋消除了企业之间的竞争，企业之间的统一定价等行为，造成了市场的高价格。一个完全的企业之间合作协议会使这些企业能够向一个垄断者那样行事。在此情况下，合谋行为会对竞争造成严重伤害。由于价格合谋是企业之间联合起来，通过消除价格竞争和提高价格来获取垄断利润，因此没有任何的效率收益。由于价格合谋的巨大危害，在反垄断执法中被称为"首恶"，因此成为各国反垄断执法重点打击的对象。

4.1　合谋的形式

4.1.1　合谋的法律界定

　　美国《谢尔曼法》第一条采用了"合同、联合和共谋"三个术语来表述限制竞争协议，实际上这三个术语之间存在着交叉关系，三者同时使用是为了尽可能地包含所有的限制竞争协议形式。在美国司法部和联邦贸易委员会 2000 年颁布的《关于竞争者之间联合行为的反托拉斯指南》中，将限制竞争协议称为"联合行为"，并将竞争者之间的联合行为界定为包括竞争者之间实施的除并购以外的一个或多个协议，以及根据协议进行的涉及研发、生产、销售、信息共享和贸易协会等的有关活动。

　　在欧盟竞争法中，采用了"协议、决定和一致行动"三个概念来概括企业之间的合谋行为，其中"决定"主要是指企业联合组织的决定，如行业协会、商会、企业联合体等的限制竞争的行为。《欧洲共同体条约》第 81 条指出：任何可能影响成员国之间的贸易并且具有阻止、限制或者扭曲共同市场内竞争目的或者效果的企业之间的一切协议、企业群体所做出的决定和协同行为，因为与共同市场不相容而应被禁止。

　　中国《反垄断法》则采用了"垄断协议"的提法，用"协议、决定、协同行为"三个概念来概括合谋行为。《反垄断法》第十三条指出"本法所称垄断协议，是指排除、限制竞争的协议、决定或者其他协同行为"。

4.1.2　合谋的形式

（1）横向协议与纵向协议

　　在市场竞争当中，企业之间经常会有各种各样的联合行为。企业之间的合作通常涉及一项或多项商业活动，如研发、生产、市场营销、销售、购买等。从企业之间的关系来看，企业之间的联合协议包括横向协议和纵向协议。横向协议是指在生产或销售过程中处于同一阶段的企业之间订立的协议。纵向协议是指处于不同生产阶段的企业之间订立的关于购买、销售特定商品或服务的协议。从反垄断经济学的角度看，企业之间的横向协议通常比纵向协议更可能带来严重的竞争损害效应。

　　企业之间的横向协议并不都是违法的，许多企业之间的联合行为是促进竞争和经济效率的，而有些横向协议则是损害竞争的，反垄断法关注的主要是限制竞争的企业之间的横向协议。企业之间的横向限制竞争协议是指在产品生产、销售过程中，处于同一经营环节的企业之间达成的生产或销售协议，以协调彼此的经营关系，减少彼此之间的竞争，获取垄断利润。无论是哈佛学派、芝加哥学派，还是后芝加哥学派，都一致认为，卡特尔行为会带来严重的低效率，禁止卡特尔行为是符合社会福利要求的。因此，限制竞争的企业之间的横向协议是反垄断法关注的重点。

（2）显性协议与隐性协议

根据合谋协议的达成方式，合谋可以大体上分为显性合谋和隐性合谋。显性合谋是指企业之间共同达成一个可以实施的协议。企业之间显性的协定包括卡特尔、合营企业等①。卡特尔是显性合谋的主要形式，卡特尔是指一群独立的企业共同制定价格或产量的合谋形式。卡特尔既可能是合法的也可能是非法的。合营企业是企业之间横向协议的一种重要形式。合营企业是两个或多个企业联合在一起组建第三个企业，以开展生产经营活动的行为。合营企业是介于卡特尔和横向并购之间的一种中间形式。合营企业既可能产生反竞争效应，也可能产生竞争促进效应。隐性合谋主要是指默契合谋，是指企业之间仅通过观察和预测竞争对手的定价行为来协调彼此的行为，也称为"有意识地协调"或"平行行为"，主要是指由于寡头企业之间的相互依赖性，企业有意识地采取协调一致的行为。与显性合谋不同的是，隐性合谋企业之间并没有具体的协议，彼此之间是心照不宣的默契行动。

（3）合谋协议的具体形式

企业之间的卡特尔行为具有多种形式，如企业之间联合起来达成固定价格、分割市场的协议，或者联合抵制、合谋投标等。

①固定价格的协议。固定价格的协议是指具有竞争关系的企业通过协议、决议或者协同行为，确定、维持或者改变价格的行为。固定价格协议的主要方式有：固定价格水平、制定共同价格、确定最高或最低价格、确定最高折扣、公布建议价格、规定统一涨价的时间或幅度、对不同购买人适用不同价格以及共同维持转售价格等。

②限制产量的协议。限制产量的协议是指具有竞争关系的企业通过协议、决议或者协同行为来固定产量的行为。在市场给定的情况下，限制产量实际上就是影响市场价格。

③分割市场的协议。分割市场的协议是指竞争企业之间分割地域市场、分割客户、分割产品市场的协议。通过划分市场实际上消除了企业之间的竞争，使每个企业成为局部市场垄断者。

4.2 寡头动态合谋机制

4.2.1 卡特尔的激励困境

企业参与合谋的目的是实现联合利润最大化，尽管合谋是符合集体利益最大化的，但是卡特尔本身是不完善的，如难以达成协议、难以有效执行协议、各个企业都

---

① 有的学者也将横向并购看作一种显性横向协议形式。

有背叛的激励等，从而会产生"囚徒困境"问题。在企业之间进行战略博弈的过程中，纳什均衡结果很少会出现垄断合作结果（如果有的话）。卡特尔内的所有成员都需要抵制背叛协议所带来的高利润的诱惑。因为当所有其他企业都制定高价格且限制产量时，剩下的那家企业会不由自主地想到，如果它将产品价格制定在其他企业价格之下并向市场提供更多的产品，那么它获得的利润将比在卡特尔内分配所得的利润要多得多。更重要的是，每家企业不仅意识到自己所面对的诱惑，而且也意识到所有其他卡特尔参与企业也面对着相同的诱惑。对其他卡特尔成员背叛协议的担忧也是企业背叛卡特尔的巨大激励。

假设有两个企业，它们的策略选择是合作或背叛，具体的支付情况如下图 4-1 所示。在图 4-1 中，右上角的为企业 A 的支付，左下角的为企业 B 的支付。对于两个企业来说，选择（合作、合作）会带来最大的集体利益。但是在一次性博弈当中，对于任何单个企业来说，选择背叛是最符合其利益的。由于集体利益和个体利益的不一致，因此博弈均衡结果是（背叛、背叛），而不是（合作、合作）。

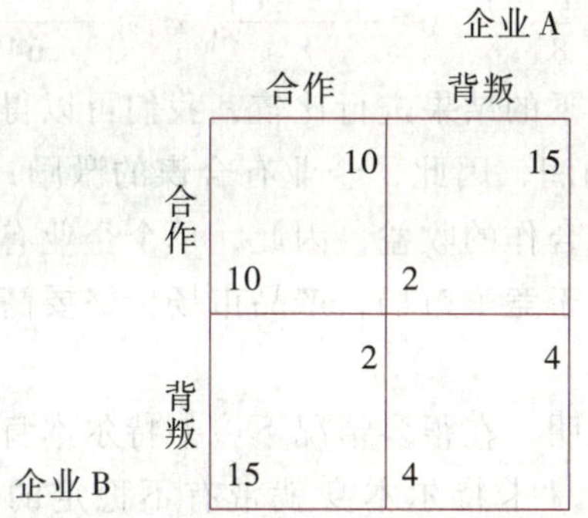

图 4-1　单期合谋博弈的不稳定性

这里我们分析一个简单的古诺博弈，比较双寡头古诺竞争、双寡头合谋和单个企业的背叛激励。假设市场当中有两个企业 i 和 j，每个企业的产出为 q_i 和 q_j，市场总产出是 $Q = q_i + q_j$，市场逆需求曲线是 $p(Q) = a - Q$，企业边际成本是 c。

（1）古诺双寡头竞争

在古诺双寡头竞争的情况下，企业 i 的利润最大化函数是 $\pi = q_i(a - q_i - q_j - c)$，利润最大化的一阶条件为

$$q_i = \frac{1}{2}(a - q_j - c) \tag{4-1}$$

同样，企业 j 的利润最大化一阶条件是

$$q_j = \frac{1}{2}(a - q_i - c) \tag{4-2}$$

经过简单的运算可得

$$q_i = q_j = \frac{1}{3}(a - c), \quad p = \frac{1}{3}(a + 2c), \quad \pi_i = \pi_j = \frac{1}{9}(a - c)^2 \tag{4-3}$$

（2）古诺双寡头合谋

在古诺双寡头竞争的情况下，两个企业的联合利润最大化函数是 $\pi = Q(a - Q - c)$，利润最大化的一阶条件为

$$Q = \frac{1}{2}(a - c) \tag{4-4}$$

经过简单的运算可得

$$q_i = q_j = \frac{1}{4}(a - c), \quad p = \frac{1}{2}(a + c), \quad \pi_i = \pi_j = \frac{1}{8}(a - c)^2 \tag{4-5}$$

（3）古诺双寡头合谋下的单个企业背叛激励

在古诺双寡头竞争的情况下，假设企业 j 遵守合谋协议，生产合谋利润最大化是总产量的一半，即 $q_j = \frac{1}{4}(a - c)$，企业 i 背叛合谋协议下的利润最大化函数是

$$\pi = q_i(a - q_i - q_j - c) = q_i[a - \frac{(a - c)}{4} - q_i - c] \tag{4-6}$$

经过简单的运算可得

$$q_i = \frac{3(a - c)}{8}, \quad Q = \frac{5(a - c)}{8}, \quad p = \frac{3(a - c)}{8}, \quad \pi_i = \frac{9(a - c)^2}{64}, \quad \pi_j = \frac{3(a - c)^2}{32} \tag{4-7}$$

通过对上述三种情况下的结果进行比较，我们可以得出如下的结论：古诺双寡头竞争的利润低于合谋的利润，因此，企业有合谋的激励；在其他企业合谋的情况下，单个企业背叛的收益高于合作的收益，因此，单个企业有背叛的激励；在合谋的情况下，两个企业的产出要低于竞争市场，产品市场价格要高于竞争市场，因此，合谋会损害社会福利。

卡特尔的不稳定性说明，在很多情况下，卡特尔本身通常难以产生像一个垄断者那样的损害竞争的结果。"卡特尔本身就带有不稳定的种子。"利维斯坦和萨斯罗（Levenstein and Suslow，2006）对一些学者的实证分析结果总结分析指出，造成卡特尔解体的最主要原因依次是欺骗和不一致、外部市场冲击、进入和替代竞争、技术进步（见表4-1）。因此，并不是所有的企业间的合作都需要政府干预，对于那些不具有成功可能性的卡特尔，企业之间的私利行为会自然消除或阻止有害行为的发生。

表4-1　　　　　　　　　　　　　　　　卡特尔解体的原因　　　　　　　　　　　　　　　　（%）

解体原因	Eckbo（样本1）	Eckbo（样本2）	Griffin（1989）	Suslow（2004）
欺骗和不一致	43.5	58.6	33.3	23.9
外部冲击	30.4	—	50.0	42.3
进入和替代竞争	26.1	41.4	33.3	15.5
进入	13.0		25.9	
替代	8.7		9.3	
技术进步	—		9.3	—
反垄断控告				18.3

数据来源：根据 Levenstein 和 Suslow（2006）表13整理，76页。

成功的企业之间的卡特尔需要解决三个基本的问题：第一，企业之间必须能够

达成一个协议，这要求合谋对单个企业是有利可图的。彼此相互依赖的企业只有在联合行动的收益大于单独行动的收益时，才会有激励合作。第二，卡特尔协议签订后，当价格在竞争水平之上的时候，单个企业通常有激励背叛合谋协议，因此必须有及时发现背叛行为的方法。第三，一旦背叛行为被发现后，它必须受到惩罚，这要求合谋企业具有可信的惩罚背叛行为的机制。只有在一个企业知道背叛合谋（合约）将很快被发现并且受到严厉的惩罚时，单个企业才会打消背叛的念头，合谋的结果才会出现。

4.2.2　企业合谋的动态机制

寡头相互依赖理论认为，在只有少数企业的寡头市场上，由于企业之间的相互依赖，必然会出现企业默契合谋，并导致价格高于竞争水平。张伯伦（1933）指出，在生产同类产品的寡头市场当中，企业会认识到它们之间的相互依赖性，因而不必进行明显的勾结就能维持垄断价格，均衡结果就像它们签订了垄断协议一样，因为残酷的价格战威胁足以阻挡降价的诱惑。寡头企业之间的这种长期相互依赖的结果称为"默契合谋"。

寡头相互依赖理论是在报复威胁下形成的，它要求企业能及时发现背叛企业的降价行为，但在现实当中，有时要发现背叛行为是有困难的。芝加哥学派的斯蒂格勒（1963）在不完全信息的假设下对此问题进行分析后发现，由于信息的不完全，企业不能及时发现单个企业背离协议的行为，则合谋会瓦解。斯蒂格勒（1963）分析的只是一种单期"囚徒困境"的结果，没有考虑动态性因素。后芝加哥学派运用超级博弈理论对此分析指出，在超级博弈的情况下，斯蒂格勒（1963）的结果不仅不会出现，相反只要参与各方具有足够的耐心，企业间的默契合谋是可以达到的。

在无限期超级博弈中，因为这时每个参与者都面临下列可能性，即它眼下这一回合的不合作会导致对手下一个回合的不合作。每个参与者都可以通过放弃自己的合作有效地惩罚对手的不合作，用自己的合作来回报对手的合作。当双方相互合作的利益超过相互不合作的利益时，就有了建立和维持一种相互合作局面的激励。静态模型的一个主要缺点是每个企业独立于竞争对手的选择进行决策，根据其特有的时序和信息结构，企业之间不存在相互作用。静态模型忽略了一个重要的因素，即偏离联合产出协议的成本，也就是一旦竞争对手意识到合谋协议遭到破坏采取报复行为所造成的利润损失。在均衡中，一旦竞争对手意识到产出大于协议规定的产量，继续让其遵守协议去生产卡特尔产量是不可想象的。可是一旦均衡被打破，则对谁都没有好处，所有的企业（包括发起产量扩张的企业）都会遭受利润的损失。

假设市场当中有两个企业，它们生产无差别的产品，并具有相同的单位变动成本 c。在竞争市场条件下，产品的价格为 $p=c$。如果两个企业在市场中长期竞争，则在合谋的情况下，可以制定的垄断价格为 $p^M \geqslant c$，平均分配利润为 $\pi^M = (p^M - c) D(p^M)$。在合谋价格的情况下，一个企业偏离合谋价格将会占领整个市场，获得垄断利润，但是这会在以后的时期引起激烈的价格战，使价格回到竞争性价格水平。因此，每个企业需要在合作的长期预期收益和非合作的长期预期收益之间进行权衡。假设贴现因子为 $\delta = \dfrac{1}{1+r}$，其中 r 为利率。在合谋情况下的收益为

$$\frac{\pi^M}{2} + \delta\frac{\pi^M}{2} + \delta^2\frac{\pi^M}{2} + \cdots = \frac{\pi^M}{2}(1+\delta+\delta^2+\cdots) \tag{4-8}$$

一个企业在背叛情形下的单期收益为行业垄断利润，随后收益为 0，因此其背叛的预期收益为 π^M，从而合作的条件为

$$\frac{\pi^M}{2}(1+\delta+\delta^2+\cdots) \geqslant \pi^M \tag{4-9}$$

由于 $1+\delta+\delta^2+\cdots = \dfrac{1}{1-\delta}$，代入上式可得

$$\delta \geqslant \frac{1}{2} \tag{4-10}$$

根据（4-10）式的结果，在贴现因子足够大的情况下，合谋是可以维持的。

企业之间动态合谋的惩罚机制主要是采取触发策略和针锋相对策略。

动态意义上的合谋稳定性取决于一个企业失去的未来利润的现值是否超过通过产量扩张而获得的短期利润的现值，即只有当合谋的预期收益大于背叛的预期收益时，合谋才是可维持的。如果贴现因子充分接近于 1，各种报复行为将支持非合作合谋。这里合谋完全是通过一个不合作的机制来实现的。

（1）触发策略

按照弗里德曼（1971）的定义，触发策略为下述的超级博弈：只要合谋所有其他参与者都采取联合利润最大化的产量战略，则一个参与者也将采用其已采用的合作性策略；如果其他企业背离合谋产出，则在以后的时期该企业将永远采取不合作行为。触发策略也被称为"冷酷战略"，因为任何参与人的一次性不合作将触发其他企业的永远不合作。一个参与者是否偏好采取合作策略，取决于背叛策略带来的预期收益和坚持合谋策略带来的预期收益的比较结果。

假设上面的模型不再是单期的博弈而是一个多期动态博弈。假设在时期 1 所有的企业都坚持合谋产出策略，参与者 i 坚持合谋的每期收益为 π_m；如果单个企业背离合谋产出，则企业 i 在背叛时期的单期收益为 π_d，其后所有企业进入惩罚性的古诺竞争阶段，惩罚时期企业单期收益为 π_c。根据一般的博弈分析，对单个企业来说，下面的结论成立

$$\pi_c < \pi_m < \pi_d \tag{4-11}$$

$\pi_m < \pi_d$ 表明，从单期收益的角度来看，采用背叛策略是有利可图的；$\pi_c < \pi_m$ 表明，从单期收益的角度来看，与坚持合谋策略相比，恢复到古诺纳什策略代价较高，价格战惩罚具有威慑性。

在其他企业遵守合谋协议的情况下，如果企业 i 坚持合谋产出，那么在贴现因子为 δ 的情况下，它所有时期的收益现值是

$$V_m = \pi_m + \delta\pi_m + \delta^2\pi_m + \cdots = \frac{1}{1-\delta}\pi_m \tag{4-12}$$

如果企业在某一时期采取背离合谋产出的行为，并触发了此后的永久报复，那么

它所有阶段收益的现值是

$$V_d = \pi_d + \delta\pi_m + \delta^2\pi_c + \cdots + \delta^n\pi_c = \pi_d + \frac{\delta}{1-\delta}\pi_c \tag{4-13}$$

由于触发策略是一个非合作性均衡，因此，坚持触发策略的收益必须是大于等于背离该策略时的收益。只有合谋的预期收益大于背离的预期收益时，合谋才是可维持的，即有 $V_m > V_d$ 成立，使用（4-12）式和（4-13）式可得

$$\delta \geq \frac{\pi_d - \pi_m}{\pi_d - \pi_c} \tag{4-14}$$

或者使用 $\delta = \frac{1}{1+r}$，以利率的形式表示相同的条件则可得

$$\frac{1}{r} \geq \frac{\pi_d - \pi_m}{\pi_m - \pi_c} \tag{4-15}$$

（4-15）式在利率十分接近零的情况下总是能满足，同样如果 δ 十分接近1，（4-14）式就能得到满足。如果（4-14）式和（4-15）式同时满足，触发策略就是一个子博弈精炼纳什均衡。如果（4-14）式和（4-15）式得到满足，那么在时期 t 企业 i 来自合谋限制产出的预期收益至少大于等于来自背叛合谋产出时带来的预期收益。触发策略通过严厉的威胁来维持合作行为，如果某一企业背离了合谋产出路径，所有的参与者将通过永远地放弃合作来惩罚背离者，作为结果的策略向量是一个子博弈精炼纳什均衡。

（2）针锋相对策略

根据阿布鲁（Abreu，1986，1988）的分析，针锋相对策略具有"大棒加胡萝卜"的特点，也就是当一个企业背叛后，其他企业会扩大产出进行惩罚，直到背叛企业重新回到合作的产量；同样一个企业如果不配合其他企业进行惩罚，也会招致其他企业对其不惩罚的行为进行惩罚。假设所有企业在任一时期的产出都是相同的，即具有对称的产出路径。某个特定的企业产出水平可能会存在时期间的不同。如果在任何一时期，企业生产高产量 q_h 和低产量 q_l 两种中的一种，显然在单期中，每个企业的高产出和低利润相伴，低产出和高利润相伴。根据阿布鲁（1986，1988）的分析，针锋相对策略具有四种战略：如果在时期1其他企业都生产合谋产出 q_l，则企业 i 也生产合谋产出 q_l；如果在时期1某一企业背离合谋，产出 q_h，则进入惩罚阶段，企业 i 生产产量 q_h；如果所有企业在时期1生产 q_h，则企业 i 恢复到合谋产出，生产 q_l；如果在时期1某一企业背离惩罚，则生产 q_h，则进入不惩罚的惩罚阶段，企业 i 产量为 q_h。

显然，如果两个企业都采取上述两期战略，则在针锋相对策略中存在两个子博弈：合作子博弈与惩罚子博弈。这一战略为博弈参与者提供了两种战略选择：一是惩罚，这时企业生产产量 q_h；二是合作，这时企业的产出是合谋限制产量 q_l。如果任何一个企业偏离合作，则惩罚开始；如果任何一个企业背离了惩罚，则进入对不惩罚企业的惩罚。如果两个企业都不背离惩罚行为，则下一阶段又回到合作。

如果两个企业都在时期1生产 q_h，则每个企业在时期1获得的利润为 $\pi(q_h)$，在接下来的每一期获得合谋垄断利润的一半为 $\pi(q_l)$，企业所有时期总收益的现值是

$$V(q_h) = \pi(q_h) + \delta^2 \pi(q_1) + \cdots = \pi(q_h) + \frac{\delta}{1-\delta}\pi(q_l) \tag{4-16}$$

第一，合作战略均衡。如果所有其他企业生产 q_h 时，企业 i 偏离这一产量，该企业会在第1期获得收益 $\pi^*(q_h)$。正如针锋相对策略所要求的，该企业将预期到在接下来的时期里所有其他企业生产 q_h 产量。因此，在合作的子博弈中，每一个企业与本期得到 π_d 的收益并且以后得到惩罚的收益现值相比，必然更愿意永远获得垄断收益一半时的合谋垄断利润 π_m，即下面的条件成立

$$\frac{1}{1-\delta}\pi_m \geq \pi_d + \delta V(q_h) \tag{4-17}$$

第二，惩罚战略均衡。在惩罚的子博弈中，每一个企业与本期背离惩罚得到收益 π_{dp} 并且下期又开始惩罚相比，企业更愿意共同执行惩罚产量，即下面的条件成立

$$V(q_h) \geq \pi_{dp}(q_h) + \delta V(q_h) \tag{4-18}$$

将（4-16）式的 $V(q_h)$ 结果代入（4-17）式则得

$$\delta(\pi_m - \pi(q_h)) \geq \pi_d - \pi_m \tag{4-19}$$

将（4-16）式的 $V(q_h)$ 结果代入（4-18）式则得

$$\delta(\pi_m - \pi(q_h)) \geq \pi_{dp}(q_h) - \pi(q_h) \tag{4-20}$$

在这个博弈当中，惩罚是较严厉的，如果惩罚真的发生，它不仅惩罚不合作者，而且合作者也受到惩罚。这里严厉惩罚的目的是阻止不合作行为的发生而不是惩罚本身。

4.3 寡头合谋影响因素

在现实的执法过程中，合谋反垄断案件往往在某些行业频繁地出现，合谋行为具有明显的行业分布差异性。从1961—1970年间美国司法部查处的主要合谋案件的行业分布来看，价格合谋发生频率比较高的行业通常都具有高市场集中度、市场中企业数量较少等特点。这些行业主要分布在钢铁、汽油、奶制品、食糖、金属制品、机器设备等上游产业，最终消费品的行业相对较少（Hay and Kelly，1974）。20世纪90年代以来，美国司法部查处的国际卡特尔主要集中在有机化学制品、食品添加剂、金属制品、石墨、交通等行业。1998—2007年间，欧盟委员会查处的卡特尔案件中，化学行业的案例比重为42%，工业投入品的案件比重为30%，这两个行业领域的合谋案件数共占总数的72%，是最容易出现价格合谋的领域。

非合作性合谋策略的成功实施往往受到现实的市场因素影响，这些因素大体可以分为三类。一是市场结构因素：企业数量、市场集中度、进入障碍、市场交叉关系、买方市场势力等；二是企业之间的对称性因素：产品差别化、生产能力差异、产品品种范围的差异、市场范围的差异等；三是市场透明度和稳定性的因素：企业之间的交易频率、市场需求的波动情况、技术创新和产业生命周期等。通过分析不同行业或市场的这些因素，有助于反垄断执法机关集中资源于最有可能出现价格合谋的领域，从而提高执法效率。

4.3.1 便利合谋的市场结构因素

（1）高市场集中度

在市场企业数量较多的情况下，合谋通常难以维持。假设市场当中的企业数量为 n 个，则前面的公式（4-9）变成

$$\frac{\pi^M}{n}(1+\delta+\delta^2+\cdots) \geqslant \pi^M \tag{4-21}$$

则合谋激励条件为

$$\delta \geqslant 1-\frac{1}{n} \tag{4-22}$$

根据（4-22）式，当企业数量由 2 个增加到 3 个时，维持合谋的折现因子由 1/2 上升到 2/3。这就是说，当集中度提高时，能够维持非合作性联合利润最大化的触发策略的利率也提高。因此，集中度的提高有利于企业之间合谋的维持。海和凯勒（1974）的分析发现，大多数案件发生在高集中度市场，在数据完备的 50 起案件中，前 4 家企业的市场集中度超过 75% 的有 21 起，占案件总数的 42%；前 4 家市场集中度超过 50% 的有 38 起，占案件总数的 76%。这表明，企业数量越多，合谋维持的门槛越高，合谋可维持的难度越大。

（2）高市场进入障碍

在市场进入障碍较少的情况下，企业之间的合谋较难维持。首先，在没有进入障碍的情况下，企业之间合谋制定高价格并获取高利润会导致其他企业的进入，从而使合谋无利可图。其次，由于单个企业预期未来进入企业会降低其他企业采取惩罚机制的可信性，因而增强了背叛的激励。

假设新企业进入市场的可能性为 θ，进入后的竞争使价格变成竞争性市场价格，此时在位企业之间成功合谋并获得垄断利润的可能性则为 $1-\theta$，在此情况下公式（4-8）变成

$$\frac{\pi^M}{2}+(1-\theta)\delta\frac{\pi^M}{2}+(1-\theta)\delta^2\frac{\pi^M}{2}+\cdots\cdots=\frac{\pi^M}{2}+(1-\theta)\frac{\delta}{1-\delta}\frac{\pi^M}{2} \tag{4-23}$$

此时，合谋可维持的条件是

$$\frac{\pi^M}{2}+(1-\theta)\frac{\delta}{1-\delta}\frac{\pi^M}{2} \geqslant \pi^M \tag{4-24}$$

经过整理可得

$$\delta \geqslant \frac{1}{2-\theta} \tag{4-25}$$

结果显示，随着企业市场进入可能性 θ 的增加，折现因子 δ 则增大，这反映合谋折现因子门槛要求的提高；也就是说进入越容易，维持合谋就越难，在进退自由的市场中，价格合谋根本无法维持。利维斯坦和萨斯罗（2006）对 19 起企业合谋案件的分析发现，大部分卡特尔解体的原因是其他企业进入了市场。因此，企业之间的价格合谋要具有可维持性，必须具有一定的阻止其他企业进入市场的能力或者卡特尔组织能

够控制整个行业市场的主要部分①，这要求市场存在较高的结构性进入壁垒，或者企业能形成和运用策略性行为壁垒来阻止其他企业进入市场。

（3）多市场接触

多市场接触扩大了惩罚的范围，增强了惩罚的严厉性，促进了合谋协议的维持。在监督不完全的情况下，企业之间的多市场接触会有利于及时发现背叛行为，有利于合谋的维持。具体来说，多市场接触便利合谋的机制是：首先，多市场合约增加了企业之间相互作用的频率；其次，多市场接触降低了单个市场的不对称性或差异性对合谋的阻碍；最后，多市场接触增强了惩罚的严厉性。

假设有两个相同的但是独立的市场，两个企业同时在两个市场经营，其中市场1比市场2更活跃，即市场1订单来得更快或信息的滞后期较短。我们假设，市场1每个时期接触一次，市场2每两个时期接触一次。如果各时期的贴现因子为δ，则市场2隐含的贴现因子为δ^2。假设$\delta^2 < 1/2 < \delta$，于是根据上面的分析，在缺乏多市场接触的情况下，合谋在市场1是可维持的，而在市场2则是不可维持的。在多市场接触的情况下，企业不需要考虑秘密降价对两个市场的影响，如果下列条件成立，则在两个市场上合谋都是可维持的，即

$$2 \times \frac{\pi^M}{2} \leq \frac{\pi^M}{2}(\delta + \delta^2 + \delta^3 + \cdots) + \frac{\pi^M}{2}(\delta^2 + \delta^4 + \delta^6 + \cdots) \tag{4-26}$$

根据上式，秘密降价的最大诱惑在每个偶数时期，出现在两个市场都开放的时候。但是一个降价企业会在两个市场都受到惩罚。上式的右边项表示降价导致两个市场恢复到伯特兰德价格竞争时的利润损失。对上式整理计算可得，在多市场接触的情况下，$\delta \geq 0.59$。这就是说，在多市场接触的情况下，背叛合谋协议带来的损失是巨大的，因此，两个市场的合谋都可以维持。

（4）买方的市场结构

如果存在许多规模相等的大的买方，卡特尔内背叛企业的降价行为会带来明显的市场交易量的变化，其他企业会很容易地发现该企业的背叛行为。因此，买方市场的高集中度会便利企业及时发现背叛行为，从而有利于合谋。

4.3.2 影响企业之间对称性的因素

（1）产品差别化

企业之间的产品差别化分为纵向产品差别化和横向产品差别化。总体来说，纵向产品差别化不利于合谋的维持，横向产品差别化则有利于企业之间的合谋。

在企业之间产品质量无差异的情况下，合谋协议容易达成。假设在差别产品市场，消费者愿意为低质量商品支付价格r，为高质量商品支付价格$r + \varphi$。在充分竞争的市场上，高质量商品企业会独占整个市场，高质量商品的市场为$c + \varphi$。在企业之间产品质量存在差异的情况下，其作用机制同产品成本差别是相似的，产品质量之间的纵向差别增加了企业之间彼此协调达成合谋协议的难度，而且高质量产品企业背叛的激励也很强。因此，产品差别化程度提高会导致合谋协议较难维持。

① 一些学者经实证分析发现，只有在卡特尔控制行业需求70%以上时，从属企业的进入才不会对其产生明显的影响。

在横向产品差别化的情况下，不同企业服务于不同的特定顾客群。首先，因为横向产品差异化分割了竞争对手的市场，减少了一个企业能够吸引竞争对手的消费者到市场上的程度，从而降低了偏离联合利润最大化的预期利润收益。所以，横向产品差别化的增大更可能促进合谋的稳定性。其次，横向产品差别化降低了竞争对手通过价格战来惩罚的严厉性，会促进企业的背叛。

（2）成本差别化

成本差别化对企业合谋产生两种影响：一方面，在成本不对称的情况下，企业之间难以达成一个一致的定价政策。通常低成本企业会坚持制定低价格，而高成本企业会坚持制定高价格，这增加了企业之间价格协调的难度。另一方面，即使企业之间就价格达成一致，但是由于低成本企业的背叛激励会较强，所以合谋维持较难。这主要是因为两个方面的原因：一是降价会为其带来更大的收益，二是低成本企业相对不惧怕其他企业的报复行动，尤其是高成本企业的高成本使报复机制的可信性降低。因此，在成本差别的情况下，低成本企业可能会要求更高的利润分配，这增加了协调的难度。

假设两个合谋企业具有不同的成本结构：一个企业的成本高，一个企业的成本低，$c_H > c_L$。市场需求为 D，合谋垄断价格等于消费者的保留价格 r，$p^M = r$。假设两个企业具有相等的市场份额，对于高成本企业来说，坚持合谋的条件是

$$(r - c_H)\frac{D}{2}(1 + \delta + \cdots) \geq (r - c_H)D \qquad (4-27)$$

$$\delta \geq \frac{1}{2} \qquad (4-28)$$

对于低成本企业来说，坚持合谋的条件是

$$(r - c_L)\frac{D}{2}(1 + \delta + \cdots) \geq (r - c_L)D \qquad (4-29)$$

如果 $c_H - c_L > (r - c_L)/2$，则低成本企业不会同意平分市场。假设 $\gamma = 2(c_H - c_L)/(r - c_L)$，则可得

$$\delta \geq \frac{1}{2 - \gamma} \qquad (4-30)$$

当两个企业的成本相同时，则 $\gamma = 0$。当 γ 增大时，折现因子 δ 也增大，则合谋难以维持。现实当中企业的成本差别表现在多个方面，如规模大小、技术水平、库存情况等方面，企业之间的这些差异造成的企业之间的不对称性，往往不利于企业之间合谋协议的维持。

（3）生产能力差别

生产能力约束从两个方面对合谋产生影响：一方面，由于企业之间存在生产能力差别，增加了产量或市场份额分配的难度，企业之间较难达成合谋的协议；另一方面，生产能力约束限制了企业对其他降价企业的报复能力，小规模企业很难对生产能力强的企业施加惩罚。因此，生产能力差异不利于企业之间的合谋。

假设市场当中有两个企业，企业1是一个生产能力强的企业，企业2是一个生产能力弱的企业，企业1和企业2的生产能力分别为 K_L 和 K_S。假设市场需求为 D，如果

企业之间维持合谋价格 $p^M = r$，在没有生产能力约束的情况下，每个企业的市场份额分别为 α_L 和 α_S，$\alpha_L + \alpha_S = 1$。此时，每个企业的预期收益为

$$\frac{\alpha_i Q}{1 - \delta} \tag{4-31}$$

在生产能力给定的情况下，由于受到生产能力的限制，两个企业的市场份额实际上是各自生产能力占行业市场总生产能力的比重，即

$$\alpha_i = \frac{K_i}{K_L + K_S} \tag{4-32}$$

在此情况下，大企业的合谋激励条件是

$$\delta \geq \delta^* = \frac{K_i}{K_L + K_S} = \frac{1}{1 + \lambda} \tag{4-33}$$

其中，$\lambda = \dfrac{K_S}{K_S}$ 是小企业和大企业的生产能力之比。显然，当 $\lambda = 1$ 时，企业之间的生产能力相同，此时 $\delta \geq \dfrac{1}{2}$；当生产能力不对称时，λ 变小，δ 的激励门槛则相应抬高，从而使合谋更加困难。

4.3.3 影响市场透明度和稳定性的因素

（1）市场交易的透明度

市场交易的透明度有利合谋的效应来自两种机制：一是价格和销量的透明度会有助于合谋组织迅速发现企业的背叛行为，缩短采取报复行为的滞后期，这降低了背叛的预期收益，因而有助于合谋的维持；二是市场交易的透明度有助于企业消除市场不确定性带来的判断失误，从而避免由于外生的市场波动导致企业错误地发起价格战，从而增加合谋预期收益的稳定性，因而有助于合谋的维持。

（2）需求变化

需求变化主要是指需求增长、需求的周期性变化和需求波动。需求变化对合谋的影响体现在两个方面：

首先，市场需求的增长会有利于合谋。在企业数量给定的情况下，产品处于投入期或需求成长期，合谋较容易维持。因为执行合谋协议会有利于扩大市场，带来更高的未来预期收益。但是当产品处于成熟期，合谋会较难维持。因为在市场趋于饱和的情况下，背叛合谋协议会更有利。假设市场需求增长率为 g，则合谋的维持条件是

$$\frac{\pi^M}{2} + \delta(1 + g)\frac{\pi^M}{2} + \delta^2(1 + g)^2\frac{\pi^M}{2} + \cdots \geq \pi^M(1 + g)\delta \tag{4-34}$$

整理后得出

$$\delta \geq \frac{1}{2(1 + g)} \tag{4-35}$$

显然，随着市场需求增长率的提高，合谋折现因子变小，合谋更容易维持。

其次，需求波动不利于企业合谋。当市场处于需求最高点的时候，背叛的预期收益达到最大，而报复带来的潜在成本达到最小。在经济繁荣时期，维持合谋是非常困难的。在衰退期或经济萧条时，由于市场需求萎缩，偏离合谋协议进行价格战只会带

来"共损"的结果，因此背离合谋的激励较小，合谋容易维持。另外，如果需求波动过于频繁，会增加合谋企业识别价格变化原因的难度，不利于发现背叛行为，增加了合谋的不稳定性。相反，如果行业市场需求具有稳定增长的特点，则有助于合谋的维持。

（3）频繁的相互作用

在企业之间频繁的相互作用下，合谋更容易发生。一方面企业之间的频繁接触会加深对彼此的了解，因而有利于达成合谋的协议；另一方面频繁的相互作用会使企业更迅速地发现背叛行为，并更迅速地采取惩罚措施。

假设企业之间的竞争时期间隔有频繁的相互作用的情况下，即企业在时期1、$T+1$、$T+2$等时期进行竞争，时期间隔T变小。在此情况下，合谋可维持的条件是

$$\frac{\pi^c}{2}(1+\delta^T+\delta^{2T}+\cdots) \geqslant \pi^c+\delta^T\times 0 \tag{4-36}$$

$$\delta \geqslant \delta^*(T)=\frac{1}{2^{\frac{1}{T}}} \tag{4-37}$$

显然，当企业之间有不频繁的相互作用的时候，随着T的增加合谋的门槛提高，未来报复的成本变小，背叛的收益增加，则合谋较难维持。当企业之间有频繁的相互作用的时候，随着T的增加合谋的门槛降低，背叛的收益变小，则促进合谋。因此，企业之间的频繁相互作用会促进合谋。

（4）技术创新频率和程度

技术创新研发会给相关市场带来内在的多变性，从而降低竞争者协调行动的可能性。在技术创新比较活跃的市场中，新产品、新技术的不断出现，使得产品需求和供给变化较快且难以预测，企业对未来不太重视，会降低对未来收益的价值预期，使得坚持合谋协议的激励降低。根据创新的程度，技术创新可以分为剧烈创新和非剧烈创新。在剧烈创新的情况下，创新企业会成为垄断者，显然没有激励合谋；在非剧烈创新的情况下，实现创新的经营者拥有了新的工艺技术，产品生产成本明显低于其他企业，因此具有降价的激励，同时其他企业的惩罚严厉性也大大降低。因此，在技术创新比较活跃的市场中，合谋协议较难维持。

4.4　寡头合谋便利机制

从各国反垄断执法的合谋案件来看，企业之间的合谋往往并不是签订对彼此有约束力的协定，或依赖高成本的事后价格战惩罚战略，而是更多地采用成本更低的协调和监督机制来实现默契价格合谋。美国学者利维斯坦和萨斯罗（2006）通过对一些学者的实证分析结论进行总结，发现在现实的企业合谋案例当中，合谋企业之间更多的是采用贸易协会、市场分配、单一经销代理商、设定交易条款、严格的纪律措施、政策、罚金、审计等机制来维持合谋。在反垄断执法当中，这些合谋便利机制也称为便利措施。对于便利措施的类型，各国法律并没有具体罗列。这里，我们将企业默契合谋机制分为组织协调机制、价格规则机制、股权合作机制、信息交

流机制四种（见表4-2）。

表4-2 合谋便利机制的形式

类别	具体类型
组织协调机制	行业协会
价格规则机制	价格领导机制、共同定价系统、最惠消费者条款、相遇竞争条款、基点交货定价、转售价格维持
股权合作机制	交叉持股、连锁董事、合资企业
信息交流机制	事前信息沟通、事中信息交换

4.4.1 组织协调机制

在很多行业，相互竞争的企业组成行业协会组织，来维护产业成员的共同利益。在很多情况下，行业协会是有益于社会的，如制定统一的技术或服务标准、技术知识的交流学习、人员培训、与政府和社会的沟通等。行业协会之间通过相互交流关于价格、产量、生产能力、市场需求成本等方面的信息，会有助于企业判断其他企业的价格行为是由于市场需求波动还是由于企业的背叛行为所导致的，这会便利企业之间的合谋。另外，行业协会的存在会降低行业中企业之间的协调成本，甚至行业协会会成为监督合谋协议执行的机构，并可能有权对背离合谋协议的企业采取处罚措施，这便利了企业之间的合谋。美国学者海尔和凯勒（1974）的实证分析发现，在美国司法部裁决的价格固定合谋案例中，总计有29%的案例涉及行业协会；弗拉斯和格里尔（1977）发现所有价格合谋案例中，有36%涉及行业协会。由于行业协会的组织统一，相对于一般的联合限制竞争行为，行业协会执行决议的效率更高，对竞争的损害也更大。

4.4.2 价格规则机制

（1）价格领导机制

价格领导是指一个行业的价格变化总是由一个企业先做出调整，然后被其他企业所采纳。价格领导机制主要有两种方式：支配式价格领导和晴雨表式价格领导。

在支配式价格领导机制下，价格的调整通常是由行业的领导企业做出的，由于领导企业的支配地位，其他企业则不得不跟随调整。支配式价格领导的典型案例是美国钢铁公司案和美国烟草公司案。在1911—1960年间，美国钢铁公司成为美国钢铁业默认的价格领导者，每隔一段时间，美国钢铁公司首先涨价，然后其他企业则跟随提价，这造成美国钢铁价格在此期间阶段式上升。在1928—1941年间，美国烟草企业先后5次集体提高价格，这些价格调整都是由雷诺公司首先宣布的，美国烟草公司和蓝星公司则随后提高各自的主要品牌香烟的价格。支配式价格领导机制要求领导者具有很强的惩罚其他企业的能力，而且还需要保证提价之后不会导致竞争者大量进入。

在晴雨表式价格领导体制下，首先做出价格调整的不一定是行业主导企业，而是首先对市场供求变化做出反应的敏感企业。在需求和成本条件变化的情况下，晴雨表式价格领导模式具有一定的优势。晴雨表式价格领导体制的典型案例是美国玻璃纸案例和电动涡轮机案例。在 1941—1957 年间，美国玻璃纸行业的小公司阿维斯克通常领导价格变化，而身为行业最大企业的杜邦公司则随后跟进调整价格。在 1950—1960 年间，尽管通用电气公司占有 60% 的主导市场份额，但是价格调整却是由西屋和 Allis-Chalmers 公司领导的。晴雨表式价格领导者市场势力相对较小，没有惩罚对手和强迫其他企业统一行动的能力，因此，在解决合谋治理问题时，不如支配式价格领导者有效。

（2）共同定价系统

在现实当中，企业之间的生产成本或产品本身会存在一定的差异，或者企业生产的产品具有多样化，这增加了价格协调的难度。尤其是在企业之间提供相同的产品系列而具体产品不同的情况下，要达成统一价格的协议或监督协议价格的执行都比较难。在此情况下，为了更好地协调价格，企业之间会制定并共同采用统一的产品定价系统或定价公式来制定产品销售价格。从反垄断执法案例来看，共同定价系统的形式包括确定共同的定价公式、共同的定价方法、共同的成本加成比例、出版价格指导手册等。采用统一的定价系统既有利于达成合谋协议，也有利于及时发现单个企业的背叛行为。

共同定价系统的典型案例是美国 1977 年的通用电气和西屋电气公司案。自 1960 年裁定电气设备企业限价行为非法以后的三年中，电气设备行业市场的竞争成为主导。在 1977 年的通用电气和西屋电气公司案中，两家公司通过共同的定价规则和相关的条款实现了价格合谋。在 1963 年 5 月，通用电气公司宣布了一个由四部分组成的新的定价系统，然后西屋电气公司迅速全部采用。在 1964—1974 年间，通用电气公司和西屋电气公司共同出版了详细的产品价格目录和成本构成手册，并附带相应的调整系数和价格保护条款，从而使两家公司很好地协调了大型蒸汽发电机的价格，两家企业没有进行过降价，消除了价格的灵活性。在 1971 年被司法部起诉之后，1977 年达成了和解协议，各个企业才放弃这一便利合谋的价格协调机制。

（3）最惠消费者条款

价格的统一将降低卡特尔成员通过相互吸引和获取对手的客户来获得利益的动机，而且如果当某一成员降低价格时，其竞争对手会很容易获取它的降价信息。在实践中，在买卖合同中加入最惠消费者条款能够促进企业之间统一定价。所谓"最惠消费者条款"是指卖方保证买方所支付的价格是卖方向所有顾客提供的最低价格，即卖方不会以更低的价格向其他购买者销售，如果消费者发现企业向其他顾客销售的产品价格低于其所支付的价格，则该顾客拥有追回多支付价格的权利。如果所有买方都从卖方得到这种保证，那么他们都支付相同的价格。因此，最惠消费者条款可以察觉企业的任何降价行为，同时因为降价企业必须让所有新老顾客分享降价利益，因此提高了从其竞争对手那里挖走顾客的成本。

最惠消费者条款的典型案例是美国 1980 年的电子元件零售业案。Crazy Eddie 公司是美国纽约一家大型音响设备经销商，Crazy Eddie 宣称它的价格是"疯狂的""非理性的"，承诺它不会进行以低于标价来销售产品，如果价格高于竞争对手，它愿意向消费者双倍返还差价。

（4）相遇竞争条款

现实当中有两种类型的相遇竞争条款：一是"不一致就可以解除条款"，供应商与其顾客签订合同规定，供应商将采用与其竞争对手相同的价格来提供产品，如果消费者发现其他企业的价格低于该企业的要价可以解除合同。二是"不可解除条款"，供应商与其顾客签订合同规定，供应商将采用与其竞争对手相同的价格来提供产品，如果消费者发现其他企业的价格低于该企业，则按该企业的低价格来供应产品。相遇竞争条款实质上是将消费者作为监督人，使消费者有激励发现其他企业的价格背离行为，更容易发现其他企业的降价行为，并使背离企业的降价行为变得无利可图。

在1978年美国政府诉美国石膏板有限公司案中，执法机关认为石膏板生产企业之间通过采用相遇竞争条款和彼此审查对方的交易现价和未来价格来进行价格合谋。石膏板生产企业则提出抗辩指出，企业之间核查价格信息仅仅是为了遵守《罗宾逊－帕特曼法》规定的相遇竞争要求，因此它们符合该法的要求，不应该受到《谢尔曼法》的限制。法院认为，尽管《罗宾逊－帕特曼法》对相遇竞争问题做出了规定，但是案件中的寡头企业之间相遇竞争条款和互相价格审查机制的并用说明，其对市场竞争的损害远大于效率和收益。因此，法院认为，其辩护理由不成立，应该受到《谢尔曼法》的禁止。

（5）转售价格维持

在某些情况下，转售价格维持是便利上游制造商之间合谋的机制。由于市场价格受到市场需求波动的影响，在此情况下，合谋企业无法有效判断价格的变化是因为市场需求波动还是企业的背叛行为所致。转售价格维持通过消除价格波动，使背叛行为更容易被发现，或者通过固定零售价格而使背叛企业无利可图，因此便利了企业之间的合谋。

在1995年的美国玩具汽车案中，美国司法部起诉德国玩具制造企业在美国的分公司通过向下游零售企业实行转售价格维持来进行合谋。美国司法部指出了如下的事实：玩具汽车公司与下游零售企业达成了一个最低零售价格的协议；玩具汽车公司威胁对降价的零售企业进行惩罚；当个别企业降价被发现后，采取诸如拒绝供货等惩罚措施；通过威胁和惩罚，玩具汽车公司成功地推行了最低零售价格，并消除了零售企业之间长期的价格竞争。根据以上事实，司法部认为最低转售价格维持是一种便利合谋的机制，它促进了企业之间的合谋，因而违反了《谢尔曼法》。

（6）基点交货定价

这是一种先确定交货定价基点，然后再确定总的交货价格的价格合谋制度。在该制度下，总的交货价格等于交货定价基点的通行市场价格加上从该基点开始计算的运费。买方所支付的价格，取决于买方所在地与某一交货定价基点的距离，而不是买卖双方所处的实际距离。交货定价可以防止相互竞争的企业将折扣暗藏在低的运费之中，要求所有的企业均只索取同样的运费和同样的价格，将使那些偏离合谋价格的削价行为暴露无遗。相反，如果采用离岸定价制度，买方支付离岸价之后，卖方免费将货物装到运输工具上，买方再支付实际的运费，运费视买方所在地远近而不同，因此卖方可以用少收运费的方法向买方提供价格折扣，卖方的竞争对手企业很难察觉这种暗中的削价活动。同时，在离岸定价制度中，处于不同地点的企业通常向同一买方报出不同的价格，这样企业之间就很难达成价格合谋协议。因而，离岸定价制度与交货定价制度不同，它可能与竞争而非垄断有更多的联系。

基点定价合谋的典型案例是1901—1948年间美国钢铁行业企业普遍采用"匹兹堡附加价格体系"。在该价格机制下，每个企业都会对来自同一个城市的客户报出同样的价格，价格的形成规则是：匹兹堡钢铁出厂价加上从匹兹堡到该城市的运费，即使是某一钢铁企业位于同该客户相同的城市，也要采取同其他企业一样的报价，也就是说一个客户向本城市钢铁企业购买还是从其他城市的钢铁企业购买，价格是无差异的。

4.4.3 股权合作机制

（1）交叉持股

交叉持股与企业并购的主要区别是它不对另一家公司的经营决策产生决定性影响，只持有竞争对手的部分股权，也不派代表参与董事会。交叉持股会便利企业之间合谋并损害市场竞争的经济学原因是，在企业之间的竞争博弈当中，由于相互持有股权，当一个企业秘密降价的时候，它必须考虑两种效应：一是降价给自己带来的收益的增加，二是降价造成竞争对手企业收益下降带来的股权收益减少，这两种相反力量的作用降低了单个企业的背叛激励，实际上实现了将单个企业秘密降价给竞争对手企业带来的负外部性的部分内部化，从而有助于合谋的维持。

在美国2004年的牛奶公司案件中，南方百利公司的下属公司美国奶农有限公司（DFA）持有竞争对手国民牛奶控股公司（NDH）50%的股权。司法部认为，两家公司的这一行为将给企业带来合谋的激励和合谋机会，将明显降低未来的牛奶市场竞争激烈程度，因此应该受到禁止。但是司法部的这一裁决并没有获得法院的支持，法院认为美国奶农有限公司并不参与南方百利公司的定价决策、竞标出价和日常的经营管理，因此司法部并不能证明这一持股行为会损害市场竞争。法院的这一裁决显然与反垄断经济学的理论分析不一致，法院过于拘泥于传统的法律规定。

（2）连锁董事

竞争企业之间董事交叉任职实际上是竞争企业之间相互持有较高股权比重的一种行为，是一种便利合谋的机制。由于公司的董事会是公司的战略决策机构，竞争企业之间的董事交叉任职或竞争企业聘用同一个董事，[1]此时这些企业之间的充分竞争显然不符合其最大利益。连锁董事会便利企业之间交换信息，在价格、营销等问题上进行协调，也方便对彼此的经营行为进行监督，及时发现背叛行为。因此，竞争对手企业之间的连锁董事有可能成为企业之间默契合谋的机制。

在美国反垄断法中，连锁董事可以适用《谢尔曼法》第1条、《联邦贸易委员会法》第5条和《克莱顿法》第8条。法院认为，企业之间的连锁董事是一种合约形

---

[1] 这里的董事既包括自然人，也包括企业、金融机构等。

式，如果产生限制竞争的结果，当然适用《谢尔曼法》第1条。美国《克莱顿法》第8条、第9条明确禁止竞争企业之间董事交叉任职。《联邦贸易委员会法》第5条也将便利合谋的连锁董事视为一种不正当的限制竞争行为。从美国实际执法情况来看，目前还没有对连锁董事运用《谢尔曼法》来进行起诉和制裁，更多的是依据《联邦贸易委员会法》和《克莱顿法》来起诉和裁决。

（3）合资企业

合资企业是企业之间横向协议的一种重要形式。合资企业是介于卡特尔和横向并购之间的一种中间形式。合资企业既可能产生反竞争效应，也可能产生竞争促进效应。合资企业可以使企业之间实现优势互补，通过集中利用互补性资产、技术来为社会提供更好的产品，并通过生产、采购或销售中的范围经济和规模经济来降低成本，从而有助社会福利的改善。

合资企业反竞争效应体现在：一是合资企业可能便于企业之间协调价格、产量等信息，有助于促进和维持合谋；二是合资企业的共同所有权可能会降低企业之间的实际竞争强度。在反垄断执法中，执法机关尤其应该关注合资企业是否包含对价格、产量等的限制内容，以及是否允许单个企业从事同合资企业竞争的产品的生产或销售。

4.4.4　信息交流机制

在某些情况下，行业成员互相交换信息也可能是出于合法提高效率的考虑，比如企业之间的信息交流会使企业更好地调整生产和经营活动，应对市场需求的波动。从理论上来说，在某种情况下，企业之间的信息交流是有助于社会福利改进的。但是总体来说，企业之间交流单个企业信息的行为是便利合谋的，具有效率效应的信息交流应该是关于行业整体的信息或宏观经济信息，而不应该是单个企业信息。比如一个企业告知其他企业它将在下个月调整价格，这种信息交流很难说会具有效率，而更可能是一种合谋机制。成功合谋的重要因素是及时发现背叛行为，如果实际的价格或价格折扣不能被及时地观察到，合谋通常将难以维持。企业之间的信息交流有助于实现对价格和产量的可观察性，这会便利企业之间的合谋。加入卡特尔的企业向其成员公开它的顾客身份、所提供的价格及其数量等信息后，当某个顾客转换供应者时，对手企业就可以调查顾客流失的原因是不是低价的引诱，从而避免价格战。企业之间的信息交流以及关于不同企业的价格、产量的信息往往是便利合谋的。因此，在反垄断执法当中，分析信息的内容、信息的公开程度和信息的时间性是判断是否违法的核心。

4.5　合谋的反垄断政策

4.5.1　合谋的反垄断法律禁止规定

尽管各国反垄断法对限制竞争协议的禁止规定的表述方式各不相同，但由于价格合谋是最严重的违法行为，因此各国反垄断法都对其做出了禁止性的规定，尤其是严格禁止统一价格、分配产量、划分市场和串通投标这四种严重影响市场竞争的恶性卡特尔行为。

美国《谢尔曼法》第1条原则性地指出：任何用来限制州际之间或外国之间的贸易或商业的合约、以托拉斯形式或其他形式的联合以及共谋都是非法的。这一条款明确指出了非法合谋最根本判定依据是"限制竞争"，并将显性合谋和隐性合谋都包括进来。虽然《谢尔曼法》第1条明确了对价格合谋反垄断执法的基本原则，但是由于其过于简单，对于反垄断机关的执法和企业守法经营还是带来了一定的不确定性，尤其是对那些既有限制竞争效果又有效率收益的企业间合作行为，法律留下了很大的空白。尽管美国反垄断执法通过案例法的方式在很大程度上弥补了这一缺陷，但是法律政策的不明确性仍然是执法效率扭曲的重要因素。为了更好地指导企业守法和各级法院的司法裁决，2000年美国联邦贸易委员会和美国司法部联合发布了《关于竞争者之间联合行为的反托拉斯指南》，对如何判定限制竞争的合谋给出了一个相对明晰的分析框架。

《欧洲共同体条约》第81条第1款规定：凡是可能影响成员国之间贸易并且具有阻碍、限制或者扭曲共同市场内的竞争的目的或者效果的企业之间的一切协议、企业团体所作的决定和协同一致的经营行为，是与共同市场不相容的，因此受到严格禁止。该条款还以举例的方式列举出以下特别禁止的合谋行为：直接或者间接固定采购价格、销售价格或其他交易条件；限制或控制生产、市场、技术进步或投资；共享市场或者供应渠道；在同等交易中对交易相对人实行不同的待遇，使相对人处于不利的竞争地位；要求交易相对人接受与交易的性质或习惯做法毫不相干的附加义务，以此作为达成协议的先决条件。为了更好地指导企业的商业行为和明确反垄断执法政策，欧委会先后发布了《专业化协议集体豁免条例》《研发协议集体豁免条例》《横向合作协议指南》《关于适用第81条（3）款指南的通告》等相关的法律文件，对反垄断执法审查规则和反垄断豁免条件与程序做出了具体的法律规定。

中国《反垄断法》第二章专门规定了禁止"垄断协议"的内容。《反垄断法》第十三条规定：禁止具有竞争关系的经营者达成下列垄断协议：固定或者变更商品价格；限制商品的生产数量或者销售数量；分割销售市场或者原材料采购市场；限制购买新技术、新设备或者限制开发新技术、新产品；联合抵制交易；国务院反垄断执法机构认定的其他垄断协议。为了包括隐性合谋，该条还特别指出：本法所称垄断协议，是指排除、限制竞争的协议、决定或者其他协同行为。

4.5.2 本身违法原则与合理推定原则的适用

本身违法原则与合理推定原则是分析反垄断案件的两个重要原则。

本身违法原则的基本含义：只要是限制贸易或商业的协议或联合，无论其是否具有合理性，都构成对反垄断法的违反，排除了一切有关合理性的经济解释。本身违法原则可以在不考虑某些行为造成的影响的情况下，直接根据行为本身就断定其违法，并禁止这些行为。正如在1940年美孚石油公司案的判决中陈述的："依据《谢尔曼法》，合谋价格协议本身就是非法的，协议所要取消的所谓恶性竞争的表现不能够成为辩护的理由。"这意味着只要证明存在这种行为即可，企业没有任何辩驳的余地。

本身违法原则的提出主要是为了避免过高的执法成本和降低执法的不确定性。本身违法原则的产生源于美国最高法院早期对《谢尔曼法》第1条的文义解释。在1897年的"跨密苏里运输协会案"的判决中，法院指出了本身违法原则的基本含义：只要是限制贸易或商业的协议或联合，无论其是否具有合理性，都构成对《谢尔曼法》第1条的违反。美国法院做出这一解释的理由是基于对国会立法的文义解释，排除了一切有关合理性的经济解释或辩护。

本身违法原则可以增强法律的可预见性，有助于企业合理预期其行为的法律后果。本身违法原则的使用有利于提高法院处理案件的效率，可以节约司法成本。本身违法原则是有些武断，但是如果使用该原则的收益远远超过其造成的损失并且可以产生执法上的优势的话，则使用该原则就有其合理性。但是本身违法原则存在的不足是过于武断，有可能会将有益于社会的行为判定为违法而加以禁止，容易产生"将洗澡水和孩子一起倒掉"的危险。只有经济学理论和执法实践已经明确证明没有任何效率和收益的违法行为，才能适用本身违法原则。

合理推定原则要求对被质询的行为造成的经济影响进行调查分析，运用经济学的方法来综合分析和权衡该行为的限制竞争效应和效率促进效应。根据合理推定原则，在认定一项限制性行为是否应当作为对竞争强加不合理的限制行为予以禁止的过程中，应当权衡个案的效率效应和竞争损害效应。

合理推定原则是在1911年的"标准石油公司案"中由怀特法官提出的，他认为国会立法的意图应该被解释为对贸易的"不合理"或者"不正当"的限制。如果对一切限制贸易的行为都予以禁止，既不符合现实情况，也不是国会立法者的合理意图。因此，在分析限制贸易的做法时，应该分析行为的目的、行为人的市场势力以及行为的实际后果等因素。怀特法官的分析意味着可以把限制贸易的行为分为两类：一类是本身具有非常明显的限制竞争的性质，可以直接认定其具有不合法性；另一类是虽然具有限制贸易的效果，但是该行为同时具有效率理由，对这类行为不能直接认定其为非法，而要综合考虑其对经济福利的影响。

合理推定原则是反垄断法的基本原则，通过对个案的分析，并权衡竞争损害效应和效率效应，能够提高执法的科学性和公正性，有利于维护反垄断法的权威性，维护社会福利目标。如果资源充足，合理推定原则可以适用于任何领域。但是执法机构的运行是有成本的，受有限的人力、物力资源的限制，不可能对每一个案件都作详尽的经济学分析，而且在很多情况下，现有的经济学知识还无法对某些经济行为分析得出明确的结论，需要法官和执法人员运用自由裁量权。因此，在法律资源和执法能力有限的情况下，合理确定和划分本身违法原则、合理推定原则的使用范围能够有效地提高执法的效率。当然随着经济学的发展以及法律资源和执法能力的提高，合理推定原则的使用范围会呈扩大的趋势，科学的经济学分析在反垄断执法中扮演着越来越重要的角色，企业行为的策略可信性和效率权衡成为反垄断裁决的核心问题，但是与此同时反垄断执法的成本也在快速提高。

反垄断法只禁止限制竞争的协议，而不是禁止竞争者之间的所有协议。要想确定反垄断法所禁止的限制竞争协议，必须对促进竞争和损害竞争的协议进行区分。然后对于那些其目的仅仅是消除企业之间的竞争，常常被称为"赤裸裸的限制"的协议或恶性卡特尔适用本身违法原则。对于那些既有竞争损害效应又有效率效应的企业间的协议，或者企业之间在实现某个促进竞争的主交易的过程中的附属性限制协议，则需要运用合理推定原则来分析。对于那些没有竞争损害效应的企业之间的联合行为或协议，则实行反垄断豁免。在裁决合谋限制竞争行为时，反垄断主管机构通常都将本身违法原则和合理推定原则有机地结合起来，把限制竞争的企业合作行为分为两类：一类是适用本身违法原则的协议，另一类是适用合理推定原则的协议。

（1）适用本身违法原则的协议

有些企业间的协议是本身具有非常明显的限制竞争性质，并且没有重大的促进竞争的利益，为了提高执法效率，可以直接认定其具有不合法性，无须进一步调查，直接适用本身违法原则。对于适用本身违法原则的卡特尔，一般也称为恶性卡特尔或硬核卡特尔（hardcore cartel），主要是固定价格、限制产量、分割市场、串通投标等行为。

（2）适用合理推定原则的协议

许多企业之间的联合行为是促进竞争的。相互竞争的企业之间可以通过有限的、专门的方式结合它们的经营以获取更高的效率，并且其后果在总体上是有益于竞争的。对这些联合协议，应该适用宽松的法律准则。有些协议既促进竞争同时又限制竞争；如果该类协议带来的效率和收益大于竞争损害效应，总体上有助于社会福利的改善，则该类协议应该是合法的。有些企业间协议虽然具有限制竞争的效果，但是该行为同时具有效率理由，对这些行为不能直接认定其为非法，而要综合考虑其对经济福利的影响，适用合理推定原则。

适用合理推定原则的企业间协议通常有：联合生产协议、联合营销协议、联合采购协议、专业化协议、产业标准协议、研发合作协议、涉及信息交换或披露的协议等。根据合理推定原则，分析的中心问题是与相关协议不存在时相比，该协议是否可能通过提高能力或增强利益驱动来提高价格或降低产量、质量、减少服务或创新，从而损害竞争。在合理分析当中，对合谋行为潜在反竞争性损害效果的检验通常包括对价格、产量、质量、创新等的影响，以及对竞争者参与竞争的能力或动力和对消费者的影响。

4.5.3　反垄断宽大政策

由于各国在反垄断法当中都规定恶性卡特尔是"本身违法"的，并采取了严厉的反垄断制裁措施，所以企业之间的合谋通常是秘密进行的，违法证据被隐藏得很深，难以被发现。卡特尔的隐秘性成为反卡特尔的一个主要障碍，恶性卡特尔的调查取证工作的较高难度往往限制了反恶性卡特尔的司法行动。因此，如何有效发现企业的合谋行为，便成为反垄断执法的重点。

目前世界主要国家都在反恶性卡特尔的司法实践中采用了激励性执法政策——

"宽大政策"。宽大政策是指在法律规定的特定情况下，如果公司完全或自愿地向反垄断主管机构提供详细的企业之间达成合谋协议的违法事实，则可以减少或免除对企业的罚金。美国在1978年公布了宽大政策，特别是1993年"美国反托拉斯局宽大政策"和1994年"美国反托拉斯局对个人的宽大政策"的公布极大地提高了宽大政策在反卡特尔中的效果。欧盟的宽大政策与美国的类似，根据2000年的"关于在卡特尔案件中免予罚款和降低罚款的委员会通告"，对与欧盟委员会全面合作的公司或个人实行免予罚款或减少罚款数额。在2003年4月OECD的报告中，OECD建议成员方政府采用宽大政策。目前很多国家和地区已经采用了宽大政策，除美国、欧盟外，日本、韩国、澳大利亚、加拿大等国也相继开始采用。

根据合谋的重复博弈思想，成功合谋要满足两个条件：一是合谋的收益高于竞争的收益，即满足参与约束；二是告发的收益低于合谋的收益。宽大政策通过给予第一个告发者以罚金赦免可以降低继续合谋的预期净收益，从而减低了卡特尔的稳定性。反垄断机关要成功制止犯罪的一个重要条件是获得成功起诉的证据，因此采用激励性执法政策，对组织内的单个成员给予激励，促使内部成员企业主动向反垄断机关提供证据，破坏组织内部成员之间的信任和稳定性，使其陷入"囚徒困境"的竞相告发状态，有助于制止违法行为。

假设市场当中有多个企业，对单个企业来说，企业之间竞争的单期收益是 π^c，企业之间合谋的单期收益是 π^m，在其他企业遵守合谋协议、自己进行秘密降价的背叛情况下的单期收益是 π^d，其他企业的单期收益是 $\underline{\pi}$。显然，$\underline{\pi} \leqslant \pi^c < \pi^m < \pi^d$。在没有宽大政策的情况下，企业参与合谋的激励条件是合谋的收益大于背叛的收益

$$\pi^d + \frac{\delta}{1-\delta}\pi^c \leqslant \frac{1}{1-\delta}\pi^m \qquad (4\text{-}38)$$

假设反垄断机关追求消费者剩余最大化，并且只有在获得确凿证据的情况下，才可以对违法企业处以罚金，则反垄断机关能否获得有效的企业合谋证据成为成功执法的关键。在每一期，反垄断机关既可以通过执法检查获得合谋的硬证据，也可以通过卡特尔成员企业的主动告发来获取合谋的硬证据。这里我们假设证据只持续一个时期，因为法律支撑发现其违法行为。由于资源约束和能力限制，假设企业合谋被反垄断机关通过执法成功发现有罪的概率为 ρ。在反垄断机关成功调查或其他合谋企业主动提供硬证据的情况下，反垄断机关可以对单个企业处以额度为 F 的罚金。

（1）仅有执法检查下企业参与合谋的激励

在反垄断机关没有采用宽大政策，只能采取单一行政执法检查来查处价格合谋的情况下，对单个企业来说，企业之间竞争的单期收益是 π^c；企业之间合谋的单期收益是 $\pi^m - \rho F$；在其他企业合谋，自己进行秘密降价情况下的单期收益是 $\pi^d - \rho F$，其他企业的单期收益是 $\underline{\pi} - \rho F$。在市场中，对单个企业来说，合谋的激励条件是保持合谋的预期净收益一定要高于背叛合谋的预期净收益。根据标准的超级博弈理论分析，在此情况下企业之间的合谋可维持的激励条件是

$$\pi^d - \rho F + \frac{\delta}{1-\delta}\pi^c \le \frac{1}{1-\delta}(\pi^m - \rho F) \tag{4-39}$$

对上式整理可得

$$\pi^d - \pi^m \le \frac{\delta}{1-\delta}[(\pi^m - \rho F) - \pi^c] \tag{4-40}$$

（2）宽大政策的"胡萝卜加大棒"效应

现在假设反垄断机关采取宽大政策，对主动向反垄断机关提供硬证据的卡特尔成员企业给予罚金减免，在此情况下单个企业主动告发会被处以较低的罚金 R，其他企业则被处以较高的罚金 F，但是随后市场进入竞争状态，企业只能获取竞争性利润。因此，对单个企业来说，合谋可实施的条件是主动告发的预期净收益一定要低于合谋被发现的预期净收益，此时的激励条件是

$$\pi^d - R + \frac{\delta}{1-\delta}\pi^c \le \frac{1}{1-\delta}(\pi^m - \rho F) \tag{4-41}$$

对上式整理可得

$$(\pi^d - R) - (\pi^m - \rho F) \le \frac{\delta}{1-\delta}[(\pi^m - \rho F) - \pi^c] \tag{4-42}$$

反垄断宽大政策设计的目的是改变企业遵守合谋协议的激励，在反垄断机关能够给予主动向其提供确凿证据的告发企业提供罚金减免的情况下，企业主动告发从而导致卡特尔瓦解，实现制止价格合谋的条件是使上式不成立，即

$$\frac{\delta}{1-\delta}[(\pi^m - \rho F) - \pi^c] \le \pi^d - \pi^m + \rho F - R \tag{4-43}$$

在此情况下，（4-40）式仍然成立，则根据（4-40）式和（4-43）式可得

$$\pi^d - \pi^m \ \frac{\delta}{1-\delta}[(\pi^m - \rho F) - \pi^c] \le \pi^d - \pi^m + \rho F - R \tag{4-44}$$

从（4-44）式可以看出，宽大政策并不影响合谋的收益，这是由外生的市场条件决定的，宽大政策主要是影响企业遵守合谋协议的激励。宽大政策对卡特尔产生两方面的影响：一是在其他企业对背叛企业采用惩罚机制的动态博弈中，由于宽大政策对背叛企业给予了奖励，这增加了背叛的激励，使宽大政策成为背叛的"胡萝卜"，这就是宽大政策的合谋分化效应；二是宽大政策降低了卡特尔对背叛企业进行惩罚的严厉性，使卡特尔惩罚变成"小棒"，这就是宽大政策的瓦解效应。总之，宽大政策通过增加背叛"胡萝卜"的吸引力和削弱惩罚"大棒"的严厉性，有助于制止合谋。

（3）宽大政策的告发竞赛效应

企业之间合谋是一种多企业参与的有组织犯罪行为，因此成功的卡特尔组织需要有效地解决组织成员之间的信任问题。宽大政策对卡特尔的组建具有强大的阻吓作用，并且对于已有的卡特尔也具有强大的颠覆效应，因为它在卡特尔成员之间埋下了不信任和猜疑的种子。现在假设反垄断机关实行了宽大政策，并且只对合谋企业当中第一个向其提供其他企业从事违法行为硬证据的告发企业给予罚金的免除。反垄断机关启动对卡特尔的调查和成功起诉的概率为 ρ，如果反垄断机关能够成功发现和起诉企业间的合谋，则对每个企业处以数额为 F 的罚金，此后市场进入竞争状态。合谋时

企业的预期收益是 $V = \dfrac{\pi^m}{1-\delta}$，竞争时企业的预期收益是 $W = \dfrac{\pi^c}{1-\delta}$。企业之间的告发博弈反映在图4-2中。

企业 A

		告发	保密
企业 B	告发	$W-R$ $W-R$	$W-F$ $W-R$
	保密	$W-R$ $W-F$	$\rho(W-F)+(1-\rho)V$ $\rho(W-F)+(1-\rho)V$

图4-2　宽大政策的告发竞赛效应

在图4-2中，由于 $R<F$，对任何一个单个企业来说，主动告发的预期收益高于保密的预期收益，宽大政策使主动告发构成单个企业的占优策略选择。在罚金免除只针对第一个企业的情况下，第一个主动告发的企业会得到的预期收益是 $W-R$，第二个或其他企业仍为 $W-F$。由于 $R<F$，则 $W-R>W-F$。在此情况下，如果一个企业不争取第一个主动告发，那么别的企业第一个主动告发将使其一无所获，因此，卡特尔成员企业会有很强的激励为争取成为第一个告发者而展开竞争，产生"告发竞赛"效应。在此情况下，宽大政策会打破成员企业之间的信任，使卡特尔成员企业陷入竞相告发的"囚徒困境"局面。这里，罚金减免的额度越大，企业告发的激励越大，"告发竞赛效应"越强。因此，在有组织犯罪的情况下，宽大政策通过对主动告发的第一个告发企业给予罚金的赦免，可以增加企业之间的不信任和主动告发的激励，促使卡特尔的瓦解。

美国和欧盟的宽大政策具有代表性，但是由于在具体的政策设计中存在差异，其执法效果也存在一定的不同。欧盟在1996年开始采用宽大政策。欧盟与美国的宽大政策存在如下的差别：首先，宽大政策是适用于第一个告发者还是也适用于其他告发者。根据美国1993年修改后的宽大政策，宽大政策只适用于第一个主动告发者，对其实行完全的罚金免除；在欧盟不仅第一个告发者获得完全免除责任，而且第二个、第三个等其他告发者也会享受一定比例（20%～50%）的罚金减免。第一个告发者获得最优的宽大政策，罚金赦免，获得宽大政策的企业数量越多，宽大政策的效果越差；而且对第一个告发者的罚金豁免越大，执法效果越好，因此只只对第一个告发者实行完全豁免。其次，宽大政策是否规定了个人责任。美国的宽大政策实际上包括两部分，对公司的宽大政策和对个人的宽大政策。美国的宽大政策对从事违法行为企业的职员（管理者、董事、员工）的主动告发免于罚金或监禁。美国反垄断法对从事卡特尔行为的公司直接责任人规定了最严厉的刑事责任——监禁，因此由于害怕被判入狱，公司官员会有激励主动向反垄断机构告发。在欧盟的宽大政策中，并没有对此加以规定。最后，宽大政策是否适用于卡特尔领导者。美国宽大政策明确规定不适用于卡特尔领导企业，欧盟也曾有过相似的规定，但是2002年修改后取消了这一规定。

国际反垄断实践显示，有效的宽大政策需要具有如下几个特征：

首先，明确性。明确性是宽大政策的重要特点，因为如果主动坦白的收益和条件是明晰的，企业自然愿意主动坦白。美国的最初宽大计划只进行了一般性的规定，结果企业很少主动向竞争机构坦白，一年只有一个案例出现。在1993年对宽大政策修改之后，该计划指出如果一定的明确要求的条件被满足，对第一个主动交代的企业可以完全免予罚款，这使宽大政策的有效性明显增加。欧盟宽大政策根据案件进行的阶段和其他因素对各种可能的减少罚金的情况进行了列举，欧盟收集的证据和实践经验显示，通过增加给予罚金减免条件的透明性和明确性，将明显增强宽大政策的有效性，而且减少的罚金和公司主动交代的贡献价值越接近，越有助于宽大政策的有效实施。增强宽大计划的明确性和对第一个揭发卡特尔的企业进行奖励已经带来明显的激励效果。因为如果一个企业不争取第一个主动交代，那么别的企业第一个主动交代将使其一无所获。

其次，罚金的严厉性。宽大政策成功的一个重要原因是在一些国家对卡特尔协议的罚金已经明显上升。在此情况下，企业主动坦白的激励会明显上升。在此意义上，有效的宽大政策和严厉的罚金为第一个揭露卡特尔的企业提供了强有力的"胡萝卜加大棒"的政策工具。如果一个反垄断主管机构不能对卡特尔施以严厉的罚金，则宽大政策的实施将难以获得预期的效果。同时罚金数额与相似案件的示范性会使企业主动揭发的激励增加，而且避免个人违法责任（罚金或监禁）也是提高宽大政策效果的重要因素。

再次，宽大政策的行政管理要求用程序来证明提供信息过程的可信性，以确保企业和经理人员、雇员继续合作。宽大政策的实施过程应确保与调查阶段的合作条件相一致。最后的执行可能会要求法院等其他机构采取行动。一个没有解决的问题是，宽大政策应该在多大程度上依赖于揭发者提供的证据的有用性。美国和欧盟的宽大政策没有设定明确的义务要求，比如欧盟的计划中提出"决定性证据"的标准。当案件要求必须以文件的形式呈送时，这对申请赦免的企业提供有用的证据是非常重要的。另外，美国的宽大政策对能够提供对反卡特尔有决定性作用的书面证据的企业给予免责，这对反卡特尔来说起了非常重要的作用。宽大政策由此产生的一个目标是法律实施机构应该采取强有力的措施反对违法者，但是有时考虑执法的优先性和执法的成本与收益也是无法避免的。

最后，在宽大政策下需要对证人提供有效的保护。对主动揭发者进行保护是执法机构的重要任务。因为关于揭发者的信息泄露可能会带来其他企业对揭发者的报复。证人信息的泄露和其他企业报复风险的增加可能会降低企业主动揭发的激励。因此，在宽大政策下，对证人进行严格的保密也是十分必要的。

本章小结

企业合谋是最严重的伤害市场竞争的行为，被称为"首恶"，因而是各国反垄断执法打击的重点。卡特尔组织面临的最大问题是单个成员具有很强的背叛激励，因此尽管合谋符合企业的整体利益最大化，但是并不是所有的合谋都会成功。成功的企业合谋需要企业之间能够达成协议、及时发现背叛行为和对背叛行为及时进行处罚。为此，成功的合谋需要具备一定的市场结构条件并建立一定的便利合谋的机制。这也为反垄断执法机关提高执法效率、关注重点领域的合谋行为和有效发现合谋行为提供了可能。

由于企业合谋的巨大危害性，各国都采取了严格禁止的法律规定，对恶性卡特尔适用本身违法原则和行政、民事、刑事的综合法律责任。尽管如此，由于合谋行为的隐秘性，发现合谋的概率成为影响执法效果的重要因素。反垄断宽大政策是解决执法障碍和提高执法有效性的重要政策创新，它通过改变企业维持合谋的激励促使企业主动向执法机关提供证据而明显提高了反垄断执法的有效性。

课后习题

1.成功的企业合谋需要具备哪些条件？

2.假设市场中有两个企业进行古诺数量竞争，市场反需求函数为 $P = 150 - 2Q$，两个企业的不变边际成本为30，并且都没有固定成本。那么在无限期重复博弈中，合谋协议得以维持的折现因子应该为多少？假设市场中有两个企业进行伯特兰德价格竞争，那么在无期限重复博弈中，合谋协议得以维持的折现因子为多少？

3.请解释为什么需求波动会不利于企业之间的合谋？

4.与美国宽大政策只给予第一个企业不同，欧盟、日本等还对第二、第三个主动告发的企业实行宽大，请问这两种不同的法律规定会对执法效果产生什么影响？为什么？

推荐阅读资料

近年来合谋理论的重要前沿问题是不对称信息下的合谋机制问题，Compte（1998）、Athey和Bagwell（2001，2004）等分析了私人信息下的合谋动态机制问题，Kühn（2001）则进一步论证不同信息交流模式下的合谋效应问题。Reynolds和Snapp（1986）采用古诺数量博弈模型证明了竞争企业之间的相互部分所有权的合谋促进效应。关于宽大政策的具体模型分析请参见Motta和Polo（2003）、Spagnolo（2003）、Harrington（2005）的研究。关于价格合谋理论和反垄断政策的系统论述请阅读唐要家（2011）的研究。

本章参考文献

[1] ATHEY, BAGWELL. Optimal Collusion with Private Information [J]. The RAND Journal of Economics, 2001, 32: 428-465.

[2] ATHEY, BAGWELL, SANCHIRICO. Collusion and Price Rigidity [J]. Review of Economic Studies, 2004, 71: 317-349.

[3] ABREU, PEARCE, STACHETTI. Optimal Cartel Equilibrium with Imperfect Monitoring [J]. Journal of Economic Theory, 1985, 39: 251-269.

[4] ABREU. External Equilibrium of Oligopolistic Supergames [J]. Journal of Economic Theory, 1986., 39: 191-223

[5] BERNHEIM, WHINSTON. Multimarket Contact and Collusive Behavior [J]. The RAND Journal of Economics, 1990, 21: 1-26.

[6] BRESNAHAN. Competition and Collusion in the American Automobile Oligopoly: The 1955 Price War [J]. Journal of Industrial Economics, 1987, 35 (4): 457-482.

[7] COMPTE. Communication in Repeated Games with Imperfect Private Monitoring [J]. Econometrica, 1998, 66: 597-626.

[8] DENECKERE, DAVIDSON. Incentives to Form Coalitions with Bertrand Competition [J]. The RAND Journal of Economics, 1985, 16: 473-486.

[9] GERTNER. Tacit Collusion with Immediate Responses the Role of Asymmetries [D]. Chicago: University of Chicago, 1994.

[10] FUDENBERG, MASKIN. The Folk Theorem in Repeated Games with Discounting or with Incomplete Information [J]. Econometrica, 1986, 54 (3): 533-554.

[11] GREEN, PORTER. Non-Cooperative Collusion under Imperfect Price Information [J]. Econometrica, 1984, 52: 87-100.

[12] HAY, Kelly. An Empirical Survey of Price Fixing Cospiracies [J]. Journal of Law and Economics, 1974, 17: 13-38.

[13] HARRINGTON. Collusion among Asymmetric Firms: The Case of Different Discount Factors [J]. International Journal of Industrial Organization, 1989, 7: 289-307.

[14] HARRINGTON. Detecting Cartels [D]. Johns Hopkins University working paper, 2004.

[15] HARRINGTON. Optimal Corporate Leniency Programs [D]. Johns Hopkins University working paper, 2005.

[16] HARRINGTON. Optimal Cartel Pricing in the Presence of an Antitrust Authority [J]. International Economic Review, 2005, 46: 145-169.

[17] HARRINGTON. Optimal Corporate Leniency Programs [D]. Johns Hopkins University working paper, 2005.

[18] KÜHN. Fighting Collusion by Regulating Communication between Firms [J]. Economic Policy, 2001, 16: 169-204.

[19] LEVENSTEIN. Private Cartels and Their Effects on Developing Countries [R]. Background Report For the World Development Report, 2001.

[20] MOTTA, POLO. Leniency Programs and Cartel Prosecution [J]. International Journal of Industrial Organization, 2003, 21, 347-379.

[21] PORTER. A Study of Cartel Stability: The Joint Executive Committee, 1880-1886 [J]. Bell Journal of Economics, 1983, 14: 301-31.

［22］ SCHMALENSEE. Competitive Advantage and Collusive Optima ［J］. International Journal of Industrial Organization，1987，5：351－368.

［23］ SPAGNOLO，GIANCARLO. Divideet Impera：Optimal Deterrence Mechanisms Against Cartels and Organized Crime ［D］. University of Mannheim，2003.

［24］ STAIGER，WOLAK. Collusive Pricing with Capacity Constraints in the Presence of Demand Uncertainty ［J］. The RAND Journal of Economics，1992，23：203－220.

［25］ STIGLER. A Theory of Oligopoly ［J］. Journal of Political Economy，1964，72：44－61.

［26］ 拉丰，马赫蒂摩. 激励理论 ［M］. 陈志俊，李艳，单萍萍，译. 北京：中国人民大学出版社，2002.

［27］ 唐要家. 涨价信息发布的合谋效应与反垄断政策 ［J］. 财贸经济，2011（9）.

［28］ 唐要家. 价格合谋的反垄断政策研究 ［M］. 北京：中国社会科学出版社，2011.

［29］ 唐要家，尹钰峰. 算法合谋的反垄断规制及工具创新研究 ［J］. 产经评论，2020（2）.

第5章
纵向限制

在反垄断经济学中，企业之间的横向合约关系已经具有了相对明确的结论和相对完善的反垄断执法政策。与企业之间的横向合约关系相比，企业之间的纵向合约关系往往更为复杂，企业之间的纵向限制协议对竞争的影响是含糊不清的。因此，纵向限制的反垄断问题是反垄断经济学和反垄断执法中最具争议的问题。

历史上，企业之间的纵向合约关系并没有得到经济学家的过多关注。在美国反垄断执法的初期，往往是依据普通法的理念，认为一种商品在完成买卖交割后其权利也应全部转移到买方，卖方无权对此继续加以限制。企业之间的纵向合约限制，要么是一种垄断杠杆化的行为，要么是企业之间纵向合谋的一种行为。哈佛学派经济学家认为，纵向限制是一种垄断化行为，它造成了市场的低效率，企业之间的纵向限制合约与企业之间的横向限制合约并不存在明显的区别，应采用相同的反垄断执法规则。从20世纪50年代以来，芝加哥学派基于效率观点对纵向限制合约给出了解释，认为纵向限制合约的出现主要是基于效率原因，反竞争的纵向限制不具有存在的合理性，反垄断法没有必要对其进行干预。后芝加哥学派在承认纵向限制效率基础的同时，主要证明了排他性合约是能够产生反竞争效应的。后芝加哥学派的策略性纵向限制合约理论认为，纵向限制合约限制了通向市场的渠道，增加了新企业进入市场的成本，纵向限制合约是一种市场封锁机制，保护了在位企业的市场势力。

5.1 纵向限制形式与动机

5.1.1 纵向限制的形式

大部分产品或服务的生产都涉及原材料、把原材料加工成中间产品或最终产品、把产品分配给批发商和零售商等几个环节，不同环节之间的关系就是纵向关系。纵向限制是指上下游不同环节的企业之间通过市场合约的方式对购买、转售或销售等实行的不完全控制。纵向限制往往以某种方式约束交易的一方（上游企业或下游企业），但这种约束又没有纵向一体化那么严格，是介于内部科层制与自由市场交易二者之间的一个中间状态。因此，纵向限制也被称为"准纵向一体化"。

生产商与销售商之间纵向限制的表现形式多种多样，通常包括转售价格维持（RPM）、排他性地域、排他性交易、强制购买数量协议、非线性定价、拒绝供应、搭售、特许经营、进场费等。这些具体形式又可以分为几大类：支付价格、交易数量、销售地域、供应条件、销售条件等（见表5-1）。

转售价格维持是一种由上游生产商而不是由下游销售商来设定产品销售价格的纵向合约方式，包括价格上限、价格下限和建议零售价格。

非线性定价是指企业之间的交易不是采用与购买数量相对应的线性价格。购买者的支付有两部分：一部分是与购买数量无关的固定支付（特许费），另一部分是根据购买量变动的支付。

数量限制主要是规定了零售商购买的产品数量或销售的产品数量，包括数量上限和数量下限。如果需求已知并且取决于最终价格，则数量限制的效应等同于转售价格维持。

表 5-1　　　　　　　　　　　　　　　　纵向限制的一般分类

工具	形式	具体纵向限制形式
支付价格	非线性定价	两部制定价、特许费、提成
	转售价格维持	固定零售价格、价格上限、价格下限、建议零售价格
交易数量	数量限制	数量下限（数量强销）、数量上限（数量配额）
销售地域	独占地域	一定地理区域内的排他性交易
	选择性消费者	服务于某一特定消费者市场
供应条件	产品线限制	搭售、全产品线销售
	独占交易	排他性销售（独家经销）、排他性购买（独家购买）
	选择性销售	质量选择、数量选择
销售条件	进场费	生产商向销售商支付费用以获得有利的销售条件

独占地域既包括地理空间的限制也包括选择性消费者限制。地理空间的限制是指生产商限制销售商的经营区域，通过赋予单个销售商的地区垄断权而排除了销售商之间的竞争。选择性消费者限制是限制零售商的消费者市场，要求其只服务于特定的顾客群（细分市场）。

独占交易是企业要求其客户或供应商要求销售商只能同自己进行交易，不能同自己的竞争对手进行交易，包括独家经销和独家购买。

选择性销售是供应商按一定的资格条件来选择销售商，只向达到一定条件的销售商供应产品，而不向其他经销商供应产品。根据选择性销售对销售商的选择条件，分为质量选择性销售和数量选择性销售。选择性销售在汽车、香水等行业应用得较多。

进场费是生产商向销售商支付费用以获取销售商销售自己产品或分配产品展示空间的机会。进场费与上述其他纵向限制方式明显不同的一点是销售商具有市场势力，即买方垄断。

5.1.2　纵向限制的动机

对于生产商和零售商来说，采用这些不同形式的纵向限制合约往往有不同的具体动机，大体上可以分为三类：效率动机、反竞争动机和租金转移动机。效率动机主要是指由于某些横向或纵向外部性的存在，采取纵向限制的手段可能是增进效率的，比如克服零售商之间或生产商之间的搭便车问题；反竞争动机是指为了协调零售商之间或生产商之间的行为以及支配企业将在一个市场的垄断势力延伸到另一个市场；租金转移动机是指为了解决纵向交易当中的双重加成问题或在生产商与经销商之间合理地分配租金。

纵向限制的根本目标是实现纵向一体利润。纵向一体利润是纵向结构所获得的总利润（生产商的利润加上零售商利润）的最大值。纵向结构作为一个整体，其目标的实现不仅取决于批发价格、零售价格、销售努力等多种决策变量，还取决于上下游企业之间的机会主义行为、市场的不确定性程度和信息的完美性程度。通常单个企业的决策并不会从纵向一体利润最大化的目标出发，而是从自身利润最大化出发，这会减少纵向一体利润。因此，为了实现纵向一体利润，企业就有了进行纵向限制的激励。

在纵向关系当中，企业之间的外部性分为纵向外部性和横向外部性。纵向外部性分为纵向价格外部性和纵向服务外部性，纵向价格外部性也就是"双重加成"问题，纵向服务外部性是指由于零售商在决定服务支出时没有考虑对上游生产商的影响。横向外部性分为横向价格外部性和横向服务（质量）外部性，横向价格外部性就是企业之间价格竞争中不考虑降价对对手的影响，横向服务外部性是指同一品牌零售商中某一零售商搭其他零售商服务支出的"便车"。企业纵向限制更多的是出于消除纵向外部性的需要（见表5-2）。

表5-2 纵向交易关系的外部性

类型	纵向外部性		横向外部性	
	纵向价格外部性	纵向服务外部性	横向价格外部性	横向服务外部性
核心问题	纵向垄断定价的双重加成	零售商提供促销服务激励不足	零售商过度的价格竞争导致收益下降	促销服务"搭便车"导致服务提供的激励不足

5.2 品牌内竞争与纵向限制

5.2.1 纵向价格外部性

企业之间实行纵向限制的一个基本效率原因是消除纵向企业之间的双重加成。这里假设纵向市场结构是有一个垄断性的上游生产商和一个垄断性的下游零售商的序列垄断结构（见图5-1）。在序列垄断结构下，出于自身利益的考虑，零售商在零售市场上和生产商一样，将收取一个高于自己边际成本的零售价格 $P > \gamma$，垄断生产商收取的批发价格高于边际成本 $P_w > c$，这就产生了双重加成的情况[①]。结果线性批发价格政策下的零售价格超过了最大化一体化利润的价格水平并且总利润小于最优水平。这是因为，当做出价格决策的时候，两个独立企业忽视了它们各自的利润加成对对方利润的影响，从而产生外部性。为了消除这种外部性，企业就会产生纵向限制的动机。

假设市场最终需求函数是 $D(p) = 1 - p$，令 p_w 为批发价格，p 是零售价格，γ 是零售商的边际成本。

---

① 双重加成问题由 Spengler（1950）提出，它和两个生产完全互补产品的垄断企业是相似的，针对这个问题，古诺（Cournot, 1838）首先对它进行了形式化分析。

图 5-1 序列垄断结构

（1）纵向一体化结构

在一体化的情况下，联合利润最大化目标是

$$max [(p-c)(1-p)] \tag{5-1}$$

此时的产品最终零售价格和一体化利润是

$$p = \frac{1+c}{2}, \quad \pi^* = \frac{(1-c)^2}{4} \tag{5-2}$$

（2）纵向分离结构

在纵向分离的情况下，零售商的利润最大化目标是

$$max [(p-p_w)(1-p)] \tag{5-3}$$

由此得到零售商利润最大化的零售价格、产品销量和零售商利润

$$p = \frac{1+p_w}{2}, \quad q = \frac{1-p_w}{2}, \quad \pi_r = (\frac{1-p_w}{2})^2 \tag{5-4}$$

在此情况下，生产商利润最大化目标是

$$max [(p_w-c)(\frac{1-p_w}{2})] \tag{5-5}$$

由此得到生产商利润最大化批发价格

$$p_w = \frac{1+c}{2} \tag{5-6}$$

此时纵向结构联合利润和产品最终零售价格为

$$\pi_r = \frac{(1-c)^2}{8} + \frac{(1-c)^2}{16} = \frac{3(1-c)^2}{16}, \quad p = \frac{3+c}{4} \tag{5-7}$$

上述结果显示，在序列垄断结构下，出于自身利益的考虑，零售商在零售市场上和生产商一样，将收取一个高于自己边际成本的零售价格，垄断生产商收取的批发价格高于边际成本，这就产生了双重加成的情况。正如泰勒尔（1988）所指出的："什么比垄断更糟？一个垄断链。"

显然，一体化的联合利润高于非一体的联合利润，而且消费者支付的价格也更低[①]。纵向限制的一个主要目的就是避免双重加成，通过纵向限制实现纵向联合利润最

[①] 在批发市场或零售市场任何一个是完全竞争市场时，由于市场竞争导致企业按边际成本定价，因此纵向一体化并不会增加另一个垄断企业的利润。

大化。这种消除双重加成的纵向限制在使企业利润增加的同时，也降低了产品价格，因而也提高了消费者的福利。因此，消除双重加成的纵向限制是增进社会福利的。

企业可以采取多种纵向限制的方式来实现同样的目标，如两部定价、转售价格维持等。

首先，在信息完全和确定性情况下，生产商可以采用两部收费的方法来消除这种外部性。生产商向零售商收取一个等于其生产成本的批发价格，并通过收取等于纵向一体化结构利润的特许费而拿走全部零售商的利润。

其次，生产商也可以通过一个转售价格维持获得最优利润水平，它可以制定一个等于纵向一体利润最大化的零售价格，并要求零售商维持在这个水平，然后通过一个等于最高利润的批发价格来获取垄断利润。

显然消除纵向价格双重加成的转售价格维持、纵向并购、特许经营等是有助于提高社会福利的。在图5-2中，在序列垄断的市场结构下，垄断生产商面对的需求曲线是 $MR_R = D_W$ 并根据 $MC_W = MR_W$ 来进行利润最大化决策，从而对零售商收取价格 P_W，产出是 Q_1。垄断零售商接受的价格 P_W 就是它的边际成本 MC_R，根据 $MC_R = MR_R$ 来进行利润最大化决策，并且零售价格定在 P_R。此时，垄断生产商的剩余是面积 $P_W DFG$，垄断零售商的剩余是面积 $P_R BDP_W$，消费者剩余是面积 ABP_R。

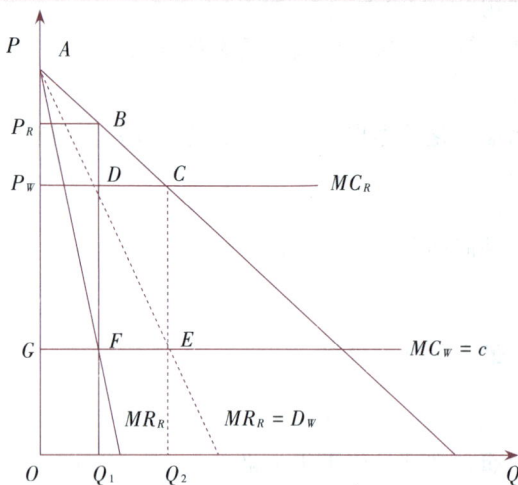

图 5-2 双重加成与纵向一体化的福利效应

如果两个垄断企业实现一体化或转售价格维持，则上游垄断企业会根据 $MC_W = MR_R$ 进行利润最大化决策，根据纵向一体利润最大化来确定零售价格并要求零售商遵守。此时，它制定的零售价格 $P_W < P_R$，产量会增加到 Q_2。此时，上游垄断企业的剩余是面积 $P_W CEG$，消费者剩余为 $AP_W C$。因为 $P_W CEG$ 的面积大于 $P_R BFG$，所以是增进社会福利的。因此，这种消除双重加成的纵向限制在使企业利润增加的同时，也降低了产品价格，因而也促进了消费者的福利，消除双重加成的转售价格维持是提高社会总福利的。在某些情况下，尽管纵向一体化或纵向约束会导致垄断利润的增

加，但是这并不意味着它一定会损害社会福利。这里，问题的关键是垄断的存在本身而不是其副产品（纵向一体化或纵向约束）。

5.2.2　纵向服务外部性

对于很多商品来说，纵向一体最大化利润的实现很大程度上取决于零售商的推销力度。零售商通常提供一些使生产商的产品对消费者更具吸引力的服务，比如促销广告、销售现场信息提供、良好的购物环境、好的产品展示、促销讲解、减少客户等待时间、充足的存货、产品质量证明等，良好的促销服务能刺激消费者的需求，促进产品的销售。在此情况下，对于生产商来说，经销商的促销服务会极大地提高其利润收益，但是对于经销商来说，促销是一个高成本的活动，只有在促销带来高收益的情况下经销商才有激励进行产品促销。因此，为了确保经销商有激励来提供生产商所期望的促销服务水平，必须确保经销商通过提供服务能获得相应的边际利润。

（1）序列垄断市场结构

在序列垄断市场结构下，生产商和零售商会产生纵向服务外部性。在生产企业和零售企业的纵向关系当中，由于下游零售商在做出自己的销售努力水平决策时，仅仅从自己的利润最大化角度出发来进行决策，没有考虑自己的销售努力对上游生产商的影响。因此，产生纵向价格外部性。由于生产商在成本之上的加价使零售商的边际利润小于纵向一体结构的边际利润，在此情况下，对于任何零售价格，零售商都提供很少的服务，导致总需求低于纵向利润最大化水平下的需求。

假设一个垄断生产商和一个垄断经销商，产品需求不仅取决于价格还取决于零售商提供的促销服务，需求函数为 $q = D(p,s)$，s 为零售商的促销服务水平，单位服务成本为 $\phi(s)$。纵向一体利润函数为

$$\pi = [p - c - \phi(s)] D(p,s) \tag{5-8}$$

在纵向分离的结构下，对于线性批发价格 p_w，垄断生产商的利润最大化决策为

$$(p_w - c) D(p,s) \tag{5-9}$$

垄断零售商的利润最大化决策为

$$[p - p_w - \phi(s)] D(p,s) \tag{5-10}$$

为了追求利润最大化，垄断生产商的最优价格将是 $p_w > c$，这里产生两种效应：一是由于 $p_w > c$，这会产生双重加成的纵向价格扭曲；二是在 $p_w > c$ 的情况下，生产商挤占了一部分零售商的利润，降低了零售商提供服务的预期收益，零售商则通过降低有成本的服务水平来加以应对。这里零售商最大化自身利润的决策，并没有考虑提供促销服务增加产量对生产商的影响，即没有考虑 $(p_w - c)(\partial D/\partial s)$。因此，零售商提供很少的服务，导致产品需求量太小，销量远低于纵向一体利润最大化水平下的销量。在双重加成和零售服务提供不足的双重扭曲下，产品的价格更高，服务水平更低，因此消费者剩余和生产商利润都降低了。如果能有效地协调生产商和零售商的关系，则会带来更低的价格和更好的服务，从而使消费者和生产企业的状况都得到改善。

　　为了解决纵向服务外部性，生产商可以实行两部收费和转售价格维持来激励零售商提供销售服务。

　　首先，在两部收费体制下，生产商可以以 $p_w = c$ 的批发价格来销售产品，这使下游零售企业成为剩余索取者，从而提供纵向一体利润最大化所需求的服务水平，生产商则通过特许费拿走零售商的剩余利润。[①]

　　其次，在转售价格维持政策下，生产商可以将零售价格维持在纵向一体利润最大化价格水平，但是这时的转售价格维持已经不再是一个充分有效的工具，外部性仍然存在。因为生产商只能通过批发价格来获取垄断最大化利润，这无法消除双重加成，从而挤占零售商的利润，进而会促使零售商降低服务水平。为此，垄断生产商可能还需要对下游零售商的促销服务水平给出明确的要求并进行直接的监督，对没有达到服务水准的零售商甚至采取终止供货的方式来进行惩罚。但是如果服务水平是难以明确规定的或者不具有可证实性，则这种外部性将仍会存在。但不管怎样，生产商都无法完全消除纵向扭曲的存在。

　　（2）上游垄断生产商和下游完全竞争市场结构

　　在现实当中，一个生产商和多个经销商的情况是更常见的，此时的市场结构是上游垄断与下游竞争（见图5-3）。在下游市场完全竞争的情况下，我们可能认为这是一种对上游垄断生产商更为有利的市场结构。如果只有一家零售商，生产商产品进入下游市场的通道有限，其在索取额外利润（生产商和零售商协调行动后产生的）时的议价能力也就有限。当存在多家零售商时，生产商产品进入下游市场的通道增加了，它的议价能力将随之增强。下游零售商之间的竞争将使其边际利润（价格减去成本）为0，这消除了双重加成问题。然而，提供最优零售服务水平的问题仍然困扰着生产商。

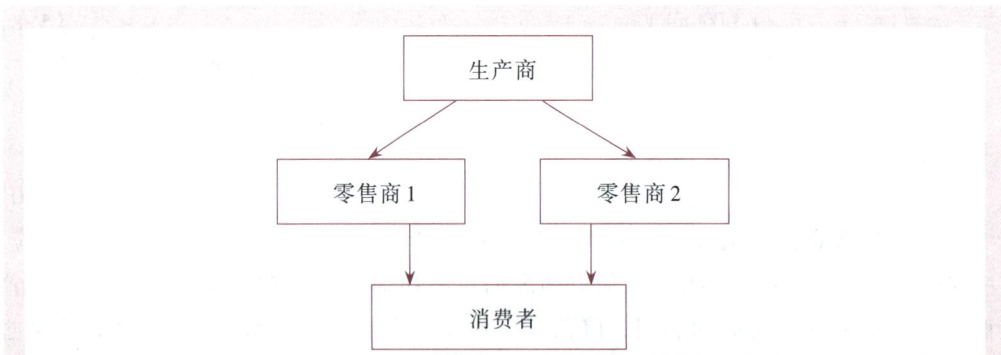

图5-3　上游垄断与下游竞争的结构

　　假设所有下游零售商是同质的，每一个零售商都以批发价格 p_w 从生产商进货，且提供服务水平 s 时的单位服务成本为 $\phi(s)$。简单地思考初步可以得出两个结论：一是零售竞争将导致零售价格降到边际成本的水平。换句话说，最终消费者面对的价格将是 $p = p_w + \phi(s)$。二是在相同售价的情况下，竞争压力同样会使零售商提供对消费

[①] 这里是为了分析方便而提出的分析结论，其多少有些武断。在纵向序列垄断市场结构下，纵向一体的利润剩余并不会被生产商完全拿走，经双方讨价还价，结果更应该是建立一种利润共享机制。

者而言最优的服务水平。任何无法向消费者提供最优服务水平的零售商都将迅速流失所有的客户。因此，竞争压力会导致所有零售商制定统一的价格和服务水准。由于垄断生产商只是通过制定高的批发价格 $p_w > c$ 来获取全部垄断利润，零售商提高服务水平带来的利润全部被生产商拿走。在零售市场竞争的情况下，每一个竞争性零售商只看到了提供服务带来的成本而没有看到额外的收益，更不会关心其提供服务给上游生产商带来的额外利润，零售市场竞争将导致过低的服务水平。

首先，此时两部定价不再是一种有效的纵向协调机制。由于竞争导致零售商边际利润为零，因此生产商无法从零售商身上一次性收取特许费 T。基于此，生产商唯一可以获取利润的途径是将价格定在边际成本之上（$p_w > c$）。但是，除非采取额外措施，否则这一定价策略必然推高零售商的成本，更进一步，它会激励零售商降低零售服务水平。

其次，转售价格维持是解决这一问题的有效机制。生产商转售价格维持协议中规定的零售价格为一体化利润最大化的零售价格，同时将批发价格定在满足 $p - p_w = \phi(s')$ 的水平，从而确保零售商提供服务不至于亏损。相对于不提供服务时的价格来说，由于 $p > p_w$，所以竞争性企业也有激励从事促销服务来赢得市场。由于零售商在零售服务方面的竞争会导致其提供正好为生产商所希望的服务水平，因此达到了纵向一体利润最大化水平。

（3）横向服务外部性

我们上面讨论的零售服务基本上都默认为有形服务，这里我们进一步讨论零售商提供的服务是信息服务。在提供信息服务的情况下，这种信息是纯公共物品。无论消费者是否购买商品，都可以免费获取这些信息。结果就是，零售环节可能存在严重的搭便车问题。因为不同的经销商拥有一个共同的品牌，在一个经销商提供有成本的售前服务情况下，一个顾客可以在获得该零售商的售前服务后，转而到另一家售前服务较差但是产品价格稍低的商店去购买。此时，提供促销服务成为一种公共产品。[①]在此情况下，每个经销商都有利用其他经销商的促销服务来扩大自己产品销量的动机，经销商之间会出现"搭便车"现象。在正常情况下，一个提供了促销服务的经销商可能会由于成本的上升而收取更高的价格，一个没有提供良好促销服务的企业由于促销成本低则可以实行低价格，在消费者由高价格经销商处获得售前信息服务然后再到价格较低的经销商（没有提供促销服务）处购买的情况下，提供售前服务的企业显然不会有任何的促销服务收益。因此，横向服务外部性产生了公共产品的市场失灵问题，这可能会导致经销商售前服务提供不足。

考虑一个生产商和两个同质的经销商的情况，需求函数 $q = D(p,s)$，s 为经销商的促销服务水平。在产品同质的情况下，消费者仅仅关心促销服务的总量。在两个经销商进行伯特兰德竞争的情况下，均衡价格必然等价于批发价格 p_w。如果只有一个经销商进行促销努力，假设单位促销成本为 $\phi(s)$，那么该经销商最低零售价格就不能低于 $p_w + \phi(s)$。不进行促销努力的经销商就可以用低于 $p_w + \phi(s)$ 的价格来侵占提供促销服务经销商的市场。由于在完全竞争的零售市场，无论单个经销商提供什么水平的

---

①　这里的服务主要是专业信息知识的服务，而不是上面分析的如购物环境等的有形服务。

服务，利润都为0，这导致经销商的促销努力不足。这里经销商之所以缺乏足够的激励是，因为竞争性零售企业的"搭便车"使其促销努力的利润边际减少或消失。因此，要保证经销商有激励提供促销服务，必须确保提供促销服务经销商获得边际利润。

解决横向服务外部性的主要机制是转售价格维持和地域限制。[1]转售价格维持消除了零售商之间的价格竞争，由于同一产品在所有的商店价格一致，消费者也没有激励在提供服务的那个商店获得服务然后到另一个不提供服务的商店购买，消费者的购买决策主要取决于哪个商店的服务更优，因此，转售价格维持确保了零售商提供服务的边际利润。地域限制通过赋予单个零售商地域垄断权，也消除了横向服务外部性问题，加剧了零售商之间的服务竞争。

泰尔瑟（Telser，1960）首先提出了转售价格维持是克服"产品专用性服务"提供不足，激励零售商提供产品专用性服务的理论观点。由于最低转售价格维持取消了经销商的价格决策权，经销商之间只能进行非价格的服务竞争，而且转售价格维持保证了零售企业提供优质产品专用性服务获得边际利润，实现了外部性的内部化，因此零售企业有激励提供产品专用性服务。

在图5-4中，生产企业实行最低零售价格限制，市场价格为P_{RPM}，价格曲线与市场需求曲线相交于A点，此时价格高于零售商的边际成本MC_1，阴影部分为企业的短期超额利润。在此情况下，对单个零售企业来说，提高服务水平是有利可图的。但是在非价格竞争的情况下，这一部分超额利润会迅速消散掉。由于零售企业之间进行服务竞争，服务投入提高了消费者的需求，促使市场需求曲线由D_1上升到D_2，同时由于服务投入的增加导致零售企业的成本上升，边际成本由MC_1上升到MC_2，当企业的零售成本等于转售维持价格时，市场在B点实现了新的竞争市场均衡，此时成本和价格上升、服务投入提高，零售企业的经济利润为0。在实行转售维持价格后，垄断生产商确定的转售价格为垄断批发价加上零售商的服务成本，即$P_{RPM}=p_w+c_s$。此时，零售商的产品零售价格中已经包含了提供服务的成本，这就是说转售维持价格为零售商提供服务提供了稳定的成本补偿机制，这会激励零售商通过提供更好的服务而竞争，增加的服务投入会导致需求增加并迫使其他现有的竞争零售商也提供服务。当然，在长期的均衡中，所有零售商必须提供同样的服务并且获得的经济利润为零。

一般说来，横向服务外部性理论在解释技术含量较高的高技术产品中的转售价格维持时非常有说服力，如在汽车、高技术电子产品、IT产品等新产品刚上市时，转售价格维持通常被用来作为市场推广的重要制度，[2]但是技术含量较低产品中的转售价格维持，其说服力相对较弱。在横向服务外部性的情况下，转售价格维持限制了品牌内的价格竞争，但是它促进了品牌内的非价格竞争。在多品牌的情况下，生产商产品专用性服务水平的提高会促进不同品牌产品之间的竞争。

---

[1] 在下游零售市场竞争的情况下，两部收费不能解决纵向扭曲问题，因为下游市场竞争使零售商的利润为0，特许费为0，垄断企业只能通过将批发价格定在高于生产成本水平来获取垄断利润，这仍会导致零售商降低服务水平。

[2] 比如美国福特公司在早期销售汽车的过程中，就采用转售价格维持来确保经销商提供充分的服务以教会消费者如何驾驶汽车。

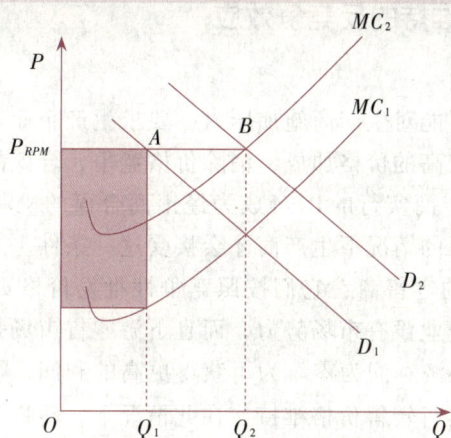

图 5-4 零售价格限制（RPM）下的服务竞争均衡

5.3 品牌间竞争与纵向限制

一个上游生产商对下游多个经销商之间的销售行为进行合约限制的行为往往具有效率基础，并不会对市场竞争产生严重的影响。因此，品牌内竞争下的纵向合约限制并不是反垄断法关注的重点，反竞争的纵向限制往往发生在品牌间竞争的情况下。品牌间竞争是指多个生产商分别生产不同品牌产品的情况，此时的市场结构是序列寡头市场结构（见图 5-5）。在此纵向市场结构下，纵向限制合约会产生弱化生产商之间的竞争，便利企业之间合谋。

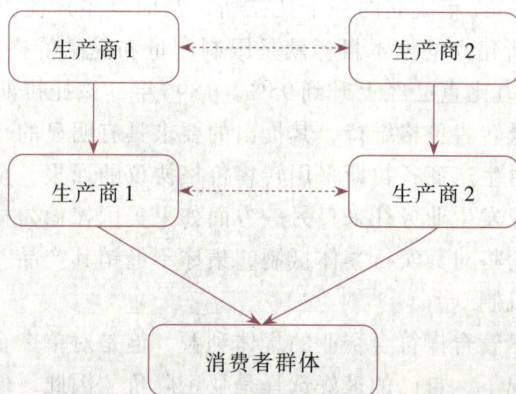

图 5-5 品牌间竞争

5.3.1 转售价格维持的反竞争效应

（1）零售商合谋机制

相互竞争的零售商可能对生产商施加压力，要求生产企业实行限制价格竞争的转售价格维持，从而维持较高的价格加成，消除价格竞争，合谋的高利润激励经销商之间维持合谋。在这里生产商实行的 RPM 成为经销商合谋的机制，但是只有在经销商具有单边或集体市场势力的情况下生产商才会接受这一条件。

假设有一群竞争性的零售商，它们按照竞争性批发价格 $w=c$ 购买由生产企业生产的投入品。由于生产企业没有市场势力，而且下游零售市场是竞争性的，因而，最终零售价格将为 $p=c$，经济利润为零。为了获得更高的利润，零售企业可能会联合起来，要求上游生产企业实行转售价格维持。在此情况下，转售价格维持消除了单个企业的秘密降价行为。在这里，生产企业实行的转售价格维持实际上是零售企业实行价格合谋的一种机制，通过将统一定价权赋予生产企业，从而避免了签订统一价格的协议。

在零售商通过转售价格维持实现合谋的情况中，由于上游市场的竞争性，实行转售价格维持不仅不会使生产企业收益增加，相反下游产品零售价格提高导致的产品销量的降低会减少生产商的收益，这实际上是要求生产商将利润空间转移给销售商。促进零售商合谋的转售价格维持是损害生产商利益的，生产商显然不会有激励实行转售价格维持。因此，这里生产商一定是被迫实行转售价格维持，就是说零售商通过转售价格维持实现合谋的一个重要条件是零售企业必须拥有较强的集体市场势力。在此情况下，如果上游生产企业不与零售企业合作，零售企业可以采取集体抵制的方式来打击上游生产企业，迫使其合作。这里零售企业是通过"大棒"而非"胡萝卜"来迫使上游生产企业实行转售价格维持。

美国榨糖公司是1887年成立的一个托拉斯，当时其生产能力占全美榨糖生产能力的80%，该托拉斯建立的根本目标就是限制产量和提高价格。经过扩张和重组，到1892年，其生产能力比重已经上升到95%。1895年，该托拉斯的批发商集体要求美国榨糖公司实行最低转售价格维持，其提出的要求具有明显的"胡萝卜加大棒"的特点，即一方面作为对生产商托拉斯采用转售价格协议的回报，全体批发商同意不与任何非托拉斯成员企业发生业务往来；另一方面如果美国榨糖公司拒不实行最低转售价格维持，全体批发商将对其实行集体抵制，集体不经销其产品。

（2）生产商合谋机制

根据合谋理论，尽管合谋符合企业的集体利益，但是对单个企业来说，在其他企业遵守合谋协议的情况下，自己的最好选择是秘密降价。因此，价格合谋协议要得到有效实施，卡特尔组织必须具有消除单个企业秘密降价行为的机制。转售价格维持之所以能够促进合谋，是因为它降低了生产商秘密降价的激励，增加了价格的可观察性。首先，在转售价格维持的情况下，由于单个生产商降低批发价格不能通过零售商转移给消费者，单个生产商降低批发价格并不会带来下游产品销量的增加，秘密降低批发价格不会增加利润，这消除了单个生产企业秘密降价的激励。其次，在不存在转售价格维持的情况下，市场波动会导致价格变化，使卡特尔成员企业难以区分价格的变化是由于市场供求改变所引起的，还是由于欺骗行为所引起的。由于转售价格维持消除了零售价格变动的可能性，增加了价格的透明度和明确性，因此有利于及时发现秘密降价行为，便利了生产商之间的合谋。

2013年中国国家发改委查处的茅台、五粮液对经销商实施的转售价格限制就是典型的生产商合谋行为。茅台、五粮液是高端白酒市场的寡头支配企业，两家企业的总市场份额在70%以上。2012年12月18日，贵州茅台对经销商发出"限价令"，禁止经销商们擅自降价销售，并对出现违规的3家经销商做出处罚，包括暂停执行茅台酒合同计划、扣减20%保证金、提出黄牌警告。2009年以来，五粮液公司通过书面或网络的形式，与全国3 200多家具有独立法人资格的经销商达成协议，限定向第三人转售五粮液白酒的最低价格，并通过业务限制、扣减合同计划、扣除保证金、扣除市场支持费用、罚款等方式对不执行最低限价的经销商予以处罚。五粮液曾对12家降价或串货的经销商进行了处罚。两家企业同时实行最低转售价格维持显然具有明显的价格合谋企图。

（3）维持生产商市场势力

由于某种条件的限制，上游垄断企业无法充分利用其市场势力，通过实行转售价格维持实现垄断定价和垄断利润最大化。由于垄断生产商与每个零售商签订的是秘密合约，在此情况下，当生产商以垄断性价格与一个经销商签订合约后，生产商会有动机以稍低的价格与第二个经销商签订合约，因为这样生产商会有更高的收益。由于预期到这一点，经销商将会接受很低价格的交易合约。因此，生产商的机会主义行为损害了自身。为了实现垄断利润，生产商可以通过转售价格维持、纵向并购、独占地域等方式来建立可信的不降价承诺，恢复自己的市场势力。此时，作为不降价承诺机制的转售价格维持会对社会总福利造成损害。

（4）阻止竞争者市场进入

转售价格维持可能成为在位企业排斥潜在进入者的工具，这种效应具有两个方面的体现：一是零售商排他。下游零售企业有单边激励要求上游生产企业实施转售价格维持，以弱化下游市场竞争。在此情况下，下游市场一个高效率的新进入者无法通过降价来抢占在位企业的市场份额，从而有利于在位企业保持自己的市场地位。此时，新进入企业需要具有较高的效率才能获取较高的利润，或者在争夺市场份额的竞争中新进入企业的高效率（低价格）优势被压制，这些都会降低进入者的进入激励。在新进入企业需要很高的进入沉淀成本时，这一进入阻止效应会更明显。二是生产商排他。上游生产商可能会将转售价格维持作为一种换取下游零售商排斥其他生产商的支付机制。这里转售价格维持实际上是一种垄断租金转移机制，让零售商参与生产商的垄断租金分配，从而使生产商和零售商结成利益共同体，零售商有激励维持生产商的垄断地位，从而排斥了竞争性生产商的上游市场进入。此时，上下游企业共同分割了行业垄断利润，这导致产品的高价格，损害了消费者的福利。

5.3.2 独占地域的反竞争效应

独占地域的效率效应主要体现在：解决零售商提供专用性服务的搭便车问题、保护零售商的专用性投资的效率效应和充分利用熟悉地区市场的信息优势等几个方面。但是由于独占地域往往赋予下游经销商在地区市场的垄断地位，因此它常常受到反垄断机关的关注。这其中存在的问题是，在独占地域的情况下，由于下游零售企业制定垄断价格，这会降低上游生产商的产品销量，那么上游生产商为什么会实施对自己不利的独占地域合约呢？这里，我们认为，在品牌间竞争的情况下，独占地域会产生缓解生产商竞争的作用。

在寡头市场当中，维持高价格是符合企业的利益的，但是由于在价格竞争下，每个企业都有降价的激励，因此市场出现"囚徒困境"的结果。由于下游多个零售商的竞争会导致过低的价格，生产商可以通过独占地域来消除零售商之间的价格竞争，从而提高产品的零售价格。从策略性角度来说，独占地域向竞争对手发出了一个维持高价格的可信的信号，成为缓解下游市场竞争、诱使竞争对手提高价格的重要策略承诺工具。显然在此情况下，生产商通过消除品牌内的竞争来达到削弱品牌间竞争的目的，此时地域独占会导致高价格，降低社会福利。

这里我们采用一个简化的瑞和斯蒂格利茨（1995）模型对此加以证明。假设市场当中有两个生产相同产品的上游企业，即 $i\{1,2\}$。下游市场有多个零售企业在地区市场 $k\{a,b\}$ 进行伯特兰德竞争。为了简化分析，假设零售企业的成本仅为从上游企业购买产品支付的批发价格 w_i，上游企业的生产成本为 0。假设两个市场消费者总数为 1，λ_k 为某一区域市场的消费者数量。地区 k 产品需求函数为 $\lambda_k(1-P_{ik}+dP_{jk})$，其中 $i\neq j\{1,2\}$，$k\in\{a,b\}$，$\lambda_a+\lambda_b=1$，$0\leqslant d<1$。

（1）非独占地域的情况

显然，由于下游市场零售企业进行伯特兰德竞争，每个企业的产品最终零售价格为 $P_{ia}=P_{ib}=w_i$，每个零售企业的经济利润为 0。

此时，每个上游生产企业利润最大化函数为

$$\pi_i=w_i(1-w_i+dw_j) \tag{5-11}$$

对上式求利润最大化的批发价格可得

$$w^*=\frac{1}{2-d} \tag{5-12}$$

则可得每个上游生产企业的利润为

$$\pi_p=\frac{1}{(2-d)^2} \tag{5-13}$$

（2）独占地域的情况

在独占地域的情况下，每个零售企业都成为一个地区垄断企业。因此，在地区 k 和消费者数量 λ_k 给定的情况下，零售商的利润最大化函数为

$$\pi_R=\lambda_k(P_{ik}-w_i)(1-P_{ik}+dP_{jk}) \tag{5-14}$$

利润最大化的一阶条件为

$$1 - 2P_{ik} + dP_{jk} + w_i = 0 \qquad (5\text{-}15)$$

零售商 i 和零售商 j 面对相同的投入品价格，由于零售企业之间是完全对称的，因此通过求解每个零售商的利润最大化价格，我们得到每个地区垄断零售企业的产品零售价格为

$$P_{ik} = \frac{1 + w_i}{2 - d} \qquad (5\text{-}16)$$

此时，生产商 i 最大化利润函数为

$$\pi_P = w_i \left[1 - P_{ik} + dP_{jk} \right] \qquad (5\text{-}17)$$

利润最大化的一阶条件为

$$1 - P_{ik} - w_i \frac{p_{ik}}{w_i} + dp_{jk} = 0 \qquad (5\text{-}18)$$

由于 $w_i = w^*$，并且 $\dfrac{\partial p_{ik}}{\partial w_i} = \dfrac{2}{(4-d)^2}$，则得

$$1 - \frac{1-d}{2-d}(1+w^*) - w^* \frac{2}{4-d^2} = 0 \qquad (5\text{-}19)$$

由此 $w^* = \dfrac{2+d}{4-d-d^2}$，将其代入公式（5-16）中可得替换 w_i

$$p^* = \frac{6 - d^2}{(2-d)(4-d-d^2)} \qquad (5\text{-}20)$$

将上面结果与没有独占地域的结果进行比较，可以发现：在 d 足够大的情况下（这里要求 $0.78 \leqslant d < 1$），独占地域会削弱生产商之间的竞争，为生产商带来了更高的利润。这就是说，如果两个产品是充分的替代品，即两个生产商之间存在充分竞争的情况下，独占地域会削弱生产商之间的竞争，为生产商带来更高的利润。显然，在独占地域的情况下，零售商和生产商的利润都得到提高，但消费者的福利则受到损害。

5.3.3 独占交易的反竞争效应

在反垄断历史上，对独占交易合约的关注由来已久，美国反垄断法长期以来一直禁止具有市场势力企业的独占交易行为。但是经济学家一直对此存在质疑。芝加哥学派经济学家指出，除非卖方能够补偿买方由于丧失了从低价格进入者那里购买产品造成的福利损失，否则买方不会接受独占交易合约，但是由于消费者剩余损失超过垄断企业利润，因此这样的排他性为是无利可图的。由此可知独占交易合约是一种非理性的行为。只有在效率收益大于利润损失时，它才可能出现。而现实当中的独占交易合约一定是出于效率原因，效率改进增加了买方和卖方的总收益。芝加哥学派进一步指出，独占交易能够在买方和卖方之间建立稳定的交易关系，降低不确定性和交易成本，并促进专用性投资。为了能与垄断的零售商签订独占交易契约，生产商将不得不用降低价格的方法去贿赂零售商。因此，尽管独占交易会降低产品选择的多样性，但是它会带来较低的批发价格和零售价格，降价的收益会大于多样性减少的损失。因此，独占交易能够促进竞争并对消费者有利，是提高社会福利的，它不应受到反垄断法的禁止。

我们可以用图 5-6 对此加以说明。这里在位垄断企业的单位生产成本为 c_m，在没有进入的情况下，其垄断利润为图中 $p_m c_m DA$ 的面积。如果进入者的单位生产成本 c_a 低于在位者的单位生产成本，它就会进入并将价格定在低于在位者单位成本的水平，从而占据整个市场。在在位者垄断的情况下，买方的剩余为图中 $ap_m A$ 的面积。如果进入者进入，买方的剩余为图中 aBc_m 的面积。要使独占交易合约可行，必须满足的条件是，买方从在位者获得的补偿 t 必须大于剩余损失 $p_m ABc_m$，然而由于在位者的利润仅为 $p_m ADc_m$，这低于所要求的补偿额，因此它不会提供补偿。所以，排他性的独占交易合约是不会发生的，如果出现了就一定是出于效率原因。

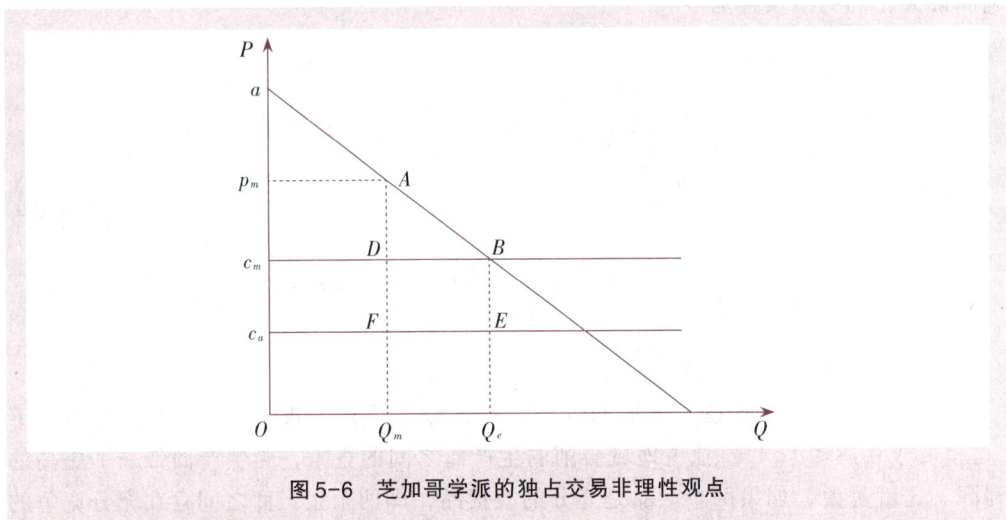

图 5-6　芝加哥学派的独占交易非理性观点

后芝加哥学派在承认纵向限制效率基础的同时，主要证明了独占交易是能够产生反竞争效应的。后芝加哥学派的市场封锁理论认为，在某一市场具有市场支配地位的企业，能通过独占交易利用其在垄断市场上的市场势力，限制竞争对手的产出或阻止其进入。当垄断产品被下游企业用来作为向最终消费者提供产品或服务的一种投入品或一种互补品时，通常就会产生纵向市场封锁，造成社会福利损失。我们把企业之间没有签订契约时的供给曲线看作 S_1，当生产商和经销商签订契约以后，就放弃了和其他企业打交道的机会，他们就会进行合作而限制供给，使供给曲线从 S_1 变为 S_2（如图 5-7 所示）。这就会导致价格水平提高，为生产商和经销商带来垄断利润，并产生社会福利净损失（三角形 $E_1 E_2 A$）。

根据独占交易反竞争效应的实施机制的不同，可以分为三类观点：降低市场竞争的合约排他、提高竞争对手成本的合约排他和外部性效应下的合约排他。

（1）降低市场竞争的合约排他

当上游市场和下游市场都是不完全竞争时，独家经销等纵向限制措施能够用于减少下游的竞争，也能弱化上游的竞争。也就是说，生产商可以采取纵向限制作为其战略目的。假如两个生产商供应两个替代品，在生产商的价格选择之间存在着一个正的外部性。如果他们把价格决策权授予了进行伯特兰德竞争的零售商，批发价格之间相同的外部性仍然出现。任何允许生产商或零售商提高零售价格的机制都会对生产商有

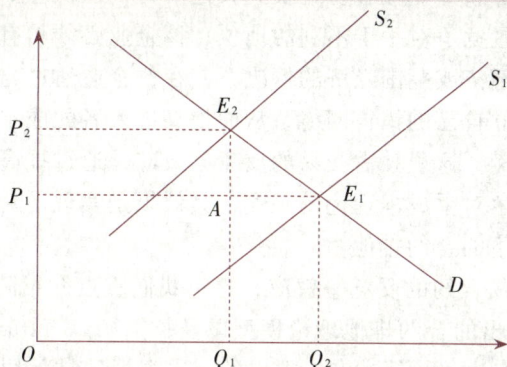

图 5-7　纵向限制的低效率

利。一个机制是让生产商把独占交易权利分配给他们的零售商。这种安排消除了品牌内竞争，并且每一个零售商享有一部分对最终需求的垄断势力并有收取比没有独占交易销售情况下更高价格的趋势，从而批发价格将会高于没有独占交易的情况，随后生产商使用特许费的方法从他们的排他性零售商处攫取剩余。由于独家经销引起了更高的价格和利润，因此降低了消费者剩余和总剩余。

（2）提高竞争对手成本的合约排他

根据提高竞争对手成本理论，在位企业有激励通过纵向控制等方式来提高竞争对手的成本排斥竞争者。[1]提高竞争对手成本的工具包括：产品质量、研发、广告和技术标准；必要的投入品，具有唯一性的投入品包括必要设施、专利、稀缺资源，不具有唯一性的投入品如与工会组织达成普遍的提高工资的协议；纵向控制或纵向一体化，如独家销售、独占区域等；通过寻租的行政性管制。总之，提高竞争对手成本理论提供了一个包含各种不同策略性行为的概念框架。由于提高竞争对手成本理论过于宽泛，在反垄断执法当中的可操作性差，因此该理论并没有在反垄断法中得到充分的运用。

在反垄断执法中关于提高竞争对手成本的案件并不多，比较典型的是1965年的美国矿工联合工会诉宾宁顿案。在该案中，工会和一批雇主定下了对另一批雇主不利的工资率，由于企业之间的规模和成本差别，它使小规模企业的成本有较大的增加，从而将竞争对手置于不利的市场地位。怀特法官在裁决中指出"尽管一个工会可以与一个或多个雇主谈判达成一种工资协议，并为追求自己的工会利益而试图从其他雇主那里获得同样的条款，但是很明显该工会和一些雇主达成一致以对其他谈判企业强加一定的工资规模时，它就失去了反垄断法的豁免权"。提高竞争对手成本的直接目的是置竞争对手于不利的市场地位，该行为要具有合理性必须解决三个问题：当企业通过排除竞争对手对重要的稀缺资源的获取来提高竞争对手的成本时，资源供应商必须愿意配合企业行为，也就是资源供应商与该企业交易获得的收益必须大于与其竞争对手进行交易获得的收益；当现在的资源供应商提高价格或停止与竞争对手进行交易的

---

[1]　塞洛普和秦克曼（1983）首先提出了这一理论。

时候，竞争对手企业必须不能很容易地找到其他的替代性供应商，并保持与以前一样的竞争地位；如果要置竞争对手于不利的地位，该企业必须具有一定的市场势力。

在销售具有规模经济或范围经济的情况下，在位企业通过与销售商签订独占交易合约，迫使竞争者建立自己的销售网络，从而提高进入者的成本，以阻止竞争者进入市场或压低其市场份额。这里独占交易的反竞争效应是通过提高竞争对手成本来实现的，这反映了提高竞争对手成本理论的观点，其效果是实现了对市场的封锁。

（3）外部性效应下的合约排他

为了分析独占交易合约的反竞争效应，这里我们重点介绍阿洪和博尔顿（Aghion and Bolton，1987）提出的合约排他理论模型以及拉斯姆森（Rasmusen，1991）、辛格和温斯顿（Segal and Whinston，2000）提出的"赤裸裸"排他协议模型。这些分析都是基于一定的外部性。在阿洪和博尔顿（1987）的模型中，关注的是买者和卖者的独占交易合约对进入者的外部性问题，这里独占交易合约是通过违约消费者支付违约金来实现的；在拉斯姆森（1991）、辛格和温斯顿（2000）模型中，关注的是一个买者签约时没有考虑其对其他买者所产生的外部性，即买方群体存在协调失灵。

阿洪和博尔顿（1987）分析指出，在位生产商可以将垄断利润的一部分拿出来用于贿赂经销商。在此情况下，一个在位企业和一个买者可能会同意签订一个不完全的排他性合约，以阻止高效率企业进入市场。在模型中，假设在签约之后，如果买者违背合约转向其他生产商，则买者需要向卖者支付违约金。因此，买者和卖者之间显然是一种双边非对称的结构，上游卖者具有更强的谈判力。在他们的模型中，排他性合约能使买者和卖者联盟，榨取进入者的一部分租金，从而可能阻止新企业的市场进入。

假设市场当中具有 N 个消费者，每个消费者对该产品的最高支付意愿为 V，只要产品价格满足 $p \leqslant V$，每个消费者将只购买一个产品。在第1期，市场存在一个在位垄断企业1。在位垄断企业的单位成本为 $c^M = V/2$。在第2期，一个新的竞争者企业可能进入市场。进入者的单位成本 c^N 是随机的，服从0和 V 之间的统一分布，其预期值为 $V/2$。在第2期，企业之间进行价格竞争。如果企业2的生产成本为 $c^N > V/2$，它在进入后的价格竞争中将无法取胜，因此它不会选择进入。据此，企业2的进入可能性为0.5。

如果不存在长期合约，在第1期，企业1将把价格定在 $P_1 = V$ 的水平，并在第1期获得 $N(V - V/2) = NV/2$ 的利润。在第2期，如果企业2进入市场，那一定是因为它的成本较低，为 $c^N < V/2$，企业1将有0.5的概率面临一个低成本的竞争对手。在低成本进入者进入的情况下，企业2会将价格定在 $V/2$ 的水平，从而在竞争中取胜，此时企业1在第2期的利润为零。然而，如果企业1没有进入市场，企业1就可以再一次以 $P_2 = V$ 的价格向 N 个消费者出售产品，并且再一次获得 $NV/2$ 的利润。因此，如果不存在长期合约，那么相关的市场价格将为：$P_1 = V$；$E(P_2) = 0.5V + 0.5V/2 = 0.75V$。此时，企业1的期望利润为 $NV/2 + 0.5(NV/2) = 0.75NV$。

现在，分析企业1如何使用长期合约来改善其竞争地位。我们再一次设定在位企业第1期的价格为 $P_1 = V$，而且它还与消费者签订合约，即消费者可以以 $0.75V$ 的价格在第 2 期购买产品。合约唯一的陷阱就是消费者有义务按照合约规定的价格向企业 1 购买产品，如果消费者没有购买产品或者从企业 1 竞争对手那里购买产品，那么消费者必须向企业 1 支付总额为 $V/2$ 的违约金。

如果消费者接受这个合约，企业 2 进入市场的可能性就会显著降低。如果企业 1 向消费者供应产品的价格足够低，两个企业之间的产品价差可以弥补消费者因违约而产生的费用，那么消费者就愿意转向企业 2 购买产品。在合约规定的产品价格为 $0.75V$ 时，如果企业 2 进入市场并在第 2 期制定价格为 P_2^N，一个转向企业 2 购买产品的消费者实际上共需要支付 $P_2^N + V/2$。为了使自己的产品更加有吸引力，企业 2 必须确保 $P_2^N + V/2 \leq 0.75V$，即要求满足 $P_2^N \leq V/4$。于是，企业 2 只有在其单位成本在 $c^N \leq V/4$ 的情况下，它才可能进入市场。然而，这种情况发生的概率仅为 1/4，此时进入者进入的概率就更小了。这里，违约金实际转嫁给了进入者，成为进入者进入市场的进入费。通过独占交易合约，在位企业和买方联盟榨取了进入者的剩余。在 $V/4 \leq c^N \leq V/2$ 的情况下，尽管进入者进入对整个社会是有益的，但是由于独占交易合约的存在而形成封锁，这导致有效率的企业无法进入，因此是反竞争的。

这里有两个问题：第一，合约可以使企业 1 有利可图吗？为了回答这个问题，我们回顾一下，在没有合约的情况下，企业 1 在两个时期的期望利润为 $0.75NV$。在有合约的情况下，企业 1 可以在时期 1 赚取 $0.5NV$，在第 2 期有 0.75 的概率赚取 $(0.75V - c^M)N = 0.25V$，有 0.25 的概率面临低成本的企业 2 并且退出市场。然而，此时企业 1 还可以从 N 个消费者中的每个消费者那里得到 $V/2$ 的违约金。因此，企业 1 两期的总期望利润 $E(\pi^M)$ 为

$$E(\pi^M) = \frac{NV}{2} + 0.75N(0.25V) + 0.25N\left(\frac{V}{2}\right) = 0.8125V, 0.8125V > 0.75NV \tag{5-21}$$

因此，提供这种合约确实增加了企业 1 的期望利润。于是，对企业 1 来说，它有激励来实施这种合约。第二，这种合约对消费者有吸引力吗？合约是否可以为那些实际签订合约的消费者提供足够的补偿，因为这些消费者一旦签订合约，他们将有较少的机会从低成本竞争者那里购买产品。

往前看第 2 期，理性的消费者明白，如果他不与企业 1 签订合约，他将面临两种选择：一是从企业 1 那里以自由购买的价格 V 购买产品，二是从企业 2（如果是低成本进入者）那里以 $V/2$ 的价格购买产品，此时消费者的期望价格也为 $0.75V$，与企业 1 合约上提供的价格完全一样；另一方面，接受这个合约意味着消费者在第 2 期不再需要支付价格 $P_2(>0.75V)$ 来购买产品。进一步来说，即使考虑到由于违约责任而产生的违约金，消费者仍有 0.25 的概率支付低价格。特别是消费者将可能在 3/4 的时间里支付 $0.75V$，在 1/4 时间里支付 $V/2$ 的违约金并加上支付给企业 2 的平均价格 $0.125V$（企业 2 进入市场中价格的均值）。因此，消费者第 2 期将要支付的预期价格为 $0.71875V$，[1]这小于 $0.75V$。于是，消费者愿意签订合约。

然而从社会的角度来看，这种合约是无效率的。尽管企业 1 的期望利润增加了 $0.0625NV$，消费者剩余增加了 $0.0315NV$，不过企业 2 的期望利润从 $0.25NV$ 下降到

---

[1] $0.75(0.75V) + 0.25(V/2 + 0.125V) = 0.71875V$。

$0.125NV$。因此，企业1利润与消费者剩余的增加不足以抵消企业2的利润减少。因此，这个模型的结论是，消费者与在位企业可以通过进入阻止来获得剩余，这显然降低了社会总福利水平。此时，对某些企业和某些消费者有利的行为并不一定对社会有利。

拉斯姆森（1991）、辛格和温斯顿（2000）分析的"赤裸裸"排他协议模型也是序列不对称市场结构，其中上游企业是垄断企业，下游买者数量众多，而且买者之间缺乏有效的协调购买行为的机制，因此上游企业拥有很强的谈判力。由于新进入者进入市场需要支付固定成本，因此只有在进入市场能吸收到足够数量的顾客的情况下，进入者才能弥补其成本支出。由于在与上游企业签订合约的过程中，每个买者没有考虑自己的签约行为对其他买者产生的外部性，即如果所有的其他人接受了排他性合约，任何单个买者不会有激励拒绝该排他性合约。在此情况下，在位企业可以利用买者不能协调行动的特点来策略性地阻止进入。

假设一个两期的模型，市场当中有N个相同的消费者，每个消费者具有非弹性的需求函数，只要产品价格低于V，每个消费者就购买一个产品。此外，我们假设有一个在位企业1与一个潜在进入企业2。假设产品生产存在规模经济，每家企业发现只要它们的产量达到一定的水平Q^*时，它们的平均成本就会下降，一直到单位成本为c。如果两家企业要价相同，那么消费者就随机地在两家企业购买产品，这时每家企业各得到一半的市场份额。我们同时假定$Q^* < N/2$，这表明在市场上有可能两家企业同时存在并都以最低的成本经营。

我们可以看出，在进入者进入的情况下，两家企业在市场上的竞争均衡价格为c。如果在市场上有两家企业，那么激烈的价格竞争将迫使各家企业削价至最低。由于这样的竞争结果使两家企业的利润均为0，因此，企业1就有很强的激励来阻止企业2进入市场。在第2期，企业2已经进入市场的情况下，企业1可行的阻止进入的办法之一就是在第2期之前利用合约绑架消费者，使其只购买自己的产品。然而，消费者也是理性的并且往前看。所以，我们需要搞清楚消费者为什么会愿意签订这样的合约。

假设有N_S个消费者已经签订合约，剩余的那$N-N_S$个未签订合约的消费者可以从市场上任意一家企业购买产品。同样，两家企业为争夺那剩下的$N-N_S$个顾客展开竞争。注意，如果$(N-N_S)/2 < Q^*$，企业2无法在争夺剩下的消费者中获利，这是因为如果$(N-N_S)/2 < Q^*$，企业2无法在最低成本处经营，而企业1却可以继续经营。如果两家企业都向未订立合约的消费者索取价格c_{min}，那么每家企业将得到$(N-N_S)/2$的客户需求。此外，企业1还有剩下的N_S个消费者的需求。因此，企业1总共提供了$(N+N_S)/2 > Q^*$的产量。但是，企业2生产的产量低于Q^*。因此，企业2预见到它无法与企业1有效竞争，所以就会选择不进入市场。

当然，如果企业2选择不进入市场，那些没有与在位者签订合约的消费者将由于没有替代品而不得不从企业1购买产品。于是，企业1就可以向他们索取价格V。因此，为了让消费者接受排他性合约，在位企业可以提供一个比V稍低的销售价格来吸引消费者与其签约。与之相应，假定在第1期末，企业1向那些与其签订排他性合约并承诺不从其他企业购买产品的消费者索要的价格为$V-X$，其中$X \in [0, V-c_{min}]$。这一出价使每个消费者在某种程度上被绑架了。如果一个消费者拒绝签订合约，而另外的N_S个消费者签订了合约，并且$(N-N_S)/2 < Q^*$成立，那么消费者可能会失去以价格$V-X$购买产品的机会，而不得不支付价格V。另一方面，一个与在位者签订合约并且意愿以价格$V-X$向在位者购买产品的消费者又面临这样的风险，即N_S会使得$(N-N_S)/2 > Q^*$成立，以至于企业2将会进入市场，那些没有签订合约的消费者支付的价格将会降到c_{min}。显然，由于消费者是在不知别人如何选择的情况下做出的选择，因此这里会出现一个协调失灵的问题，因为如果消费者在做决定之前可以进行协商的话，他们的境况会变得更好。

实际上，该博弈存在两个纯战略纳什均衡：一个就是没有消费者与在位者签订合约。在此情况下，企业2将会进入市场并且在第2期以价格c来销售产品。两个企业都不能通过它们的行为明显改变这种情况。因此，它们都没有激励去改变这个现状。对于消费者，也是一样的道理。如果有一个消费者单方面改变自己的行为，那么他会发现其同意支付$V-X$而不是c。另一个均衡结果是所有消费者都签订合约。其道理也是一样的，如果有任意一个消费者拒绝签订合约而其余的消费者均签订合约，那么该消费者就会发现他在第2期需要支付V而不是$V-X$。

"赤裸裸"排他模型并没有得出进入阻止是唯一的均衡结果，但是它明确指出这样的阻止行为确实可能会发生。这种情况之所以会发生，是因为消费者的决策是分散进行的。如果消费者能一致行动并共同做出一个对所有人有约束力的决策，他们将会集体选择不与在位企业签订排他性合约，并且在第2期仅支付较低的价格$p = c$。但是由于消费者无法做到这一点，每个消费者会担心，如果我不签订合约，其他人将会签订合约，自己将会被抛弃，从而在第2期支付高的垄断价格$p = V$。在这一均衡下，由于每个消费者相信其他消费者都会签订合约，因此他自己也将签订合约，由此导致了上述结果的出现。

5.4 纵向限制反垄断政策

5.4.1 美国纵向限制反垄断政策

在美国反垄断执法历史当中，对纵向限制的反垄断政策也是处在不断的演变中。纵向限制的反垄断政策变化大概可以分为早期的严格禁止阶段、芝加哥学派的效率主义阶段和后芝加哥学派的策略性理论阶段。作为判例法国家，美国纵向限制的反垄断政策变化主要体现在各个时期的一些重大反垄断案例中。美国反垄断执法机关对纵向限制案件的关注主要集中在转售价格维持、独占地域和独占交易。表5-3表明，美国对纵向限制的反垄断政策经历了缓慢的以合理推定原则为方向的变化过程。

表 5-3   美国关于纵向限制的重要反垄断案例

性质	经典案例	政策影响
转售价格维持	米尔斯医生医药公司案（1911）	RPM本身违法原则
	高露洁公司案（1912）	高露洁特例：代理关系不受限制
	国家石油公司案（1997）	最高RPM适用合理推定原则
	丽金时尚皮具公司案（2007）	最低RPM适用合理推定原则
独占地域	施维恩公司案（1967）	独占地域适用本身违法原则
	大陆电视机案（1977）	独占地域适用合理推定原则
独占交易	玩具反斗城案（2000）	独占交易具有排他的效应

（1）早期的严格禁止阶段

美国在早期的反垄断执法当中，对纵向限制采用与横向限制相似的分析方法，对转售价格维持、搭售、独占交易和排他性地域等纵向限制行为适用本身违法原则加以禁止。

如1911年的米尔斯医生医药公司案，在该案中法院就对转售价格维持适用了本身违法原则。事由是米尔斯医生医药公司对其批发商采用了最低转售价格合约，批发商 John D. Park & Sons 公司拒绝采用该销售条件因而没有获得经营权。但批发商 John D. Park & Sons 公司却诱使其他的批发商违反该合约，并从这些批发商手中购得有关的药品。为了证明其使用转卖价格维持方案的正当性，米尔斯医生医药公司提出的理由是：这家拒绝采取最低转卖价格维持方案的药品批发商，其大多数销售都是通过药品零售商进行的，这些百货商店实施的是廉价的、打折的价格体系，这对米尔斯医生医药公司的业务带来许多混乱和损害，对其声誉造成有害的影响，使其药品几乎无法销售出去。米尔斯医生医药公司的陈述中包含了运用纵向限制合约是克服市场缺陷的理论。但是法院并没有支持其提出的理由，美国最高法院最后裁定"这些协议明显限制了贸易"，并解释说通过纵向限制合约控制零售价格，目的就是消除品牌内的竞争，因而违反《谢尔曼法》。

（2）芝加哥学派的效率主义阶段

在芝加哥学派纵向限制能够提高效率的观点影响下，美国反垄断执法也在逐步发生着变化。特别是在20世纪70年代以后受芝加哥学派的影响，法院在执法中做出了不少和经济学分析相一致的裁决，即生产商的纵向限制并非一定构成对反垄断法的违反。

1977年的大陆电视机公司诉斯洛文尼亚公司案，是美国对纵向限制反垄断执法的一个重要的分水岭。大陆电视机公司诉斯洛文尼亚公司案是关于地域限制的反垄断案例。基地设在旧金山的大陆电视机公司是斯洛文尼亚公司最得力的销售商之一，斯洛文尼亚公司在距离大陆电视机公司经销点不远的地方批准设立了一个销售商，却不允许大陆电视机公司在萨克拉门托设立新的经销点，大陆电视机公司所做的任何努力都被斯洛文尼亚公司所制止。于是大陆电视机公司起诉斯洛文尼亚公司，认为该公司的销售地域限制条款限制了自由贸易，触犯了《谢尔曼法》第1条的规定。在该案的裁决中，大多数上诉法院的法官都认为，斯洛文尼亚公司的地域限制条款不适用本身违法原则，依据合理推定原则进行分析，认为斯洛文尼亚公司的行为并不违法。法院认为只有那些严重损害竞争的纵向限制行为才适用本身违法原则。该案的一个重要变化是在反垄断执法当中吸收了芝加哥学派的价格理论工具和效率观点，正如李维斯法官所说的"反垄断政策如果不考虑市场，那么它将缺乏客观的标准"。

大陆电视机公司诉斯洛文尼亚公司案裁决结果的重要意义是：首先，对纵向价格限制和纵向非价格限制作了区分。尽管这种区分的逻辑基础还存在一定的问题，但是它动摇了自1911年米尔斯案以来一直适用的本身违法原则。尽管还对转售价格维持适用本身违法原则，但是要求原告提供充分的证据来证明转售价格维持严重地损害了竞争。其次，该案广泛地讨论了本身违法原则与合理推定原则在纵向限制案件中的作用和相互关系，这对后来纵向限制的反垄断分析框架的发展和合理推定原则的应用产生了积极的影响。最后，在该案中法院采用了以效率为基础的分析方法，这深化了人们对反垄断法的目标是经济效率的认识。在纵向关系当中，效率基础是大企业实行纵向限制的重要原因，低效率的中小企业不应该受到保护，因为这会违背反垄断法的效率目标。

1985年美国司法部发布了《纵向限制指南》，认为非价格纵向限制可能是促进竞争的。司法部采用效率的观点来对待纵向限制问题，认为"纵向限制对竞争的影响，在品牌间的竞争与品牌内的竞争是不一样的。对品牌间竞争的限制会对经济福利有重大的负面影响，而仅影响品牌内竞争的纵向限制，通常只对竞争具有很小的威胁，往往只涉及生产的不同环节之间的关系或有利于创造有效率的分销一体化形式"。司法部的指南列举了纵向限制可能具有的效率效应，主要包括：限制零售渠道的数量，在分销中利用规模经济的优势；有利于新生产者的进入；确保售前服务条款的执行；通过专营性经销，防止经销商利用某一供货商的广告投资销售其他供货商的产品；通过在生产商和分销商之间分配风险和其他方式，降低交易费。1985年的《纵向限制指南》主要是针对纵向非价格限制，对于转售价格维持仍然适用本身违法原则。尽管该指南针对的是非价格限制，但同时也指出"如果一个生产商的分销方案既包含非价格限制又包括价格限制，在合理推定原则下，如果非价格限制是用以创造效率的，或者价格限制仅仅是非价格限制的辅助办法，那么司法部将会分析整个限制合约"。尽管司法部的指南列举了纵向限制可能具有的反竞争效果，包括销售商之间的合谋、供货商之间的合谋以及销售商与供货商之间的双边合谋，但是认为只有在上下游市场集中度很高的情况下，纵向限制才可能会产生反竞争效应。企业市场势力成为纵向限制反垄断案件裁决的重要分析因素。在里根－布什时代，美国反垄断主管机构基本上没有提起对纵向限制的反垄断诉讼。

（3）后芝加哥学派的策略性理论阶段

进入20世纪90年代，美国反垄断机构采用了后芝加哥学派的观点，重新对纵向限制加以关注。在1996年，美国联邦司法部对玩具反斗城（Toys R Us）公司提起滥用市场支配地位和实施纵向排他性行为的指控，该案表明支配企业的独占交易合约是非法的。反斗城公司是美国最大的玩具零售商，在20世纪80年代面临低成本的"仓储俱乐部"（warehouse clubs）成员企业的有力竞争。反斗城公司于1992年与孩之宝等10个生产商签订独占交易协议，要求生产商不要向其竞争对手——"仓储俱乐部"成员企业提供产品。具体的排他性条款包括：对生产商的任何新产品反斗城公司享有优先购买权，只有在"仓储俱乐部"成员企业购买生产商的全部产品系列时才向其提供新产品或促销产品。对于不遵守这些协议的生产商，反斗城公司威胁将停止向其购买产品，由此迫使生产商参与联合抵制活动。通过这些排他性协议，反斗城公司成功地打击了竞争对手。1998年司法部要求反斗城公司停止实行排他性条款，1999年反斗城公司同意支付5.6亿美元后结案。从目前美国对独占交易的反垄断执法判例来看，在审查独占交易的竞争效应时，集中关注三个基本的问题：一是实施企业的市场势力，一般来说市场份额低于20%的企业实施的独占交易一般不会对市场竞争造成严重的损害；二是独占交易协议实施时间的长短，短期实行的独占交易协议一般被认定为合理的；三是市场进入壁垒的高低，如果受影响的市场很容易进入，则独占交易不会严重损害市场竞争。

1997年的国家石油公司案确立了最高转售价格维持的合理推定原则。尽管受芝加哥学派的影响，对纵向非价格限制主要采用合理推定原则，但是长期以来，美国执法机构仍然对纵向价格限制——转售价格维持适用本身违法原则。在1911年的米尔斯医生医药公司案后的很长一段时间，转售价格维持被认为适用本身违法原则。但是一个重大的变化是1997年的国家石油公司诉卡恩公司案，在该案中法院认为对国家石油公司的最高转售价格条款应当采用合理推定原则来进行裁决。在该案中，国家石油公司是一个汽油销售商，它和卡恩公司在1992年签订了为期三年的汽油供应合同。根据该协议，卡恩公司需要从国家石油公司购买其所需的全部汽油，国家石油公司确定了最高建议零售价格制度。当卡恩公司经营不善之后，它向法院提出诉讼，指控国家石油公司的最高价格维持条款是违法的纵向价格固定协议。法院拒绝了卡恩公司的主张，认为：该条款不是价格固定协议，因为在建议最高零售价格下，公司仍拥有定价的自主权；即使是纵向价格限制，也应该采用合理推定原则而非本身违法原则；卡恩公司并没有提出任何证据证明该合约条款限制了市场竞争。

2007年的丽金时尚皮具公司案确立了对最低转售价格维持适用合理推定原则的先例。在2007年的丽金时尚皮具公司诉凯克劳赛德公司（PSKS）案中，生产女性时尚饰品的被告丽金公司在1997年公开告知所有经销商，要遵守其产品价格政策，不能以低于其规定的最低销售价格进行销售，否则将拒绝供货。凯克劳赛德公司是一家位于得克萨斯的女性饰品零售商店，它在最初同意执行该价格政策并进行了积极的事前促销服务，但是2002年它就开始通过降价20%的折扣销售方式来销售丽金公司的Brighton系列产品，这违背了对丽金公司价格政策的承诺，丽金公司因此拒绝向其供货。为此，凯克劳赛德向法院提起诉讼，指控丽金公司违反《谢尔曼法》，并指证丽金公司的价格政策是非法的转售价格维持协议。在2007年6月28日，美国联邦最高法院宣布了对丽金公司案的判决结果。在丽金时尚皮革产品公司诉PSKS案中，美国联邦最高法院推翻了具有近百年历史的米尔斯医生医药案的判例。新的裁决意味着最低转售价格维持也同样适用合理推定原则。

5.4.2 欧盟纵向限制反垄断政策

对纵向限制协议，欧盟主要是采用集体豁免和个案审查相结合的方法，通过制定具体的法规条例，列出了属于黑名单的受到禁止的纵向合约，以及属于白名单的获得集体豁免的纵向合约，并对可能存在反竞争效应的案件进行个案审查。为此，欧盟发布了一系列的法规，典型的如1992年发布的《关于独家代理销售协议的通知》、1999年发布的《对纵向协议使用第81条（3）款的条例》（即2790/1999号条例）、2002年发布的《关于汽车领域纵向协议和一致行动使用第81条（3）款的条例》（即1400/2002号条例）、2010年发布的《纵向限制指南》。2010年发布的《纵向限制指南》对纵向限制的反垄断审查给出了具体的说明，并明确指出纵向限制合约的积极影响和消极影响。

纵向限制合约的消极影响体现为如下几点：市场封锁；减少品牌间的竞争，促进合谋；减少品牌内的竞争，阻碍市场整合。纵向限制合约的积极影响体现为如下几点：促进非价格竞争，提高服务质量；解决搭便车问题；开放市场，方便新企业进入；保证品牌声誉和产品质量；防止专用性投资的套牢；利用经销中的规模经济；消除双重加成，解决纵向外部性；解决资本市场不足问题，促进投资；实现统一性和质量标准化。

目前欧盟对纵向价格限制（最低转售价格维持）仍然适用本身违法原则，对纵向非价格限制则采用合理推定原则。根据2010年的《纵向限制指南》，欧盟对纵向限制合约具体案件的反垄断审查分为四步：第一步，界定相关市场和衡量市场集中度；第二步，安全港审查，一个纵向交易限制涉及的市场份额如果不超过相关市场30%的安全港门槛，就可得到豁免，超过门槛则需进一步分析；第三步，纵向限制协议是否适用第81条（1）款的禁止范围；第四步，如果没有在禁止范围内的话则进一步判断其是否适用第81条（3）款的豁免规定。

在具体执法中，欧盟认为应该重点关注以下纵向限制合约：企业之间竞争不充分情况下的纵向合约；影响品牌间竞争的纵向合约；排他性纵向合约；非品牌产品的纵向合约；多种纵向合约形式联合使用的情况；由经销商或生产商协会组织集体采用的纵向合约。为了更好地指导执法，欧盟将纵向限制合约划分为四种类型，并对每种类型可能的消极影响给出了明确的意见（见表5-4）。

表 5-4　　　　　　　　　　　　　欧盟纵向限制合约的类型

类型划分	合约具体形式	可能的消极影响
单一品牌类	捆绑与搭售 单一品牌不竞争义务 地域独占	市场封锁 便利供应商合谋 限制品牌内竞争 限制品牌间竞争
排他性分销类	独家经销和排他性客户分配 独家供应或供应商数量限制 选择性经销 特许经营 进场费 品类管理	市场封锁 便利横向合谋 削弱品牌内竞争
维持转售价格类	固定转售价格 最低转售价格维持 最高转售价格维持 建议转售价格维持	削弱品牌内竞争 便利合谋 间接影响品牌间竞争
划分市场类	独家购买 独占地域 客户转售限制	削弱品牌内竞争 促进价格歧视 便利企业合谋

资料来源：根据欧盟 2010 年《纵向限制指南》整理。

5.4.3　纵向限制反垄断审查

在美国和欧盟的反垄断法中，对纵向限制的反垄断法执法，既可以根据限制竞争协议的相关法律条款来提起诉讼，也可以根据滥用市场支配地位的相关条款来提起诉讼，对纵向限制的反垄断执法基本上以合理推定原则为主。

根据纵向限制的反垄断经济学理论发展和各国反垄断执法实践，可以得出如下的基本判断：首先，关于纵向限制的经济学分析还没有得出一个简单一致的结论，各种行为既可能限制竞争，也可能是出于效率原因；其次，上下游市场的结构状况影响企业对各种纵向限制形式的选择和福利结果；最后，在评价某一纵向限制行为的影响时，品牌间的竞争应当比品牌内的竞争更重要，品牌内的竞争是否能增进效率和消费者福利目前尚不清楚，但是增强品牌间的竞争对经济效率和社会福利的积极影响却是明确的。因此，对纵向限制的反垄断政策应采用合理推定原则，对每种类型的纵向限制进行具体的经济学分析。在对纵向限制进行经济学分析的时候，通常考虑市场结构、企业行为、盈利水平、行为动机和效率抗辩等多种因素。

在进行纵向限制的经济学分析时，可以执行三个步骤：第一步，要考查纵向限制发生的市场结构条件，实施纵向限制者是否具有优势地位，所在产业的进退障碍难易程度，以及信息是否对称、是否完全；第二步，考查限制行为是否产生反竞争的结果，如果没有产生反竞争效应则停止调查，如果产生反竞争效应则进入第三步；第三步，分析权衡纵向限制的竞争促进效应和竞争损害效应，只有在竞争损害效应明显大于竞争促进效应时才做出禁止。

本章小结

纵向限制的反垄断问题是反垄断经济学和反垄断执法当中最具争议的问题。对于生产商和零售商来说，采用这些不同形式的纵向限制合约往往有不同的动机，大体上可以分为三类：效率动机、反竞争动机和租金转移动机。在品牌内竞争的情况下，纵向限制合约往往是出于效率原因，主要是消除双重加成、激励经销商提供产品专用性服务。在品牌竞争的情况下，转售价格维持、地域限制和独占交易等纵向限制合约会弱化生产商之间的竞争，便利企业之间的合谋。在一定的市场结构下，独占交易还会产生排斥竞争对手的市场封锁效应。目前，各国反垄断执法对纵向限制主要采用合理推定原则，基于个案的具体情况做出裁定。

课后习题

1.麦当劳公司要求加盟商从总公司购买汉堡包、牛肉、餐巾和其他原材料，禁止他们从其他可能有成本优势的地方供应商处购买原材料，麦当劳这样做的目的是什么？转售价格维持可能的效率辩护理由有哪些？

2.请分析转售价格维持的效率效应与反竞争效应？

3.请阅读国家市场监督管理总局关于对阿里巴巴集团控股有限公司实施"二选一"垄断行为、美团公司实施"二选一"垄断行为的处罚决定书，并分析为何支配数字平台的独占交易协议更可能严重损害市场竞争？

推荐阅读资料

关于纵向限制理论的一个极好的文献综述是 Rey 和 Verger（2005）给出的。关于转售价格维持的文献众多，Pepall、Richards 和 Norman（2009）（第18章）对此有很好的系统性介绍，唐要家（2013）对转售价格维持的经济学理论与反垄断政策进行了系统介绍。关于独占地域弱化竞争的经典文献参见 Rey 和 Stiglitz（1995）。关于合约排他的经典文献参见 Aghion 和 Bolton（1987）、Rasmusen（1991）、Segal 和 Whinston（2000）。关于数字平台"二选一"独占交易的分析请阅读唐要家、杨越（2020）的文献。

本章参考文献

［1］AGHION, BOLTON. Contracts as a Barrier to Entry［J］. American Economic Review, 1987, 77: 388-401.

［2］BOONE. Intensity of Competition and the Incentive to Innovate［J］. International Journal of Industrial Organization, 2001, 19（5）: 705-726.

［3］CHOI, YI S S. Vertical Foreclosure with the Choice of Input Specifications［J］. The RAND Journal of Economics, 2000, 30: 717-743.

［4］COMANOR, REY. Competition Policy toward Vertical Foreclosure in a Global Economy［J］. International Business Lawyer, 1995, 23: 465-468.

［5］COMANOR, REY. Competition Policy toward Vertical Restraints in Europe and the United States［J］. Empirica, 1997, 24: 27-52.

［6］DEFRAJA. Product Line Competition in Vertically Differentiated Markets［J］. International Journal of Industrial Organization, 1996, 14: 389-414.

［7］GAL-OR. Duopolistic Vertical Restraints［J］. European Economic Review, 1991, 35: 1237-1253.

［8］BORNENSTEIN, MMACKIE-MASON, JANET NETZ. Antitrust Policy in After-markets［J］. Antitrust Law Journal, 1995, 63: 455-482.

［9］BRANDER, EATON. Product Line Rivalry［J］. American Economic Review, 1984, 74: 323-334.

［10］CHAMBERLIN. Theory of Monopolistic Competition［M］. Cambridge: Harvard University Press, 1933.

［11］CHU, WU. Demand Signaling and Screening in Channels of Distribution［J］. Marketing Science, 1992, 11（4）: 327-347.

［12］GILBERT, MATUTES. Product Line Rivalry with Brand Differentiation［J］. Journal of Industrial Economics, 1993, 41: 223-240.

［13］LIN. The Dampening of Competition Effect of Exclusive Dealing［J］. Journal of Industrial Economics, 1990, 39: 209-223.

［14］MARTIMORT. Exclusive Dealing, Common Agency, and Multi-principals Incentive Theory［J］. The RAND Journal of Economics, 1996, 27: 131-146.

［15］ORNSTEIN. Exclusive Dealing and Antitrust［J］. Antitrust Bulletin, 1989, 34: 65-98.

［16］MEZZETTI. Common Agency with Horizontally Differentiated Principals［J］. The RAND Journal of Economics, 1997, 28: 32.

［17］OSBORNE, PITCHIK. Price Competition in a Capacity-Constrained Duopoly［J］. Journal of Economic Theory, 1983, 38: 238-260.

［18］UTTON. Market Dominance and Antitrust Policy［M］. Aldershot: Edward Elgar, 1995.

［19］VICKERS. Competition and Regulation in Vertically Related Markets［J］. Review of Economic Studies, 1995, 62: 1-17.

［20］SHAFFER. Slotting Allowances and Resale Price Maintenance: A Comparison of Facilitating Practices［J］. The RAND Journal of Economics, 1991, 22（1）: 120-135.

［21］Gregory W, Froeb L. The Effects of Mergers in Differentiated Products Industries: Logit Demand and Merger Policy［J］. Journal of Law, Economics, and Organization, 1994, 10: 407-426.

［22］唐要家，唐春晖，管霞霞. 排他性单一品牌经销的汽车售后市场垄断化效应［J］. 中国工业经济, 2016（9）.

［23］唐要家. 转售价格维持的经济效应与反垄断政策［M］. 北京：中国人民大学出版社，2013.

［24］唐要家，杨越. 双边市场平台独占交易协议的反竞争效应［J］. 首都经济贸易大学学报，2020（4）.

［25］于立，吴旭亮. 纵向限制的经济逻辑与反垄断政策［J］. 中国工业经济，2005（8）.

［26］郁义鸿，管锡展. 产业链纵向控制与经济规制［M］. 上海：复旦大学出版社，2006.

第6章
横向并购

　　并购是现代企业快速成长和市场竞争机制发挥作用的重要方式，但是大型企业之间的并购也会给市场竞争带来损害。为了防患于未然，各国反垄断法大都建立了企业并购的事前申报、竞争审查和救济措施在内的完整控制制度。由于大企业并购的重大影响和现实经济环境的不断变化，企业并购往往具有多重影响，因此企业并购也成为反垄断经济学中最复杂的领域。

　　依据并购前相关企业之间的关系，企业并购可以分为横向并购、纵向并购和混合并购。由于企业之间的横向合谋会受到反垄断机构的严厉禁止，企业可能会通过并购来实现相似的目的。因此，企业横向并购是各国反垄断法关注的重点。本章将主要介绍横向并购的竞争效应和反垄断政策，对非横向并购竞争效应和反垄断政策的介绍将留在下一章。

6.1　横向并购与竞争效应

6.1.1　并购的法律界定

　　各国反垄断法都需要先对企业并购做出明确的定义，以明确反垄断的具体对象。不同国家反垄断法对于企业并购问题有不同的表述，在美国多用企业兼并收购，这种表述主要是突出了企业并购作为企业市场行为的特征。在欧盟的法律表述中主要是用企业集中（concentration）来表述，这种表述最初主要是强调反垄断执法的目的是防止市场集中。

　　根据美国《克莱顿法》第7条的定义，"当从事商业或任何对商业有影响的活动的人，直接或间接地取得其他同样从事商业或任何影响商业活动的人所持有的股票或其他资本份额的全部或一部分，或者属于联邦贸易委员会管辖的人取得同样从事商业或任何对商业有影响的活动的其他人的资产的全部或一部分时，如果该项取得的结果将会实质性地减少任何地域的商业的任何一个领域或影响任何商业活动中的竞争，或者企图形成垄断，则该项取得将被禁止"。可见，《克莱顿法》的规定仅限于企业之间取得股份的行为，并没有对企业之间的资产取得进行规定。1950年的《赛勒－克福勒反并购法》弥补了企业并购的反垄断法律漏洞，将企业之间的资产取得行为也列为法律调整的对象，同时还明确了企业并购包括：横向并购、纵向并购和混合并购三种形式。1976年的《哈特－斯科特－罗迪诺反托拉斯修订法》将《克莱顿法》中的"法人"之间的并购行为扩展到合伙、自然人在内的所有"人"之间的并购行为。在美国的反垄断法当中，企业并购不仅包括一个企业对另一个企业的股份或资产的取得行为，还包括通过合营企业、管理人员交叉任职、财产转让租赁等形式的企业之间的实际直接控制关系。

　　欧盟竞争法对企业并购的定义则采用了将并购等同于集中的概念界定方法。根据欧盟委员会发布的4064/89号《并购条例》，企业集中是指两个或两个以上的以前独立的企业实施的并购行为，或者已经支配了一个企业所属的一个或一个以上的个人或企业，通过有价证券或资产的购入、契约或其他任何方式，直接或间接地获得对其他一个或一个以上企业的全部或部分支配权。欧盟竞争法中的"企业集中"包括三种类型：一是独立企业之间的并购，这不仅指法律意义上的并购，还包括经济意义上的并购，即虽然单个企业没有放弃法律上的独立性，但是由于多个企业之间实行统一管理，形成了事实上的经济统一体；二是获得控制权，即通过资产、股份、契约或其他手段直接或间接地取得了对其他企业的支配权，这里的支配权可以理解为使其他企业的经营活动受到决定性的影响；三是合营企业，合营企业是指两个或两个以上的企业，为了相互协作、提供人力或物力上的资源、实行共同经营，通过建立统一的企业机构来生产新产品、形成新的生产能力和新技术，以及进入新市场，并共同承担各种经营风险。

中国《反垄断法》第二十条指出经营者集中是指下列情形：经营者并购；经营者通过取得股权或者资产的方式取得对其他经营者的控制权；经营者通过合同等方式取得对其他经营者的控制权或者能够对其他经营者施加决定性影响。2020年国家市场监督管理总局发布的《经营者集中审查暂行规定》第三条明确指出：经营者集中是指下列情形：经营者合并；经营者通过取得股权或者资产的方式取得对其他经营者的控制权；经营者通过合同等方式取得对其他经营者的控制权或者能够对其他经营者施加决定性影响。

6.1.2　横向并购的竞争效应

横向并购是生产的产品具有替代关系的两个或多个竞争企业之间的并购，由于横向并购是相互竞争企业之间的并购，因此它受到反垄断法的重点关注。对企业横向并购的反垄断审查主要是事前控制，即对有很大可能损害市场竞争的并购加以禁止，从而防止企业通过并购来获得垄断地位和实施滥用行为。反垄断法所禁止的并购是"具有很大可能会严重损害市场竞争"的并购。在并购控制政策中，对并购竞争效应审查是重点。目前，对企业横向并购的竞争效应审查重点是分析两种反竞争效应：合谋促进效应和单边限制竞争效应。

合谋促进效应也称为协同效应，即企业之间的并购会促进企业之间更容易、更稳定和更有效地协调行动，企业之间通过合谋来提高价格和损害竞争。根据合谋理论的分析，在市场集中度较高、产品同质、进入障碍高和信息透明等情况下，合谋的结果容易实现。由于横向企业之间的并购会带来企业数量的减少和集中度的上升，这会产生有利于达成协同性条款的条件，有利于发现单个企业的秘密降价行为，并有利于及时采取有效的措施来惩罚背离合谋协议的行为，因此它有利于企业之间达成合谋和维持合谋。

单边限制竞争效应也称为单边市场势力效应，即企业之间的横向并购会消除重要的竞争对手，实现竞争影响的内部化或增强并购企业的市场势力，导致相关市场的产品销售价格提高、产量下降或竞争程度降低，从而严重阻碍市场的有效竞争。这里横向并购通过消除企业之间的竞争而使并购企业的市场势力上升，这种市场势力的上升并不是来源于企业之间的协调行动而是并购企业通过并购独享的效应，这是并购后的企业追求自身利润最大化的结果。

6.2 横向并购单边效应

单边限制竞争效应理论认为，企业横向并购可能会使并购企业单方面地运用市场势力和提高价格。根据标准的古诺模型的分析，当市场中企业数量增加时，市场中的产品价格会下降，产量会提高；当市场中企业数量减少时，市场中的产品价格会上升，产量会下降（见图6-1）。在并购之前，市场竞争限制了企业的市场势力，但是在并购之后，由于消除了一个或多个企业的竞争约束，市场竞争者的减少导致市场竞争程度的下降和并购企业市场势力的增强。此时，即使不存在合谋促进效应，并购企业市场势力的增强也可能会产生高价格和低产量的非效率结果。

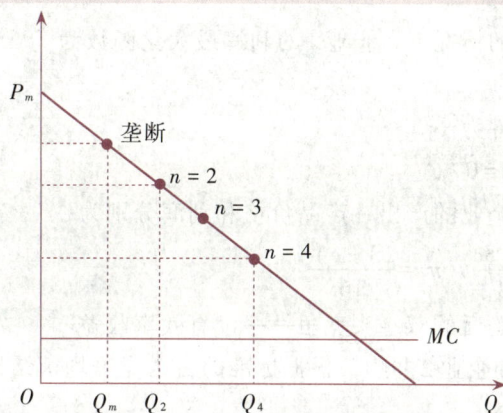

图6-1　横向并购的单边效应

单边效应的逻辑是：当市场上没有并购时，品牌A和品牌B是最紧密的两个相互竞争产品。当品牌A的价格上升，一些原来购买品牌A的消费者将会转向竞争性品牌B，即品牌A的涨价会导致消费者流失转到品牌B，这会对品牌A的涨价行为构成有力的竞争约束。当品牌A和品牌B两个企业并购后，由于并购后的企业同时拥有A和B这两个品牌，其提高品牌A的价格不会带来这些消费者的流失，涨价带来的利润损失大幅减少，即实现了涨价行为外部性的内部化，因此提高价格就成为并购后企业有利可图的行为。

目前单边效应理论仍然处于发展当中，越来越多的学者加入到该行列当中，他们都试图用更加合理的理论来解释单边效应，但是，由于在探讨问题的过程中，所采用的方法、分析的角度、设定的变量等种种因素的不同，使得单边效应理论比较繁杂而且没有统一的结论。从理论发展来看，单边效应理论主要包括理论模型和实证检验模型。首先，理论模型主要包括古诺数量模型、伯特兰德模型、拍卖与谈判模型。古诺数量模型主要运用于分析同质产品企业之间的并购；伯特兰德模型主要运用于分析差别产品企业之间的并购；拍卖与谈判模型主要运用于分析采用拍卖或谈判议价来确定并购要价的企业并购，它更注重并购的行为过程分析。其次，实证检验模型主要是通过数学模拟或实验的方式来检验企业并购对价格或产量的影响。实证检验模型主要包括模拟模型和简约模型。模拟模型主要是依据消费者购买数据运用计量方法来估计需求弹性，从而分析并购的影响。简约模型主要是依据现实市场变化（随时间变化或不同市场间变化）的数据，通过简约式的回归分析来检验企业并购的策略影响。

6.2.1 同质产品古诺数量竞争下的横向并购

为了进一步分析横向并购的单边效应，我们先通过一个简单的古诺模型加以证明。假设一个产业市场当中有 3 家企业，市场需求函数是 $P=1-Q=1-(q_1+q_2+q_3)$，它们采用相同的技术来生产相同的产品，单位产品成本是 c。

（1）三寡头竞争

在三家企业对称的情况下，企业 1 的利润最大化函数为

$$\pi_1=(1-c-Q)q_1 \tag{6-1}$$

利润最大化的一阶条件为

$$1-c-2q_1-q_2-q_3=0 \tag{6-2}$$

由于对称均衡，每个企业的产出、产品价格和利润分别为

$$q_i=\frac{1-c}{4},\ P_i=\frac{1+3c}{4},\ \pi_i=\frac{(1-c)^2}{16} \tag{6-3}$$

（2）两家企业并购后的双寡头竞争——没有效率收益

假设现在企业 1 和企业 2 并购，根据标准的古诺竞争均衡结果，每个企业的产出、产品价格和利润分别为

$$q_i^{m1}=\frac{1-c}{3},\ P_i^{m1}=\frac{1+2c}{3},\ \pi_i^{m1}=\frac{(1-c)^2}{9} \tag{6-4}$$

相对于三寡头竞争的情况，在没有效率收益的双寡头竞争情况下，寡头企业之间的并购会减少市场中竞争者的数量，从而带来较高的市场价格和较少的行业总产量[1]，这会减少消费者的剩余。也就是说，即使并购没有产生合谋促进效应，并购也会带来高价格和低产量。

但是上述结论存在的问题是，并购后的企业并没有带来更高的收益。在并购前，参与并购的两家企业总产量和总利润分别为 $\frac{1-c}{2}$ 和 $\frac{(1-c)^2}{8}$，这显然高于并购后的产量 $\frac{1-c}{3}$ 和利润 $\frac{(1-c)^2}{9}$。因此，相对于并购前来说，并购后新企业的总产量低于并购前两个企业的联合产量，并购后新企业的利润也低于并购前两个企业的联合利润，这就是说并购后两个企业的总利润实际下降了，并购是无利可图的。

此时，并购的受益者实际上是不参与并购的企业而非并购企业，并购后非并购企业可以扩大产量，从而为其带来更高的收益，因此并购会产生"搭便车"问题。由此产生的问题是，为什么企业要付出很高的代价来进行一项并不一定会带来利润的并购，而不是让其他企业去并购，自己则作为外部企业来坐享其他企业并购带来的收益

① 其中两个并购企业的产出相对于没有并购的两个企业产量来说是下降的，但是在并购后非并购企业的产出是上升的。

呢？这一现象被称为"并购悖论"。

塞林特、斯威兹和里诺德斯（Salant，Switzer and Reynolds，1983）的分析指出，在简单的n对称企业古诺竞争、线性需求和相同的不变成本情况下，只有在至少80%的企业都参与并购的情况下，横向并购才会有利可图。这就是说，在古诺竞争的情况下，要保证并购有利可图的条件是必须有足够多的企业都进行横向并购，从而使市场集中度明显提高。

（3）两家企业并购后的双寡头竞争——有效率收益

并购悖论的结论是建立在一个重要的假定基础上，即当企业进行并购时，并购后的企业与其他没有并购的企业完全相同。因此，在并购之后，尽管实际上非并购企业现在面对的竞争对手是以前竞争对手的联合体，但每个非并购企业与并购企业具有相同的市场地位。这一假定显然与现实有较大的不一致。如果并购能够带来足够大的成本节约，那么并购就可能是有利可图的。仍然假设一个产业市场当中有3家企业，市场需求函数是$P = 1 - Q = 1 - (q_1 + q_2 + q_3)$。企业1和企业2是高效率低成本企业，单位产品成本为c，企业3是高成本企业，其单位产品成本为θc，其中$\theta > 1$。

并购之前，古诺数量竞争下的市场价格、每个企业的产量和利润分别为

$$P = \frac{(1 + 2c + \theta c)}{4}; \quad q_1 = q_2 = \frac{1 - 2c + \theta c}{4}; \quad q_3 = \frac{1 - 3\theta c + 2c}{4}$$

$$\pi_1 = \pi_2 = \frac{(1 - 2c + \theta c)^2}{16}; \quad \pi_3 = \frac{(1 - 3\theta c + 2c)^2}{16} \tag{6-5}$$

上式结果说明，低成本企业1和企业2的产品销量高于高成本企业3。显然，只有当$\theta < \frac{(1 + 2c)}{3c}$时，企业3并购前的产量才是正的，否则它不会在该市场中经营。

现在假定企业1和企业3进行合并，由于$\theta > 1$，企业3的单位产品成本高于企业1。并购后的新企业全部采用企业1的低成本技术生产，则市场包括两个同样的企业，每个企业的边际成本都是c。因此，并购之后的古诺竞争均衡下的市场价格、每个企业的产品和利润分别为

$$P = \frac{1 + 2c}{3}; \quad q_{1,3} = q_2 = \frac{1 - c}{3}; \quad \pi_{1,3} = \pi_2 = \frac{(1 - c)^2}{9} \tag{6-6}$$

要保证并购能够增加参与并购企业的总利润，下列条件一定要成立

$$\frac{(1 - c)^2}{9} > [\frac{(1 - 2c + \theta c)^2}{16} + \frac{(1 - 3\theta c + 2c)^2}{16}] \tag{6-7}$$

上式可以简化为

$$(\frac{1 + 2c}{3c} - \theta)(\theta - \frac{1 + 14c}{15c}) > 0 \tag{6-8}$$

从（6-8）式可以看出，要使企业3在市场中经营，不等式的第一项一定要为正；所以，要保证并购有利可图，要求第二项是正的，即在$\theta > \frac{(1 + 14c)}{15c}$成立的情况下，并购是才有利可图的。这就是说，如果高成本企业的成本劣势足够大，或者并购的成本节省效应足够显著，则这样的并购才会为参与并购的企业带来额外的利润。但是，

通过比较并购前后的市场价格，我们发现，如果 $\theta < \dfrac{(1+2c)}{3}$ 成立，并购的效率效应较小，并购会带来市场价格的上涨，会损害消费者福利。

上述分析说明，企业并购后价格是否下降取决于企业并购后所带来的效率收益的大小，这通常取决于并购是否能有效地实现规模经济或资产重组的整合效应。对于企业来说，并购并不总是有利可图的，并购是否有利可图也取决于企业并购后所带来的效率收益，只有在效率收益足够大的情况下，企业之间的并购才是有利可图的。在企业并购具有效率效应的情况下，即使并购会带来价格的上升和市场集中度的提高，社会总福利也不一定会下降，在效率收益足够大的情况下，它反而会提高社会福利。这是因为企业之间的并购导致低成本企业产出扩大而高成本企业产出缩减，并购实现了有效的效率替代。

6.2.2 差别产品伯特兰德价格竞争

在古诺并购模型中，我们一直假设企业之间进行的是同质产品的数量竞争，这忽略了产品差别化的影响和价格竞争的战略互补效应。在产品差别化价格竞争的情况下，横向并购可能会产生损害市场竞争的结果。这里我们基于戴维德森和迪奈克勒（Davidson and Deneckere，1985）的分析，采用差别化伯特兰德模型来分析横向并购的竞争效应。

假设市场中有 n 个企业，每个企业都生产唯一的差异产品，产品 $i = 1 \cdots n$ 的需求为

$$q_i(p_1,\ldots,p_N) = V - p_i - \gamma\left(p_i - \frac{1}{N}\sum_{j=1}^{N} p_j\right) \tag{6-9}$$

在该表达式中，γ 与产品差异化程度成反比。当 $\gamma = 0$ 时，产品完全不同；γ 趋于无穷时，产品完全可替代。产品 i 的需求与自身的价格成反比，与高于市场产品平均价格的程度成反比。

为了方便分析，我们将每个企业的不变边际成本 c 标准化为 0，则企业 i 的利润函数为

$$\pi_i = p_i\left[V - p_i - \gamma\left(p_i - \frac{p_i}{N} - \frac{1}{N}\sum_{\substack{j=1\\j\neq i}}^{N} p_j\right)\right] \tag{6-10}$$

上式利润最大化的一阶条件为

$$\frac{\partial \pi_i}{\partial p_i} = V - 2p_i - 2\gamma p_i + \frac{2\gamma}{N}p_i + \frac{\gamma}{N}\sum_{\substack{j=1\\j\neq i}}^{N} p_j = 0 \tag{6-11}$$

根据企业是对称的假定，在均衡中 $p_i = p_j = p_0$，将其带入式（6-11）求解，我们可以得出并购前的均衡价格为

$$p_0 = \frac{NV}{2N + \gamma(N-1)} \tag{6-12}$$

现在假定有 M 个企业并购。不失一般性，我们可以假定这些企业是 $1, ..., M$。由于并购允许并购的企业协调这些产品的价格，所以对并购的企业来说它们一般不会减少 M 种产品中的任何产品。并购企业的目标是设定价格 $p_1, ..., p_M$，使得总产出的利润 $\sum_{k=1}^{M} \pi_m$ 最大化。那么，并购企业产品 m 的利润最大化一阶条件为

$$\frac{\partial \sum_{k=1}^{M} \pi_k}{\partial p_m} = \frac{\partial \pi_m}{\partial p_m} + \sum_{\substack{k=1 \\ k \neq m}}^{M} \frac{\partial \pi_k}{\partial p_m} \tag{6-13}$$

从式（6-10）中可以得到 $\frac{\partial \pi_k}{\partial p_m} = \frac{\gamma p_k}{N}$。非并购企业的一阶条件也可以从式（6-11）中得到。假设在均衡时每种并购产品设定相同的价格 p_m，而非并购产品设定的价格 p_{nm}。因此，我们可以得到

$$\sum_{\substack{j=1 \\ j \neq i}}^{N} p_j = M p_m + (N - M - 1) p_{nm} \tag{6-14}$$

同样，对于并购企业产品 m 来说，相关的竞争对手的总价格为

$$\sum_{\substack{j=1 \\ j \neq i}}^{N} p_j = (M - 1) p_m + (N - M) p_{nm} \tag{6-15}$$

由此可得下式

$$\sum_{\substack{k=1 \\ k \neq m}}^{M} \frac{\partial \pi_k}{\partial p_m} = \frac{(M - 1) \gamma p_m}{N} \tag{6-16}$$

将式（6-14）带入式（6-11），注意到 $p_i = p_{nm}$，化简并给出非并购企业的利润最大化一阶条件为

$$\frac{\partial \pi_i}{\partial p_{nm}} = V - (2 + \gamma) p_{nm} + \frac{\gamma}{N} \left(M p_m - (M - 1) p_{nm} \right) = 0 \tag{6-17}$$

显然，对于并购企业的价格 p_m 非并购企业的最优反应 p_{nm} 是向上倾斜的，即价格是战略互补的。

由于 $p_i = p_m$，将式（6-11）、式（6-15）、式（6-16）带入式（6-13），化简后得出并购企业的一阶条件

$$\frac{\partial \sum_{k=1}^{M} \pi_k}{\partial p_m} = V - 2(1 + \gamma) p_{nm} + \frac{\gamma}{N} \left[(N - M) p_{nm} + 2 M p_m \right] \tag{6-18}$$

显然，式（6-18）说明最优反应函数是向上倾斜的。根据式（6-17）和式（6-18）可知 p_m、p_{nm} 都是线性的，所以我们可以解出均衡值

$$p_m = V \frac{2N + \gamma(2N - 1)}{4N + 2\gamma(3N - M - 1) + \gamma^2 \left(\frac{N - M}{N} \right)(2N - M + 2)} \tag{6-19}$$

$$p_{nm} = V \frac{2N + \gamma(2N - M)}{4N + 2\gamma(3N - M - 1) + \gamma^2 \left(\dfrac{N - M}{N}\right)(2N - M + 2)} \tag{6-20}$$

比较式（6-19）和式（6-20）中的分子，我们可以知道并购企业所设定的价格要高于非并购企业，不并购使并购企业和非并购企业都提高了价格。这是因为价格是策略互补的，并购者提高价格会导致非并购的竞争对手也相应提高价格。

从利润变化来看，并购企业根据利润最大化的原则将价格由 p_0 调整到 p_m，其利润增加了；非并购企业在观察到并购企业的价格决定之后，由于战略互补，其将价格由 p_0 提高到 p_m，从而能够获得更高的利润，这时可能会有部分消费者因为非并购企业的价格上升而购买更偏爱的并购企业的商品，所以并购企业的利润也可能会增加。总之，在产品差别化和战略互补的价格竞争中，并购企业和非并购企业都会从该并购中获利。

上述分析显示，在产品差别化价格竞争情形下，由于价格竞争的战略互补性，如果企业进行并购，则并购企业将提高价格，这会引起其他企业也随之提高价格，结果整个行业的价格上升，并购在提高企业利润的同时损害了社会福利。

6.2.3　单边效应影响因素

一般说来，影响单边市场势力的因素主要有：

（1）企业市场份额。市场份额越高，企业就越有可能拥有市场势力，并购导致的市场势力和市场集中度上升幅度越大，竞争损害越严重。并购企业的市场份额越低，并购造成的竞争损害效应越小。小企业之间的并购可能会加剧市场竞争，增进社会福利。

（2）市场集中度。在其他因素不变的情况下，并购后市场中的企业数量越多，企业并购后的市场集中度和市场势力变化就越小，并购对市场竞争和社会福利造成的损害就越小。因此，采用诸如 HHI 指数等指标来衡量并购对市场集中度的影响就成为判别并购效应的重要机制。

（3）并购企业之间的产品是否具有替代性。两个并购企业产品之间的替代性越强，并购后的企业就越有可能提高价格。如果参与并购的企业之间产品替代性较强，而与其他企业的产品替代性较弱，那么并购企业可以在并购之后提高价格而不用担心会有较大的利润流失。因此，两个产品之间具有很强的替代性的企业并购会具有较高的单边市场势力。当并购后企业与其他非并购企业之间存在较强的产品替代性时，并购的单边效应则相对较弱。对此可以通过消费者购买行为分析、测算交叉价格弹性或转移率来进行量化分析。

（4）消费者转换供应商的能力。企业单边市场势力的运用很大程度上取决于消费者能否很容易地转向其他供应商。如果并购后企业提高价格时，消费者能很容易转向其他供应商，则其市场势力的运用就会受到限制。但在存在转换成本、网络外部性等因素时，消费者会被锁定，从而并购后的企业可以运用市场势力。

（5）买方的议价能力。在很多行业中，买卖双方协商确定价格和其他贸易条款，尤其是涉及中间产品和服务的行业。在这个过程中，买方通常与超过一家的卖方进行谈判，卖方之间的竞争会削弱其索要高价格的能力。两家竞争性卖方的并购会阻止买方在谈判中形成的彼此竞争，从而强化并购实体提高价格的能力和动机。这些反竞争的单边效应机制及其可能特征需要依据议价能力、买方偏好信息等因素来做出判断。

（6）并购后企业对竞争对手扩大产能的封锁能力。并购后企业如果掌握竞争关键要素资源、流通渠道、知识产权或必要设施时，并购会增加竞争对手市场扩张或进入的难度，从而损害市场竞争。

（7）市场进入条件。在不存在进入障碍的情况下，并购后的企业如果要提高价格必然会吸引新企业进入，这会限制在位企业提高价格的能力。也就是说，如果进入市场非常容易以至于并购之后的市场参与者既不能集体地又不能单方面地将涨价维持在并购前的水平之上从而获得利润，则并购不可能产生或强化市场势力。在一个进入非常容易的市场上，并购就不会引起限制竞争问题。

6.2.4　单边效应检验方法

单边效应理论解决了为什么横向并购可能会产生单边效应，以及哪些因素影响单边效应的反竞争程度。但是在具体的反垄断执法当中如何对单边效应进行审查和检验仍是一个没有很好解决的问题。近年来，经济学家提出了很多的检验方法，如UPP检验方法、事件研究方法、模拟方法等。本节我们将对此作一简要介绍，但是需要注意的是，这些不同的方法反映了不同的观点和并购动机，需要有选择地使用。

（1）UPP检验方法

传统的基于市场集中度的结构主义企业并购审查方法主要是基于同质产品企业的寡头模型，反垄断审查依据的基本假设是一个导致市场集中度明显上升的企业并购很可能会带来反竞争效应。结构主义企业并购审查方法存在的问题是它无法有效地反映产品差别市场中企业并购的单边效应，在产品差别化的情况下，这一方法可能会得出错误的结论。经济学家法瑞尔和夏皮罗（Farrell and Shapiro，2008）首先提出来的UPP检验方法则能很好地解决这一问题。

UPP检验方法关注的核心问题是并购是否会导致"净价格上升压力"（UPP）。一般来说，并购对价格产生两种相反的力量：一种是涨价压力，它是由并购企业之间直接竞争的减少所导致的；另一种是降价压力，它是由并购所产生的边际成本节约引起的。如果涨价压力大于降价压力，即"净价格上升压力"（UPP）为正，则拟议中的并购就可能会产生反竞争的单边效应。

下面我们以企业A和企业B的并购为例来介绍UPP检验方法。假设并购前企业A的产品1价格为p_1，企业B的产品2价格为p_2，两家企业并购前的边际成本分别为c_1和c_2。企业A与企业B并购之后，企业A变成了销售产品1的部门A，企业B变成了销售产品2的部门B。并购之后的企业我们称之为企业AB，那么企业AB会制定产品1和产品2的价格以实现联合利润最大化。如果两个部门仍然按照以前的价格来销售，那么相互竞争将减少并购后企业AB的总利润。UPP检验方法的步骤为：

第一步，计算并购的涨价压力

为了推导并购引起的涨价压力，假设并购后企业可以通过对每个部门征收"内部税"的办法来消除相互竞争引起的"窝里斗效应"。比如，如果部门 A 通过降价从部门 B 吸引到更多的消费者，那么公司总部就对部门 A 征税。对每一个部门而言，由于内部税的存在增加了其他部门的边际成本，这改变了其利润最大化价格，会导致竞争力下降的价格上涨压力。

假设每个企业的产量为 X_i，对产品 1 征收的首轮内部税为 $t_1 \equiv \dfrac{d\pi_B}{dX_2}\left|\dfrac{dX_2}{dX_1}\right|$，其中

$\dfrac{d\pi_B}{dX_2}$ 是在产品 2 的价格总边际 $p_2 - c_2$ 不变的情况下，产品 2 多销售 1 单位而给部门 B 带来的利润变化；$\left|\dfrac{dX_2}{dX_1}\right|$ 是指产品 1 价格下降导致每多销售 1 单位产品 1 对产品 2 销售量的影响，即从产品 1 到产品 2 的转移率 D_{12}。因此，对产品 1 征收的首轮内部税等于 $t_1 = D_{12}(p_2 - c_2)$。同理，对产品 2 征收的首轮内部税等于 $t_2 = D_{21}(p_1 - c_1)$。由于产品 1 和 2 互为替代品，所以 t_1 和 t_2 都为正。

通过迭代可以得出并购产生的效应：①对部门 A 和部门 B 征收内部税 t_1 和 t_2；②寡头企业对内部税做出反应，实现新的均衡；③根据新的均衡价格和产量来重新计算内部税；④重复步骤①到③，直到收敛。由于内部税的存在增加了产品 1 和产品 2 的边际成本从而导致价格上升。

第二步，计算并购的降价压力

并购可能会降低边际成本，而边际成本的下降可能缓解甚至消除价格上涨带来的压力。尽管从理论上讲，以各种可以获得的信息为基础，可以计算出并购的边际成本效率，但是在实践中，无论是企业还是反垄断执法机构和法院通常都很难准确地预测出并购产生的边际成本效率。法瑞尔和夏皮罗（2010）在 UPP 检验中设定了一个边际成本效率的"默认水平"，即节约的边际成本占边际成本的百分比为 E。比如，取 $E = 8\%$。这样，并购使产品 1 和产品 2 的边际成本下降分别等于 Ec_1 和 Ec_2。对于不同的产品，E 可以选择不同的数值。这里的基本思想是并购会带来更高的效率，这产生了降价的压力，降价的压力可以用边际成本的节约来衡量。

第三步，计算并购的净价格上升效应

确定并购的净价格上升压力就是比较并购引起的涨价压力与降价压力。对于产品 1 而言，并购引起的涨价压力为 t_1，降价压力为 Ec_1。如果 $t_1 > Ec_1$，那么并购使产品 1 产生净涨价压力。值得注意的是，产品 1 有净涨价压力，并不意味着产品 1 的价格就一定会提高。如果其他产品的价格保持不变，产品 1 的净涨价压力一定会引起产品 1 的价格上升。因为对于某一确定的产品来说，需求曲线是确定的，而企业是以利润最大化为目的的，所以边际成本上升一定会引起价格的上涨。在寡头市场上，尽管产品 1 的净涨价压力使产品 1 的价格上涨，但如果产品 2 出现了净降价压力，而且这两种产品是强替代品，那么产品 1 的均衡价格也可能下降。然而，如果两种产品的价格是战略互补的、需求是相互替代的，而且两种产品都有净涨价压力，那么产品的均衡价格

肯定会上升。因此，我们可以得出如下结论：如果两种产品都存在净涨价压力，并且并购产生的效率不大于效率的默认水平，那么一起并购将会导致两种产品的价格上涨。

在两家企业只生产单一产品的情况下，如果下列不等式成立

$$D_{12}(p_2 - c_2) > Ec_1, \quad D_{21}(p_1 - c_1) > Ec_2 \tag{6-21}$$

并且并购产生的效率不大于效率的默认水平 E，那么一起并购将导致两种产品提高价格。在对称情形下，即产品 1 和产品 2 有相同的价格和成本，而且转移率 $D_{12} = D_{21}$，则不等式（6-21）可以简化为

$$D > E\left(\frac{1-m}{m}\right) \tag{6-22}$$

在上式中，$m \equiv (p-c)/p$ 是每一种产品的价格 – 成本边际。

相对来说，UPP检验方法具有其他分析方法所不具有的一些特点。具体来说：首先，UPP检验对数据要求较低。在进行分析时，所需要的数据包括并购前的成本和价格，还有需求转移率 D。对于执法机构来说，价格和成本数据比较容易得到。对于 D 的估计方法有很多。当所需的数据充分且可得时，可以通过需求的自身需求弹性和交叉价格弹性来计算转移率。此外，还可以利用市场份额来估计转移率。其次，UPP检验具有灵活性。上文的分析采用的是UPP检验的简单形式，利用简单形式进行检验可能会低估并购所产生的价格上涨程度。再次，UPP检验具有简便性。UPP检验避免了经济学家关于成本传递率大小的争论，该方法操作过程相对简单并且能够得到相对稳定的结果。UPP检验不需要考虑并购前和并购后的均衡价格差异程度，它所需要考虑的仅是比较涨价压力与降价压力，判断是否有涨价的可能。最后，UPP检验透明度高。因为UPP检验方法比较简单，所以透明度也会相对较高。

值得注意的是，UPP检验结果只是一个推定，根据该结果可以预测一起并购是否可能存在潜在的反竞争效应，但不能只根据该结果就认定为该并购一定是反竞争的。事实上，并购企业也有很多理由认为UPP检验方法是不准确的。有一个理由认为，在UPP检验中选择对相关变量的估计值是不准确的，如实际上并购前的边际成本要比估计的更高；另一个理由认为，即使并购可能产生涨价的压力，但是由于传递率比较低，最后价格上升幅度可能并不明显。因此，UPP检验只能是分析并购单边效应的一种工具，它无法对潜在的反竞争效应进行完整的分析。

（2）事件研究方法

事件研究方法是通过直接分析企业发布的并购信息、反垄断机关启动调查或做出裁决等事件对当事企业股票价值的影响来判断企业并购的效应。事件研究方法的基本原理是，如果市场是理性的，则有关事件的影响将会立即反映到证券价格之中。由于企业股票市值是对企业长期收入预期的合理反映，因此根据短期所观察到的证券价格就可以测定某一事件的经济影响。例如，如果当事企业发布并购信息后，其公司股价出现大幅上升则可能意味着该并购将会导致更高的产品销售价格和更高的企业利润。事件研究方法一般分为三步：

第一步，界定事件和事件期间窗口。应用事件研究法首先要界定并购事件，并确

定与之相关的事件期间。事件期间包括事前估计期和事后观察期。确定估计期间窗口的目的，是利用该期间的数据去估算在事件未出现情况下的正常收益率，将其与事件期间即实际收益率进行比较，便可以得出事件所带来的异常收益率值。事件和各类期间界定清楚后，随之要确定观测和收集数据的对象，并收集有关的数据。

第二步，计算正常收益率和异常收益率。事件研究法关心的是事件期间的异常收益率。异常收益率为事件期间的实际收益率和事件未出现情况下预期的正常收益率之差。异常收益率只是对某个事件日期而言的。为了更好地刻画事件对股票收益产生的影响，在研究事件期间企业股票的异常收益率时，需要按时间累积计算出该企业股票的累计异常收益率。

第三步，显著性检验。在计算出异常收益率后，接下来就需要进行显著性统计检验，以判断在某一显著性水平上事件是否对股票收益产生了影响。

事件研究法的优点是其研究过程简单、明了，但是也存在一定的缺陷：一是这一方法是建立在并购事件与企业股价具有直接影响的基础上，但是现实中的企业股价变化受到资本市场各种"噪声"的影响，以及反垄断机关介入的同步影响；二是计算结果很大程度上受到期间选择、样本选择、方法选择等因素的影响；三是这一方法主要反映短期影响，无法反映长期影响，尤其是它不能合理区分由于市场势力上升导致的股价上涨和企业效率提高导致的股价上涨这两种不同效应的影响。

（3）并购模拟方法

并购模拟方法是基于并购前相关市场的信息以及对企业在相关市场上行为的特定假设，来预测一起拟议的并购将对市场价格和社会福利产生何种影响的一种经验分析方法。并购模拟方法特别适合差别化的消费品，因为在产品差别化市场中，两种产品的竞争效应取决于这些产品的交叉需求弹性，如果采用市场份额来衡量会造成不准确。并购模拟方法的主要优势就是排除了对明确的市场范围界定的严格要求，它所需要的是指定哪种产品包括在并购模拟当中，即使是被排除在外的产品（这种产品竞争的意义）也会列入考虑范围。由于并购模拟只包括产品的战略互动，所以并购的结果可能只是企业的价格发生变化，被排除在外的产品价格保持不变，但是源自它们之间的竞争会通过模型中产品价格弹性反映出来。尽管并购模拟应用抽象的理论模型，但恰当的应用可以保证对每一种具体情形的分析，以相对精确客观的方式来评价并购的单边效应。

古诺并购模拟。古诺并购模拟过程分为三步：第一步设定需求函数、成本函数的具体形式；第二步校准函数的参数以使它们适合并购前的均衡；第三步计算并购后的均衡。由于古诺行业的特征主要是由行业需求函数和企业成本函数决定的，所以并购模拟的第一步就是确定这些函数的具体形式，以现在的计算机运算能力对于函数形式是没有限制的，但需要校准，以使其符合现实的情形，校准的过程就是使参数更为准确。为了选择恰当的模型形式，通常需要先进行市场界定，然后对该相关市场进行调查，对整个行业进行基本的描述，包括平均价格、总的年产量、行业中企业产出的市场份额，这些数据会随时间的变化而变化，所以就需要一段时间的平均历史数据，在一些例外的情况中还可能需要调整历史数据来反映预期的价格或份额的变化。例如，现有企业引入新的产能或者可能有新的企业进入。在此基础上，基于市场界定来计算整个行业的需求弹性，并据此计算"如果没有（but-for）并购"下的均衡和预测的并购后的均衡。预测的并购效应为计算的并购后的均衡与"如果没有并购"的均衡结果之差。

伯特兰德并购模拟。与古诺并购模拟一样，伯特兰德并购模拟也分为三步。但二者之间还是有一些差别，这主要体现在前两步上。首先，在第一步设定需求函数形式和成本函数形式时，古诺模型中需求的分析比较简单，而在产品差别化情况下，消费者对不同品牌的偏好会有较大的差别，这对竞争有重要影响。产品差别化下的伯特兰德竞争，并购的单边效应主要是来自并购将以前存在竞争影响的品牌整合在一起从而实现了不同品牌产品间竞争的内部化，所以伯特兰德模拟主要是集中于需求侧分析，固定成本假设固定不变。在伯特兰德模拟中，采用不同的需求模型会得出不同的结果。从现有的研究文献来看，最常用的模型包括线性需求模型、等弹性需求模型、ALM（Antitrust Logit Model）、嵌套 logit 需求模型、AIDS（Almost Ideal Demand System）模型以及 PCAIDS（Proportionately Calibrated AIDS）模型等。其次，在第二步校准参数的过程中，与古诺模型不同的是，伯特兰德模拟无须界定相关产品市场，它只需要确定哪种产品应该包括在模拟的范围之内。这是因为在进行伯特兰德模拟时，不包括在内的产品价格保持不变，而包括在内的所有替代品的价格会上升，如果将替代品排除在外就会低估并购的价格效应。一般情况下，替代性较差的产品会被排除在外，这样可能会产生一些偏差，但是如果将其包括在内可能产生的误差会更大。

尽管并购模拟具有很多明显的优势，但是并购模拟方法也具有一定的局限性：一是并购模拟过程可能会存在模型选择和样本数据选择的错误，造成结果的不确定性；二是并购模拟只是预测并购对价格和产量的短期影响，它并不能反映市场进入、生产重组或经营战略调整等长期因素的变化；三是并购模拟假设并购后企业的行为不会因为并购而发生改变，这显然不符合大多数现实案例。因此，并购模拟方法的使用必须根据特定案件的具体情况并结合其他因素进行综合分析。

6.2.5　典型反垄断案例

美国雀巢（Nestle）与德雷尔（Dreyer）并购案。2002年6月雀巢集团打算出资28亿美元收购德雷尔旗下的超级冰淇淋集团（Grand Ice Cream）。这两家企业在高附加值冰淇淋的销售方面是竞争对手，与其他冰淇淋相比，高附加值冰淇淋包含更多的乳脂、更少的空气和更昂贵的配料，销售价格也更高。德雷尔旗下的德里梅利（Dreamery）、歌蒂梵（Godiva）和星巴克（Starbucks）品牌与雀巢的哈根达斯（Haagen-Dazs）品牌之间存在竞争。雀巢和德雷尔的并购将会使并购后的公司占据高附加值冰淇淋市场60%的份额，联合利华的本杰瑞（Ben & Jerry's）品牌则占据剩下的市场。美国联邦贸易委员会对该并购进行调查，并购模拟的经济学证据分析表明，尽管雀巢或德雷尔的产品与联合利华的产品之间的转移率相当高，但雀巢和德雷尔之间的转移率已足以导致单边效应的出现。并购后的企业如果提高产品价格，那么联合利华也会随之提高其产品价格。基于上述分析，联邦贸易委员会否决了这一并购。

欧盟通用磨坊（General Mills）与品食乐（Pillsbury）并购案。通用磨坊打算收购迪阿吉奥（Diageo）旗下的品食乐公司，这涉及人们常消费的几种产品。该交易涉及的大部分产品不会引起反垄断的关注，但是它们生产的几种产品有交叉，因而受到了关注，如面粉。品食乐和通用磨坊（金牌）品牌是仅有的两个普通面粉品牌，并购之后通用磨坊的销售将占到零售面粉总销量的一半以上，商店自有品牌产品在总销售中的份额少于25%，还有一部分是各地区的家庭作坊生产的地区品牌。欧盟委员会通过收集资料，表明各地区品牌并不能对通用磨坊和品食乐产生有效的约束，因为地区品牌通常有很大的差异性，而这些差异化产品不能被看作强替代品，而通用磨坊和品食乐的产品是比较相近的替代品，尽管相比较而言商店自有品牌产品是这两家企业面临的主要竞争约束，但是相关证据却表明这种约束不具有足以有效约束竞争的意义。

欧盟委员会利用销售数据来估计需求弹性，自有品牌和地区品牌的势力因不同地区而有差异，所以工作人员估计了不同地区的几组市场的价格弹性，包括通用磨坊的品牌产品金牌（面粉）与品食乐产品之间的交叉价格弹性，以及它们自有品牌和地区品牌之间的交叉价格弹性。结果表明，在不同的地区，弹性差别也比较大。例如，在某些市场中金牌与品食乐是强替代品，自有品牌和地区品牌也是金牌和品食乐产品的强替代品；在某些市场中金牌和品食乐产品是强替代品，而其他的却不是。然后执法人员利用伯特兰德模型和估计的价格弹性进行并购模拟，估计价格效应，结果表明，尽管自有品牌和地区品牌是金牌和品食乐产品的强替代品，但并购之后价格将上涨10%以上。此外，执法人员还调查了品食乐和金牌之间的竞争关系，通过对主要由金牌和自有品牌产品供应的市场与主要由品食乐产品和另一种自有品牌供应产品的市场之间的比较，他们发现品食乐产品和金牌之间的竞争关系很强，品食乐产品对金牌的定价决策起重要的约束作用。该结果与上面所讨论的弹性结果是一致的，都表明拟议中的并购会导致产品价格上升，因此欧盟委员会要求品食乐公同剥离其面粉生产线。

6.3 横向并购效率权衡

尽管横向并购的反竞争效应会带来高价格，但是横向并购还具有很多效率效应，导致产品生产成本的降低。因此，在企业并购的反垄断执法当中，效率成为做出裁决的重要考虑因素，反垄断机关需要权衡效率效应和反竞争效应。

6.3.1 横向并购的福利权衡

横向并购具有两种相反的效应：一方面，横向并购能够扩大企业生产规模，降低单位成本，提高效率，形成规模经济；另一方面，横向并购有可能形成卖方集中，促进企业合谋并使并购企业的市场势力增强，造成一定程度的垄断，导致社会福利损失。因此，需要权衡企业并购的效率收益是否会大于效率损失，是否带来社会福利的改进。如果并购企业的效率收益超过由于并购导致的市场势力上升带来的福利损害，则并购会降低价格，促进社会总福利的提高。只有在并购导致的福利损害远高于效率收益时，企业并购才应该受到禁止。威廉姆森（1968）提出的福利权衡模型通过对比这两方面的福利影响分析了横向并购的总效应（见图6-2）。

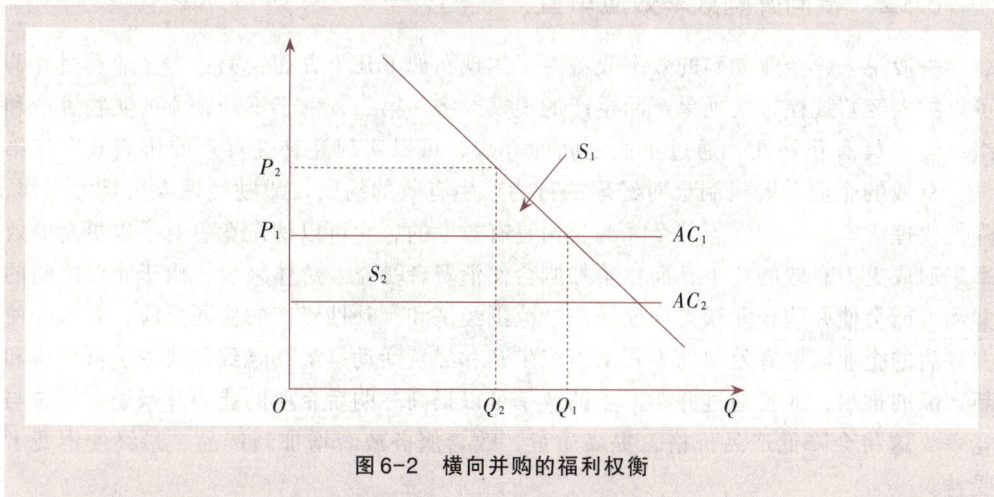

图6-2 横向并购的福利权衡

假设AC_1是并购前的平均成本水平，AC_2是并购后的平均成本水平；P_1与Q_1表示并购前的价格和产量；P_2与Q_2表示并购后的价格和产量。三角形面积S_1表示由于并购引起价格上涨而导致消费者减少的福利损失，矩形面积S_2表示由于并购引起的成本节约，即福利的增加。$S_2 - S_1$就是社会净福利，近似的计算由下式给出

$$S_1 = \frac{1}{2}(P_2 - P_1)(Q_2 - Q_1) = \frac{1}{2}\Delta P \times \Delta Q \tag{6-23}$$

$$S_2 = (AC_1 - AC_2)Q_2 = \Delta AC \times Q_2 \tag{6-24}$$

$$S_2 - S_1 = \Delta AC \times Q_2 - \frac{1}{2}\Delta P \times \Delta Q \tag{6-25}$$

将需求弹性$\eta = \frac{\Delta Q \times P_1}{Q_1 \times \Delta P}$代入式（6-25），并除以$P_1 Q_1$，将$\Delta Q/Q_1$用表达式$\eta(\Delta P/P_1)$替代，同时由于$P_1 = AC_1$，经过整理后可得

$$S_2 - S_1 = \frac{\Delta AC}{AC} - \frac{1}{2}\eta \frac{Q_1}{Q_2}\left(\frac{\Delta P}{P_1}\right)^2 \tag{6-26}$$

式（6-26）为判断并购对社会福利影响的条件：如果$\frac{\Delta AC}{AC} - \frac{1}{2}\eta \frac{Q_1}{Q_2}\left(\frac{\Delta P}{P_1}\right)^2 > 0$成立，则企业之间的并购会提高社会福利，否则会降低社会福利。

通常在企业之间的并购没有效率收益的情况下，并购企业的涨价行为是有利于其他竞争对手企业的，但是这不利于消费者。在企业之间的并购存在效率收益的情况下，如果并购企业采取降价策略，则会有利于消费者而不利于其他竞争对手企业，因为这会使竞争对手企业的价格也下降，因而其利润会降低，这可能会引起竞争对手企业提起反垄断诉讼。在此情况下，反垄断机构需要仔细分析，坚持反垄断法是"保护竞争而非保护竞争者"的基本理念。

6.3.2　横向并购效率效应审查

一般说来，企业并购的效率收益主要体现在如下几个方面：第一，企业通过并购可以扩大经营规模，实现单产品生产的规模经济。第二，由于不同企业的实物资产和组织资本具有互补性，通过企业之间的并购，可以实现互补性资产的协同效应。第三，有效的企业并购机制会对经理的行为产生有效的约束，激励经理人员努力工作，降低代理成本。第四，当一个并购公司是有效率的，它可以诱发竞争对手以更高的效率来形成更为有效的竞争，而竞争加剧会使消费者受益。总体来说，由于企业之间的并购可能会使并购企业获得规模经济、范围经济和互补性资产的协同效应，并购会使并购后的企业以更有效率的方式来组织生产和经营活动，最终导致低成本、低价格和新产品的推出，而且通过并购产生的效率可以提高并购后企业的能力并激励它们参与竞争，这将会降低产品价格，提高质量，改善服务或者增加新产品，最终使消费者受益。

在反垄断审查中，并不是所有的效率理由都可以作为效率辩护的理由，根据美国和欧盟有关企业横向并购指南的规定，在对横向并购的效率进行审查时，其必须满足如下的条件：第一，横向并购产生的效率必须是重大的，也就是并购的效率收益明显高于反竞争效应。第二，横向并购产生的效率必须使消费者受益，也就是并购的效率收益能通过低价格或高质量使消费者获益。第三，横向并购产生的效率必须是并购特有的效率。只有当企业并购的成本节省无法通过其他方式来获得，即这种效率是"并购特有的效率"时，并购的效率理由才是可以接受的。并购特有的效率是指："可以由拟议的并购方式所能达到的效率，而在缺乏推荐的并购方式或者有其他限制竞争效应的方式的情况下这种并购特有的效率就不会达到。"第四，并购特有的效率必须是可以验证的。并购方需要提供合理、明晰并且基于事实和商业经验的文件，以使反垄断机构得出其所宣称的效率目标是可以审核的。并购企业通常要对所宣称的并购实现效率的可能性、范围和时间表等信息给予充分的说明。比如，企业通常会订立一个详细的商业计划来描述它们如何达到并购特有的效率，以证明并购效率的合理性。

6.3.3　破产公司理论

破产公司理论的依据是，与其让公司破产，不如让新的所有者通过并购来取得并管理公司的资产，以保持竞争状态。破产公司理论认为，如果一个企业不被并购就会破产，即使它目前拥有较高的市场份额，企业之间的并购也并不一定会损害未来的市场竞争，因此破产企业目前的市场份额不应成为禁止并购的考虑因素。假设一个行业有三个企业，其市场份额分别是40%、30%、30%。如果拥有40%市场份额的企业经营不善，即将破产。它破产后，其他两个企业的市场份额将各占50%。如果该破产企业被另两个企业中的某一个企业所收购，则这两个企业的市场份额变为70%和30%。按照HHI指数计算，显然该并购应该被禁止。但是作为并购的结果，尽管市场集中度上升，但是破产企业的资产得以继续保留，行业产出得到提高，消费者的状况会比该企业破产时要好。

破产公司理论的适用必须包括四个方面的条件：一是必须证明问题企业已经陷入财务恶化的境地，破产企业将无力偿还其所欠的债务；二是问题企业没有重组的重大前景，其不能根据有关法律规定成功地进行重组；三是问题企业已经做出诚实努力并向其他企业发出合理的可供选择的并购其资产的报价，该报价既可以使其有形资产和无形资产保持在相关市场上，又可以使竞争所承受的危害程度小于并购所带来的危害程度；四是在没有并购的情况下，破产公司的资产将退出市场。在上述四个条件中，前两条要求将要破产的企业不仅存在短期的经营困难，而且还存在长期的经营困难；后两个条件要求拟议中的并购是使企业资产仍能保持生产经营活动的唯一或最好途径。

6.4　横向并购反垄断政策

6.4.1　并购控制反垄断法律规定

在美国，《谢尔曼法》第1条、《克莱顿法》第7条以及《联邦贸易委员会法》第5条都是并购反垄断控制的法律依据。其中《克莱顿法》第7条是美国控制企业并购的最重要的法律依据，它规定从事商业或从事影响商业活动的任何人，如果直接或间接地取得从事商业或影响商业活动的其他人的股份或股份资本会导致对竞争的严重伤害和创造垄断都应被禁止，即如果并购"可能实质性地减少竞争，或者趋于产生垄断"则会被禁止。在1950年，《赛勒－克福勒反并购法》对《克莱顿法》第7条作了进一步的补充，在原有的只对股份取得做出规定的基础上，增加了取得财产的规定。这样取得竞争者的股份和财产的并购方式都受到反垄断法的调整。在1976年，《哈特－斯科特－罗迪诺反托拉斯修订法》则对《克莱顿法》第7条补充了7A条款，这个新增的条款要求涉及大企业的并购在并购前向联邦贸易委员会或司法部的反垄断局进行申报，从而确立了企业并购事前申报制度。

反垄断机构的并购判例和有关企业并购的反垄断司法指南也是美国企业并购反垄断控制政策的重要制度组成部分。在美国企业并购政策中，反垄断机构发布的《企业并购指南》是对企业并购政策最详细、最具体的司法解释，是美国企业并购政策的最完整体现。对并购控制，美国采用了司法型控制制度。联邦贸易委员会和司法部可以批准合法的企业并购，如果其认为一项并购违法，应向联邦地区法院提起诉讼，并提交充分的证据，由法院做出禁止规定。

欧盟企业并购控制制度的法律包括欧盟理事会制定的条例、欧盟委员会发布的各项通知以及欧洲法院和欧洲初审法院的有关判例。其中1989年颁布的《关于企业并购控制的4064/89号条例》、1998年颁布的《并购执行条例》、2004年开始实施的《关于企业并购控制的139/2004号条例》、《关于实施139/2004号并购条例的第802/2004号条例》、《欧盟并购控制程序最佳行动指南》、《横向并购评估指南》等法律文件是欧盟有关企业横向并购的主要法律依据。

中国反垄断法对企业并购的法律规定主要体现在《反垄断法》第四章，以及商务部2008年颁布的《国务院关于经营者集中申报标准的规定》、2009年公布的《经营者集中审查办法》和《经营者集中申报办法》、2010年发布的《关于实施经营者集中资产或业务剥离的暂行规定》、2011年发布的《关于评估经营者集中竞争影响的暂行规定》和《未依法申报经营者集中调查处理暂行办法》等有关文件法规，以及2020年国家市场监督管理总局发布的《经营者集中审查暂行规定》。

企业并购控制政策一般包括实体规范部分和程序规范部分。企业并购的实体规范部分主要是并购分析框架、分析标准、救济措施等，这些实体规范构成了企业并购法律的最核心内容，它从根本上决定了一项并购是否合法。企业并购的程序规范一般包括事前申报、程序模式、正当程序、司法审查、听证制度、域外适用等，程序性规定是实体法有效实施的重要制度保证。

6.4.2　事前控制：并购申报制度

目前各国对企业横向并购的反垄断政策主要是以事前控制为主，并购的事前控制主要执行以企业并购的事前申报为主的行政性程序。目前已经建立反垄断法的国家和地区，对企业并购普遍采用了事前控制为主的执法方式，也就是在反垄断法的企业并购条款中建立事前申报和审批制度。各国设立事前申报的根本目的是要对企业实施的并购行为实行有效的事前控制，以防患于未然，进而避免和减少可能给当事人造成的不必要的损失，降低执法成本。同时为了保证并购控制的程序科学、公正和有效，各国反垄断法都对并购控制的程序做出规定。如在欧盟的《关于企业并购控制的4064/89号条例》中，主要的内容就是对并购控制的程序进行规定，美国1976年颁布的并于1978年实施的《哈特－斯科特－罗迪诺反托拉斯修订法》建立了美国的并购事前申报制度，并对相关的程序性问题做出了规定。

事前申报制度是指当企业准备实施并购时，为了确保反垄断主管机构能够事前有一个对该并购是否会产生限制竞争效果做出判断的机会，而要求符合一定条件的企业并购当事人，在并购前向反垄断主管机关进行申报，反垄断主管机关依法进行审查并做出同意与否的裁决。这项制度不仅可以使反垄断机构对企业并购实行事前控制成为可能，而且也为并购的相关企业提供一个比较稳定的法律环境。相对于事后救济来说，事前申报可以避免事后救济措施的高执法成本。

根据申报制度的要求程度，申报制度可以分为强制申报和自愿申报。在强制申报制度下，任何达到申报门槛要求的企业并购都必须向主管机关进行申报，在获得批准之前不得实施并购，否则将受到处罚。在自愿申报制度下，并购企业自由决定是否向主管机关进行申报，如果其申报，主管机关将进行审查，如果不申报则在交易中或交易后可能会面临主管机关的主动调查评估，在并购存在竞争损害的情况下会面临禁止交易或进行资产剥离等措施。当前美国、欧盟、加拿大、日本等都采用强制申报制度，英国、澳大利亚、新西兰、印度等则采用自愿申报制度。

根据申报制度的处理方式，申报制度分为事前申报许可制和事前申报异议制。事前申报许可制是企业间的并购应向主管机关申请许可，经主管机关批准后方可实行，未经批准的并购视为无效。事前申报异议制是在企业申报之后，如果主管机关在法律规定的期限内没有表示反对，则该并购自动生效，企业可以完成并购，只有在主管机关对并购提出异议的情况下，才会进行进一步的并购审查或采取司法程序。美国和欧盟是采用申报异议制的典型。

美国的事前申报制度规定了等待时间、申报门槛、申报资料和信息的范围等内容；欧盟的事前申报制度规定了应当提出申报的企业、集中的停止时间、应当提交的信息资料等内容。尽管各国的并购申报制度具体规定存在差异，但是作为最基本的组成部分，一般包括：成为申报对象的企业并购及其范围、并购的禁止期间、申报义务人的基本要件、申报的方式和应当提交的资料等内容。

（1）申报门槛标准

为了减少反垄断机构的负担，降低成本，集中审查重点案件，使并购审查限定在一定的规模范围内，而制定了申报门槛标准。企业之间的并购只有在达到或超过该申报门槛时才需要向反垄断主管机构申报，小规模企业的并购则不需要申报。从国际经验来看，申报门槛的计算指标通常有营业额、市场份额、并购交易额。从反垄断竞争效应审查的角度来说，市场份额标准相对较准确，但是这一标准计算复杂，具有较大的不确定性。因此，目前国际上大多数国家采用容易操作并且明确的营业额指标。

根据美国1976年的《哈特-斯科特-罗迪诺反托拉斯修订法》，美国的并购申报要同时具备下列三个条件：并购本身必须属于一项商业行为；并购企业的净销售额或其资产超过1亿美元，被并购企业的资产或年销售额达1000万美元；或者并购企业的净销售额或其资产超过1000万美元，被并购企业的资产或年销售额达1亿美元（在这两种情况下，并购企业要取得被并购企业15%的财产或者股份，或者取得的股份或者财产至少达到1500万美元）。

根据欧盟《关于企业并购控制的139/2004号条例》，只有对共同体市场具有重大影响的并购，才需要向欧盟委员会进行申报。门槛标准是：有关企业在世界市场的年总营业额超过50亿欧元，并且参与并购的企业中至少有两个当事企业在共同体范围内的年度总销售额超过2.5亿欧元，除非参与并购的每一个企业的2/3以上的共同体范围内的年度总销售额均来自同一个成员国；所有有关企业在世界市场的年总营业额超过25亿欧元，并且所有企业在至少三个成员国中的每一个成员国的营业额均超过1亿欧元，在这三个成员国中的每一个成员国内至少两个相关企业中每一个企业总营业额均超过2500万欧元，并且至少两个相关企业中每一个企业在共同体市场的总营业额都超过1亿欧元，除非这两个企业在共同体市场营业额的2/3都来自同一个成员国。

根据中国商务部2008年颁布的《国务院关于经营者集中申报标准的规定》第三条的申报标准要求：参与集中的所有经营者上一会计年度在全球范围内的营业额合计超过100亿元人民币，并且其中至少两个经营者上一会计年度在中国境内的营业额均超过4亿元人民币；参与集中的所有经营者上一会计年度在中国境内的营业额合计超过20亿元人民币，并且其中至少两个经营者上一会计年度在中国境内的营业额均超过4亿元人民币。

（2）申报应提交的资料

美国申报书要求申报的内容有：一般情况；并购情况；并购设计的股票或资产金额及比率；申报人准备的文件；特定年份的营业收入；申报人的自身情况；地理市场资料；固定的供销关系；申报人先前的收购；联系方式等。

欧盟申报的内容有：背景资料；与并购有关的信息；所有权与控制权；人事、财务联系和先前收购情况；支持文件；市场界定；相关市场信息；市场一般信息、合资企业的合作效应、一般事项、宣誓与签字。

根据中国商务部2009年公布的《经营者集中申报办法》第十条的规定，企业并购申报应提交的文件、材料包括如下内容：申报书（申报书应当载明参与集中的经营者的名称、住所、经营范围、预定实施集中的日期）；集中对相关市场竞争状况影响的说明；集中协议及相关文件（具体包括：各种形式的集中协议文件，如协议书、合同以及相应的补充文件等）；参与集中的经营者经会计师事务所审计的上一会计年度财务会计报告；商务部要求提交的其他文件、资料。

（3）违反申报规定的法律责任

根据美国、欧盟等的法律规定，当企业并购的当事人实施了下列行为：疏于申报义务或未经过"禁止期间"便实施并购行为、实施了虚假申报内容或重大事项的行为时，相关当事人将依法承担相应的法律责任，具体形式包括：行政罚款、民事罚款和制裁金。

中国《反垄断法》第五十二条规定：对反垄断执法机构依法实施的审查和调查，拒绝提供有关材料、信息，或者提供虚假材料、信息，或者隐匿、销毁、转移证据，或者有其他拒绝、阻碍调查行为的，由反垄断执法机构责令改正，对个人可以处二万元以下的罚款，对单位可以处二十万元以下的罚款；情节严重的，对个人处二万元以上十万元以下的罚款，对单位处二十万元以上一百万元以下的罚款；构成犯罪的，依法追究刑事责任。

6.4.3 并购实质性审查

在反垄断执法当中，控制企业并购的实质性标准是，并购可能产生或加强市场支配地位，进而可能会损害竞争。也就是说，只要根据并购企业所取得的市场地位，推定并购可能会产生限制竞争的结果，反垄断机构就应该制止该并购。因此，并购控制审查的标准为实质减少竞争标准。

根据美国司法部和联邦贸易委员会发布的《企业横向并购指南》，以及欧盟委员会发布的《横向并购评估指南》，对企业横向并购控制实体审查通常包括以下几步：

第一步，在市场界定与集中度衡量基础上进行结构审查。在市场界定的基础上，测算市场集中度，分析并购导致市场集中度的变化，对于导致市场集中度显著上升的并购通常加以直接禁止。

第二步，进行并购反竞争效应评估。并购限制竞争效应分析重点是分析横向并购是否存在限制竞争的协同效应和单边效应。单边效应审查主要分析企业高市场份额或生产能力、并购参与企业是强替代者、顾客转换供应商的机会有限、并购后的企业能阻止竞争者数量的扩大、并购消除了一个重要的竞争力量（如潜在竞争者、创新性进入者）。

第三步，进行市场进入条件分析。市场进入分析主要是分析进入条件等相关影响因素，重点是分析进入的及时性、有效性和充分性。

第四步，进行并购特有效率分析。效率分析主要进行并购的效率权衡，重点是分析并购产生的特有效率。

第五步，进行破产公司分析。破产公司分析主要是分析在没有并购的情况下，企业是否会因为破产而退出市场。

6.4.4 并购审查程序规范

由于并购审查是一个行政决策过程，因此，效力、效率、透明和可预期性是良好的并购审查制度的基本要素。在并购调查和审查阶段，应该给予当事人面谈和参与讨论所调查的重要问题的机会，而且为了更好地得出审查结论，应该给予与并购案件有着合法利益的第三方当事人表达其观点的机会。在做出反对并购的最终决定之前，并购当事人应该及时获得充分的信息，并应有合理的机会对这些观点做出回应。

在美国，根据《反垄断程序和处罚法》，反垄断主管机关与并购当事人进行和解来解决并购限制竞争问题要先向社会公告，征求公众意见，并在获得联邦法院的审批后方可实施。反垄断主管机构在对企业并购的经济影响做出分析后，决定是否批准该并购提议，这里会有三种情况：一是如果联邦贸易委员会或司法部裁定该并购违反反垄断法，它可以要求法院发出初步的禁令。在此境况下，企业间的并购将会被禁止。二是联邦贸易委员会或司法部可能会批准企业之间的并购，但是要求当事企业采取补救性行动，如要求并购后的企业分解成两个独立的企业或对部分业务进行剥离。三是许多企业为了避免联邦贸易委员会或司法部对拟议中的并购提出异议，可以采取"事先安排"行为，如向反垄断主管机构证明并购的效率效应大于竞争损害效应，或者自己事先对某些业务进行剥离或采取相应的措施来消除并购可能会引起的限制竞争结果。

在欧盟，并购审查分为两个阶段：第一阶段为初步审查，第二阶段为实质审查。并购控制的实质审查程序一般包括四个步骤：首先，欧盟委员会在对并购进行仔细分析的基础上，在必要的时候发布异议书；其次，要求并购当事人对异议书提交书面答辩意见；再次，欧盟委员会就案件本身和拟做出的决定举行听证会，广泛听取各方面的意见；最后，委员会拟定决定草案，在听取顾问委员会意见的基础上，做出最终的决定，顾问委员会的意见和主管机构的意见一并发布在《欧盟公报》上。欧盟委员会最终审查的结果包括三种情况：一是并购不会产生或强化市场支配地位从而损害市场竞争，因此与共同市场相容；二是根据当事方做出的救济承诺，并购不会产生或加强市场支配地位从而损害市场竞争，因此与共同市场相容；三是并购产生或强化市场支配地位从而损害市场竞争，因此与共同市场不相容而予以禁止。

中国国家市场监督管理总局2020年公布的《经营者集中审查暂行规定》也对并

购审查程序做出了初步的规定。第十九条规定：市场监管总局应当自立案之日起三十日内，对申报的经营者集中进行初步审查，做出是否实施进一步审查的决定，并书面通知经营者。市场监管总局决定实施进一步审查的，应当自决定之日起九十日内审查完毕，做出是否禁止经营者集中的决定，并书面通知经营者。符合《反垄断法》第二十六条第二款规定情形的，市场监管总局可以延长本款规定的审查期限，最长不得超过六十日。第二十一条规定：在审查过程中，市场监管总局可以根据审查需要，要求申报人在规定时限内补充提供相关文件、资料。申报人可以主动提供有助于对经营者集中进行审查和做出决定的有关文件、资料。第二十二条规定：在审查过程中，参与集中的经营者可以通过信函、传真、电子邮件等方式向市场监管总局就有关申报事项进行书面陈述，市场监管总局应当听取当事人的陈述。第二十三条规定：在审查过程中，市场监管总局可以根据审查需要，征求有关政府部门、行业协会、经营者、消费者等单位或者个人的意见。

6.4.5 并购救济措施

反垄断法调节私人企业行为以实现社会福利目标是通过两种方式来实现的：一是限制或禁止某些不利于社会的商业行为；二是引导或促成竞争机制有效发挥作用的市场结构，以自动产生有益于社会的行为和绩效。反垄断机构在处理反垄断案件中采取的救济方法通常分为结构救济和行为救济。从美国等国家的执法实践来看，在关于企业并购的反垄断执法当中一直注重将结构救济与行为救济合理搭配并灵活运用。

结构救济主要是影响或改变目标企业的所有权配置结构，它包括对一个完整企业的总体分割或部分业务的分割。结构救济包括事前控制和事后控制。事前控制就是建立事前申报审批制度，对企业的集中行为进行事前审查，限制可能会导致垄断市场出现的企业间并购。这也就是反垄断机构通过禁止市场主体利用企业集中的方式拥有市场支配地位，以防止出现垄断的市场结构。事后控制即以占据市场支配地位的企业为对象，对其进行分割，以维持一个竞争性市场结构。也就是通过分割市场上具有市场垄断地位的既有企业，来使市场恢复到原来的竞争性结构状态。从各国反垄断实践来看，事后控制措施相对较少，事前控制措施日益成为主要的结构救济手段。

行为救济主要是对目标企业的行为设定一些限制，它包括限制企业使用通过兼并获得资产的自由，限制其滥用某些限制竞争行为，限制某些合约关系。从欧盟的经验来看，行为救济的核心是开放承诺，要求当事企业开放必要设施、许可关键技术和终止排他性协议。行为救济通常需要反垄断机构持续地对企业行为进行监督。行为救济措施面临的问题是在执行当中，反垄断主管机构必须考虑在禁止某一行为后，企业是否会采取其他的行为方式来达到同样的目标，也就是要考虑政策执行的动态性和监督成本问题。

采用何种救济措施不仅要考虑该措施在短期和长期对恢复竞争的有效性，而且还要进行科学的成本和收益分析。反垄断执法和救济措施应该追求效率和效果的统一。从国际经验来看，在企业横向并购案件中，主要是采用结构救济措施，只在个别情况下才采用行为救济措施，这主要是因为在企业并购案件中，结构救济措施比行为救济措施更简单、更明确且更容易执行，并会降低救济政策的执行成本。相反，行为救济措施通常难以设计，政策措施往往存在争议，而且执法行政成本比较高[1]。优先采用结构救济，可以避免反垄断执法机构进行日常性的监督管理。在并购案件中，通常行为救济是作为结构救济的辅助手段，只有在行为救济措施比结构救济措施更有效或采取结构性救济措施会牺牲效率时，反垄断机构才会采用行为救济措施。当然，结构救济措施最好在并购进行之前进行，如果并购已经完成，结构救济措施会带来很大的执法成本。通常在企业并购案件中，将行为救济措施和结构救济措施有机结合起来加以运用，在事后对企业行为进行监督管理，防止限制竞争的结果出现。

资产剥离是各国对企业并购采取的主要结构性救济措施。如果拟议并购中的两个企业在业务领域和地区市场上有交叉业务，对这些交叉业务的资产进行剥离是避免反竞争结果的主要手段。但是资产剥离的最大特点是政策实施后具有不可逆性，如果错误地实施了资产剥离，会对整个经济造成巨大的损害。一般说来，拆分或剥离的交易成本较高，只有在其他方法无效的情况下才采用。因此，在反垄断执法当中，剥离资产这一救济措施的使用必须慎之又慎。有效的资产剥离必须以恢复竞争为目的。对目标企业的资产剥离需要确保被剥离的资产在被另一个企业购买后，该企业能够与目标企业进行有效的竞争，即确保该企业是一个有竞争力的竞争对手。因此资产剥离的目的不是使大企业的规模变小，而是培育或恢复市场竞争机制。据此资产剥离不仅要包括固定资产，而且也要包括无形资产、人员、供销协议等。

本章小结

企业横向并购是反垄断法重点关注的内容。企业横向并购会产生两种反竞争效应：合谋促进效应和单边限制竞争效应。合谋促进效应是指企业之间的并购会促进企业之间更容易、更稳定和更有效地协调行动从而实现默契合谋。单边限制效应是指企业之间的横向并购会消除并购企业之间的竞争约束，导致并购企业的市场势力增强。目前检验单边效应的方法主要有UPP检验方法、事件研究方法和模拟方法等。由于横向并购既有效率效应也有反竞争效应，因此反垄断执法需要进行权衡分析。企业横向并购的反垄断政策主要以事前控制为主，即实行并购申报制度。反垄断救济措施有结构救济和行为救济，在企业横向并购案件中，主要是以结构性救济措施为主。结构性救济措施应该以恢复市场的有效竞争为目标。

课后习题

1.假设市场当中有n家独立的企业，它们以相同的固定边际成本c生产相同的产品。市场反需求函数为$p = a - Q$，企业之间进行数量竞争。求：（1）并购前的博弈均衡产量和价格；（2）假设有$m+1$个企业进行合并，这意味着并购导致行业内的企业

---

[1] 行为救济成本高的原因有：反垄断机构的监督成本、企业规避监督的成本、错误地限制了竞争性行为和限制了企业对变化市场的灵活反应性所带来的损失。

数量变为 $n-m$，求并购后的博弈均衡产量和价格；（3）请证明并购不仅有利于并购企业，而且也有利于外部非并购企业；（4）假设 $n=10$，请证明当 $m+1>9$ 时，并购才有利可图。

2.请解释在不存在效率收益的情况下为什么古诺竞争的企业之间的并购是无利可图的？

3.古诺竞争和伯特兰德竞争下的并购有何不同？

4.如何评价横向并购的福利效应？

5.如何评价横向并购的结构救济和行为救济？

推荐阅读资料

Salant、Switzer 和 Reynolds（1983）分析了古诺竞争企业并购有利可图的条件，Perry 和 Porter（1985）分析了存在效率收益的古诺企业并购，Farrell 和 Shapiro（1990）分析了古诺竞争企业并购的福利效应，Deneckere 和 Davidson（1985）分析了伯特兰德竞争企业之间的并购，Compte、Jenny 和 Rey（2002）证明了横向并购的协同效应。关于 UPP 检验方法的更具体介绍请参见 Farrell 和 Shapiro（2010）的研究。关于横向并购反垄断生产方法请阅读美国2010年《企业横向并购指南》、欧盟《横向并购评估指南》。

本章参考文献

[1] BAKER, BRESNAHAN. The Gains from Merger or Collusion in Product Differenctiated Industries [J]. Journal of Industrial Economics, 1985, 33: 427-444.

[2] COMPTE, JENNY, REY. Capacity Constraints, Mergers and Collusion [J]. European Economic Review, 2002, 46 (1): 1-29.

[3] DAVIDSON, DENECKERE. Horizontal Mergers and Collusive Behavior [J]. International Journal of Industrial Organization, 1984, 2: 117-132.

[4] DENECKERE, DAVIDSON. Incentives to Form Coalitions with Bertrand Competition [J]. The RAND Journal of Economics, 1985, 16 (4): 473-486.

[5] FARRELL, SHAPIRO. Horizontal Mergers: An Equilibrium Analysis [J]. American Economic Review, 1990, 80: 107-125.

[6] FARRELL, SHAPIRO. Antitrust Evaluation of Horizontal Mergers: An Economic [J]. Alternative to Market Definition, 2010, 10 (1): 1-41.

[7] JOHNSON, MYATT. Multi-product Quality Competition: Fighting Bertrand and Product Line Pruning [J]. American Economic Review, 2003, 93: 748-774.

[8] GILBERT, SUNSHINE. Incorporating Dynamic Analysis of Concerns in Merger Analysis: The Use of Innovation Markets [J]. Antitrust Law Journal, 1995, 63: 569-601.

[9] KLEMPERER, MEYER. Price Competition vs. Quantity Competition: Theory of Uncertainty [J]. The RAND Journal of Economics, 1986, 17: 618-638.

[10] PERRY, PORTER. Oligopoly and the Incentive for Horizontal Merger [J]. American Economic Review, 1985, 75: 219-227.

[11] ROTEMBERG，SALONER．A Supergame Theoretic Model of Business Cycles and Price Wars during Booms [J]．American Economic Review，1986，76：390－407．

[12] SALANT，SWITZER，REYNOLDS．Losses from Horizontal Merger：The Effects of an Exogenous Change in Industry Structure on Cournot-Nash Equilibrium [J]．Quarterly Journal of Economics，1983，98：185－199．

[13] 尚明．企业并购反垄断控制 [M]．北京：法律出版社，2008．

[14] 卫新江．欧盟、美国企业并购——反垄断规制比较研究 [M]．北京：北京大学出版社，2004．

[15] 王晓晔．我国反垄断法中的经营者集中控制：成就与挑战 [J]．法学评论，2017（2）．

第 7 章
非横向并购

非横向并购主要是指纵向并购和混合并购。非横向并购对于有效竞争的妨碍作用一般说来会比横向并购小，这是因为纵向并购或混合并购并不会直接减少位于同一相关市场上的竞争企业，而且纵向并购和混合并购往往具有很大的效率基础。但在特定情况下，纵向并购和混合并购也可能产生限制竞争的效果，反垄断经济学需要重点研究在何种情况下非横向并购会损害竞争。

非横向并购的反竞争效应主要有两种：市场封锁效应和合谋效应。市场封锁效应是指由于并购造成实际或潜在的竞争对手获取投入品供应或进入市场时遇到障碍，或者完全无法获得供应或进入市场，进而损害了这些企业进行竞争的能力或意愿的情形。合谋效应指的则是并购改变了市场竞争状态，便利企业之间的合谋。

7.1 纵向并购的效率效应

纵向并购是指处于产业链不同环节的企业之间的并购。纵向并购的重要特点是并购企业之间不是竞争关系，其资产、技术或产品往往具有互补性关系，是互补产品企业之间的并购。

在反垄断经济学中，传统上主要依据垄断杠杆化理论来对纵向并购的限制竞争效应进行分析。垄断杠杆化理论认为，在一个市场拥有垄断势力的企业会将其垄断势力延伸到其他相关市场当中，从而产生限制竞争的结果。哈佛学派秉持了这一思想，认为纵向并购会产生限制竞争的结果。芝加哥学派则对垄断杠杆化理论持批评态度，认为一个市场的垄断企业杠杆化垄断势力并不会产生额外的收益，不具有合理性。芝加哥学派认为，纵向并购主要是基于效率原因，是实现互补性效率的重要制度选择，并指出纵向并购很可能是促进竞争的，或者其对竞争的影响是中性的。

芝加哥学派的主要观点称为"单一垄断利润"理论。芝加哥学派认为，在上游市场只有一个垄断者，下游市场存在竞争性的情况下，垄断企业只能在垄断市场获得垄断利润，并不能同时还在下游市场获得垄断利润。因为下游市场的充分竞争会消除垄断企业在下游市场提价的能力，纵向并购并不会为其带来比纵向分离更高的利润。因此，纵向并购并不能带来损害竞争的结果。如果发生纵向并购，那一定是有效率原因。芝加哥学派提出，纵向并购具有多种效率基础，具体包括如下几个方面：

（1）技术性经济

当企业进行一体化以后，生产相同数量的最终产品可能会需要更少的中间投入。纵向一体化不仅用最初投入代替了一些中间投入，而且它也减少了对其他中间投入的需求。这在某种意义上说就是一体化的技术经济性。技术经济性在钢铁、石化等产业中也许是纵向一体化的一个重要决定因素。

（2）改变要素配置扭曲状况

这里存在两种情况，一是生产最终产品的投入品之间的比例是固定的；二是两种投入品之间具有一定的替代性，即投入品之间的比例是变动的。在两种投入品是固定比例组合的情况下，由于不存在投入品之间的替代性，垄断企业只能在垄断产品上获得垄断利润，不会对下游生产产生外部性，因此垄断企业没有通过纵向并购获取垄断势力的激励。在两种投入品之间具有一定的替代性的情况下，纵向一体化可以解决要素配置扭曲问题。

假设下游企业是一个以两种投入品生产一种最终产品的行业，两种投入品的生产者一个是垄断企业，其制定的批发价格是 P_W，高于边际成本 c，即 $P_W > c$；另一个投入品生产者是竞争性企业，实行边际成本定价 $P'_W = c'$。因此，两种要素的相对价格比为：$\dfrac{P_W}{P'_W} > \dfrac{c}{c'}$。在两种投入品具有一定替代性的情况下，下游企业会多用竞争性企业的投入品来替代垄断企业的投入品，这使垄断企业的销量减少，利润下降。为了实现垄断利润，垄断企业就有激励通过纵向一体化来消除两种要素之间的价格扭曲。此时，一体化有助于福利的提高。

（3）避免纵向垄断的双重加成

在纵向序列垄断的市场结构下，由于上游生产企业和下游零售企业在决策时只考虑各自的利润最大化决策，而不是纵向结构的利润最大化，各自在边际成本的基础上进行加价，上下游企业之间出现"双重加成"的问题，导致高价格和低产量，并使纵向企业之间的总利润低于纵向一体化的总利润。在纵向一体化结构下，由于消除了上下游企业定价时的纵向外部性，避免了双重加成的出现，因而产品零售价格下降，产品市场销量增加，并且纵向结构的总体利润也增加了。因此，纵向并购的一个重要目的是避免双重加成。在这里，尽管纵向并购使企业实现了垄断利润，但是这并没有恶化消费者的福利状况，反而使消费者的福利提高。

（4）降低市场不确定性和信息不完全性

市场不完全是纵向一体化的重要决定因素。因为上下游企业之间的信息往往是不对称的，比如上游企业不了解下游企业的产品需求状况和成本情况，所以在中间产品的定价和供应数量上就存在着盲目性。也就是说，在存在非对称信息和不确定性的情况下，并不能实现最优的结果，那么企业就会有纵向一体化的动机。在不完全信息的情况下，纵向一体化会使企业获得有价值的私人信息，这会使企业更好地预测中间产品的价值变化以做出有效的投资决策。另外，上下游企业之间实际上是一个利益相互影响的委托–代理关系，在不对称信息的情况下，由于生产商不能有效观察最终产品的市场价格和产量变化，它的利润受到下游零售商提供的信息的影响，零售商也有虚报信息以获利的激励，这会降低纵向一体化利润。为此，企业就可以通过纵向并购来实现有效的激励，实现利润最大化。

（5）交易性经济

科斯（1937）的企业组织理论指出，企业纵向一体化的根本原因是节省交易成本。交易成本不同于生产成本，因为它和交易过程紧密相关。特别地，通过对中间投入品的一体化实现科层制对市场交易合约的替代，可以减少短期市场交易合约中的交易成本，提高交易效率。威廉姆森（1975，1985）则进一步指出纵向一体化的主要决定因素是纵向两个生产过程中的"资产专用性"、机会主义和环境不确定性。资产专用性意味着一个上游或下游企业已经进行了关系专用性投资，对各方来说在这两个企业进行交易的事后盈余是最大的。尽管事前是竞争性的，但是专用性投资形成了事后双边垄断。由于不完全合约和机会主义，在双边垄断的结构下，各方都想得到事后的总盈余，由于各方都担心在事后的谈判中被"套牢"，所以各方都不愿意做专用性投资，因此影响了事后有效交易的实现和事前专用性投资的数量。企业为了避免沉淀资本投资的潜在损失，上下游企业之间就会有一体化的动机。因此，纵向并购能促进专用性投资。

7.2 纵向并购的市场封锁效应

目前，市场封锁理论已经成为解释纵向并购反竞争效应的主要竞争损害理论。

7.2.1 市场封锁

市场封锁是在某一市场具有市场支配地位的企业，通过利用在垄断产品市场上的市场势力，试图限制竞争对手的产出或阻止其进入。市场封锁要得到成功的实施，必须具备一定的市场条件：一是一个企业在某一产品市场（瓶颈产品市场）具有市场支配地位；二是该企业将在该市场拥有的市场势力延伸到另一个市场，以排斥另一市场中的竞争者。因此，市场封锁实质是一个支配企业封闭其他企业正常地获得它所生产的某一必要投入品，以将在必要产品（瓶颈市场）市场的垄断势力延伸到相邻的市场（潜在的竞争性市场）。

市场封锁有多种形式，具体来说主要有：瓶颈设施的所有者和互补品市场中的一个或几个企业进行纵向一体化，来排斥下游竞争对手；一体化企业拒绝与潜在竞争企业进行交易，如拒绝接入必要设施、使产品不兼容等；在由于规模经济或范围经济要求企业之间进行合作的市场中，一群主导企业联合起来，通过拒绝与竞争者合作或加入联合组织，来排斥竞争对手；授予互补品市场企业排他性的权力，实行排他性独家销售协议或者实行必需品搭售，以排斥竞争对手；实行二级或三级价格歧视，使竞争对手难以吸引足够多的顾客。

市场封锁行为可以分为两大类：影响供给的战略和影响需求的战略。影响供给的战略包括拒绝交易、过高的接入价格等，这些战略能够使竞争对手难以有效供应产品。影响需求的战略的典型形式是搭售，这些战略会使消费者不愿意买竞争者的产品。技术性不兼容则同时具有影响需求和影响供给的效应。

根据市场封锁对市场的影响情况，市场封锁分为纵向市场封锁和横向市场封锁。当相互竞争企业之间通过捆绑、搭售、不兼容等手段来排斥竞争对手时就存在横向封锁。横向封锁理论主要是用来分析混合并购反竞争效应。纵向封锁主要发生在下游竞争企业需要购买上游具有市场势力企业的投入品来从事最终产品生产或服务的情况下。纵向市场封锁理论主要是分析纵向并购反竞争效应。纵向市场封锁可分为上游封锁和下游封锁（见图7-1）。

上游封锁也称为封锁原料，主要是指限制卖方获得必要投入品的市场封锁行为。在必要产品作为一种投入品时，便存在供给瓶颈设施，瓶颈设施企业通过限制下游企业获得或接入瓶颈设施，便会产生排斥竞争的效果。企业封锁下游竞争性企业获得投

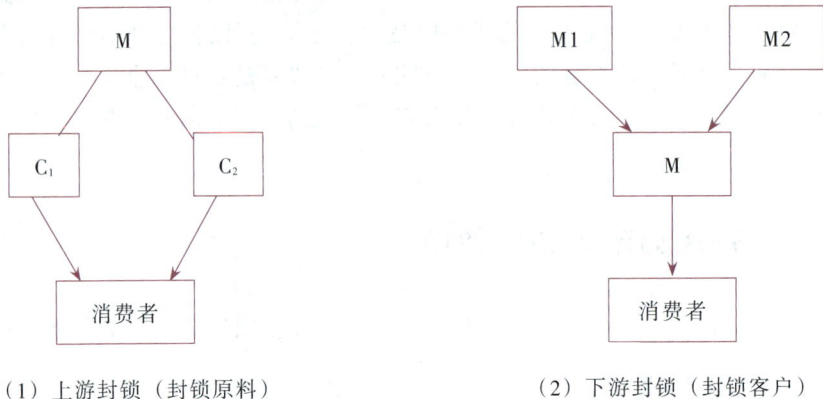

（1）上游封锁（封锁原料）　　　　（2）下游封锁（封锁客户）

图7-1　纵向市场封锁的类型

入品的上游封锁行为也称为"挤压"。这种情况典型的表现是基础设施产业拒绝接入必要设施行为或专利领域拒绝授权行为，拥有瓶颈设施企业会有激励排斥下游市场新企业进入。

下游市场封锁也称为封锁客户，主要是指限制买方与卖方接触的通道的行为。这里存在下游的需求瓶颈，在位企业通过独占交易、拒绝合作等行为，封锁某一制造商或销售商进入某一提供最终产品的必要通道，使其无法直接与最终消费者接触，从而排斥竞争对手。

7.2.2　市场封锁效应的策略基础

纵向并购是否会产生市场封锁效应很大程度上取决于纵向市场结构状况，这里我们分析三种市场结构下的纵向并购及其效应。

（1）上游垄断+下游竞争的市场结构

假设上游市场的垄断者为U，下游市场有两个相同的企业D_1和D_2，市场需求是$q = 1 - P$，上游的生产成本是$c < 1$，投入品的市场价格是w。

纵向分离：在纵向分离的情况下，由于下游市场的竞争，最终产品价格为$P_1 = P_2 = w$，总产出为$q = 1 - w$。上游企业的利润为$\pi^u = (w - c)(1 - w)$，根据一阶条件可得

$$w = \frac{(1+c)}{2}, \quad P = \frac{(1+c)}{2}, \quad \pi^u = \frac{(1-c)^2}{4} \tag{7-1}$$

纵向并购：假设上游市场的垄断者U和下游市场企业D_1进行了纵向并购，对于并购企业来说，$w = c$。因此其利润函数为$\pi = (P - c)(1 - P)$，根据一阶条件可得

$$\pi^{UD} = \frac{(1-c)^2}{4}, \quad P = \frac{(1+c)}{2} \tag{7-2}$$

显然，在上游垄断和下游竞争的市场结构下，垄断企业只能获得单一垄断利润，纵向并购并不会带来利润的增加。因此，通过纵向并购来实行市场封锁不具有经济合理性。上述结论反映了芝加哥学派提出的单一垄断利润理论。

（2）上游垄断+下游寡头的市场结构

假设下游市场是寡头结构，D_1 和 D_2 各自拥有市场势力，两个寡头企业进行数量竞争，市场需求函数是 $P = 1 - q_1 - q_2$。

纵向分离：在纵向分离的情况下，投入品的价格为 w，则下游企业的利润为 $\pi = (P - w) q_i$。根据标准的古诺双寡头竞争，可得

$$q_1 = q_2 = \frac{1-w}{3}, \quad P = \frac{1+2w}{3} \tag{7-3}$$

此时，上游垄断企业的利润为 $\pi^u = 2(w-c)(1-w)/3$，一阶条件可得 $w = \frac{1+c}{2}$，则市场价格和垄断企业的利润分别为

$$P = \frac{2+c}{3}, \quad \pi = \frac{(1-c)^2}{6} \tag{7-4}$$

纵向并购：假设上游市场的垄断者 U 和下游市场企业 D_1 进行了纵向并购，对于并购企业来说，$w = c$。因此，其利润和市场价格为

$$\pi^{UD} = \frac{(1-c)^2}{4}, \quad P = \frac{(1+c)}{2} \tag{7-5}$$

相对于纵向分离的情况，纵向并购会为企业带来更高的利润，但并购企业的价格也相对较低。因此，存在纵向市场封锁，但是此时的纵向封锁并不是一体化企业行使市场势力的结果，而是消除双重加价的效率结果，带来更低的产品销售价格，改进消费者的福利。

（3）序列寡头市场结构

假设上游市场有两个寡头企业 U_1 和 U_2，两个企业的投入品生产成本不同，分别为 $c_1 = 0$ 和 $c_2 \in (0, \frac{1}{2})$。下游市场是寡头市场，有两家企业分别为 D_1 和 D_2。

纵向分离：在所有企业各自独立的情况下，每个下游企业以 c_2 价格购买投入品。根据标准的古诺均衡结果，两个下游企业的产出和利润分别为

$$q_i = (1-c_2)/3, \quad \pi = (1-c_2)^2/9$$

市场价格和 U_1 的利润为

$$P = \frac{1+2c_2}{3}, \quad \pi_{U1} = \frac{2c_2(1-c_2)}{3} \tag{7-6}$$

纵向并购：假设 U_1 和 D_1 进行了纵向并购，并且并购后的企业 U_1D_1 不再向 D_2 供应投入品，此时 D_2 只有一个投入品供应商 U_2。假设 U_1D_1 的投入品成本为 $c_1 = 0$，D_2 的投入品成本为 w。根据成本不对称古诺模型的计算结果，则两个下游企业的产出分别为

$$q_1 = \frac{1+c_2}{3}, \quad P = \frac{1+2c_2}{3} \tag{7-7}$$

在博弈的第 1 期，U_2 选择向 D_2 销售的投入品价格以最大化利润

$$\pi^{2d} = \frac{(w-c_2)(1-2w_2)}{3} \tag{7-8}$$

利润最大化的一阶条件为

$$w_2 = \frac{1+2c_2}{4} \tag{7-9}$$

由于 $w_2 > c_2$，D_2 的投入品价格上升，此时 D_2 被封锁。

封锁下两个下游企业的产出和市场价格分别为

$$q_1 = \frac{1-2c_2}{6}, \quad q_2 = \frac{5+2c_2}{12}, \quad P = \frac{5+2C_2}{12} \tag{7-10}$$

纵向并购企业的利润为

$$\pi_1 = \frac{(5+2c_2)^2}{144} \tag{7-11}$$

上述结果显示，通过纵向并购来排斥对手可以提高并购企业的利润，因而通过纵向并购实现市场封锁是有利可图的。此时，纵向并购不仅带来较高的投入品价格，也带来高的最终产品价格，它降低了社会福利[①]。因此，在序列寡头市场结构下，企业的纵向并购可能会产生限制竞争的市场封锁效应。

根据上述分析，我们将不同市场结构效应的纵向并购均衡及结果总结在表 7-1 中。从表中的结果可以看出，在纵向市场结构中，只要有一个市场是充分竞争的，则不会发生将一个市场的垄断势力延伸到另一个市场的情况。在上游垄断和下游寡头的市场结构下，只有建立在效率改进基础上的纵向并购才是有利可图的，此时的市场封锁是效率性市场封锁。在序列寡头市场结构下，纵向并购会产生损害市场竞争的市场封锁，应该受到反垄断法的禁止。

表 7-1　　　　　　　　　　市场结构与纵向并购效应

	上游垄断+下游竞争的市场结构	上游垄断+下游寡头的市场结构	序列寡头市场结构
纵向分离	$P = \frac{(1+c)}{2}$，$\pi^u = \frac{(1-c)^2}{4}$	$P = \frac{2+c}{3}$，$\pi = \frac{(1-c)^2}{6}$	$P = \frac{1+2c_2}{3}$，$\pi_{U1} = \frac{2c_2(1-c_2)}{3}$
纵向并购	$P = \frac{(1+c)}{2}$，$\pi^{UD} = \frac{(1-c)^2}{4}$	$P = \frac{(1+c)}{2}$，$\pi^{UD} = \frac{(1-c)^2}{4}$	$P = \frac{5+2C_2}{12}$，$\pi_1 = \frac{(5+2c_2)^2}{144}$
福利效应	单一垄断利润，市场封锁效应不会出现	产生效率促进的市场封锁	产生限制竞争的市场封锁

7.2.3　市场封锁效应的审查方法

欧盟 2007 年《非横向并购评估指南》指出，纵向并购引起的封锁效应包括两类情形：一类是并购可能妨碍了竞争对手获得重要的原料（封锁原料），从而提高了下游竞争对手的成本；另一类是并购可能妨碍了竞争对手获得客户（封锁客户），从而对其上游竞争对手产生了封锁效果。分析市场封锁效应的步骤是："封锁能力–封锁意愿–总体影响"分析。

第一，封锁能力分析。企业是否有封锁原料或客户的能力，主要是审查相关市场结构和交易条件，其中相关企业市场势力的大小、投入品或销售渠道的重要程度、其他企业是否采取相应的应对策略等是核心要素。

第二，封锁意愿分析。封锁原料或客户的意愿分析，主要是审查市场交易情况，

① 在这里如果 $c_2 < 1/6$，会产生限制竞争的市场封锁效应。

判断企业实行封锁是否会为其带来更高的利润。通常市场封锁在增加下游市场收益的同时会降低上游市场的收益，只有在净收益较大的情况下，企业才有激励实行市场封锁。

第三，总体影响分析。对市场竞争产生的总体影响分析需要权衡纵向并购的效率效应和反竞争效应，这包括分析竞争伤害程度、市场进入情况、效率基础等。同样，效率效应要求由被告企业提供效率证明，其主张的效率必须是有利于消费者，必须是合并特有的效率且必须是可以验证的效率。

（1）封锁原料

如果并购后形成的新实体有可能限制下游竞争对手获得作为投入品的产品或服务，使得后者无法按与并购前相近的价格和条件获得原材料，从而增加了后者的经营成本，而且这种情形在没有并购的情况下不会发生时，便可以认定存在封锁原料。此时，纵向并购可能会使并购各方通过提高其对消费者收取的价格而获取利润，产生严重损害市场有效竞争的效果。在判断封锁原料是否会对消费者产生损害时，并购企业的竞争对手不一定被迫退出市场。判定的标准应当是，原材料成本的提高是否会导致消费者承担更高的价格。由于并购所产生的效率有可能导致被并购方降低价格，所以并购对消费者造成的总体影响可能是中性甚至良性的，需要权衡分析（见图7-2）。

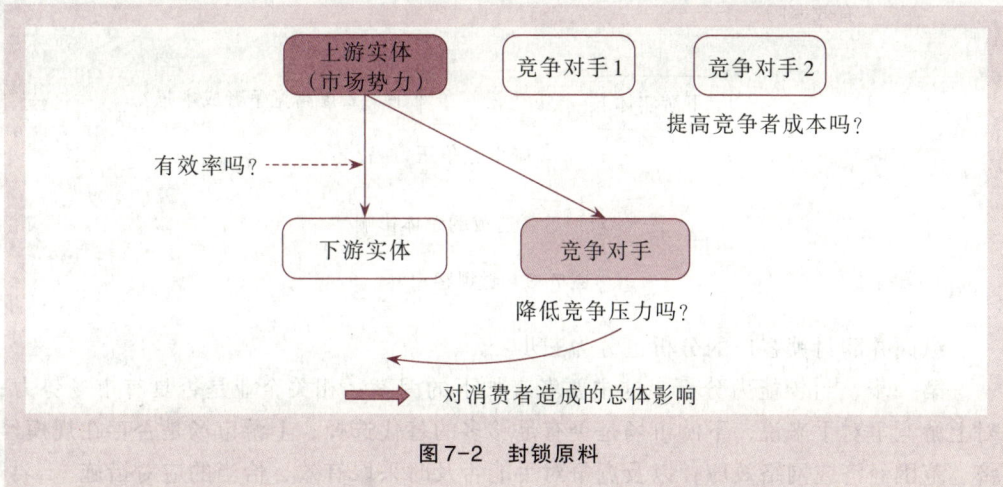

图7-2 封锁原料

纵向并购封锁原料的分析分为三步：

第一步，封锁能力分析。这主要考查如下因素：企业是否具有市场势力；上游市场的交易条件：如投入品的需求弹性和供给弹性、上游市场的生产能力利用状况，潜在进入者的进入状况、交易条件等；投入品是必需品或非常重要的原材料；影响下游产品质量和价格。

第二步，封锁意愿分析。意愿分析主要是判断封锁是否有利可图。这需要检验纵向并购后的企业停止向下游的独立企业供应投入品或提高向其销售的投入品的价格是否是有利可图的；一体化企业对上游环节利润的依赖程度；其他下游企业的转移程度；下游环节的市场势力。

第三步，福利权衡。负面效应分析包括：下游成本，进入门槛，以及潜在竞争情况；下游市场竞争状况和抗衡力量的抵消作用。效率效应包括消除双重加成、降低生产和销售成本、促进专用型投资等。

（2）封锁客户

当一家供应商与其下游市场上一家重要的客户进行一体化时，便可能出现封锁客户的情形。封锁客户对竞争的影响体现在两个方面：一是由于进入了下游市场，并购后的一体化企业有可能阻止其上游市场实际或潜在的竞争对手接触到足够数量的客户群，由此降低了竞争对手与其进行有效竞争的能力和意愿。二是如果并购后的一体化企业实施该行为，则可能会导致下游竞争对手无法再以并购前的市场价格和交易条件获得原料供应，其成本就有可能增加。这会使得并购后的一体化企业可以通过在下游市场上建立更高的进入门槛来攫取利润。然而，如果并购能改进效率，则并购企业有可能降低价格，从而避免并购对消费者造成负面影响。同样，在认定并购是否给消费者造成了损害时，没必要证明其他企业被迫撤出市场。分析需要考虑的指标是：原料成本的上升是否推高了消费者支付的价格（见图7-3）。

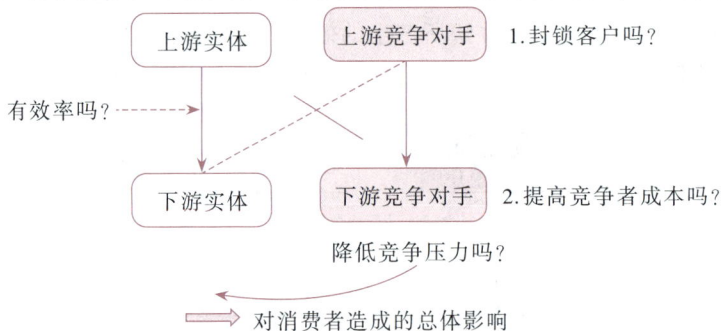

图7-3　封锁客户

纵向并购封锁客户的分析也分为三步：

第一步，封锁能力分析。这主要考查如下的因素：相关企业是否具有市场势力；对上游竞争对手来说，下游市场是否有足够多的替代选择；上游市场是否存在规模经济、范围经济或网络效应；以及竞争对手能否及时采取有效、恰当的应对措施。

第二步，封锁意愿分析。这需要检验封锁是否会为一体化企业带来更高的利润，这受到上游企业和一体化企业在上游市场效率差别、封锁导致的上游市场价格上升程度等因素的影响。

第三步，福利权衡。由于封锁客户阻碍了上游企业向消费者销售产品，可能会对市场竞争造成损害。负面效应分析包括：是否提高了竞争对手成本、是否提高了竞争对手的进入门槛、是否造成价格上升或产量下降等。效率效应主要是考虑各种抵消因素，如是否存在买方势力、上游市场进入情况等。

7.3 纵向并购的反垄断政策

7.3.1 美国反垄断政策

从美国的反垄断执法实践来看，在 20 世纪 80 年代之前，不同并购形式的反垄断法律原理的运用并没有太大的差别，都采取敌视的态度。美国 1968 年《企业并购指南》指出，纵向并购会通过市场封锁来提高其他企业的进入障碍。根据该指南，美国司法部在决定是否对一个纵向并购提起诉讼的时候，主要考虑三个因素：第一，生产商的市场份额；第二，销售商的市场份额；第三，市场进入条件。如果一个拥有 10% 以上市场份额的生产企业和一个拥有 6% 以上市场份额的销售企业之间的纵向并购将受到反垄断机构的审查。

自 20 世纪 80 年代以来，美国反垄断政策重点关注横向并购，对非横向并购的关注越来越少，受芝加哥学派的影响，反垄断机关认为纵向并购和混合并购会对经济效率产生重大的促进作用，在反垄断执法实践中很少对非横向并购提出诉讼。1982 年《企业并购指南》提出了纵向并购反竞争的三种效应：提高进入障碍；便利合谋；受管制公共企业逃避价格管制。2020 年美国司法部与联邦贸易委员会联合发布了新的《纵向合并指南》，提出纵向并购的反竞争效应主要是单边效应和合谋效应。目前美国反垄断执法更多地基于后芝加哥学派的市场封锁理论进行审查，并注重反竞争效应和效率效应的权衡分析，其反垄断政策变化主要体现在执法案例中。

（1）1962 年布朗鞋业公司并购康尼公司案

布朗鞋业公司和康尼公司分别占全国鞋业产量的 4% 和 0.5%，同时布朗鞋业公司还是美国第三大鞋业零售企业，康尼公司是第八大鞋业零售企业。因此，该案既涉及横向并购，又涉及纵向并购。两家企业并购后将占全美国鞋产量的 7.2% 和零售市场的 2.3%。事实上，该案并不涉及垄断化问题，因为即使二者合并，市场当中仍有 20 多个竞争者。鉴于该行业纵向并购的趋势和布朗鞋业公司要求康尼公司经销其产品，法院认为，这一并购会导致相当数量的产品不再参与竞争，并把原来康尼公司不需要的产品强加给它，对其他制造商造成市场封锁。这两个企业并购导致的市场封锁会引起其他企业也进行纵向并购，在经济集中的趋势下，这会产生限制竞争的结果，因此应该禁止。法院的执法似乎体现了"反垄断法的目的是把出现的反竞争问题消灭在萌芽状态"。

（2）1972 年福特公司并购 Electric Autolite 公司案

在 1972 年的福特公司案中，福特汽车公司并购了 Electric Autolite 公司和相关的火花塞制造企业。法院认为，福特公司是火花塞制造企业的潜在竞争者，该并购消除了这一竞争机制。另外，更重要的是，由于福特购买了该行业 10% 的产出，这一并购会产生限制竞争的后果。实际上，在该案中，排斥其他配件企业的发展和进入市场并不符合福特公司的利益，很难说该并购会产生限制竞争的结果。

（3）1995 年 SGI 并购 Alias/Wavefront 案

SGI 公司是一家拥有工作站、服务器、超巨型机、网络等全线产品的大型计算机企业，其在娱乐制图软件工作站市场占据90%的市场份额。Alias/Wavefront公司是由当时世界三大娱乐制图软件公司中的两家Alias和Wavefront合并而成。在该案中，美国联邦贸易委员会运用市场封锁理论指出，这一并购会在上下游市场产生反竞争的市场封锁效应。一是并购后的企业可能会使其娱乐制图软件与SGI以外的其他工作站不兼容，从而损害娱乐制图工作站市场的竞争；二是并购后的企业可能会终止其工作站的开放政策，提高独立娱乐制图软件开发商的成本，从而损害娱乐制图市场的竞争。美国联邦贸易委员会在充分考虑这一并购所产生的改进效应后，权衡了正反两种效应，最终附条件通过了该并购交易。

（4）2000年美国在线与时代华纳并购案

2000年，美国在线公司（AOL）宣布将收购时代华纳公司。美国在线公司是最大的互联网服务企业，在当年拥有40%左右的市场份额。时代华纳是最大的传媒企业，拥有内容资产和有线资产，其有线资产占全美国的18%，并拥有几家重要的有线电视网络。并购后的美国在线-时代华纳将成为融媒体、娱乐和通信为一体的世界巨头。该项并购是典型的纵向并购，参与并购的企业可以通过并购实现优势互补：时代华纳可以借助美国在线公司的互联网络完成"数字革命"，为自己的音乐、出版和影视业产品走向消费大众开辟新的途径，而美国在线公司可以借助时代华纳的有线电视网络，提高美国在线的网上服务能力。

美国联邦贸易委员会对该并购案关注的核心经济问题是：首先，并购企业是否应当被要求向其他的互联网服务提供商（ISP）提供宽带因特网的通道？美国联邦贸易委员会担心此项并购可能会产生纵向市场封锁问题，从而阻止非歧视性的开放接入政策。并购后的企业可能会通过拒绝接入或者索要高的接入价格，以及实行价格歧视来排斥竞争对手。其次，AOL的并购是否会损害竞争性技术运营商DSL的利益？美国联邦贸易委员会担心，AOL通过时代华纳的有线资产运用其在ISP市场上的市场势力来打击竞争对手。再次，美国在线在即时通信（IM）市场的支配地位是否会延伸到下一代即时通信服务市场？由于雅虎公司、沃尔特·迪士尼公司、亚马逊网上销售公司等也提供竞争性IM服务，这些公司的IM服务要与美国在线的IM服务兼容。但是在1999年，美国在线采取了有效的不兼容措施成功地阻止了竞争对手。面对指责，美国在线的理由是这样做是出于安全和保障等技术原因。

对于该项并购，联邦贸易委员会和联邦通信委员会采取了如下救济措施：一是美国在线-时代华纳需要和主要的ISP企业签订接入协议，接入应该是非歧视性的；二是在满足如下三个条件之后，才准许美国在线-时代华纳提供高级的IM服务。这三个条件是：美国在线明确地表示其已经采用了标准化组织设定的公共兼容标准；美国在线至少已经和两个IM运营商签订了兼容合约；美国在线已经不再在IM市场拥有市场支配地位。在满足上述条件下，2000年联邦贸易委员会和联邦通信委员会分别批准了此项并购。

7.3.2 欧盟反垄断政策

欧盟对纵向并购反竞争效应的关注主要是其是否会产生市场封锁的效果，因此对市场封锁效应的审查成为执法的重点。欧盟对纵向并购的反垄断政策集中体现在欧盟委员会于 2007 年 11 月颁布了《非横向并购评估指南》。《非横向并购评估指南》指出，非横向并购对于有效竞争的损害作用一般来说小于横向并购，非横向并购的反竞争正效应主要是封锁效应和合谋效应，并提出了分析市场封锁效应的"封锁能力-封锁意愿-总体影响"的逻辑。欧盟对纵向并购反垄断执法的典型案例是 2001 年通用电气（GE）并购霍尼韦尔（Honeywell）案、2007 年 TomTom 并购 Tele Atlas 案。

（1）2001 年通用电气并购霍尼韦尔案

2001 年的通用电气公司和霍尼韦尔公司并购案中，通用电气以 420 亿美元收购霍尼韦尔，这一并购计划是当时世界上最大规模的并购计划。通用电气的业务包括了从塑料、电视机到金融服务、动力系统、医学成像等领域；霍尼韦尔公司主要生产航空电子设备和非航空电子设备产品。在该案件中涉及四个市场：大型商业客机发动机市场、支线客机市场、商用客机市场、发动机零部件和维修检查市场。就大型商用客机发动机市场来说，两者之间的并购具有横向并购的性质，同时两者之间还具有上下游业务关系，霍尼韦尔生产供通用电气生产飞机发动机的控制装置，而且通用电气的租赁公司 GECAS 为霍尼韦尔产品的重要买主。

欧盟委员会认为，在并购前，通用电气是大型商用客机发动机和支线客机市场的主导厂商，霍尼韦尔在航空电子产品等航空产品市场具有支配地位，该并购将导致通用电气在一个市场拥有的垄断势力延伸到其他市场。两家企业并购后，通用电气的租赁公司 GECAS 能够通过捆绑等行为向上游市场发起有利于霍尼韦尔公司的策略行为。虽然通用电气曾提出多项承诺，但未消除该委员会限制竞争的担心，欧盟委员会要求通用电气的资本公司予以剥离又未得到该公司的认可。2001 年 7 月 3 日，欧盟委员会正式否决了通用电气购并霍尼韦尔一案。其理由是：通用电气购并霍尼韦尔后将导致通用电气在不同市场的垄断地位，通用电气公司有可能会利用飞机租赁事业部来垄断飞机发动机和航空电子市场，严重阻碍航空工业的市场竞争，使消费者支付更高的价格。

（2）2007 年 TomTom 并购 Tele Atlas 案

2007 年 9 月全球最大的车载卫星导航仪欧洲生产商 TomTom 公司宣布将以 29 亿欧元的价格收购荷兰导航数字地图制作公司 Tele Atlas，这是一起典型的纵向并购案件。欧盟委员会依据《非横向并购评估指南》分析市场封锁效应的"封锁能力-封锁意愿-总体影响"审查方法，系统运用了现代计量分析工具，经过细致的经济学分析和评估，得出并购后的企业实行市场封锁将无利可图的结论。2008 年，欧盟委员会认为这一并购并不会对相关市场上的竞争构成显著威胁，因此做出了批准裁决。同时，欧盟委员会负责竞争政策的委员 Neelie Kroes 说，卫星导航设备市场对于消费者而言相当重要，经过深入审查后，她认为并购后的企业并不会损害创新和竞争，剥夺消费者享受创新产品的机会。

7.4 混合并购的反垄断政策

混合并购是指将生产的产品既不是直接的替代品也不是互补品的企业置于共同控制权之下。混合并购具有三种形式：一是互补产品并购，用户同时需要购买并购企业提供的互补产品；二是相邻产品并购，并购企业的产品不是互补产品，而是处于相邻的相关市场中，或具有弱替代关系；三是需求独立产品并购，用户对并购企业的不同产品的需求相互独立。由于混合并购对竞争的影响是有限的，因而各国反垄断机构对混合并购提起反垄断诉讼的案例并不多，它并不是反垄断执法关注的重点。

美国1968年的并购指南明确对所有的并购案件具有管辖权。1984年，美国司法部对并购指南进行修订，将并购分成横向并购和非横向并购两种，非横向并购由第4节专门规定。在美国关于混合并购的反垄断执法中，通过具体的案例，发展出了混合并购反竞争效应的潜在竞争理论、强化支配力理论、互惠交易理论。欧盟委员会2007年11月颁布的《非横向并购评估指南》明确提出了混合并购的反垄断审查主要审查非合作的市场封锁效应和合作的合谋效应。对混合并购合谋的效应审查与对横向并购合谋的效应审查是类似的。

7.4.1 合谋效应

在特定市场上，混合并购会带来弱化竞争和促进合谋的效应。首先，混合并购会减少市场当中有效竞争对手的数量，市场集中度的提高会促进寡头企业之间实现默契的价格合谋；其次，在混合并购中，混合并购的市场支配地位明显增强，具有更强大的资金实力和运营规模，其竞争优势将明显超出剩下的竞争对手，企业之间实力差距的扩大将会使其他企业处于更加不利的市场竞争地位，有助于实施领导者涨价合谋机制；最后，当市场当中多个企业都进行混合并购时，企业之间会在多个市场进行接触，多市场竞争会使合谋的惩罚机制更严厉。因为企业某一市场的背叛行为将会招致在所有市场的低价格报复，这有利于合谋协议的维持。

7.4.2 消除潜在竞争效应

多年来，美国对混合并购限制竞争效应进行分析的主要理论依据是潜在竞争理论，该理论认为在产品扩张型和市场扩张型的混合并购中，有可能消除潜在竞争者，从而损害市场竞争。美国1982年并购指南首先确定了潜在竞争理论在并购审查中的重要地位。潜在竞争理论实际上由两个理论构成：事实上的潜在竞争理论和可察觉的潜在竞争理论。

事实上的潜在竞争是指如果没有企业之间的并购，并购企业很有可能独立地或者通过购买一个小企业的方式进入市场。该企业进入市场会加剧市场的竞争，降低现有市场集中度。相反，如果该企业是通过购买该市场上的一个大企业而进入市场的，则上面所讲的这种对竞争的积极作用就没有了，因为这不仅消灭了一个潜在的竞争者，而且还增强了企业的市场势力。

可察觉的潜在竞争理论所涉及的问题并不是并购中的参与并购企业真的要进入市场，而是根据它本身的能力和现有的市场条件，它是否可以客观地被视为一个潜在的市场竞争参与者，即这个企业是否被视为站在市场门槛前，只要产品的价格和利润有吸引力，它就可以随时进入市场。如果企业在并购前被看作有可能进入市场的潜在竞争者，就可以影响市场上现有企业的市场行为。因为在存在潜在进入者的情况下，企业即使是潜在进入者未进入市场，潜在竞争压力也会迫使企业制定较低的价格，并不断地改进产品质量和服务，这有利于技术创新和消费者福利的改善。

在1964年的 EI Paso 天然气案中，美国联邦最高法院首次运用了潜在竞争理论。EI Paso 天然气公司在加利福尼亚天然气供应市场占有50%左右的市场份额，该公司取得了另一家天然气供应公司的股份和资产，因为该公司是周边各州当时除 EI Paso 天然气外的唯一一个天然气供应商。联邦最高法院裁定指出：该项企业并购虽然属于市场扩大型的混合并购，但是由于两个当事人均具有进入对方市场的可能性，因而其事实上已经处于潜在的竞争关系当中，成为彼此的潜在竞争者，该项并购损害了市场竞争，因而该项企业并购被联邦最高法院认定为非法。

在1967年的宝洁公司（P&G）案中，宝洁公司是一家经营日用化学品的大型支配企业，占据洗涤剂市场54.4%的份额，并且正在推进产品多样化，进行了高投入的广告宣传。当时，美国日用洗涤剂市场是一个高度集中的市场，行业前三家企业的市场集中度为80%。宝洁公司企图并购在漂白剂市场占有50%市场份额的克罗克斯公司。该案争议的焦点是：潜在竞争的消除对相关市场竞争的影响是否足够大，即并购消灭的竞争对手是否为重要的竞争对手。美国联邦贸易委员会根据《克莱顿法》第7条对该并购提出了质疑。美国联邦贸易委员会分析指出：首先，宝洁公司是最可能进入漂白剂市场的企业，宝洁公司一直想进入而且事实上也能够进入这个市场，从而对克罗克斯公司构成竞争压力，宝洁公司并购克罗克斯公司就消灭了一个潜在的竞争者，因为并购导致这种潜在的竞争压力不存在了，潜在竞争的消除会损害市场的既有竞争情形。因此，联邦法院判定这个产品扩张型企业并购为非法。其次，并购后的企业可以凭借宝洁公司在广告等方面的资源优势来进一步强化其在漂白剂市场的支配地位并提高进入障碍，从而阻止或排斥其他企业的市场进入。

在1973年的福斯泰夫（Falstaff）公司案中，[①]福斯泰夫公司是一家啤酒生产企业，在全美啤酒市场居第四位，市场占有率为6%，并且在没有进入美国东北部市场的公司中处于第一位。当时福斯泰夫公司已经在32个州经销啤酒，为了扩张市场，它想进入新英格兰地区的啤酒市场，1965年它收购了占市场份额20%的新英格兰地区最大啤酒销售公司纳瑞卡塞特。美国司法部首先反对这一并购，认为这会严重损害市场竞争。因为该地区前四家企业的市场集中度已经为61.3%，并且并购前几年呈一直上升的趋势。在地方法院的初审中，地方法院以不能实际证明福斯泰夫公司具有未来单独进入该市场的意愿为由，判定允许该项并购。联邦最高法院则以潜在竞争理论为依据，认为地方法院应该审查福斯泰夫公司是否为新英格兰地区啤酒企业公认的潜在竞争者，福斯泰夫公司存在的本身就对新英格兰地区市场的竞争构成压力。但是地

---

① United States v. Falstaff Brewing Corp.410 U.S. 526（1973）.

区法院并没有遵从联邦最高法院的裁决意见，而是根据宽泛界定的潜在竞争来支持这一并购。

鉴于潜在竞争理论的应用具有很大的主观性，美国联邦最高法院在1974年的船舶公司（Marina Bancoperation, Inc）案和1984年《企业并购指南》中提出了应用该理论的一些条件：第一，必须证明这个所要进入的市场是一个集中度很高的市场；第二，市场进入障碍较高，进入很容易的市场无须审查；第三，拟并购企业在事实上存在通过其他途径进入市场的可能性；第四，拟并购企业进入市场会带来市场集中度的降低，给市场带来重要的促进竞争的效应，而且这种有利于竞争的影响还是长期的。

7.4.3　横向市场封锁理论

欧盟2007年《非横向并购评估指南》明确提出了横向市场封锁理论。混合并购扩大了企业相关产品的范围，并购后的企业可能会利用捆绑和搭售行为来延伸垄断势力，从而损害竞争。在必要产品不是作为下游企业的投入品，而是作为其他产品的一种互补品可以直接向消费者销售的时候，通常会产生横向市场封锁。这种情况主要体现在系统产品市场，如核心产品和组件、不同功能软件之间、软件和硬件之间。横向市场封锁的典型行为是将必要品和互补品捆绑或搭售的行为，以及使必要产品与竞争性互补品不兼容的行为，将一个市场的市场势力传递到另一个市场。

根据欧盟2007年《非横向并购评估指南》，相互关联的市场上的产品如果形成组合，则整合后的实体可能有能力利用自己在一个市场上的强大地位而在另一个市场上取得杠杆效应，具体方式则是从事捆绑销售、搭售或者其他排他行为。捆绑销售和搭售是非常普遍的企业行为，因而通常不会产生反竞争效果。企业之所以进行捆绑销售和搭售，往往是为了向顾客提供更好的产品或是提高产品的性能价格比。然而，在某些情况下，这类行为有可能减少实际或潜在竞争者的数量或者降低竞争强度，这有可能会减轻并购后企业的竞争压力，从而使其可以提高价格。

根据欧盟2007年《非横向并购评估指南》，在评估混合并购市场封锁的可能性时，也是遵循"封锁能力—封锁意愿—总体影响"的步骤来进行，具体来说：

第一，封锁能力。考查被并购企业是否有能力封锁其竞争对手。混合并购后的企业利用其在一个市场的市场势力去封锁另一个市场的竞争对手最方便的方式是通过捆绑或搭售来进行。为了分析企业是否具有通过捆绑或搭售来封锁竞争对手的能力，需要分析特定产品的特征、消费者购买产品的方式、产品的技术特征、企业是否具有市场势力、产品消费是否具有网络外部性、其他企业是否采取有效的应对措施等。

第二，封锁意愿。考查并购是否有经济上的驱动力来实行封锁，即通过捆绑或搭售来封锁竞争对手是否有利可图。对企业来说，捆绑和搭售并不总是有利可图的，这要分析具体产品的消费者消费的特点、比较不同产品之间的相对价值、企业以往的市场战略、竞争对手的销量变化、进入者的进入意愿、封锁行为的市场影响面、抵消力量情况等因素。

第三，总体影响。考查捆绑和搭售对价格和选择权的总体影响，分析封锁策略是否会对竞争造成重大的阻碍，是否严重到损害消费者的程度，并充分权衡混合并购实现范围经济、节省交易费用、确保质量、提高技术兼容性等效率效应。

本章小结

非横向并购主要是指纵向并购和混合并购。非横向并购的反竞争效应主要是两种：市场封锁效应和合谋效应。纵向并购的市场封锁效应是纵向市场封锁，它可分为上游封锁行为和下游封锁行为。上游封锁行为也称为封锁原料，主要是指限制卖方获得必要投入品的市场封锁行为。下游市场封锁行为也称为封锁客户，主要是指限制买方与卖方接触的通道的行为。分析市场封锁效应的分析步骤是："封锁能力-封锁意愿-总体影响"。

目前对混合并购的反垄断审查主要有审查非合作的横向封锁效应和合作的合谋效应。横向封锁效应主要审查混合并购后的企业是否会利用捆绑和搭售行为来延伸垄断势力，从而损害竞争。在评估混合并购市场封锁的可能性时，也是遵循"封锁能力-封锁意愿-总体影响"的步骤来进行。

课后习题

1.反垄断机构是否应该禁止导致投入品价格提高的纵向并购？
2.在什么情况下纵向并购会产生市场封锁效应？
3.纵向并购为什么也会产生便利合谋的效应？
4.混合并购在何种情况下会损害市场竞争？大型数字平台通过混合并购实现跨界经营是否会损害市场竞争？

推荐阅读资料

Church（2006）的研究报告对非横向并购经济学理论及反垄断政策进行了系统的评价。关于纵向并购市场封锁理论的经典成果参见 Salinger（1988），Hart 和 Tirole（1990），Ordver、Saloner 和 Salop（1990），Rey 和 Tirole（2003）的文献，他们对该理论给出了系统全面的综述。在反垄断经济学中，市场封锁理论仍处在发展中，它仍然包含非常宽泛的内容，而且更一般化的理论模型还没有出现，其中 Rey 和 Tirole（2005）是近期对该问题的较好综述。关于非横向并购反垄断审查政策具体说明请阅读欧盟的《非横向并购评估指南》。

本章参考文献

[1] BOURREAU, STREEL. Digital Conglomerates and EU Competition Policy [D]. Working Paper, 2019.

[2] CHEN Y M. On Vertical Merger and Their Competitive Effects [J]. The RAND Journal of

Economics, 2001, 32: 667-685.

[3] COMANOR. Vertical Mergers, Market Powers and the Antitrust Laws [J]. American Economic Review, 1967, 57: 254-265.

[4] CHURCH. The Impact of Vertical and Conglomerate Mergers on Competition [R]. Report, 2006.

[5] EISENMANN, PARKER, VAN ALSTYNE. Platform Envelopment [J]. Strategic Management Journal, 2011, 32 (12): 1270-1285.

[6] HART, TIROLE. Vertical Integration and Market Foreclosure [D]. Brooking Papers on Economic Activity: Microeconomics, 1990.

[7] RIORDAN. Regulating Complementary Products: A Comparative Institutional Analysis [J]. The RAND Journal of Economics, 1995, 26: 243-256.

[8] RIORDAN. Anticompetitive Vertical Integration by a Dominant Firm [J]. America Economic Review, 1998, 88 (5): 1232-1248.

[9] OECD. Roundtable on Conglomerate Effects of Mergers—Background Note [R]. 10-12 June, 2020.

[10] ORDVER, SALONER, SALOP. Equilibrium Vertical Foreclosure [J]. American Economic Review, 1990, 80 (1): 127-42.

[11] SALOP. Reinvigorating Vertical Merger Enforcement [J]. Yale Law Journal, 2018, 127: 1962-1994.

[12] SALINGER. Vertical Mergers and Market Foreclosure [J]. The Quarterly Journal of Economics, 1988, 103 (2): 345-356.

[13] SEGAL, WHINSTON. Naked Exclusion: Comment [J]. American Economic Review, 2000, 90: 296-309.

[14] 卫新江. 欧盟、美国企业并购——反垄断规制比较研究 [M]. 北京：北京大学出版社，2004.

第8章
掠夺性定价

掠夺性定价是指一个企业将价格定在牺牲短期利润以消除竞争对手的水平上，并在竞争对手退出市场后制定垄断性价格获得垄断利润的行为。OECD竞争法框架对掠夺性定价的定义是：掠夺性定价是具有支配地位的企业在足够长的时间内制定非常低的价格，以至于竞争者被迫退出市场和其他企业的进入被阻止。根据定义，在反垄断实践中，掠夺性定价行为应包括两个要素：一是存在短期损失；二是掠夺者拥有足够的市场势力，可以在竞争对手被逐出市场后获得长期利润的增长。对掠夺性定价的反垄断一定要科学区分对竞争正常反应的合法降价行为与驱逐对手的非法定价行为，并要避免带来使拥有市场势力的企业由于担心会被提起掠夺性定价的反垄断诉讼而将价格定在较高水平的现象出现。不当的反掠夺性定价政策可能会造成较高的市场价格，并可能鼓励低效率企业进入市场，从而带来福利损失。因此，对掠夺性定价行为的反垄断必须慎之又慎。

8.1 掠夺非理性理论

长期以来，哈佛学派认为，在位企业可以通过制定低价格来阻止其他企业进入，掠夺性定价是在位企业排斥其他企业参与竞争的重要工具。芝加哥学派认为，掠夺性定价是一种成本高昂的策略行为，对在位企业来说也是无利可图的，掠夺性定价是不具有策略可信性的。因此，掠夺性定价行为是非理性的，它不可能发生。芝加哥学派认为：首先，在位大企业拥有较大的市场份额，掠夺给其带来的利润损失要高于小企业，掠夺给其带来的损失更大，掠夺定价并不一定有利可图。其次，企业在实施掠夺性定价时会付出较高的成本，企业必须在竞争对手退出市场后制定较高的价格以补偿在掠夺性定价时的损失。但是问题是当企业制定垄断高价时，会鼓励其他企业的进入或已退出竞争的企业重新进入，从而使在位企业的高价格难以维持。而且由于竞争对手企业预计到在位企业在第2期会提高价格，在其能够承受价格战的利润损失的情况下，它仍会留在市场当中而不是选择退出，掠夺可能并不会将竞争性企业排挤出市场。再次，对于在位企业来说，掠夺并不是其占优的策略选择，即掠夺性定价行为是企业可以选择的战略中代价最小的战略。掠夺性定价和兼并是在位企业可以选择的两种策略行为，二者比较来看，由于兼并不会导致两个企业的利润下降，所以兼并是一个代价更小的策略选择。所以从总体来看，实行掠夺性定价是非理性的行为，在现实当中基本不太可能发生，现实中的降价可能是因为需求的波动。博克（1978）甚至认为不应该有针对掠夺性定价的法律规定，他认为"对于一个可能不存在或极少发生的现象建立法规是不明智的，法院很难将其与竞争性价格行为区别开来，可以肯定地说这些规则的运用是弊大于利"。

掠夺非理性的观点是麦吉在1958年的经典文献《掠夺性降价：以标准石油公司为例》中首先指出的，他认为掠夺性定价只有在下列两个条件都满足时才是有效的：一是掠夺行为应该是子博弈完美的；二是掠夺战略必须是企业的占优战略选择，即在众多战略选择中，掠夺是最有利可图的战略选择。他指出，相对于掠夺性定价来说，并购总是更加有利可图的战略选择。由于掠夺定价是一个非占优策略，因此它是一个不会被使用的战略。我们可以用斯塔克尔伯格模型来解释这一观点。

假设在位企业和进入企业都具有一个固定的平均成本 c，市场反需求函数为 $P = A - Q = A - (q_L + q_F)$，$q_L$ 是斯塔克尔伯格模型领导者的产量，q_F 是跟随者的产量。标准的分析显示，纳什均衡结果为：$q_L = (A - c)/2$，$q_F = (A - c)/4$，$p = (A + 3c)/4$。此时，每个企业都获得正利润，领导者的利润是 $(A - c)^2/8$，跟随者的利润是它的一半，为 $(A - c)^2/16$。显然，领导者的利润低于纯垄断者的利润 $(A - c)^2/4$。

我们现在假设市场竞争分两个时期：在第1期，领导者承诺生产足够大的产量使得它只能够以等于平均成本 c 的价格来销售产品。由于跟随者只能够通过将价格定到 c 以下才能销售额外的产品，因此跟随者会退出或者不进入。在第2期，领导者成为垄断者，它可以制定垄断价格并获得垄断利润为 $(A - c)^2/4$。

正如麦吉所指出的，这个策略存在的一个问题是，还有一个更好的可行办法。在掠夺战略下，领导者或者掠夺者在第1期的利润为0，在第2期的利润为 $(A - c)^2/4$，跟随者在两个时期的利润都为0。麦吉的观点是，领导者在第1期开始时就收购或者兼并跟随者会更加有利可图。这样，并购后的企业在两个时期都是垄断企业并且获得垄断利润 $(A - c)^2/4$。即便领导者不得不与跟随者一起平分第1期的利润，两个企业的利润都高于掠夺战略下的利润。这是因为，在掠夺战略下，不管是在位者还是进入者，在第1期的利润都为0。由于并购没有改变第2期的利润，很明显并购战略优于掠夺战略。

掠夺性定价的非理性观点存在不足：一是它的分析是建立在市场较完善的假设基础上，在市场存在信息不对称、沉淀成本等因素时，这些结论就不再成立；二是这些观点没有考虑企业之间的长期策略性相互作用；三是这些观点没有考虑政府的法律限制，分析忽视了政府对兼并等替代政策的限制。

8.2　策略性掠夺理论

后芝加哥学派采用策略性博弈模型证明，在某些情况下，掠夺性定价可以作为一种均衡结果而出现，因而掠夺性定价是企业策略性理性选择的行为，是可能发生的。后芝加哥学派掠夺性定价理论都是建立在不完全信息基础上的，在此假设下，掠夺者试图利用进入者（或投资者）的不完全知识或信息，通过掠夺性定价使进入者相信进入将不会带来高利润或无利可图，这使其选择退出或是投资者不对其进行投资。这实际上是一种操纵竞争对手信念的策略性行为。在不完全信息博弈掠夺性定价理论模型中，主要有三个代表性的理论：声誉理论、信号理论和不完善金融市场的"深钱袋"理论。这些理论模型揭示了为什么掠夺性定价会发生，证明了掠夺性定价的存在有其合理性。

8.2.1　声誉理论

以克瑞普斯和威尔逊（1982）、米尔格罗姆和罗伯茨（1982）等学者为代表的声誉模型认为，在位企业对竞争对手的掠夺性定价会对其未来的潜在竞争对手产生影响。在面临一系列企业进入威胁的情况下，在位企业通过制定一个低价格与第一个进入者进行价格战，试图建立一个自己是强有力的攻击性在位企业的声誉，以阻止其他企业进入同一市场或其他企业随后进入其他市场。声誉模型主要是在多产品或多市场的情况下，在位企业试图通过价格战向竞争对手解释并传递在该市场上与其竞争的弱盈利能力信息，从而建立起自己"强硬"的声誉，阻止其他企业的未来进入。在这里掠夺定价行为并没有影响竞争对手的实际前景，而只是影响了他们对这些前景的估计。

声誉模型是泽尔腾（1978）"连锁店悖论"思想的一个扩展。在连锁店模型中，一个居于市场支配地位的企业在多个区域性市场经营，每个区域市场都面临潜在进入者的序贯进入威胁。在共同知识的假设基础上，泽尔腾（1978）采用逆向归纳法分析显示，在完全信息的情况下，掠夺性定价并不是一个战略均衡。假设在在位企业是弱者的情况下，如果进入者不进入，在位者的收益为 a，进入者为 0；在进入者进入的情况下，如果在位者选择合作收益为 0，进入者收益为 b（$0<b<1$）；如果选择掠夺，在位者和进入者的收益分别为-1 和 $b-1$。在在位者是强在位者时，如果进入者进入，在位者选择合作策略时的收益为-1，此时进入者的收益为 b；在位者选择掠夺策略时的收益为 0，此时进入者的收益为 $b-1$。泽尔腾发现，在完全信息的情况下，根据逆向归纳法，在最后一个区域市场，由于没有进一步的进入，在位者不会采取掠夺行为，运用逆向归纳的逻辑，最终的均衡结果是进入者进入，在位者合作。泽尔腾的连锁店悖论结果是：无论在位者的区域市场数量有多少，所有的进入者会进入，而在位者不会实行掠夺（见图8-1）。

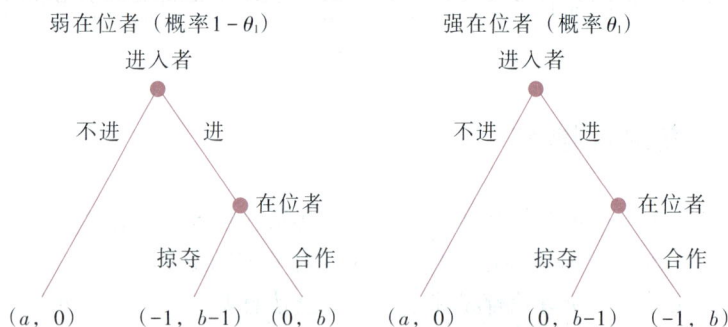

图8-1　信息不对称下的连锁店悖论与掠夺声誉效应

在不完全信息的情况下，由于在位者的类型是私人信息，进入者不知道其是强在位者还是弱在位者，只知道在位企业是强在位者的概率是 θ_1，在位企业是弱在位者的概率是 $1-\theta_1$。在此情况下，在位企业显然有激励通过在某一个或某几个市场中采取掠夺性定价策略，排斥进入者并建立一种"强硬"的声誉，以阻止其他企业进入其他区域市场。在此之后，恢复进入前的价格，实行垄断定价。

下面是克瑞普斯-威尔逊-米尔格罗姆-罗伯茨声誉模型的一个非常简化的形式。有两家企业（$i=1,2$），在时期1中，两家企业都在市场之中。只有在位者企业1采取

行动 a_1。企业 1 的行动空间中具有两个要素："掠夺"和"和解"。如果企业 1 采取和解行动，进入者企业 2 的利润是 D_2；如果企业 1 采取掠夺行动，则企业 2 的利润是 P_2，并且 $D_2 > 0 > P_2$。企业 1 有两种可能行动类型：理智型和疯狂型；企业 1 的类型记为 t_1。当企业 1 是理智型时，它采取和解行动会得到利润 D_1；采取掠夺行动会得到利润 P_1，并且 $D_1 > P_1$。因此，一家理智型企业喜欢采取的是和解行动而不是掠夺行动。但是，企业 1 更愿意成为一名垄断者，这样它每期得到的利润是 M_1，并且 $M_1 > D_1$。当企业 1 是疯狂型时，它喜欢掠夺行动并采取掠夺行动（它的效用函数使得采取掠夺行动总是值得的）。设 θ_1 表示企业 1 的类型是理智型的先验概率，从而 $1-\theta_1$ 表示企业 1 的类型是疯狂型的先验概率。

在第 2 期中，只有企业 2 采取行动 a_2。a_2 是两种可能行动之一："坚持"和"退出"。给定企业 1 是理智型的，如果采取坚持行动，企业 2 得到收益 D_2；如果企业 1 是疯狂型的，"坚持"给企业 2 带来 P_2 的收益。就是说，除非企业 1 是疯狂型的，否则它将不会在第 2 期采取任何掠夺性战略，这是因为它没有理由在博弈的终点建立并维持声誉。如果企业 2 采取坚持行动，理智型企业得到 D_1；如果企业 2 采取退出行动，则它得到 $M_1 > D_1$。记 δ 为两个时期之间的贴现因子。

假设疯狂型企业总是选择掠夺行动。那么理智型企业的行为是怎样的？从一个静态的观点来看，如果企业 1 是理智型的，它会在第 1 期采取和解行动。但是，如果它采取掠夺行动，也许会使企业 2 相信它是疯狂型的，由于 $P_2 < 0$，这样就会引致企业 2 退出并因此使自己的第 2 期利润增加。

(1) 分离均衡

分离均衡是这样一种均衡，其中不同类型的企业 1 在第 1 期中选择不同的行动。这里，它意味着，理智型企业采取和解行动。在一个分离均衡中，在第 2 期，企业 2 具有完全信息：如果 μ 表示进入者在第 2 期（事后）关于在位者类型的推断，那么

μ (t=理智型/和解行动) =1

μ (t=疯狂型/掠夺行动) =1

在分离均衡中，理智型的企业 1 采取和解行动，并因此显示出了它自己的类型，得到利润 $D_1(1+\delta)$（企业 2 采取坚持行动，这是因为它预计在第 2 期，$D_2 > 0$）。如果企业 1 采取掠夺行动，这就会使得企业 2 相信它是疯狂型的，这时它将会得到 $P_1 + \delta M_1$。由此，分离均衡存在的一个必要条件是

$$\delta(M_1 - D_1) \leqslant (D_1 - P_1) \tag{8-1}$$

反过来，假定条件（8-1）得到满足，考虑下面的战略推断：理智型的在位者采取和解行动，而进入者（正确地）预计到在位者是理智的，这是由于它观察到企业 1 采取了和解行动；疯狂的在位者采取掠夺行动，而进入者（正确地）预计到在位者是疯狂型的，这是由于它观察到企业 1 采取了掠夺行动。显然，这些战略和推断构成一个精炼贝叶斯均衡。

(2) 混同均衡

混同均衡是这样一种均衡：两种类型的企业 1 在第 1 期中选择相同的行动。这

里，它意味着理智型企业采取掠夺行动。在一个混同均衡中，当观察到均衡行动时，企业2并不修正推断：

μ（t=理智/掠夺行动）$=x_1$

这里可能还存在分离均衡。举例而言，在声誉博弈中，理智型企业可以在掠夺行动和和解行动之间进行随机选择（即在分离与混同二者之间进行随机选择）。这时会有

μ（t=理智型/掠夺行动）$\in$（0，θ_1）

μ（t=理智型/和解行动）$=1$

企业1的两种类型都采取掠夺行动。当掠夺行动被观察到时，就像我们所看到的那样，$\mu=\theta_1$。理智型的企业在第1期失去利润 D_1-P，它必须引致企业2采取退出行动，或者至少企业2退出这一结果出现的概率要充分大。因此，混同均衡的条件是

$$\theta_1 D_2 + (1-\theta_1) P_2 \leqslant 0 \tag{8-2}$$

条件（8-2）说明，如果进入者得不到新的信息，他就将选择不进入。这里我们假设条件（8-2）成立，来考虑如下的战略和推断：两种类型的企业1都采取掠夺行动，当进入者观察到掠夺行动时，它的事后推断是 $\mu=\theta_1$；当它观察到和解行动时，事后推断是 $\mu=1$。理智型的均衡利润是 $P_1+\delta M_1$；当它采取和解行动时，利润会是 $D_1(1+\delta)$。因此，如果条件（8-1）不成立，则我们提出的战略和推断就构成一个混同精炼贝叶斯均衡。如果条件（8-2）得到满足，则存在一个连续混同均衡。如果条件（8-1）和（8-2）都被破坏，唯一的均衡将是一个随机精炼贝叶斯均衡，当进入者观察到掠夺行动时，它进行随机选择。

美国通用食品公司案很好地体现了上述理论观点。通用食品公司是麦斯威尔品牌咖啡的生产者，它控制了美国东部市场45%的普通咖啡销量。它的竞争对手是宝洁公司的福尔格品牌，该公司在美国西部市场拥有较高的市场份额。1971年，宝洁公司的福尔格品牌咖啡试图进入东部市场，在克利夫兰、匹兹堡、费城和锡拉库扎这四个城市进行试销。为此，通用食品公司开始反击，它在福尔格品牌咖啡进入的四个城市市场上大幅度降价，麦斯威尔品牌咖啡的售价甚至低于其边际成本或变动成本。通用食品公司的行动取得了成效，它阻止了福尔格品牌咖啡进入东北部核心市场。

8.2.2　信号理论

信号模型也是建立在在位企业和新进入企业之间信息不对称的假设基础上，与声誉模型不同的是，在进入者进入市场时，进入企业不能判断在位企业是高成本还是低成本。如果在位企业是高成本，进入将有利可图；如果在位企业是低成本，进入将会亏损。显然，在此情况下，在位企业有激励通过掠夺性定价向潜在进入者显示自己是低成本，表明进入是无利可图的，以诱使竞争对手退出市场。在竞争对手退出市场之后，在位企业将拥有垄断市场地位。与声誉模型不同的是，在位企业的动机是诱使竞争对手退出而非阻止竞争对手进入。在信号显示模型当中，在位企业传递低价格的信号，主要是为了实现三种可能的目标：诱使竞争对手企业退出；如果不退出，则诱使

竞争对手企业降低产出；实现有利的兼并竞争对手的条件。

在信号模型中一般存在两种可能的均衡结果，分离均衡和混同均衡。在分离均衡情况下，低成本企业制定一个低价格，这个价格是高成本企业无法模仿的，由于其成本高，采用此价格会发生亏损。因此，高成本企业的理性选择是制定垄断价格。在此均衡下，低成本在位企业策略性地牺牲短期利润以阻止进入，并不会损害福利。因为通过分离均衡排除了高成本企业的模仿行为，而且相对于在完全信息下低成本企业始终制定垄断性价格的情况，在不完全信息下低成本在位企业在短期会降低价格，这提高了福利。在混同均衡情况下，由于不存在可以将低成本在位企业和高成本在位企业区别开来的定价，高成本在位企业有可能通过在开始时制定低价格来阻止进入，并在其后的阶段获取垄断利润以弥补损失。显然，这种掠夺性定价行为是损害福利的。下文给出了米尔格罗姆和罗伯茨（1982）两期模型的简化形式。

假定有两期，两个企业。在第 1 期，第 1 个企业，即在位者，是一个垄断者，它选择第 1 期的价格 P_1。在第 2 期，第 2 个企业，即进入者，选择进入或不进入。它如果进入，在第 2 期内就存在着双寡头垄断竞争；反之，则第 1 个企业仍是一个垄断者。第 1 个企业的成本可能是低的（L），其概率为 θ；也可能是高的（H），其概率为 $1-\theta$。令 $M_1^t(p_1)$ 代表在位者将价格定为 P_1 时的垄断利润，令 P_m^L 和 P_m^H 分别代表在位者为低成本和高成本时所定的垄断价格。由于 $P_m^L < P_m^H$，令 M_1^L 和 M_1^H 代表在位者依据自己的类型最大化短期利润时的利润，即 $M_1^t \equiv M_1^t(P_m^t)$，$M_1^t(p_1)$ 在 p_1 上是严格凹的。

第 1 个企业从一开始就知道自己的成本。第 2 个企业不知道第 1 个企业的成本。为简单起见，假定如果第 2 个企业决定进入的话，它进入之后立即便可以了解第 1 个企业的成本情况，因而第 2 期将为双寡头价格竞争。令 D_2^L 和 D_2^H 分别代表第 1 个企业为类型 t 时，两个企业的双寡头垄断利润。假定第 2 个企业的进入决策受它对第 1 个企业成本推断的影响

$$D_2^H > 0 > D_2^L \tag{8-3}$$

也就是说，在对称信息的情况下，当且仅当第 1 个企业为高成本时，第 2 个企业才会进入。两个企业有共同的贴现因子 δ。

由于第 1 个企业希望自己是一个垄断者（$M_1^t > D_1^t, t = L, H$），因此第 1 个企业显然希望传递自己是低成本企业的信息。问题是即使它确实是低成本的，它没有直接的手段来做到这一点。间接的办法就是通过制定一个较低的价格，即 p^L。同时，即使第 1 个企业是高成本的，它也可能希望将价格定为 p^L，以阻止进入。这样，在第 1 期内的利润损失可能会被第 2 期获得的垄断者垄断利润所抵消。那么，这是否意味着当潜在的进入者观察到定价为 p^L 时就不会进入呢？并不一定。一个理性的进入者，会知道现有企业以这种方式"撒谎"对它自己是有利的，因而不一定会据此推断第 1 个企业是低成本的。反过来，在位者也知道，进入者知道它有这种激励，以此类推，解出一个"精炼贝叶斯均衡"。

在这类模型中，有两类可能的均衡：分离均衡和混同均衡。在分离均衡中，在位者是低成本时的第 1 期定价和它是高成本时的定价是不同的，因此第 1 期的定价就向

进入者显示了充分的成本信息。在混同均衡中，第1期的定价是独立于成本水平的，因而进入者无法从中了解到任何关于成本的信息，它的事后推断也就和事前推断完全一样，即它认为低成本的概率是θ。

（1）分离均衡

分离均衡结果的两个必要条件是：低成本型的企业不想把价格定在高成本型企业的均衡价格上，反之亦然。在分离均衡中，高成本型企业的定价会导致进入，因而它将把价格定为p_m^H。所以，它将得到$M_1^H + \delta D_1^H$。令p_1^L代表低成本型企业的价格。高成本型的企业如果也制定低成本型企业的这一价格，可以阻止进入，从而得到$M_1^H(P_1^L) + \delta M_1^H$。因此，高成本在位者不会选择低成本在位者价格的条件为

$$M_1^H - M_1^H(p_1^L) \geq \delta(M_1^H - D_1^H) \tag{8-4}$$

类似地，低成本型企业必须通过选择p_1^L最大化它的利润。由于它至少可以制定垄断性的价格，从而在最坏的情况下得到$M_1^L + \delta D_1^L$（最坏的是，p_m^L导致了其他企业的进入），又由于在均衡情况下它将得到$M_1^L(p_1^L) + \delta M_1^L$，所以低成本企业选择低价格的条件为

$$M_1^L - M_1^L(p_1^L) \leq \delta(M_1^L - D_1^L) \tag{8-5}$$

为找到分离均衡，我们令高成本型企业选择p_m^H，低成本型企业选择区间$[\bar{p}_1, \bar{p}_1]$内的p_1^L。当观察到的价格不同于这两个价格时，信念就是任意的。得出均衡的最简单的方式是选择会导致进入的信念（在这种方式下，两类企业都不想偏离设定的均衡战略），因此我们规定，当p_1不属于$\{p_m^H, p_1^L\}$时，后验信念为θ'等于0，即第2个企业相信第1个企业是高成本的。现在，让我们来检验一下是否每种类型的企业都不愿偏离这一点。高成本企业在第1期得到垄断利润，因而不愿意转向实施一个会引致竞争者进入的价格。同样，低成本型的企业也类似。因此，我们得到了一个分离均衡。

假定第1个企业把价格定在处于$[\bar{p}_1, \bar{p}_1]$区间的一个p_1。对于高成本型企业来说，这样的价格是不合算的。也就是说，通过把价格定在p_M^H上而不是p_1上，高成本企业会获得更高的收益。根据式（8-4）和利润函数的凹性，高成本型企业把价格定为p_M^H会得到更多的利润，即由于高成本企业只会选择p_M^H，因而第2个企业观察到p_1时，不会将第1个企业推断为高成本。此时，p_1能阻止进入。这意味着低成本企业为了发送低成本类型的信号，从而阻止进入，其不必将价格定在明显低于$\bar{p}_1$的水平上。

把上面的分析归结起来就是：存在一个唯一的"合理的"分离均衡。高成本企业没有激励实行低价格而是制定垄断价格，尽管其导致进入者进入。低成本企业将把价格定在$\bar{p}_1$上，即进行限制性定价。如果低成本企业不牺牲其短期利润来传递其成本类型信号的话，它就会被误认为是高成本企业。

（2）混同均衡

混同均衡的存在与否取决于下述条件是否满足

$$xD_2^L + (1-x)D_2^H < 0 \tag{8-6}$$

假定条件（8-6）受到破坏，则在混同价格下，如果第2个企业进入，就可以获

得严格为正的预期利润（因为事后推断和事前推断是相同的）。这意味着进入未被阻止，因而两类企业不如都选择它们的静态垄断价格。由于两类企业的垄断价格是不同的，因而没有混同均衡存在。

假定条件（8-6）得到满足，因而混同价格 p_1 阻止了进入。p_1 构成混同均衡价格的必要条件是没有哪种类型的企业会制定垄断价格。因此，p_1 必须满足条件（8-3）及类似的对于高成本型企业的条件

$$M_1^H - M_1^H(p_1) \leq \delta(M_1^H - D_1^H) \tag{8-7}$$

根据式（8-7），在 p_m^L 附近存在一个价格区间，它将满足这两个不等式。现在不难看出，若 p_1 满足式（8-5）和式（8-7）的条件，则 p_1 就可能是混同均衡中的一个部分。假定每当第 1 个企业制定一个等同于 p_1 的价格（不在均衡路径上的价格）时，第 2 个企业就会相信它是高成本的。因而第 2 个企业就会进入，第 1 个企业还不如制定垄断价格。因此，根据式（8-5）和式（8-7）的条件，没有哪种类型的企业会希望偏离 p_1。

由此得到的结论是：在位者操纵价格，使之不显示成本信息。相对于对称信息的情况，此时进入总会被阻止，而不是以概率 θ 的可能性被阻止。低成本型企业制定垄断价格。高成本企业则进行限制性定价，以阻止进入。

塞隆纳（Saloner，1987）重点分析了以兼并为目的的掠夺性定价。在博弈的第 1 期，两个企业选择产出，在第 1 期期末在位企业向新进入企业提出收购要约。如果新进入企业接受要约，则在位企业在以后的时期拥有垄断地位；如果新进入企业拒绝收购要约，则在位企业在随后的时期选择产出。有两种原因使在位企业有激励通过低价格显示自己是低成本的：一是如果新进入企业相信在位企业是低成本的，则在第 2 期它的利润就会是低的，因此它会接受出价较低的收购要约；二是如果新进入企业拒绝接受收购要约，低成本也会使新进入企业减少产出，这增加了在位企业的利润。

有两个典型案例。一是美国新泽西标准石油公司案。19 世纪末，洛克菲勒控制的标准石油公司通过一系列掠夺性行为（降低价格、取消原油供应和与铁路企业合作提高竞争对手运费），从而以较低的价格先后并购了一大批石油加工企业，从而控制了美国 90% 的石油加工业。二是美国烟草公司案。在 1861—1906 年间，美国烟草公司及其两个子公司兼并了 43 个竞争对手。在此过程中，美国烟草公司实施掠夺性价格，迫使竞争对手将自己的企业以低价格卖给它。伯恩斯（1986）估计在并购出价之前的这种掠夺行为可以使收购价格下降 25% 左右。

8.2.3 "深钱袋"理论

不完善金融市场的"深钱袋"理论是建立在金融市场不完全的假定基础上，即建立在银行等贷款方和企业等借款方之间存在信息不对称的假设基础上。在此情况下，一个企业的资产状况影响着它获得外部资金支持的能力。由于在位企业的多年经营，已经积累了大量的资源（深钱袋），它并没有受到紧的融资约束，而进入者则由于资源缺乏（浅钱袋），必须借款以进入市场参与竞争。在此情况下，在位企业的掠夺将

降低新进入者的盈利可能性，降低其资产的价值，从而降低了新进入者获得贷款的可能性，最终将新进入者排挤出市场。深钱袋理论说明，在位企业通过掠夺性定价使新进入者无法获取必要的资金，从而阻止其进入。

假设市场当中有两个企业：企业1为在位者，企业2为进入者。假定企业2从产品销售中得到的利润在任何时期都是随机的，具有两种可能：以概率θ得到低利润π_L^N，以概率$1-\theta$得到高利润π_H^N。如果企业2进入市场，则在每一时期的开始时支付固定投入F，这个成本在每一时期开始时发生，它要么通过现金支付，要么通过举债的方式来筹资。在企业2亏损的情况下，其债权人将遭受损失。作为一个长期占据主导地位的企业，企业1"财力雄厚"（深钱袋）。由于企业1拥有企业内部资金（或有机会从资本市场筹到资金），只要它在第2期能获得正的预期利润，就能弥补在第1期的任何亏损。对于新进入者来说，企业2只有一期可以使用外部资金。如果它第1期结束时的收益无法弥补其成本，那么在第2期开始的时候，它就无法筹集到需要的资金F，从而选择不经营。假设下面的条件成立

$$\pi_L^N < F < \pi_H^N \tag{8-8}$$

$$\overline{\pi}^N = \theta\pi_L^N + (1-\theta)\pi_H^N > F \tag{8-9}$$

因此，如果企业2仅仅赚到低利润π_L^N，它的债权人就会遭受损失，但是企业2的期望利润足够弥补借贷资金F。

由于资本市场的不完全，即使企业2能赚到高利润π_H^N，它的债权人仍有可能遭受损失。原因就是我们假设债权人与债务人之间存在不对称信息，即企业2真实的利润状况只有其管理人员了解而债权人则不了解。如果借贷合同的有效期仅为一期，那么即使企业2的真实利润为π_H^N，它的管理者也会宣布利润为π_L^N，这样企业2就只需要支付给债权人π_L^N而不是更高的F。由于在仅仅一期的贷款合同下，债权人必定会损失$F - \pi_L^N$，因此债权人将永远不会与企业2签订只有一期的借贷合同。可行的借贷合同必须至少长达两期。然而这样的借贷合同应该是什么样呢？

从债权人的角度来看，在任何情况下，一旦债权人在每个时期都提供资金F，第2期的贷款则显然不会被全额偿还。因为企业2在第2期（最后一期）的真实盈利情况无从考证，此时企业2总会故意低报其利润π_L^N。因此，如果债权人希望能收回成本的话，它必须给企业2一个恰当的激励，以保证企业2在第1期实际盈利的情况下如实报告其高利润π_H^N。那么债权人如何才能让企业2这么做呢？一种方法就是将第2期的贷款改为延期贷款，其发放要视第1期的盈利状况而定。特别的，债权人在签订合约时提出，除非企业2报告其在第1期的利润达到一定的额度，并且让渡一部分利润来对债权人在第1期向其发放贷款以及将在第2期追加贷款进行补偿，否则债权人将在第2期拒绝继续发放贷款。

一般的合约设计通常如下：在第1期开始的时候，债权人提供F美元给企业2，在本期结束之时，企业2报告其在第1期的经营业绩。如果其报告的是低利润π_L^N，那么债权人就向企业2收取债务，即π_L^N；如果报告的是高利润π_H^N，债权人就要求得到R_H^N，同时以概率为β的可能性再一次向企业2提供第2期的贷款F。在第2期末，债权

人清楚自己将被迫接受企业 2 的支付 π_L^N。因此，从债权人的角度来看，两期合约的预期价值 V 为

$$V = -F + \theta\pi_L^N + (1-\theta)[R_H^N + \beta(\pi_L^N - F)] \tag{8-10}$$

债权人的问题就在于选择有关贷款的两个参数：在第 1 期期末企业 2 报高利润时收取的收益 R_H^N 和债权人在第 2 期发放贷款的概率 β，以此来最大化其贷款的价值。然而在选择这些参数的过程中，合约必须满足两个约束条件：

第一，合约必须为企业 2 在第 1 期如实报告其利润提供有效激励，即满足激励相容约束。如果企业 2 在第 1 期的经营利润为 π_H^N 而它却低报为 π_L^N 的话，那么它给债权人支付的金额为 π_L^N，而自己保留低报的额外收益为 $\pi_H^N - \pi_L^N$，但是这样做会使其丧失在第 2 期获得继续贷款的机会。相应地，如果企业 2 真实报告了其高利润 π_H^N，那么它支付给债权人 R_H^N，并且有 β 的概率获得第 2 期的贷款。平均来说，企业 2 在第 2 期赚取的利润为 $\overline{\pi}^N$，如我们所知，此时它向债权人的支付却为 π_L^N。因此，借款企业真实报告利润状况所获得的收益为 $\pi_H^N - R_H^N + \beta(\overline{\pi}^N - \pi_L^N)$。总之，为了使得企业 2 在第 1 期赚取利润 π_H^N 时能如实报告其利润状况，合约必须满足下列条件

$$\pi_H^N - R_H^N + \beta(\overline{\pi}^N - \pi_L^N) \geqslant \pi_H^N - \pi_L^N \tag{8-11}$$

在一个最优的合约中，这个约束条件是紧的，这意味着这是一个严格的等式。因此，我们可以将其写成

$$R_H^N = \pi_L^N + \beta(\overline{\pi}^N - \pi_L^N) \tag{8-12}$$

第二，合约必须保证企业 2 愿意接受这样的合约条款，即企业 2 的期望收入是非负的，满足参与约束。给定合约条款，企业 2 清楚地知道，它在时期 1 获得低利润 π_L^N 的概率为 θ，所有的这些利润都将支付给债权人，并且之后就不会有新增的贷款。因此，在这种情况下，企业 2 的收益为 0。然而，企业 2 在第 1 期以 $1-\theta$ 的概率获得高利润 π_H^N，并且支付给债权人 R_H^N。此后，企业 2 以概率 β 获得第 2 期的贷款，在第 2 期它平均赚取的利润为 $\overline{\pi}^N$，然后向债权人支付 π_L^N。因此，在合约给定的情况下，企业 2 的期望收入为正的条件为

$$(1-\theta)[\pi_H^N - R_H^N + \beta(\overline{\pi}^N - \pi_L^N)] \geqslant 0 \tag{8-13}$$

可以看出，这个条件不是紧的，只是一个严格的不等式。

如果我们把式（8-13）所代表的激励相容条件代入债权人的目标函数，那么贷款人的目标函数就变为最大化下列函数

$$V = -F + \pi_L^N + (1-\theta)\beta(\overline{\pi}^N - F)，条件为 0 \leqslant \beta \leqslant 1 \tag{8-14}$$

由于 $(1-\theta)$ 和 $(\overline{\pi}^N - F)$ 都已给定并且都为正，所以式（8-14）是最优化问题。

对于为什么企业 2 可能难以获得第 2 期的贷款，我们现在已经有了一种解释。债权人注意到借款方具有说谎的激励，因此债权人必须依靠一个两期的合约来促使借款方实话实说，并根据前一期的经营表现来决定下一期是否继续发放贷款。然而，我们知道这种合约使得像企业 2 这样的进入者容易受到如企业 1 这样"财大气粗"的在位者的掠夺。现在我们来分析在存在这种掠夺行为的情况下，最优的合约

会有什么变化？

由于借贷合同指出，如果企业2第1期的收入为π_L^N，那么在第1期末债权人将终止贷款，企业1此时会发现采取行动来增加企业2在第1期获得低利润π_L^N的可能性是值得的。一般来说，贷款者在第2期继续贷款的概率为β，而企业2在任何一期收入为π_L^N的概率固定为θ。因此，企业1在第2期成为垄断者的概率为$(1-\beta)+\theta\beta$。这里，我们将企业1的垄断利润定义为π_M^M，双寡头利润定义为π_D^M。假设企业1可以采取掠夺行为，该行为的成本为C，掠夺行为将使企业2的收入为π_L^N的概率从θ提高到$\theta+\delta$。因此，企业2退出市场的概率升至$(1-\beta)+(\theta+\delta)\beta$。如果下列条件满足，这一行动就是值得的

$$\delta\beta(\pi_M^M-\pi_D^M)-C>0 \tag{8-15}$$

从条件（8-15）中，我们可以很快发现，随着β变小，企业2在第2期不能获得资金的可能性会变大，即便企业1没有采取掠夺行为，它也将不得不离开市场。在极端情况$\beta=0$时，我们可以很容易明白这一点。此时，不管企业2在第1期的表现如何，它在第2期都不会获得贷款。在这种情况下，企业1完全没有理由来支付成本C将企业2驱逐出市场，因为此时无论如何企业2都无法生存。

在资本市场存在道德风险的情况下，贷款方将根据借款方第1期的盈利状况来决定是否提供第2期的贷款，此时进入者在第2期继续获得贷款的条件是其在第1期获得了高利润。此时，在位企业通过采取掠夺行为来降低进入者获得追加贷款所必需的第1期利润水平，使进入者在第2期生存下来的可能性降低。即便进入者在第1期获得了高的利润，贷款人也可以通过降低第2期提供贷款的可能性来阻止这种掠夺。由于掠夺使进入者在任何情况下都难以生存下来，因此通过掠夺定价来排斥竞争者。

8.3 掠夺性定价检验方法

8.3.1 掠夺性定价的实施条件

根据现代策略性的掠夺性定价理论，掠夺性定价行为是企业的一种长期策略性行为。掠夺性定价涉及短期的价格降低，这种价格降低是为了把竞争对手赶出市场，或者阻止新企业进入市场，从而在长期中通过更高的价格获得高额利润。在掠夺者和牺牲者效率一致的情况下，掠夺意味着企业双方都要遭受巨大的损失。因此，掠夺要具有合理性，掠夺者短期的利润损失必须能够被未来的收益所弥补。对掠夺性定价来说，重要的是在牺牲短期利润和获得长期垄断收益之间如何权衡。

如果将掠夺性定价看成是一种策略性投资行为，从长期来看，在时期t以前，掠夺企业的掠夺性定价行为会发生损失，在竞争对手退出市场之后，掠夺企业会将价格提高到垄断水平。如果掠夺排除竞争对手后获得的垄断利润低于掠夺时的利润损失，则掠夺就是不可信的，如图8-2（1）所示；如果掠夺排除竞争对手后获得的垄断利润搞于掠夺时的利润损失，则掠夺就是可信的，如图8-2（2）所示。

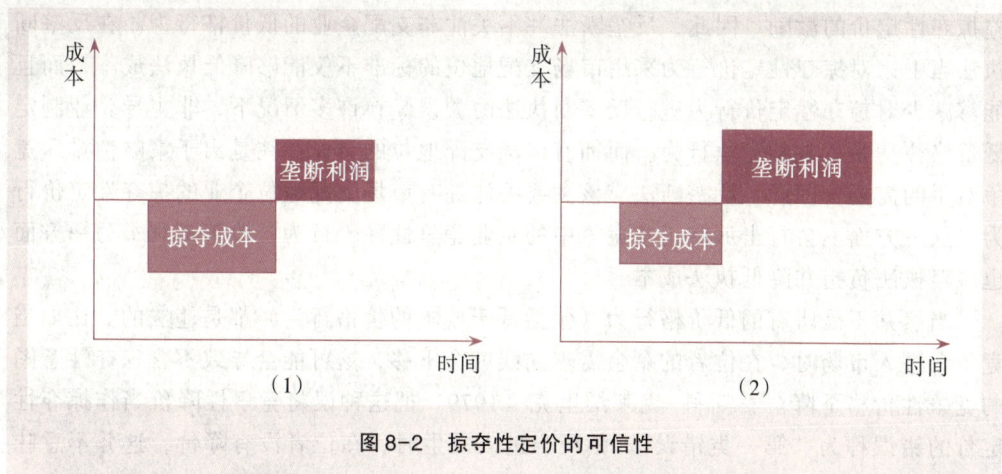

图8-2 掠夺性定价的可信性

掠夺性定价要具有可信性的条件是，垄断定价时的垄断利润大于掠夺性定价时的短期损失。因此，掠夺性定价的成功实施机制包括两个基本的要素：一是牺牲短期利润；二是在长期能够通过运用市场势力来增加利润，补偿短期损失。

（1）牺牲短期利润

掠夺性定价经济理论只是说企业在短期选择利润较少的定价行为，但是并没有说明利润一定是负的。在反垄断执法当中，如何判断何种水平的定价是掠夺性定价就成为操作中的一个难题。在反垄断执法中，一个明确的标准是：在掠夺性价格时期，掠夺者的利润为负，或者价格低于成本。但是这里的问题是什么样的成本是参照标准。采用价格低于成本的标准有可能使某些掠夺性定价行为得不到法律的约束。

根据产业组织理论，某些掠夺性定价行为可能在短期并不会亏损。但在这种特定的情况下，企业制定低价还能盈利只能说明该企业是一个相对于竞争对手而言的高效率企业。进入者不进入市场并不一定会降低福利，进入者的进入并不一定就会提高福利。反垄断法对此的忽略也并不会带来大的福利损失。

（2）在位企业提高价格的能力

掠夺性定价的一个重要条件是在将竞争对手排斥出去之后，在位企业有能力提高价格，并补偿掠夺性定价中的短期损失。显然，要做到这一点，要求在位企业具有市场势力。因为在进入自由的市场上，在位企业在将竞争对手驱逐出市场之后，将价格提高到垄断价格水平是根本不可维持的，其他企业迅速参与竞争会迫使价格降下来，这样掠夺者将无法收回低于成本定价的短期损失，因而掠夺性定价行为不可能发生。根据策略性的掠夺性定价理论，掠夺性定价行为只有在特定的市场结构状态下才会成功，不具有由高进入障碍所构成的高市场份额的企业，其进行掠夺性定价无法收回其损失，成功实施掠夺性定价的可能性微乎其微。

成功实施掠夺性定价的一个重要条件是企业拥有市场势力。企业只有在具有一定市场势力的情况下，才能在竞争对手退出后获得经济利润以补偿降价的损失。由此，市场结构是决定企业能否实行掠夺性定价的重要因素。掠夺性定价是支配企业所采取的一种策略行为，对于非支配企业来说，它既无实施掠夺性定价的能力，又不具有实施掠夺性定价的激励。因此，反垄断法并不关注非支配企业的低价格行为。在反垄断执法当中，对掠夺性定价行为采用市场支配地位的标准不仅能够降低执法成本，而且能够减少对掠夺性定价行为进行反垄断执法的失误。在许多情况下，非主导企业制定低价格往往是正常的竞争行为。而拥有市场支配地位的企业往往是出于策略性排斥竞争对手的需要。因此，反垄断法应该主要关注拥有市场支配地位企业的掠夺性定价行为，这一方面不会打击那些正常竞争中的企业竞争性降价行为，改善福利；另一方面也减轻执法负担并降低执法成本。

当然并不是所有的低价格行为（包括低于成本的价格行为）都是违法的。比如当竞争者进入市场时，在位者的剩余需求曲线就会下移，这可能会导致不含掠夺性意图的竞争性价格下降。乔斯科-克莱沃里克（1979）把这种误将竞争性降价当作掠夺性定价的错误称为"第一类错误"。相反当进入发生时，在位者没有降价，这并不意味着在位者没有从事限制竞争的掠夺性行为。在位企业也许在进入发生之前就已经在进行限制性定价，只不过没有成功地阻止进入而已。这种忽略真正的掠夺性行为的执法错误称为"第二类错误"。因此，在掠夺性定价的反垄断执法当中，有效地区分掠夺性定价与竞争限制性定价成为一个重要的任务。

由掠夺性定价引起的价格下降和普通的竞争性降价是很难区分的，这是对掠夺性定价的反垄断政策的最有力批评。克拉斯维尔和弗拉崔克（Craswell and Fratrik，1985）在对美国超级市场和平价仓储商店的反垄断案例研究中指出了这一点。当一家仓储商店进入市场后，连锁超市会在临近仓储商店的分店里压低价格，这一做法称为"区域定价"。仓储商店为此提出反垄断诉讼，指责这种行为是掠夺性定价。克拉斯维尔和弗拉崔克（1985）指出，新的进入者扩大了本地市场的供给能力。在竞争性市场上，这种供给能力的增加自然会使价格下降。市场上过度的供给在经过一段时间的动态调整之后，会使一部分企业退出。虽然价格先降后升并伴有进入者退出，但是实际上这不过是竞争性市场上价格和供需的动态调整而已。

一般说来，下列三种低价格行为不应当被看作掠夺性定价：一是企业短期的价格促销行为，比如新产品刚刚上市时的低价格行为，或者百货商店等企业在节庆日的促销行为；二是多产品企业的单一产品低价格行为，比如百货商店为了促销对个别商品制定的低价格，一个产品上的损失会通过其他产品的销售得以补偿，这是一种具有交叉补贴性质的低价格行为；三是企业之间的价格战行为，典型的如在寡头市场或垄断竞争市场中企业之间的价格战行为；四是季节性或经济波动带来的企业低价格行为。这些低价格行为尽管可能会导致低于正常价格的定价，但是其动机并不是要排斥竞争对手，而是调整生产能力，不会损害消费者的福利。

8.3.2 掠夺性定价的检验方法

目前对于掠夺性定价的反垄断规则主要有阿瑞达-特纳的平均变动成本规则、乔斯科-克莱沃里克的两阶段检验规则等。

（1）阿瑞达-特纳的平均变动成本规则

阿瑞达和特纳（1975）认为，任何高于合理预期的短期边际成本的价格应被认为是合法的，相应地，低于短期边际成本的价格应该被认为是违法的。考虑到实际应用中衡量边际成本的困难，他们建议用平均变动成本来代替边际成本。在阿瑞达-特纳检验规则下：等于或高于合理预期的平均可变成本的价格被认为是合法的；低于合理预期短期平均变动成本的价格被认为是非法的。

阿瑞达-特纳检验规则的合理性在于：在完全竞争市场上，企业利润最大化产出价格等于边际成本，低于边际成本的定价会遭受利润损失。同样，在完全竞争市场上，一个理性的企业不会将价格定在低于平均变动成本水平，因为此时停产比生产更合算。所以，企业定价低于边际成本是不合理的。但是在实际使用中，阿瑞达-特纳检验规则具有一定的缺陷：

第一，阿瑞达-特纳检验规则采用平均变动成本来代替边际成本，但是平均变动成本和边际成本在很多情况下存在较大的不一致。这样，一个定价低于边际成本但高于平均变动成本的企业并不会受到反垄断法的制裁。另外，在存在过剩生产能力的情况下，平均变动成本可能会低于边际成本。显然，只有在边际成本与平均变动成本很接近时，采用平均变动成本来代替边际成本才是科学的。

第二，更大的问题是阿瑞达-特纳检验是建立在静态的模型基础上，没有考虑企业之间的长期策略性因素。因为掠夺性定价是企业牺牲短期利润以获得长期利润，所以它本质上是策略性的。成功的掠夺性定价不仅需要价格低于边际成本或平均变动成本，而且还需要能够弥补短期损失，即掠夺性定价还必须是有利可图的企业策略选择。

（2）廉姆姆森的产量规则

基于策略性限制竞争行为的思想，威廉姆森（1977）认为掠夺性定价是在位企业面对新进入企业做出扩大产量的直接结果。因为如果新企业进入后，在位企业对新进入企业维持或限制自己的产出，则不会存在掠夺性定价行为。他的分析实际上是建立在贝恩（1949）限制性定价和进入阻止模型基础上的，它主要分析在位企业试图阻止进入者进入，进入者又确实进入时，如何设计规则以消除降低社会福利的进入阻止战略。

从福利的角度来看，威廉姆森（1977）认为，在位企业遵循产量限制规则，仍生产进入前的产量，这时的福利水平高于阿瑞达-特纳检验规则的边际成本约束下的福利。这是因为在阿瑞达-特纳检验规则的边际成本约束下，在位企业在进入发生后会通过提高产量来达到与降价相似的策略效果。在此情况下，在位企业的平均成本和价格要相对较高，产量较低。另外在产量约束下在位企业面对的约束大于阿瑞达-特纳规则下的边际成本约束，在位企业将会发现进行进入阻止是非常困难的，在位企业可能会选择进入接纳，而在阿瑞达-特纳检验规则下在位企业将会选择进入阻止。最后，在执法当中判定一个企业是否增加产量比判定是否低于成本定价相对容易操作。

（3）鲍莫尔-伯尔顿的平均增加成本规则

鲍莫尔（1979）提出的价格不能低于平均增加成本的检验规则，主要是基于进退无障碍理论，该规则将禁止在面对进入时在位企业进行降低价格并在进入者退出后调高价格。也就是说，如果在位企业在一定时期内维持价格不变，在位企业对进入者的攻击性反应是允许的。从本质上来说，该规则更关心竞争对手退出后在位企业的调高价格问题。根据伯尔顿（2000）的平均增加成本的定义，平均增加成本是指企业为了进行掠夺性销售而提高产出的单位成本。平均增加成本与平均变动成本又有两点不同：第一，它不是衡量企业的全部产出，而仅仅是用于掠夺的增加产出，这特别适合对多产品企业掠夺行为的分析；第二，增加的成本不仅包括变动成本，而且也包括增加的固定成本，它比其他成本概念更能准确地反映掠夺性销售的成本。

鲍莫尔（1979）分析认为，在存在进入障碍的情况下，运用平均增加成本规则会使在位企业选择进入前的价格并最大化可能的利润率。如果不存在进入障碍，则只能获取竞争性利润。在存在进入障碍的情况下，在位企业可以通过产出扩张或降低价格阻止或排斥高效率的新企业进入。显然，这意味着平均增加成本规则并不能保证会达到社会最优的结果。

（4）乔斯科–克莱沃里克的两阶段检验规则

乔斯科和克莱沃里克（1979）提出了掠夺性定价的两阶段检验规则。乔斯科–克莱沃里克的两阶段检验规则主要是试图反映掠夺性定价的策略效应。

在第一阶段，分析市场结构以判断支配企业的市场势力。在第一阶段检验成功的和合理的掠夺性定价的市场结构条件是：企业的市场份额；市场中其他企业的规模；一段时间内市场份额的稳定性；企业的利润历史；剩余需求弹性；市场进入条件。如果企业不是支配性主导企业，则放弃对案件的诉讼；如果企业是支配性主导企业，则继续下一步的检验。

在第二阶段，分析价格和成本之间的关系：价格高于平均成本应该被认为是合法的；价格低于平均成本但高于平均变动成本应该被认为是合法的，原告负有举证义务；价格低于平均变动成本应该被认为是非法的，被告负有举证义务。

乔斯科和克莱沃里克（1979）认为，边际成本并不是一个恰当的基准，价格低于平均变动成本当然是违法的，但是价格低于平均总成本应该被审查，因为竞争市场的长期均衡是价格等于平均总成本。乔斯科–克莱沃里克的两阶段检验规则之所以先检验市场势力而不是先检验价格与成本，是因为这是出于执法效率的考虑，通常检验市场结构要更容易进行。同时对成本逐步检验是为了尽可能减少执法的失误，使"消极失误"降到最低。

（5）奥德沃–威利格策略占优选择规则

奥德沃和威利格（1981）提出了策略占优选择的检验规则。奥德沃–威利格检验规则的基本思想是，在位企业在面对多种策略选择时，掠夺性行为是否是成本最低的选择，如果还存在其他更好的策略选择，则掠夺性行为不会发生。他们认为"掠夺是指在竞争对手保持灵活性的情况下，为了排斥竞争对手，企业牺牲一部分在竞争条件下获取的利润，以诱使竞争对手退出，然后获取额外的垄断利润"。据此，奥德沃–威利格规则检验的内容是：面对新企业的进入，在位企业是否能采取其他对进入者损害更小的策略性反应方式；在竞争对手进入的情况下，在位企业选择掠夺性定价行为是否比其他损害较小的策略性替代行为获得更高的利润，即在企业有多种策略选择的情况下，掠夺性定价是不是最好的策略选择。这个规则主要考虑了掠夺性定价的策略性含义，但是在执法当中采用该规则会增加法律的不确定性并提高执法成本。

综合比较来看，上述五种检验规则中乔斯科-克莱沃里克的两阶段检验规则是一个较好的选择，该检验规则最大程度地降低了执法的失误，既没有漏掉可能的掠夺性定价行为，同时又没有制裁正常的竞争性价格行为，它同时也符合掠夺性定价博弈理论模型的策略性思想，而且它还具有明确的操作标准和执法的低成本、高效率特点。

8.3.3　掠夺性定价检验方法的设计

第一步，"价格-成本"检验。价格-成本检验主要是采用阿瑞达-特纳检验方法来分析企业定价与成本之间的关系。这里分三种情况：

（1）如果价格高于平均总成本，即 $P > ATC$，该价格行为总是合法的，不存在非法掠夺行为。

（2）如果价格高于平均变动成本但是低于平均总成本，即 $AVC < P < ATC$，一般认定为合法，但是原告负有举证的义务，需要举证证明其定价不具有排除特定竞争者的目的或不会对市场竞争构成损害。在特定情况下，如果 $AVC < P < ATC$ 的定价是支配企业实现排斥竞争对手目的的重要手段，并且有证据证明该定价行为已经使同等效率竞争者的市场份额显著下降甚至退出市场，即具有充分的竞争损害证据，则也可以认定其为非法。

（3）如果价格低于平均变动成本，即 $P < AVC$，则直接认定为构成非法，但是被告负有举证义务，证明其定价行为具有法律规定的豁免理由。如果有证据证明当事企业的定价满足 $P < AVC$ 的条件要求，则进行下一步"补偿"条件审查。

第二步，"补偿"条件检验。检验当事企业实施掠夺性定价后的利润是否能够补偿掠夺定价的短期利润损失，即检验企业是否有充分的市场势力能够在竞争对手退出市场后通过实施垄断性高价格来弥补掠夺定价造成的短期损失。掠夺性定价的"补偿"条件分析主要关注如下因素：实施企业的市场份额；市场中其他企业的规模；一段时间内市场份额的稳定性；市场进入条件；市场剩余需求弹性。

8.3.4　双边市场掠夺性定价检验方法：修订的"阿瑞达-特纳"检验

在双边市场，单侧市场的产品定价低于平均变动成本并不能直接看作非法的掠夺性定价，单边市场的阿瑞达-特纳"价格-成本"检验方法不再充分可靠。由于交叉网络效应，平台对 A 侧市场实行低于成本定价会增加 B 侧的需求，从而增加平台的总收入。因此，在平台两侧市场之间具有强交叉网络效应的情况下，双边平台市场掠夺性定价审查需要同时考虑两侧市场的价格与成本，从平台实施掠夺的总成本和总收益分析中做出判断。

由于 A 和 B 两侧用户之间的相互依赖和交叉补贴，双边市场的掠夺性定价检验需要同时考虑三个因素：两侧市场的价格、两侧市场的成本和交叉网络效应。根据上述要求，目前检验双边市场中的掠夺性定价行为比较被认可的方法是 Behringer 和 Filistrucchi（2015）提出的改进的双边市场"阿瑞达-特纳"检验方法[①]。具体公

---

① BEHRINGER, FILISTRUCCHI. Areeda-Turner in Two-Sided Markets [J]. Review of Industrial Organization, 2015, p. 46.

式为：

$$(P_A - AVC_A) + \frac{Q_B}{Q_A}(P_B - AVC_B) < 0 \qquad (8\text{-}16)$$

$$(P_B - AVC_B) + \frac{Q_A}{Q_B}(P_A - AVC_A) < 0 \qquad (8\text{-}17)$$

上面公式是等同的方法，具体采用哪个取决于在 A 侧市场还是 B 侧市场实行被质疑的"掠夺性定价"。在公式（8-16）中，第一项是 A 侧市场的价格-成本检验，其是 A 侧市场定价的利润边际，第二项是考虑交叉网络效应的 B 侧市场的影响，即 A 侧市场定价给 B 侧市场带来的利润边际。

情况 1：在平台对单侧 A 市场实行 $P_A - AVC_A < 0$ 定价的情况下，公式（8-16）中的第一项显然为负，第二项的 $P_B - AVC_B$ 为正。显然，在 A 侧市场的低价格会引起 B 侧市场的销量大幅度增加，即需求量 Q_B 显著上升，会提高第二项的正值大小，即在交叉网络效应显著的情况下，公式（8-16）将较难满足。但如果平台在单侧 A 市场实行 $P_A - AVC_A < 0$ 定价并没有引起 Q_B 显著上升，则公式（8-16）将会成立。如果公式（8-16）成立，则其显示平台在单侧 A 市场实施 $P_A - AVC_A < 0$ 定价时，平台在 A 和 B 侧两个市场的总利润为负，这不符合企业市场竞争的正常定价行为，很可能是严重损害市场竞争的非法掠夺。

情况 2：在平台对两侧市场 A 和 B 都实行 $P_i - AVC_i < 0$ 定价的情况下，显然公式（8-16）成立。

情况 3：在平台对 A 侧市场实行 $P_i - AVC_i < 0$ 定价，但同时在 B 侧市场实行免费的情况下[①]，公式（8-16）则变为 $P_A - AVC_A - AVC_B \frac{Q_B}{Q_A} < 0$。

情况 4：在单侧市场的情况下，由于市场 A 和市场 B 无关，显然公式（8-16）中的第二项为零，检验规则为传统的 $P < AVC$。

8.4 掠夺性定价反垄断政策

8.4.1 美国反垄断政策

美国联邦反垄断机构的掠夺性定价分析大体可以分为三个阶段，每个阶段有不同的指导原则。

第一阶段：1975 年之前的动机检验。代表性的案例是 1911 年的美国诉新泽西标准石油公司案。这个阶段的反掠夺性定价的指导原则是关注动机。美孚石油公司的发展过程伴随着一系列的反竞争行为，特别是它采取了以低于成本的价格出售产品从而使竞争对手亏损并主动退出市场的掠夺行为。在标准石油公司案中，最高法院裁定，根据《谢尔曼法》，有充分的证据证明企业通过掠夺性定价试图垄断化，即企业具有垄断化的动机。但是在执法当中，动机是一个明显具有主观性的概念。在很多情况

---

① 典型的如广告支持的平台，平台对广告商收费，对消费者免费。

下，动机并不等于成功的行动，有很多动机并不具有实施的可能性，从策略性意义来说，它是不具有可信性的。显然，采用动机规则会伤害企业正常的降价行为，使企业不敢降价而维持较高的价格。

第二个阶段：1975 至 1986 年的阿瑞达-特纳规则检验。代表性的案例是 1976 年的汉森公司诉壳牌石油公司案。这个阶段的特点是许多初级法院采用阿瑞达-特纳平均变动成本规则，掠夺性定价的反垄断执法主要是关注成本。在此阶段，价格低于平均变动成本被认为是违法的。同时最高法院也认为，价格位于平均总成本和平均变动成本之间也可能存在掠夺性定价行为。

第三个阶段：1986 年之后的补偿检验。1986 年以后，联邦最高法院主要关注掠夺性定价的长期收益能否补偿掠夺性定价造成的短期损失问题，掠夺性定价的反垄断执法主要是关注其能否实现"补偿"。这个阶段的代表性案件是 1986 年的松下公司案和 1993 年的布鲁克集团公司案。"补偿"规则主要是最小化执法的错误成本，通过判断市场结构可以很容易地看出企业能否收回和补偿掠夺性定价的短期损失。

在 1986 年的松下公司案中，美国的两个家电企业于 1974 年向地区法院提起诉讼，指控 21 个日本电视机生产和销售企业组成的集团在 20 多年的时间里合谋，并利用在日本市场获取的垄断利润来资助在美国市场的低价格，对在美销售的电视机实行掠夺性价格。经过 11 年的漫长诉讼，地区法院做出了支持被告的裁决，原告随后将其上诉到联邦最高法院。联邦最高法院认为能否收回掠夺定价时期的损失是掠夺性定价行为存在的一个必要的基础。如果证据显示企业在降价后的很长一段时间中根本无法补偿其掠夺性定价的短期损失，那么关于动机和低于成本的证据就不应该被接受。根据这一规则，联邦法院做出如下分析：首先，判定企业是否实施了掠夺性定价行为，需要分析企业是否具有较高的市场份额或较高的进入障碍。证据显示被告的日本电视机企业在美国的总体市场份额从没超过 50%，单个企业的市场份额不超过 5%，相反两家美国公司的市场份额分别为 24% 和 20%，并且在掠夺期间没有发生变化。如果市场存在掠夺行为的话，不会出现这种结果。其次，持续 20 多年的掠夺是非理性的，因此不会发生。美国联邦最高法院在分析了美国电视机市场不存在进入障碍后指出，"在不存在进入障碍的情况下，掠夺者不可能通过事后的垄断高价来收回其低价销售期间的损失"，持续 20 年的低价格足以证明不可能存在掠夺性定价。最后，原告无法提供证据证明被告企业之间存在合谋。因此，掠夺定价不存在。

在 1993 年的布鲁克集团公司诉布朗和威廉姆森烟草公司案中，布鲁克集团公司开发了普通型香烟，价格低于品牌香烟。此后布朗和威廉姆森烟草公司也进入普通香烟市场，其定价低于布鲁克集团的香烟定价。企业之间陷入价格战。之后，布鲁克集团公司对布朗和威廉姆森烟草公司提起诉讼，认为这两家公司的让利行为违反了《克莱顿法》第 2 条，是一种掠夺性定价行为。在该案中，法院的裁决主要是采用了"补偿"标准，即要证明价格低于平均变动成本，并且有补偿短期损失的可能性。法院认为，低价竞争是一种良性竞争行为，不成功的掠夺性定价对消费者是有利的，本案的低价竞争并没有伤害市场竞争，因此并不违法。在该案中，法院确立了在成功起诉掠夺行为案件中必须具备的两个要件：一是控方需要提供企业的产品定价低于某些可衡量的成本标准的证据；二是控方需要提供掠夺实施企业具有合理的预期能够收回在实施掠夺定价时的利润损失。

8.4.2　欧盟反垄断政策

在欧盟竞争法中，掠夺性定价是列在滥用市场支配地位的82条之下。根据《欧盟联盟条约》的规定："滥用性降价"通常是指居于市场支配地位的企业出于排斥竞争对手的目的将价格定在低于某个水平的行为。也就是说，在欧盟竞争法中，掠夺性定价并不一定是低于成本的定价。欧盟竞争法的掠夺性定价执法标准与美国不同，具体体现在：首先，欧盟竞争法更强调掠夺者的动机和现在的市场势力，而不是关注于其未来收回实施掠夺定价短期损失的可能性。其次，欧盟竞争法认为价格高于平均总成本但是低于支配企业在其他市场的定价时，也可能受到掠夺性定价的起诉。也就是说，欧盟竞争法关注于支配企业排挤竞争对手的降价行为，而不仅仅是价格低于成本的行为。另外，根据欧盟竞争法，一个不具有市场支配地位的企业的掠夺定价并不是违法的。通常，一个企业的市场份额低于40%不会被起诉实施了掠夺性定价行为。

欧盟竞争法中关于掠夺性定价的主要案例是1985年的ECS公司诉AKZO公司案[1]。在该案中，AKZO是一家具有市场支配地位的在位企业。AKZO作为一家大公司在局部市场通过降低价格来排斥小的新进入者ECS公司。法院在本案中主要关注的是支配企业是否存在排斥竞争对手的动机，即是否意在消除或损害共同市场的竞争。法院裁决认为，价格低于平均变动成本即可以认定企业意在消除竞争对手。此外，即使价格高于平均变动成本，如果它不能弥补平均总成本，并且意在消除较弱的竞争者也构成滥用。但是法院没有采纳欧盟委员会认为价格高于平均总成本也可能存在掠夺的建议。

本章小结

芝加哥学派认为，掠夺性定价是一种成本高昂的策略行为，对在位企业来说是无利可图的，掠夺性定价是不具有策略可信性的。因此，掠夺性定价行为是非理性的，它不可能发生。后芝加哥学派基于不完全信息博弈模型，证明了掠夺性定价的存在有其合理性。后芝加哥学派的观点主要体现在三个代表性的理论：声誉模型、信号模型和不完善金融市场"深钱袋"模型。掠夺性定价可信性要具备两个条件：一是牺牲短期利润；二是在长期能够通过运用市场势力来增加利润，补偿短期损失。目前对于掠夺性定价的反垄断规则主要有阿瑞达-特纳的平均变动成本规则、乔斯科-克莱沃里克的两阶段检验规则等，其中乔斯科-克莱沃里克的两阶段检验规则是一个科学的反垄断检验方法。

---

① Commission Decision 85/609 of 14 December 1985, ECS/AKZO, OJ L 374 of 31 December 1985, pp. 1-27.

课后习题

1.假设市场反需求函数为 $P = 100 - Q$，且在位者的成本为 $C_I = 100 + 1.5q_I^2$。一个新兴的创业企业刚进入了市场，该企业的成本函数是 $C_U = 100 + 110q_U$。假设在位者制定的价格是 74 美元且在这一价格水平下供应所有的需求。（1）在位者以低于边际成本销售的行为是否违反了特纳规则？（2）平均可变成本被用于代替边际成本后，在位者的行为是否违反了特纳规则？

2.在不对称信息的情况下，企业实行掠夺的战略动机有哪些？

3.在什么情况下，策略性的掠夺性定价具有可信性？

4.在双边平台市场的情况下，如何使用掠夺性定价检验规则？

推荐阅读资料

克瑞普斯和威尔逊（1982）、米尔格罗姆和罗伯茨（1987）的经典文献是关于声誉模型的，米尔格罗姆与罗伯茨（1982）的经典论文构建了不对称信息的限制性定价模型，关于掠夺"深钱袋"理论的经典文献参见 Telser（1966）、Benoit（1984）、Fudenberg 和 Tirole（1985，1986）、Bolton 和 Scharfstein（1990）。

本章参考文献

[1] AREEDA, TURNER. Predatory Pricing and Related Practices under Section 2 of the Sherman Act [J]. Harvard Law Review, 1975, 88: 697-733.

[2] BAKER. Predatory Pricing After Brooke Group: An Economic Perspective [J]. Antitrust Law Journal, 1994, 62: 585-603.

[3] BAUMOL. Quasi-permanence of Price Reduction: A Policy for Prevention of Predatory Pricing [J]. Yale Law Journal, 1979, 89: 1-26.

[4] BOLTON, BRODLEY, REARDON. Predatory Pricing: Strategic Theory and Legal Policy [J]. Georgetown Law Journal, 2000, 88: 2239-2390.

[5] FUDENBERG, TIROLE. Predation Without Reputation [D]., Working Paper, MIT, 1985.

[6] BAUMOL. Predation and the Logic of the Average Variable Cost Test [J]. Journal of Law and Economics, 1986, 39: 49-72.

[7] DAVIDSON C, DENECKERE R. Long-run Competition in Capacity, Shot-Run Competition in Price and the Counrnot Model [J]. The RAND Journal of Economics, 1985, 17（Autumn）: 404-415.

[8] JOSKOW, KLEVORICK. A Framework for Analyzing Predatory Pricing Policy [J]. Yale Law Journal, 1979, 89: 213-70.

[9] KLEVORIC. The Current State of the Law and Economics of Predatory Pricing [J]. American Economics Review, Papers and Proceeding, 1993, 83: 162-167.

[10] LAFFONT, TIROLE. Access Pricing and Competition [J]. European Economic Review, 1994, 38: 1673-1710.

[11] MCGEE. Predatory Price Cutting: The Standard Oil Case [J]. Journal of Law and Economics,

1958, 1: 137-169.

[12] MILGROM, ROBERTS. Limit Pricing and Entry under Incomplete Information: An Equilibrium Analysis [J]. Econometrica, 1982, 50: 443-460.

[13] MILGROM, ROBERTS. Predation, Reputation and Entry Deterrence [J]. Journal of Economic Theory, 1982, 27: 280-312.

[14] NIELS, KATE. Predatory Pricing Standards: Is There a Growing International Consensus? [J]. The Antitrust Bulletin, 2000, Fall: 787-809.

[15] ORDOVER, SALONER. Predation, Monopolization, and Antitrust// Schmalensee, Richard, Willig, et al. Handbook of Industrial Organization [M]. NewYork: Elsevier, 538-592, 1989.

[16] ORDOVER, WILLIG. An Economic Definition of Predation: Pricing and Product Innovation [J]. Yale Law Journal, 1981, 91: 8-53.

[17] HOLMSTROM. Moral Hazard in Team [J]. Bell Journal Economic, 1982, 13: 324-340.

[18] KATZ. Firm Specific Differentiation and Competition among Multi-product Firms [J]. Journal of Business, 1985, 57: 149-166.

[19] KOVACIC, SHAPIRO. Antitrust Policy: A Century of Economic and Legal Thinking [J]. Journal of Economic Perspectives, 2000, 14: 43-60.

[20] SALOP, STIGLITZ. A Theory of Sales: A Simple Model of Equilibrium Price Dispersion with Identical Agents [J]. American Economic Review, 1982, 72 (5): 1121-1130.

[21] WILLAMSON. Predatory Pricing: A Strategic and Welfare Analysis [J]. Yale Law Journal, 1997, 87: 284-340.

[22] TELSER. Cutthroat Competition and the Long Purse [J]. Journal of Law and Economics, 1966, 9: 259-277.

第9章
价格歧视

价格歧视是一种重要的企业定价行为，它不仅在旅游景点门票、餐饮消费、商场购物、网络购物等竞争性领域普遍存在，而且也在电信资费、机票销售、电价等传统自然垄断行业产品定价中广泛使用。对拥有市场势力的企业来说，价格歧视是其实现垄断利润最大化的重要手段。由于价格歧视根据消费者的购买数量或针对不同的消费者索要不同的价格，企业的利润获取往往是通过对消费者剩余的占有来实现的，并造成"有人受益有人受损"的所谓"不公平"局面。因此，支配企业的价格歧视行为受到反垄断法的重点关注，并受到法律的严厉禁止。现代的反垄断经济学证明，价格歧视既可能促进市场竞争，也会成为企业排斥竞争者的工具。因此，如何科学地判定价格歧视的经济效应就成为反垄断执法的重点。

9.1 价格歧视形式与实施条件

9.1.1 价格歧视的定义

价格歧视的传统定义是，当相同的商品以不同的价格销售给不同的消费者时就存在价格歧视。但这个定义是非常不准确的，因为它存在两个问题：第一，向不同的消费者索取不同的价格可能反映了服务于不同消费者的成本差异；第二，即使对所有消费者制定统一的价格同样也会存在价格歧视，如相同的送货上门价，尽管价格一致，但是它却掩盖了服务于不同消费者的成本差别。一个相对准确的定义是：当两个或多个商品以不同的价格/边际成本比率销售时就存在价格歧视。或者可以说，当两个单位的同种商品对同一消费者或不同消费者的售价不同时，就可以说生产者在实行价格歧视。

从上述定义中可以看出，在反垄断执法当中对价格歧视和价格差别的区分是非常重要的。价格歧视是同一商品对不同消费者或不同的购买量索要的价格不能充分反映所提供产品的成本差别的价格行为，而价格差别是同一商品对不同消费者或不同的购买量索要的价格，较充分反映了提供产品的成本差别的价格行为。反垄断法并不需要关注价格差别，因为它是市场竞争的一种正常的现象，不会带来效率损失。由于歧视定价背离了价格/成本的比率关系，尤其是当支配企业实行价格歧视时，它可能会对竞争对手产生一定的影响，因此受到影响的竞争对手往往会以价格歧视行为对其提起反垄断诉讼。

根据经济学家庇古（1920）的分类方法，价格歧视一般分为三种类型：一级价格歧视、二级价格歧视和三级价格歧视。

一级价格歧视也称完全价格歧视。在消费者拥有单位需求，生产者确切地知道每个消费者的保留价格，并且不存在消费者之间套利的情况下，生产者制定一个等于每个消费者最大支付意愿的个体化价格，即生产者成功地占有了全部的消费者剩余。在现实中，完全的价格歧视不大可能发生，这要么是因为套利的存在，要么是因为个人偏好的不完全信息。

二级价格歧视也称非线性定价，这里消费者支付的商品价格随着购买商品数量的变化而变化。不同的消费者面对相同的商品价格表，此表对不同购买数量的消费者具有不同的价格。两部定价、数量折扣、质量歧视、搭配销售、购物优惠券、阶梯电价等都是二级价格歧视的典型例子。

三级价格歧视是生产者利用某些观察到的与消费者偏好相关的信号（例如年龄、职业、所在地、收入水平等），并利用这些信号进行价格歧视。这意味着三级价格歧视向不同的消费者索取不同的价格，但是对于不同的购买数量，消费者支付的单价是固定不变的。

从信息经济学的角度来说，二级价格歧视和三级价格歧视是企业在关于消费者个人支付意愿的信息不完全的情况下，通过消费者自我选择机制和企业主动的信息甄别机制来实行价格歧视，并不完全地榨取消费者的剩余。二级价格歧视和三级价格歧视的主要区别在于：三级价格歧视利用了关于消费者需求特征的直接信号在消费者之间进行信息甄别，也被称为"直接价格歧视"；二级价格歧视是企业无法直接观察到消费者之间的差异，而是通过激励合约机制设计让消费者对不同消费组合的"自选择"来间接地在消费者之间进行区分，也被称为"间接价格歧视"。

从价格歧视针对的消费者主体特点来说，价格歧视分为不同人之间的价格歧视和同一个人不同时段的价格歧视。上述三级和二级价格歧视属于不同人之间的价格歧视，同一个人不同时段的价格歧视也称为"动态价格歧视"，它是根据同一消费者的购买历史来实行差别化价格。

9.1.2　价格歧视的实施条件

在反垄断经济学中，对价格歧视的分析是从垄断企业开始的。垄断企业确定利润最大化价格时，根据边际收益等于边际成本的原则来进行。在成本给定的情况下，垄断企业的边际收入是

$$\max R = p(Q)Q \tag{9-1}$$

$$MR = p + Q\frac{dp}{dQ} = p + Q \cdot \Delta p \tag{9-2}$$

垄断企业的边际收益是由两种效应构成的：第一是以价格 p 多销售一单位产品所带来的收益增量；第二是为多销售产品需要降价所带来的收益减少，其减少金额为 $Q \cdot \Delta p$，Δp 是企业为了多销售一单位产品所提供的减价幅度。所有的价格歧视方式都可以被看作是企业尽量减少销量扩大后第二种效应给边际收益带来的负面影响。价格歧视实际上是企业旨在以低价向某一特定顾客销售更多而同时又不将此低价提供给所有消费者，对支付意愿高的消费者索要高价的同时还能对支付意愿低的消费者索要低价，从而实现垄断利润的最大化。

由于价格歧视会给企业带来利润的增加，所以企业有激励实行价格歧视。但并不是所有的价格歧视都能成功实施。价格歧视要获得有效的实施，必须满足三个条件：

第一，不同的消费者具有不同的偏好，因此不同的消费者对产品具有不同的保留价格。在消费者的支付意愿完全一致的情况下，不存在价格歧视的空间。消费者之间

的偏好差异不仅体现在对商品束的不同排序，而且也反映在对待风险、时间偏好、获取信息的成本、地理位置等方面的差异。

第二，企业必须具有区分消费者的能力，通过直接或间接的方式获得消费者的偏好信息。在企业无法有效区分不同支付意愿的消费者时，企业无法对不同的消费者索要不同的价格，因此只有在企业能够直接或间接地对消费者加以区分的情况下，企业才能有效地实施价格歧视。

第三，企业必须能够阻止转售的发生。很明显如果两个消费者之间套利的成本非常低，低价消费者就有动机通过低价买进并以低于垄断企业向高价消费者的出价来向高价消费者卖出商品，这等于市场只有一类消费者，从而使价格歧视无法得到成功实施。阻止转售发生的机制通常包括交易成本、售后服务机制、担保机制、合约性规定、纵向一体化、转换成本等。

传统的经济学理论认为，价格歧视是支配企业保护或延伸垄断势力的行为，是有悖于效率的，因此早期的美国垄断法严格禁止损害竞争的价格歧视行为。芝加哥学派认为价格歧视造成社会福利损失的判断缺乏合理的依据，因而反对政府的干预，但是芝加哥学派并没有对其结论给出科学严谨的证明。由于信息经济学理论的发展，人们重新认识了价格歧视的效率促进作用。在不对称信息的情况下，价格歧视的福利效果不应该和完全信息下的标准福利模型进行比较，而是要在存在价格歧视和不存在价格歧视之间进行比较，此时价格歧视可能具有一定的效率促进意义，因此不应该采用本身违法原则来直接禁止价格歧视行为。

9.2 最终产品市场价格歧视

最终产品市场的价格歧视主要是指企业实行的价格歧视是直接针对最终消费者的，在反垄断执法当中属于"一线伤害"分析的领域，重点是价格歧视是否会损害消费者福利。

9.2.1 完全价格歧视的福利效应

完全价格歧视是在单个消费者拥有单位需求时出现的。假定每个消费者对于一种商品的个人支付愿意是$v(x)$。垄断者通过令价格$p(x)=v(x)$可以获取全部的消费者剩余。只要价格不高于消费者的保留价格$v(x)$，每个x类型的消费者将购买一个单位的垄断产品；如果价格高于消费者的保留价格$v(x)$，消费者将不购买该产品。产品生产的单位成本为c。

在完全价格歧视下，垄断企业知道每个消费者的保留价格$v(x)$，并且市场不存在套利行为，则垄断企业可以制定一个等于每个消费者支付意愿的保留价格$p(x)=v(x)$，此时垄断企业实现的利润为：

$$\pi(q)=\int_0^q v(x)\,\mathrm{d}x-cq \tag{9-3}$$

对上式求q的一阶导数，我们得到利润最大化的一阶条件为

$$\frac{d\pi(q)}{dq} = v(q) - c \Rightarrow v(q) = c \tag{9-4}$$

式（9-4）的结果表明，在个人化定价策略下，企业将向消费者供应产品直到消费者的保留价格等于边际成本。也就是说，此时垄断企业提供了有效率的产出水平。

不难看出，价格歧视给垄断者带来了最大化的利润，超过了最优垄断统一定价所能带来的垄断利润，所以一级价格歧视下的垄断利润等于社会总剩余，这是因为垄断者根据边际价格等于边际成本来制定价格（如图9-1所示）。因此，完全价格歧视实现了社会总福利的最大化，但是在该价格下消费者没有任何剩余，消费者的剩余全部变成了垄断企业利润的一部分。

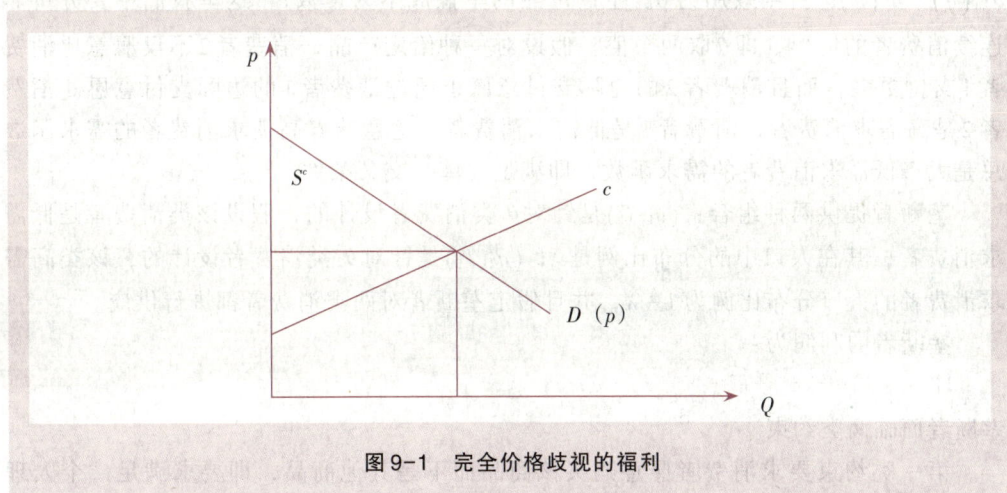

图9-1 完全价格歧视的福利

如果不考虑收入效应，完全价格歧视带来帕累托效率的生产数量和社会总福利。因此，完全价格歧视不产生任何的额外效率净损失，但是它确实影响收入的分配，垄断企业的高利润是通过占有消费者剩余来实现的。

完全价格歧视实际上是一个"要么接受，要么走人"的销售合约，完全价格歧视要得到有效的实施需要具备两个条件：一是"要么接受，要么走人"的销售合约具有可信性，二是销售者对购买者的偏好掌握充分的信息。但是在现实当中，这两个条件通常难以满足。

9.2.2 二级价格歧视的福利效应

假定垄断者面对的是由异质的消费者构成的需求。在完全信息下，如果垄断者知道每个消费者的口味偏好，就可以为消费者提供个人化的消费包或消费组合，从而就能够达到完全的歧视。实行一级价格歧视和三级价格歧视的一个基本前提是垄断企业已经解决了或者基本上解决了对消费者的识别问题。

但是，在不完全信息的情况下，垄断者无法区分消费者的口味偏好，尤其我们假定没有关于每个消费者需求函数的外在信号。垄断企业虽然知道消费者具有不同的类型，但却无法根据每个消费者的消费偏好、收入情况、职业、年龄等信息来判断某一消费者具体属于哪个类型。但是这并不意味着垄断企业就放弃了通过价格歧视获取更高利润的机会，而满足于对所有的消费者提供唯一的消费组合，此时它可以通过提供一个让消费者自己选择的系列消费合约菜单，让消费者选择适合自己的消费合约，通过消费者的自我选择机制实现价格歧视。但是在设计合约时，为了防止消费者群体之间的套利，即作为某一特定的消费组合设计对象的消费者，也许会希望选择针对另一个消费者设计的消费组合，不同的合约菜单设计必须满足激励相容约束，即每个群体选择适合自己那一款的消费合约是最优的选择。

（1）合约设计

假设一个企业生产一种产品。如果消费者购买数量 q 的话，他将获得效用 $\theta V(q) - T(q)$；否则效用为 0。生产产品的单位成本为常数 c。这里我们主要分析非连续消费者的情形，即 θ 取两个值。假设对一种给定产品，消费者 2 不仅愿意比消费者 1 支付更多，而且消费者 2 的边际支付意愿也超过消费者 1 的边际支付意愿。消费者 2 是高需求消费者，消费者 1 是低需求消费者。这意味着高需求消费者的需求函数总是大于低需求消费者的需求函数，即满足"单一交叉条件"[①]。

垄断者提供两种组合：(q_1, T_1) 是针对 θ_1 类消费者设计的，假设该类消费者是低需求消费者，其在人口中的分布比例是 λ；(q_2, T_2) 是针对 θ_2 类高需求消费者设计的，该类高需求消费者的人口分布比例为 $1 - \lambda$，并且假定垄断者对两类消费者都进行供应。

垄断者的利润为：

$$\prod{}^m = \lambda(T_1 - cq_1) + (1 - \lambda)(T_2 - cq_2) \tag{9-5}$$

垄断者面临两类约束。

第一类约束要求消费者愿意购买该商品而不是其他商品，即要求满足"个人理性"的约束条件。特别强调的是，低需求消费者的净剩余必须不小于零。

$$\theta_1 V(q_1) - T_1 \geqslant 0 \tag{9-6}$$

如果这一条件得到满足，高需求消费者是愿意（主动）购买的，因为他们可以选择以 T_1 的价格购买 q_1，从而获得 $\theta_2 V(q_1) - T_1 > 0$ 的净剩余。

第二类约束要求消费者不进行个人套利，即"激励相容"的约束条件。特别强调的是，高需求消费者不希望消费低需求者的消费组合。

$$\theta_2 V(q_2) - T_2 \geqslant \theta_2 V(q_1) - T_1 \tag{9-7}$$

垄断者在两类约束下最大化利润 $\prod{}^m$。由于高价对垄断者是有利的，所以个人理性约束式意味着 $T_1 = \theta_1 V(q_1)$，因而激励相容约束也就意味着[②]

$$T_2 = \theta_2 V(q_2) - \theta_2 V(q_1) + T_1 = \theta_2 V(q_2) - (\theta_2 - \theta_1) V(q_1) \tag{9-8}$$

价格 T_1 可以选择在 θ_1 类消费者的剩余完全被剥夺的水平上；而 T_2 则必须为 θ_2 类消费者留出一部分净剩余，因为他们总可以购买组合 (q_1, T_1)，从而获得净剩余

$$\theta_2 V(q_1) - T_1 = (\theta_2 - \theta_1) V(q_1) \tag{9-9}$$

代入目标函数，垄断者求解下述无约束问题

---

① 在激励经济理论中，这一条件也称为"分离条件"，在此条件下，它使区分两类消费者成为可能，其办法是向高需求消费者提供更多的消费选择。

② 在这里对于低需求消费者来说，激励相容约束是没有意义的，因为我们的目的是诱使高需求的消费者"显示"出他们的高需求，而不是相反。因此，我们将忽略低需求消费者的激励相容约束。

$$\max_{\{q_1, q_2\}} \left\{ \lambda \left[\theta_1 V(q_1) - cq_1 \right] + (1-\lambda) \left[\theta_2 V(q_2) - cq_2 - (\theta_2 - \theta_1) V(q_1) \right] \right\} \tag{9-10}$$

利润最大化的一阶条件为

$$\theta_1 V'(q_1) = c / \left(1 - \frac{(1-\lambda)(\theta_2 - \theta_1)}{\lambda \theta_1} \right) \tag{9-11}$$

$$\theta_2 V'(q_2) = c \tag{9-12}$$

从上式可以看出，高需求消费者购买的数量是社会最优的，因为此时商品消费的边际效用等于边际成本，而低需求消费者购买的数量是低于最优水平的（$\theta_1 V'(q_1) > c$）[①]。

从上述分析当中，我们可以得出如下结论：低需求消费者得不到净剩余，而高需求消费者则可以得到一个正的净剩余。高需求消费者购买最优社会福利水平的数量，而低需求消费者则购买低于最优社会福利水平的数量。

（2）福利效应

总体来看，二级价格歧视的福利效应是含糊不清的。尽管对社会来说，垄断企业实施的非线性定价是一个次优的结果。但是我们不应该将二级价格歧视价和最优的社会结果比较，而是应该与政府采取的要求企业实行统一定价的政策结果进行比较。相对而言，在政府的统一价格政策下，垄断企业会带来更糟糕的社会福利结果。在此政策下，企业的收益并不会有什么改善。但是由于在统一定价下同时供应高需求消费者和低需求消费者并不符合垄断企业利润最大化要求，所以企业可能会停止供应低需求消费者，转而供应高需求消费者，希望从高需求消费者市场获取更大的消费者剩余，因此企业的产出会下降，低需求消费者的消费需求将得不到满足。这显然会导致高需求消费者的福利没有明显变化或有一定的增加，但同时低需求消费者的福利会降低。因此，从总体来看，非线性定价的福利后果是不确定的。

与社会最优的情况相比，非线性定价生产的产出可能会太多，也可能会太少，但是当"非交叉条件"满足的时候，垄断者会限制总产出，即产出数量会过低。总之，非线性定价的总福利与总产出呈正相关关系，因此产出的变化可以作为福利变化的一个恰当的指示器。我们可以采用二级价格歧视福利分析的方法，精确地描述出二级价格歧视对社会福利的影响。假设统一定价策略下的均衡价格为 p^m，销售给 θ_i 类型消费者的产品数量为 q_i^m；与之相应，菜单定价下的均衡价格为 p_i，出售给 θ_i 类型消费者的产品数量为 q_i^s。进一步假设 $\Delta q_i = q_i^s - q_i^m$，表示垄断价格从统一定价转向菜单定价时，$\theta_i$ 类型消费者购买产品数量的变化。与前面的讨论一样，我们可以得到二级价格歧视与统一定价的福利差异 ΔW 在以下区间内变化

$$\sum_{i=1}^{N} (p_i - c) \Delta q_i \leqslant \Delta W \leqslant (p^U - c) \sum_{i=1}^{N} \Delta q_i \tag{9-13}$$

也就是说，二级价格歧视增加社会总福利的一个必要条件是总产量增加。

[①] 低需求消费者确实不愿意选择高需求者的组合。因为他们没有实现净剩余，所以我们要求 $0 \geqslant \theta_1 V(q_2) - T_2$，而这一条件等价于：$0 \geqslant -(\theta_2 - \theta_1)[V(q_2) - V(q_1)]$，因而得到了满足。

9.2.3 三级价格歧视的福利效应

三级价格歧视的现实应用比比皆是，航空公司对商务乘客和普通度假乘客采取的不同机票定价、电影院的成人票和儿童票、银行的 VIP 大客户和普通客户的服务费差别等。三级价格歧视的具体应用形式还包括空间价格歧视，不能反映运输成本差别的统一送货上门价是空间价格歧视的典型形式。统一送货上门价会消除价格竞争，带来成本、价格和位置选择的非效率，以及对不同位置的消费者进行歧视。

（1）垄断价格歧视的逆弹性规则

在三级价格歧视下，销售者可以根据一些明显的信号直接对消费者进行分组。假定垄断者以 $c(q)$ 的单位成本生产一种产品，并且能够通过某些"外生的"信息（如年龄、性别、职业、所在地、第一次购买者还是第二次购买者等）把总需求分成 m 个"群体"或"市场"。这 m 个消费群体有 m 个可以区分的向下倾斜的产品需求曲线。垄断者知道这些需求曲线。我们假定，不同消费群体之间不存在套利，而且垄断者也无法在一个群体之内进行歧视。因此，垄断者为每一个消费群体制定一个线性价格。

令 p_i 代表不同市场上的价格，并且令 q_i 代表需求数量，令 $q = \sum_{i=1}^{m} D_i(p_i)$ 代表总需求。垄断企业通过选择价格来最大化企业利润

$$\pi = \sum_{i=1}^{m} p_i D_i(p_i) - c \sum_{i=1}^{m} D_i(p_i) \tag{9-14}$$

在每个子市场，垄断企业都是按照边际收益等于边际成本的定价原则来定价的，即对所有市场来说，下式成立

$$MR_i = P_i \left(1 + \frac{1}{\varepsilon}\right) = c \tag{9-15}$$

因此，企业相对的价格-成本加成率由逆弹性法则给出

$$\frac{p_i - c}{p_i} = \frac{1}{\varepsilon_i} \tag{9-16}$$

式中，$\varepsilon_i = -D_i'(p_i) p_i / D_i(p_i)$ 为第 i 个市场的需求弹性。

三级价格歧视的定价规则显示，垄断者应该在需求弹性较低的市场制定较高的价格，在需求弹性较高的市场制定较低的价格。

假设市场当中有两个消费者群体，在图 9-2 中，纵坐标的左侧为消费者群体 1 的市场需求和企业利润最大化决策，纵坐标右侧为消费者群体 2 的市场需求和企业利润最大化决策。由于两个市场消费者群体的弹性存在差异，垄断企业对低需求弹性群体 1 索要高价，对高弹性消费者群体 2 索要低价。

（2）垄断三级价格歧视的福利效应

对于垄断者来说，最坏的结果是实行统一的垄断定价。因此，只有在价格歧视带来的收益高于垄断统一定价时，它才会选择实行价格歧视。对于消费者来说，在价格歧视的情况下，低需求弹性消费者的福利降低了，他们更喜欢统一定价，而高需求弹性消费者的福利得到提高，他们更喜欢价格歧视。那么三级价格歧视对社会总福利的影响如何？

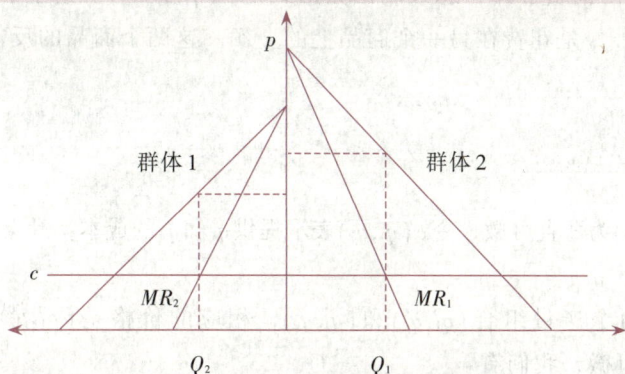

图9-2　三级价格歧视下的定价

　　三级价格歧视对社会总福利的影响取决于需求曲线的形状。罗宾逊（1933）指出，垄断三级价格歧视是否会带来总产出的增加取决于每个市场需求曲线的相对形状。她指出，在固定成本情况下，如果允许向两个市场销售产品的垄断者对两个市场实行价格歧视，在线性需求曲线的情况下，总产出不发生变化。如果需求曲线不是线性的，需要根据需求曲线的凹性特点来判断其是否会导致产出的上升或下降[1]。同样的商品以不同的价格向不同的消费者销售会导致不同的边际价值，并在不同消费者之间产生资源的不恰当配置。只有当总产出的增加导致价格歧视下的产品销量高于单一垄断价格时，价格歧视才能够消除分配的非效率[2]。

　　她给出了每个市场需求曲线"调整的凹性"（adjusted concavity）的概念来表述需求曲线形状这一必要条件。当仅有两个市场时，如果在统一定价下更有弹性的市场"调整的凹性"大于弹性较小的市场"调整的凹性"，那么价格将会带来总产出的上升，反之则带来总产出的下降。当一个市场具有线性需求的时候，"调整的凹性"为零，也就是说在所有市场被供应的情况下，当市场需求曲线为线性时，价格歧视不会带来总产出的上升。她进一步给出了强市场和弱市场的概念。假设x'是价格歧视下的市场产出，x^o是垄断统一定价下的市场产出，如果$x' < x^o$则称为强市场，如果$x' > x^o$则称为弱市场。显然，垄断企业总是在强市场制定高价格，在弱市场制定低价格。如果所有的弱市场具有严格的凸需求曲线，且所有的强市场具有凹或线性的需求曲线，那么价格歧视下的总产出将高于统一垄断定价的总产出。

　　司马兰西（1981）和瓦瑞安（1985）在此基础上进一步分析得出的结论是：三级价格歧视导致一部分消费者支付较高的价格，另一部分消费者支付较低的价格。相对于垄断统一定价，利润最大化三级价格歧视，既可能降低社会福利，也可能提高社会福利，这取决于需求曲线的形状，只有当价格歧视带来总产出上升的时候，价格歧视才能带来社会福利的增加。因此，对社会有益的三级价格歧视的一个必要条件是价格歧视带来总产出的上升。

---

[1]　罗宾逊的分析结论主要是建立在两个市场都被供应的假定上，而且她的分析更多地关注于公平。
[2]　卡尔顿和佩罗夫（1998）称之为消费低效率，认为由于不同的消费者为统一产品支付的单价不同，因此每个消费者的边际支付意愿各不相同，并且还没有利用进一步交易的机会，从而导致低效率。

假设只有两个消费群体，总效用函数形式是 $u(q_1,q_2)+y$。这里 q_1 和 q_2 分别代表两个群体的消费量，y 是花费在另一个商品上的金额。这两个商品的反需求函数分别是

$$p_1(q_1,q_2) = \frac{\partial u(q_1,q_2)}{\partial q_1} \tag{9-17}$$

$$p_2(q_1,q_2) = \frac{\partial u(q_1,q_2)}{\partial q_2} \tag{9-18}$$

假设 $u(q_1,q_2)$ 为凹且可微，令 $c(q_1,q_2)$ 表示提供 q_1 和 q_2 的成本，社会福利由下式给出

$$W(q_1,q_2) = u(q_1,q_2) - c(q_1-q_2) \tag{9-19}$$

现在考虑两个产量组合 (q_1^0,q_2^0) 和 (q_1',q_2')，相应的价格是 (p_1^0,p_2^0) 和 (p_1',p_2')。根据 $u(q_1,q_2)$ 为凹且可微，我们有

$$u(q_1',q_2') \leqslant u(q_1^0,q_2^0) + \frac{\partial u(q_1^0,q_2^0)}{\partial q_1}(q_1'-q_1^0) + \frac{\partial u(q_1^0,q_2^0)}{\partial q_2}(q_2'-q_2^0) \tag{9-20}$$

重新安排并使用反需求函数的定义，我们有

$$\Delta u \leqslant p_1^0 \Delta q_1 + p_2^0 \Delta q_2 \tag{9-21}$$

与此相似，我们有

$$\Delta u \geqslant p_1' \Delta q_1 + p_2' \Delta q_2$$

由于 $\Delta W = \Delta u - \Delta c$，因此最终结果是

$$p_1^0 \Delta q_1 + p_2^0 \Delta q_2 - \Delta c \geqslant \Delta W \geqslant p_1' \Delta q_1 + p_2' \Delta q_2 - \Delta c \tag{9-22}$$

在固定边际成本的情况下，$\Delta c = c\Delta q_1 + c\Delta q_2$，不等式变成

$$(p_1^0-c)\Delta q_1 + (p_2^0-c)\Delta q_2 \geqslant \Delta W \geqslant (p_1'-c)\Delta q_1 + (p_2'-c)\Delta q_2 \tag{9-23}$$

令初始的价格集合为不变的垄断价格，从而有 $p_1^0 = p_2^0 = p^0$，令 (p_1',p_2') 为歧视价格，则上式变为

$$(p^0-c)(\Delta q_1 + \Delta q_2) \geqslant \Delta W \geqslant (p_1'-c)\Delta q_1 + (p_2'-c)\Delta q_2 \tag{9-24}$$

上式说明，价格歧视增加社会福利的必要条件是总产出的增加，如果三级价格歧视不能使总产出增加，它就会降低社会福利。

在线性市场需求曲线下，三级价格歧视是降低社会福利的。如果每个相互分离的市场上的需求曲线都是线性的，并且无论是否存在价格歧视都可以保证这两个市场上的供给的话，采用价格歧视将不会造成产量的变化。为此，我们假设一个具有固定边际成本的垄断企业能够将市场分割成两个子市场 1 和 2，这两个市场的需求函数分别为

$$Q_1 = a - bP_1 \tag{9-25}$$

$$Q_2 = c - dP_2 \tag{9-26}$$

在上面的公式中，a,b,c,d 均大于 0 并且都是固定不变的。为了简化分析，我们这里假设边际成本为 0。在价格歧视的情况下，为了实现利润最大化，垄断企业在每个子市场都按照边际收益等于 0 的决策规则来定价，则其在两个市场的产出分别为 $Q_1 = \frac{a}{2}$ 和 $Q_2 = \frac{c}{2}$，[①] 此时总产出为 $Q_1 + Q_2 = \frac{a}{2} + \frac{c}{2}$。与之相应，在垄断统一定价的情况下，总需求曲线为

① 这是因为线性需求曲线的边际收入曲线是需求曲线的一半，即在任何的价格水平下，边际收入曲线上对应的数量正好是需求曲线上对应的数量的一半。

$$Q = Q_1 + Q_2 = a + c - (b + d)P \tag{9-27}$$

同样垄断企业根据边际收益等于0的决策规则来定价，此时总产出为

$$Q = Q_1 + Q_2 = \frac{a + c}{2} \tag{9-28}$$

上面的结果说明，在线性需求曲线的情况下，价格歧视下的总产出和垄断统一定价下的总产出是一致的。根据福利提高的产出标准，这意味着价格歧视降低了社会总福利。如果需求曲线不是线性的，价格歧视将会导致产出变化，至于产出会提高还是会降低要取决于需求曲线的形状。

上述结论是建立在两个市场都被供应的假定基础上。但是在此情况下，首先，相对于价格歧视来说，在统一定价的情况下，垄断企业利润最大化的统一定价会导致高需求弹性消费者的市场价格被抬高，低需求弹性消费者的市场价格被压低。由于高需求弹性的消费者主要是收入水平较低的消费者——穷人，市场价格的上升会导致某些消费者退出市场，这导致某些市场的关闭。其次，在价格歧视的情况下，不仅垄断者获取了更多的利润，而且由于在高需求弹性市场制定低价格，高需求弹性的消费者（穷人）的剩余得到明显的提高，同时低需求弹性消费者（富人）的剩余没有发生变化，社会总福利得到明显的提高。因此，三级价格歧视实际上导致了一个帕累托改进结果的出现。

综上所述，三级价格歧视的福利效果是不确定的，它通常会提高社会福利，但是在某些情况下会降低消费者的剩余。确定三级价格歧视的福利后果，必须比较低需求弹性市场消费者的损失和高需求弹性市场消费者的收益及生产者的收益。如果禁止价格歧视的政策导致企业不向某一市场提供产品，那么该政策将会降低社会福利。因此，从经济效率的意义上来说，反垄断法不应过分关注于价格歧视行为。但是对价格歧视的政策通常包含着效率目标和收入分配目标之间的冲突，关于价格歧视的重要政策问题是对收入分配的考虑。价格歧视通常带来低需求弹性消费者的收入向垄断企业和高需求弹性消费者转移，显然通过牺牲某些消费者的利益来获取利润是社会不希望看到的，但是不同收入水平群体之间的收入，尤其是低需求弹性的富人向高收入弹性的穷人转移收入分配则未必是一件坏事。

（3）寡头三级价格歧视的竞争效应

对价格歧视的传统反垄断经济学分析主要是分析垄断企业的价格歧视行为，但是在现实的反垄断执法当中，私人提起的案件更多的是关于寡头市场的价格歧视行为。首先，我们采用一般的古诺数量竞争模型来展开分析。假设有 m 个市场，n 个企业，市场总需求为 $Q = \sum q_i^j$，每个市场的需求为 $p_i = D_i(Q_i)$，假设均衡中所有市场都被供应，对称产出均衡为 $\{q_1^*, q_2^*, \cdots, q_m^*\}$。根据基本的古诺模型计算，则对每个企业来说，在每个市场 i，下式成立：

$$MC = D_i(nq_i^*) + D_i'(nq_i^*)q_i^* = p_i^*\left(1 - \frac{1}{n\varepsilon_i^m}\right) \tag{9-29}$$

式中 ε_i^m 是市场 i 的需求弹性。

古诺寡头竞争均衡结果显示如下的结论：第一，与垄断结果一样，每个市场的边

际收入都等于边际成本；第二，当企业数量上升时，每个市场的价格成本加成下降，每个企业的利润将下降，消费者的福利将上升；第三，在每个市场的需求弹性和相对价格固定的情况下，企业数量的增加将降低绝对价格离散程度。

为了进一步分析寡头市场三级价格歧视的福利效应，我们采用如下模型进行具体分析。[①]假设有两个市场 $i = 1,2$，两个企业 $j = a,b$，两个企业生产的产品是竞争性替代关系，生产产品的单位边际成本为 c，其中 1 是弱市场，2 是强市场，每个企业对强市场和弱市场的判断是一致的，即最优反应是对称的。企业 j 在市场的总产出取决于在市场中每个企业 i 的出价，即 $q_i^j(p_i^a, p_i^b)$。假设所有企业的需求函数是对称的，则 $q_i(p) = q_i^a(p^a, p^b) = q_i^b(p_i^a, p_i^b)$，此时市场需求弹性为

$$\varepsilon_i^m(p) = -\frac{p}{q_i(p)} q_i'(p) \tag{9-30}$$

在市场 i 中每个企业自己的需求价格弹性为

$$\varepsilon_i^f(p^a, p^b) = -\frac{p^j}{q_i^j(p^a, p^b)} \frac{\partial q_i^j(p^a, p^b)}{\partial q^j} \tag{9-31}$$

当企业 a 提高产品的价格时，会产生两种效应：一是由于价格上涨，一些消费者退出市场；二是由于价格上涨一些消费者转而购买其他企业的替代性产品。在企业之间信息对称的情况下，$p = p_i^a = p_i^b$，则价格变化对企业 a 销量的影响为

$$\frac{\partial q_i^a(p^a, p^b)}{\partial p^j} = \left[\frac{\partial q_i^a(p^a, p^b)}{\partial p^a} + \frac{\partial q_i^a(p^a, p^b)}{\partial p^b} \right] - \frac{\partial q_i^b(p^a, p^b)}{\partial p^a} = \frac{dq_i(p^a, p^b)}{dp} - \frac{\partial q_i^a(p^a, p^b)}{\partial p^b} \tag{9-32}$$

则企业的弹性式可以简化为

$$\varepsilon_i^f(p^a, p^b) = -\frac{p}{q_i^j(p^a, p^b)} q_i'(p) - \frac{p}{q_i(p)} \frac{\partial q_i^a(p^a, p^b)}{\partial q_i^b} = \varepsilon_i^m + \varepsilon_i^c \tag{9-33}$$

根据上式，在寡头市场中，企业的需求弹性由两部分组成：市场需求弹性 ε_i^m 和交叉价格弹性 ε_i^c。市场需求弹性反映企业侵占消费者剩余的能力，即反映消费者是否消费该产品的敏感性；交叉价格弹性反映了侵占竞争对手收益的商业盗窃效应，即反映消费者是否购买其他竞争企业产品的敏感性。因此，寡头市场三级价格歧视具有两种效应：一是它是一种占有消费者剩余的手段，具有资金抽取效应；二是它是从竞争对手中抢夺市场份额的手段，具有竞争策略效应。

根据前面的分析，在垄断企业的情况下，交叉价格弹性显然等于零，因此定价规则为

$$\frac{p_i - c}{p_i} = \frac{1}{\varepsilon_i^m} \tag{9-34}$$

在寡头对称价格均衡下，寡头企业的定价规则为

$$\frac{p_i - c}{p_i} = \frac{1}{\varepsilon_i^m + \varepsilon_i^c} \tag{9-35}$$

通过对上述两种情况的比较，我们可以发现，寡头非合谋价格歧视定价规则会产生四种福利效应：

① 这里的分析主要是基于波伦斯坦（Borenstein，1985）和霍尔姆斯（Holmes，1989）。

一是价格效应。从公式（9-34）和（9-35）可以看出，寡头市场价格歧视带来的价格低于垄断市场的价格，因此寡头竞争下的三级价格歧视会增加社会福利。但竞争对不同市场价格离散的影响是不确定的，其取决于交叉价格弹性。如果产品之间具有比较强的替代性，市场竞争比较激烈，则竞争会缩小不同市场的价格差别。相反，如果弱市场消费者面对具有较强替代性的商品，强市场消费者具有强的品牌忠诚度，则企业会在弱市场制定竞争性价格，在强市场制定近于垄断的价格，这会增加不同市场之间的价格差别，提高市场价格离散程度。

二是产出效应。同垄断市场三级价格歧视一样，在寡头市场三级价格歧视增加社会总福利的条件是其导致总产出的增加。在寡头市场，三级价格歧视增加产出的充分条件为

$$\frac{\varepsilon_1^m(p_1)}{\varepsilon_2^m(p_2)} > \frac{\varepsilon_1^c(p_1)}{\varepsilon_2^c(p_2)} \tag{9-36}$$

即市场需求弹性的变动比率要大于交叉价格弹性的变动比率。

三是利润效应。寡头市场三级价格歧视的利润效应是比较难以预测的。在价格歧视的情况下，对单个企业来说价格歧视会增加利润，但是如果多个企业都采用三级价格歧视，则价格歧视会加剧市场竞争，交叉价格弹性的增大则会降低单个企业的利润。因此，寡头市场价格歧视对利润的影响取决于这两种相反效应的比较。

四是资源配置不当效应。当两个市场中企业的价格差别不等于边际成本差别时，消费者会跨市场从低效率的企业购买，这导致高成本企业生产过多，带来社会生产非效率。如果强市场的价格差别小于弱市场的价格差别，则统一定价可能会缓解生产扭曲。总之，目前的理论研究在这一问题上还没有得出明确的结论，其总体效果是不确定的。

9.3　中间产品市场价格歧视

在美国和欧盟的反垄断执法当中，中间产品市场企业的价格歧视行为是关注的重点，因为这会对下游市场竞争产生影响，并进而影响最终消费者的福利。中间产品市场的价格歧视是指上游中间产品生产商对下游最终产品生产商索要不同的价格，从而影响下游市场的竞争。反竞争的中间产品市场价格歧视往往发生在纵向相关市场当中，这成为反垄断法关注的重点领域。在反垄断执法审查中，中间产品市场价格歧视属于"二线伤害"的领域。

9.3.1　纵向相关市场中的价格压榨

纵向相关市场的价格歧视也称价格压榨。乔斯克（1985）指出，纵向相关市场中的价格歧视经常是出于"价格压榨"的动机，他将价格压榨定义为：该垄断性供应商为所供应的投入品向其下游竞争对手收取一个如此之高的价格，以至于后者无利可图，在下游市场与一体化企业进行竞争。也就是说，上游企业对使用其上游投入品的下游市场的独立竞争企业收取一个高于其内部下属部门的价格，或者同时还在下游市

场降低最终产品零售价格，从而挤压下游独立竞争对手的边际利润，达到排斥竞争对手的目的。

纵向价格压榨是一种市场封锁行为，它排斥其他企业进入竞争行列，并将垄断企业在上游市场的垄断势力延伸到下游市场。因此，这种企业滥用支配地位的行为成为各国反垄断关注的重点。美国典型的案例是1945年的美国铝业公司案。近年来，欧盟反垄断执法机构重点关注电信业经营自然垄断业务的在位主导运营商的价格压榨行为。2003年以来欧盟委员会依据《欧盟联盟条约》第82条先后对德国电信公司、法国电信公司、意大利电信公司、西班牙电信公司、波兰电信公司等在固网和宽带市场的价格压榨行为给予处罚。

价格压榨发生的一个重要条件是存在纵向相关市场结构（见图9-3）。一个中间产品被下游两个竞争性企业所使用的垄断性生产商，具有通过对高弹性市场的一体化以及对向低弹性市场的企业收取较高中间产品价格的动因。假设一个垄断性生产商的中间产品被下游两个竞争性企业作为投入品来生产最终产品，两个下游行业1和2对中间产品的需求是独立的，并且两个子市场的市场需求弹性存在差异，即 $\varepsilon_1 > \varepsilon_2$。如果企业的生产技术相同或生产的产品是有差异的，那么它们对投入品的需求函数也各异。上游企业利用下游企业间需求弹性的差异，可以增加利润。为了实现利润最大化，企业有激励实行价格歧视，但是垄断者必须能够阻止两个企业之间的套利。因为在实行价格歧视的情况下，如果产业2以低价购买中间产品，并以稍低于垄断者的价格转售给第1个子市场，则价格歧视难以实现。为了成功实施价格歧视，垄断者可能会通过对高弹性市场1中某个企业实行一体化兼并或纵向限制，然后将这个子市场的最终价格定为 p_1，再以批发价格 w 向其他子市场企业供应中间产品。假设其销售中间投入品的价格加成为 α，由于 $w = c + \alpha$，显然 $w > c$。但此时并不是价格压榨，只有在一体化企业认为提高投入品价格或同时降低下游市场产品零售价格，导致竞争企业无法盈利的情况下，才是伤害竞争的价格压榨行为。

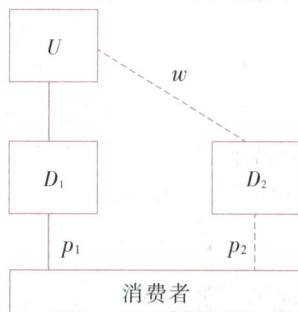

图9-3　纵向相关市场中的价格压榨

9.3.2 价格压榨伤害竞争的市场结构条件

在各国反垄断法当中，价格压榨是一种企业滥用市场支配地位的行为。为了判定价格压榨是否违法，其必须满足一定的市场结构条件并进行损害竞争检验。反竞争的价格压榨必须满足以下四个市场结构条件。

第一，存在一个具有市场支配地位的纵向一体化企业。根据芝加哥学派的单一垄断利润理论，在纵向分离的市场结构下，上游垄断企业没有实行价格压榨的激励。具体要求是：首先，当事企业是一个纵向一体化经营的企业。其次，一体化企业在上游市场具有市场支配地位。根据欧盟的通常做法，企业在上游市场的市场份额在40%以上则可以被认定为具有支配地位，当市场份额在80%以上时则被认定为垄断。

第二，上游投入品是生产下游最终产品的必需品并构成下游产品成本的主要部分。[①]上游产品是下游产品的必需投入品主要体现在两个方面：一是上游投入品对下游竞争者来说是必不可少的，即下游企业要生产最终产品必须购买该上游产品，否则将无法生产最终产品。这里既不存在上游投入品的合理替代品，也不存在下游企业能合理投资并生产投入品的可能性。二是上游投入品是实现下游市场竞争所必不可少的。下游竞争对手只有在获得投入品或接入垄断企业控制的必要设施后，才能向消费者提供最终产品或服务，否则将无法有效参与下游市场竞争。

第三，下游产品市场是不完全竞争市场。下游产品市场的不完全竞争性意味着企业不能自由地进入或退出下游市场，任何进入和退出都是有成本的。在位企业为下游产品的生产支付了大量的沉淀成本，并在经营的过程中建立了一定的品牌知名度和固定的客户群，若退出市场则会损失严重；新企业的进入则面临着前期的巨大投资和品牌及客户群的培育问题。因此，即使下游市场利润较高，新企业也不一定会进入；而下游市场亏损，在位企业也不一定会退出。下游市场不是有效竞争的这一条件并不要求一体化企业在下游市场具有市场支配地位。

第四，下游竞争企业至少和纵向一体化企业具有相同的效率。这是指在下游产品的生产环节下游竞争企业的生产成本小于或等于纵向一体化企业下游分支的成本。若下游竞争企业的效率低于纵向一体化企业，在长期内竞争企业被迫退出不能被认定为价格压榨，因为此时竞争企业的退出是市场优胜劣汰的自然结果，只有那些具有较高效率的企业才能继续留在市场。

9.3.3 价格压榨的反垄断检验方法

在价格压榨的反垄断案件中，执法的核心是对价格压榨行为的竞争损害效应进行检验。只有在有明确的证据证明一体化企业的价格压榨行为严重损害竞争的情况下，才应对其加以处罚。在反垄断执法当中，在很长一段时间内，如何区分正常的价格歧视和限制竞争的"价格压榨"一直困扰着执法人员。由于一体化企业内部交易不发生上游边际加成，因此其内部投入品的价格一定会低于下游竞争对手的购买价，如果采

---

① 在美国反垄断法中，很多学者主张电信等网络产业的价格压榨是一种拒绝交易行为，应适用"必要设施原理"。

用"对内对外相同批发价格"的检验方法，则显然忽视了上游企业投资的合理利润回报要求，会产生资产侵占问题，出现执法错误。价格压榨的检验方法主要有两个：

一是"转移价格检验"。在1945年的阿尔科铝业公司案中，美国联邦法院法官汉德提议采用基于投入成本的"转移价格检验"来评价企业是否从事了价格压榨行为。该检验考虑这样一个问题，即如果一体化企业对自己下属部门生产的投入品也支付其针对其他下游竞争对手制定的相同的价格，此时它以现行零售价格来销售其最终产品是否仍然是有利可图的？如果答案是否定的，则可以认定企业是在实行价格压榨。在阿尔科案中，法院发现如果阿尔科的下游单位必须向它的上游单位支付同其向相竞争对手企业索取的同样价格，它的利润就将很低，甚至为负。因此，法院认定阿尔科铝业公司的定价行为是垄断行为。根据必要设施原理，如果拥有必要设施的垄断企业不合理地拒绝其他企业使用该设施，并且这种拒绝没有重大的合理性，则这种行为就构成违法。因此，通过"转移价格检验"的价格压榨行为就是一种限制竞争的非法拒绝交易行为。

二是归因检验方法。近年来欧盟反垄断执法采用的归因检验方法目前成为一种主导的方法，被各国反垄断机构所采用，但是对于归因检验的依据和分析要素仍存在争议。当下游市场的零售价小于上游市场的接入价和转换成本之和时就不能通过归因检验，就存在价格压榨。假设最终产品价格为 P，上游投入品价格为 w，一体化企业内部转移价格为 w_1，上游企业向下游企业独立索要的批发价格为 w_d，上游企业投入品的生产成本为 c_u，一体化企业向下游竞争对手供应投入品发生的成本为 c_i，下游企业的生产成本为 c_d，一体化企业下游部门的生产成本为 c_{d1}，下游竞争对手的生产成本为 c_{d2}，下游市场企业长期生存所需要的合理利润为 R，其中 $R = P - w_d - c_{d2}$。

根据归因检验的要求，损害竞争的价格压榨必须是在足够长的时间内一体化企业通过提高投入品价格导致同样有效率的下游企业无法生存。一个有效率的竞争者生存的条件是其提供最终服务的成本不能高于一体化企业提供同样服务的成本，即

$$c_u + c_{d1} \geqslant c_u + c_i + c_{d2} \tag{9-37}$$

整理上式得

$$c_{d1} - c_{d2} \geqslant c_i \tag{9-38}$$

根据上式，下游市场竞争者必须在下游市场中比一体化企业更有效率，从而能补偿购买垄断性投入品所支付的较高接入成本。因此，确保一个有效率下游竞争者生存的门槛条件为

$$c_{d2}^e = c_{d1} - c_i \tag{9-39}$$

一个有效率竞争者的进入经营条件为 $P \geqslant w + c_{d2}$，则我们可以给出一个有效率下游企业的边际门槛为

$$P - w = c_{d2}^e = c_{d1} - c_i \text{ 或者 } P = w + c_{d1} - c_i \tag{9-40}$$

根据上式，如果一个有效率的竞争者能够进入并通过略微的降价来获得非负利润则不构成价格压榨，否则便构成价格压榨。

9.4 价格歧视的反垄断政策

9.4.1 价格歧视与社会福利

一级价格歧视在现实当中很少出现，二级和三级价格歧视的福利效应很大程度上取决于其是否带来总产量的增加。一般说来，二级价格歧视通常会比垄断统一定价带来更大的产出，它们提高了经济效率，其福利效果优于垄断统一定价。三级价格歧视是应用最广泛的一种价格歧视方式，它的福利含义是含糊不清的。三级价格歧视是否会带来社会福利的改进需要根据价格歧视的产出效应来做出判断。如果价格歧视带来更多的产出或促使更多的消费者来消费产品，则价格歧视通常会促进社会福利的改进。在很多情况下，三级价格歧视更可能的结果是增加产出，因为尽管价格歧视会导致低弹性市场价格上升但并不会导致其需求量偏离最优点太远，相反在高需求弹性市场价格稍微下降一点会导致市场需求数量的大幅度增加。也就是说，只要价格歧视带来的产量高于统一定价的产量，价格歧视就会增加福利，尽管价格歧视在促进社会公平方面效果不佳。

价格歧视对竞争的影响既可能是积极的也可能是消极的。一般来说，对最终消费者实行的价格歧视并不违反反垄断法，在很多情况下它是改进福利的。在寡头竞争市场，价格歧视在更多的情况下是促进市场竞争的，它成为企业之间相互争夺顾客的竞争工具，因此有利于消费者福利的改进。反竞争价格歧视往往涉及中间产品企业的价格歧视行为，这不仅会损害同市场的竞争对手，而且也会损害下游市场的自由竞争。在企业进行旨在影响市场竞争的价格歧视时，某些行为可能会有限制竞争的效应。特别是在高集中度市场或支配企业具有较强市场势力的情况下，价格歧视才会对市场结构和市场竞争强度产生一定的影响。因此，反垄断执法的重要前提是企业在具有一定的市场支配地位的情形下实行价格歧视。

在寡头市场上，价格歧视对市场竞争和社会福利的影响很大程度上取决于价格歧视是企业之间系统的价格歧视还是非系统的价格歧视。非系统的价格歧视是指在市场上由于发生暂时性的变化所导致的价格差异的情况。从经济学来说，短期的因素引起的价格差异可能是长期均衡的动态调整过程，它不应受到反垄断法的禁止。在寡头市场，非系统的价格歧视会削弱寡头市场的运行规则，尤其会使企业之间的价格合谋变得难以实现，促进企业之间的价格竞争，因而具有竞争促进效应。系统性价格歧视则通常会产生与非系统性价格歧视完全不同的效果，会削弱市场竞争。企业价格歧视会通过创造强的买者-卖者关系和增加新企业的进入难度来强化其市场支配地位。系统性价格歧视可能会维持或强化企业的市场势力，通过允许大企业享有比小企业低的投入成本，给予集中性购买者折扣而将买卖者紧密地联系在一起，或者使进入某一地区或局部市场变得困难或根本不可能。但是反垄断必须注意其中的效率性因素，而不应保护竞争中的弱者。

9.4.2 美国反垄断政策

（1）法律规定

在美国的反垄断法当中，《谢尔曼法》第2条关于试图垄断化和《联邦贸易委员会法》第5条关于不公平竞争的方法，都已经包含了关于价格歧视的规定。《克莱顿法》最早规定能够直接判断价格歧视为非法的条款，该法第2条1款规定"从事商业的人在商业过程中，直接或间接地对同一等级或质量商品的买者实行价格歧视，如果价格歧视的结果实质上减少竞争或旨在形成对商业的垄断，或妨碍、破坏、阻止同那些准许或故意接受该歧视利益的人之间的竞争，或者是同他们的顾客之间的竞争是非法的"。1936年颁布的《罗宾逊–帕特曼法》对价格歧视问题做了进一步的规定，具体内容为：

第一，法律禁止的价格歧视是"同一等级或质量"的商品实行不同的价格，即卖主对相同质量和相同等级的商品对不同的买主实行不同的价格行为。由于等级或质量差别实行的价格差别不受法律的禁止。

第二，法律禁止的价格歧视仅限于会严重削弱竞争或产生垄断的价格歧视。现实当中大量的不会对市场竞争产生影响或对竞争影响较小的价格歧视不会受到法律的禁止。

第三，法律禁止的价格歧视不仅包括直接的价格歧视，还包括间接的价格歧视。间接歧视不直接表现在价格上而是表现在对买主提供的优惠条件上。根据《罗宾逊–帕特曼法》，间接价格歧视包括三种形式：佣金津贴、推销津贴和提供服务与设施行为，对这三种形式本质上适用本身违法原则。

第四，法律规定了三种免于法律禁止的辩护理由：成本理由、适应竞争理由和变化的市场条件理由。成本理由辩护是指企业由于产品的制造、销售或运输的不同成本而实行的不同价格；适应竞争理由是指企业为了适应竞争的需要而实行的价格歧视，即竞争者也实行相同的低价格；变化的市场条件理由是指企业根据市场条件变化而产生的价格变化或对季节性、易腐烂商品等实行的价格歧视[1]。

美国在1936年通过的《罗宾逊–帕特曼法》很大程度上是出于保护小企业的目的。当时美国商业正处于由传统的小零售商向连锁超市过渡的阶段，连锁超市具有明显的效率优势，处于经营困境中的小企业，通过院外集团促使该法案出台，目的是使小企业能获得与大企业平等竞争的机会。《罗宾逊–帕特曼法》的通过显然是为了保护中间产品市场上的小企业免受具有效率优势的大零售商店的竞争。许多经济学家把《罗宾逊–帕特曼法》看作为特定利益集团服务的法律，因为它是被用来保护小企业抵御更有效率的大企业的竞争。《罗宾逊–帕特曼法》的通过是对小零售商店的政治压力的反应。这些小零售商店指控说，在没有该法律的情况下，这些大企业可以以更低的价格进货，并以更低的零售价格来销售。因此，《罗宾逊–帕特曼法》的结果是提高了消费者的购买价格，并剥夺了连锁店在购货方面的规模经济。该法案被认为是美国最糟糕的反垄断法案，它保护了在与高效率大企业竞争中失利

---

[1] 这里实际上将价格差别等同于价格歧视，二者是完全不同的概念，价格差别是一种正常的市场行为。

的小企业，是与经济效率目标背道而驰的。因此，近几十年来，尽管仍有许多私人提起反垄断诉讼，但是美国联邦贸易委员会很少提起关于价格歧视的反垄断诉讼。例如，1963年起诉了219起案件，但在1975—1982年间仅起诉6起案件，在1983—1987年间仅起诉1起案件。

根据反垄断司法判例，美国对价格歧视行为的反垄断分析将价格歧视分为"一线伤害"和"二线伤害"两种类型。

（2）一线伤害

一线伤害是指有选择地对客户提供折扣，这影响了竞争对手向相同用户销售产品，使竞争对手企业处于不利的市场竞争地位。由于一线伤害主要是给实施价格歧视企业的竞争对手造成损害，因此它是一种横向竞争损害。根据美国反垄断执法实践，该类行为适用同"掠夺性定价"一样的反垄断审查方法。多数一线伤害案例涉及全国性公司在地区市场以低于其他地区的价格来出售产品的地域性价格歧视。

一线伤害的典型案例是1967年的犹他馅饼案。在该案中，当三家全国性企业——大陆面包公司、贝特公司和卡内森公司进入盐湖城市场并以低于其他市场的价格来销售产品时，一个占据该地区市场份额66%的地方主导面包企业——犹他馅饼公司对这三家企业提起了诉讼，认为这三家全国性企业进入市场致使犹他州产品价格下降了1/3，并造成犹他馅饼的市场份额下降到45%。联邦最高法院在裁决中支持了犹他馅饼公司的指控，认为这三家全国性公司在不同市场实行不同的价格行为是损害竞争的。法院的这一裁决受到广泛的批评，尽管在竞争对手进入后，犹他馅饼公司的市场份额在下降，但是它的市场销售却在稳步增长并获得了稳定的利润，所以竞争对手的进入对它来说也并不一定是件坏事情。在诉讼期44个月中，它的馅饼价格从每打4.15美元下降到每打2.75美元，销量从38 000打增加到103 000打，提高了171%。可以说，这场竞争的最大受益者是消费者。最高法院认定这三家全国性公司低于成本的定价行为具有明显的掠夺意图，目的是排挤对手。大多数经济学家认为，犹他馅饼公司对这三家企业提起诉讼的动机并不是为了免受掠夺性定价的损害，相反它的主要目的是恢复最初的垄断地位和由此带来的高价格。

（3）二线伤害

二线伤害是指上游企业有选择地对某些下游企业提供折扣，却不向其他下游企业提供折扣，从而使这些下游企业处于不利的竞争地位，这伤害了下游市场竞争者之间的竞争。由于二线伤害主要是对下游市场的竞争造成损害，因此它是一种纵向损害。二线伤害主要是适用美国《罗宾逊–帕特曼法》第2条1款。

在1948年的莫顿盐业公司案中，莫顿盐业公司依据购买量向不同的批发商索要不同的价格。由于大量购买者主要是大型连锁店（美国百货、国家茶业、克罗格、协威、A&P），它们实行最大折扣条件，其支付的价格为每箱1.35美元，远低于小型商店每箱1.60美元的价格（见表9–1）。法院认为，所有人都应该得到该折扣，这一价格歧视会使小型商店在与大型连锁店的竞争中处于不利的地位，因此对其加以禁止。但是该案件的处理也受到经济学家的批评，法院没有考虑大规模采购的规模经济因素。

表9-1 　　　　　　　　　　　　莫顿盐业公司的价格歧视计划

购买情况	每箱价格（美元）
购买量少于1车的批发商	1.60美元
购买量为整车的批发商	1.50美元
在连续12个月内购买5 000箱的批发商	1.40美元
在连续12个月内购买50 000箱的批发商	1.35美元

9.4.3　欧盟反垄断政策

根据《欧盟联盟条约》第82条第3款规定，一个占市场支配地位的企业，如果对于相同的交易采用不同的交易条件，由此使某些交易对手处于不利的竞争地位，这种行为就构成滥用市场支配地位，这是欧盟反支配性企业损害竞争实施价格歧视行为的主要法律依据。欧盟委员会认为，运用第82条系统地反对具有支配地位的企业直接或间接地实施歧视性价格和不公正价格，这不是要欧盟建成一个管制价格的组织，也不是不允许价格变化，而是要打击支配企业所实施的损害市场竞争和社会福利的行为，从而创造一个欧盟范围内的企业之间公平竞争的统一大市场。欧盟竞争法对价格歧视的反垄断审查可以分为三类：一线伤害价格歧视、二线伤害价格歧视和地理性价格歧视。

（1）一线伤害价格歧视

一线伤害价格歧视包括三类：一是折扣，即一个企业根据客户的购买行为给予不同的折扣，具体包括数量折扣、忠诚度折扣和目标折扣。数量折扣是根据客户从该企业购买数量给予的折扣，忠诚度折扣是根据客户从该企业购买产品品种的多少或订单承诺程度给予的折扣，目标折扣是根据客户销售目标完成情况给予的折扣。二是选择性降价，即一个企业对可能流失到竞争对手的那些客户实行较低的价格，对那些不会流失的忠诚顾客则实行较高的价格。选择性降价行为往往会被看作是掠夺性定价行为而对其进行审查。三是搭售与捆绑定价。

1979年的霍夫曼-拉罗斯案是忠诚度折扣的典型案件。霍夫曼-拉罗斯公司采用忠诚度折扣的销售方式，对交易对象索要的价格不是根据对方的购买数量，而是根据是否从霍夫曼-拉罗斯购买全部的维生素产品而定，同时还要求客户与其签订附加条件协议，要求买方有义务仅从霍夫曼-拉罗斯公司购买维生素产品或减少从竞争对手购买产品的数量。那些不在该公司购买全部产品的企业不能得到该公司的优惠或得到的优惠较少，从而造成它们在竞争中处于不利的地位。欧洲法院认定其行为将消费者限定于一个供应商，减少了从竞争者购买的数量，具有明显的排他动机，构成了市场支配地位的滥用。

1983年的米其林公司案是典型的目标折扣案件。在该案中，米其林公司根据其经销商年度销售目标完成情况来给予折扣，这些目标是米其林公司根据对销售商的潜在市场和经销商在其总销售额中的比重等指标来与每个经销商单独制定，并且这些标准和目标并没有形成书面协议，仅仅是口头协议，而且经销商在年终之前无法知道折扣是多少，只有在年终米其林公司的代表将信封交到他们手中时才能知道真实情况。欧盟委员会发现，通过这一折扣方式，米其林公司将其经销商绑定，限制经销商自由选择供应商。由于米其林的折扣时期是一年，而且其在轮胎市场具有明显的支配地位，经销商转向其他供应商会招致较大的损失，因此欧盟委员会认定这是典型的滥用行为。

1999年的英国糖业公司案是典型的目标折扣案件。英国糖业公司在英国糖业市场持续十多年占有85%以上的市场份额，并且仅有一个竞争对手。它根据主要经销商的销售增长量而非绝对购买量来给予相应的折扣，这样销售量增长迅速的企业会获得较高的折扣。欧盟委员会认为，作为一家主导厂商，这一歧视性折扣使竞争者难以获得足够的市场销量，是一种封锁竞争者的滥用行为。

上述这些歧视性定价可能成为企业封锁竞争对手的重要手段，但是欧盟委员会也指出企业可能存在效率原因，如实现规模经济、促进销售服务、应对竞争者的价格竞争、进入市场或推出新产品，委员会在审查案件的时候也会考虑这些效率因素。

（2）二线伤害价格歧视

二线伤害价格歧视包括两类：一是非一体化企业对其客户实行的价格歧视，这类案件主要是涉及民航、铁路、港口等政府赋予其垄断经营的瓶颈企业，如机场对不同航空公司实行的价格歧视；二是纵向一体化企业对其客户实行的价格歧视，这类案件主要是涉及纵向相关市场中的"价格压榨"行为。

在1999年布鲁塞尔国际机场案件中，比利时管理当局实行了一个阶梯式的飞机着陆费折扣系统，这一政策显然使运输量大的航空公司比运输量小的公司支付了较低的费用，这明显有利于基地在布鲁塞尔国际机场的航空公司，使比利时航空运输企业获得了竞争优势，这不利于欧盟航空市场的竞争。由于涉及相关政府主管部门，因此欧盟委员会综合运用《欧洲共同体条约》第86条和第82条对此加以禁止。

德国电信是一家经营固定电话网络基础设施的运营商，它既在零售市场向最终消费者提供电信服务，同时也在批发市场向与其竞争的独立企业提供宽带接入服务。政府对德国电信在批发市场和零售市场的定价实行价格上限管制。在1981—2001年间，德国电信的平均零售价和批发价之间的差价在这段时间是负的，因此15家下游竞争企业对其定价策略提起了诉讼。在此案中，作为欧盟反垄断执法机构的欧盟委员会与欧盟法院均认为，德国电信在批发价格和零售价格受到管制的情况下，企业仍然在一定范围内有能力避免这种排他效果的出现，并且这种纵向价格差别缺乏效率，因此认定是一种滥用行为。

（3）地理性价格歧视

地理性价格歧视主要是指对不同地理市场区域的消费者实行不同的价格，典型的如不同国家间的价格歧视。欧盟竞争法之所以做出这一特别的规定，主要是为了促进欧洲统一市场，防止企业对不同国家或地区的消费者实行价格歧视，阻碍欧洲统一市场的形成。

地理性价格歧视的经典案例是联合商标公司案。在1978年联合商标案的判决中，欧盟委员会和欧洲法院依据《欧洲共同体条约》第82条，建立了通过价格歧视滥用支配地位的判断标准。在该案中，联合商标公司从中美洲向欧洲运输销售香蕉，该公司拥有整个市场大约45%的市场份额。该公司将香蕉销售给Ripeners，然后由它卖给批发商，再由批发商卖给零售商。联合商标公司被指控在不同成员国之间实行价格歧视。该公司的香蕉在港口卸货时，费用相同，交易成本相同，但是对来自不同成员国的销售商，价格却不同。对德国和丹麦的销售商索要的价格较高，对比荷卢经济联盟和爱尔兰的销售商索要的价格则低得多。

欧盟委员会认为联合商标公司具有市场支配地位，并认定该公司滥用了市场支配地位。联合商标公司在欧盟香蕉市场的香蕉全部都是相同的品种，每20千克箱装的香蕉到达这两个港口的卸货成本只差几分钱，然而给分销商的价格却因国家不同而差异很大。对每20千克箱装的香蕉来说，每周的平均价格差异幅度在11.3%～17.6%之间，有时差距更大。例如，虽然丹麦和爱尔兰这两个市场都从不来梅港进货，但是前者的供应价格是后者的2.38倍。联合商标公司称，价格上的差异是由于各国不同的供需情况所决定的，因而自己的行为并不是价格歧视。但是委员会和法院均予以否定，认为这一抗辩并非价格歧视的"客观正当的理由"。委员会认为欧盟成员国家的市场条件事实上非常相似，因为联合商标公司是一个具有支配地位的企业，所以才在高价格的基础上系统地制定歧视性价格，这构成了滥用支配地位。联合商标公司对其他贸易伙伴相同的交易运用了不同的市场交易条件，使这些贸易伙伴处于竞争劣势。欧洲法院最后接受了欧盟委员会关于联合商标公司的价格歧视行为构成滥用市场支配地位的结论，认为它会影响成员国间的正常贸易。

本章小结

价格歧视要得到有效实施必须满足三个条件：消费者具有不同的偏好、企业能够识别消费者的偏好、防止消费者之间的转售行为。完全价格歧视不会带来任何的社会福利损失，但是会带来收入分配问题。垄断企业三级价格歧视的定价规则是逆弹性法则。三级价格歧视提高社会总福利的一个必要条件是它带来总产出的增加。二级价格歧视实际上是一个激励机制设计的问题，由于激励相容约束的限制，垄断企业攫取消费者剩余的能力受到约束。此时，低需求消费者得不到净剩余，高需求消费者则可以得到一个正的净剩余。总体来看，非线性定价的福利后果是不确定的。二级价格歧视增加社会总福利的一个必要条件也是总产出增加。在寡头市场结构下，价格歧视具有多种效应，其福利效应是不确定的。在纵向相关市场结构下，价格压榨行为会带来严重损害竞争的结果，应该受到反垄断法的禁止。对价格歧视的反垄断审查应该注重分析其一线伤害和二线伤害。

课后习题

1.市场竞争是否对企业的价格歧视行为产生影响？

2.在何种情况下价格歧视的福利优于垄断统一定价？

3.如何判断价格歧视是否损害社会福利？

4.价格歧视的一线伤害和二线伤害有何不同？什么类型的案件更可能对竞争产生不利影响？为什么？

5.2011年国家发改委对中国电信和中国联通在固网宽带业务上对其他接入商收取流量费实行价格歧视的行为展开反垄断调查。你是否认为中国电信、中国联通的行为是损害竞争的？应该采取什么样的反垄断政策？

6."大数据杀熟"成为中国数字经济反垄断的重要问题，请分析其福利影响并指出可能的反垄断政策。

推荐阅读资料

关于非线性定价的经济学文献繁多，Varian（1988）及Wilson（1993）等对此问题的有关理论进行了较好的总结性评论。关于寡头市场价格歧视的分析请阅读Holmes（1989）、Stole（2000）的研究。关于三级价格歧视福利效应的具体分析请阅读Schmalensee（1981）和Varian（1985）的文献。关于三级价格歧视反垄断政策的具体分析请阅读唐要家（2016）的研究。

本章参考文献

［1］ARMSTRONG, VICKERS. Price Discrimination, Competition and Regulation［J］. Journal of Industrial Economics, 1993, 41: 335-359.

［2］ARMSTRONG, VICKERS. Competitive Price Discrimination［J］. The RAND Journal of Economics, 2001, 32: 579-605.

［3］Baker. Competitive Price Discrimination: The Exercise of Market Power without Anticompetitive Effects（comment on Klein and Wiley）［J］. Antitrust Law Journal, 2003, 70: 643-654.

［4］CHEN. Oligopoly Price Discrimination and Resale Price Maintenance［J］. The RAND Journal of Economics, 1999, 30: 441-455.

［5］GALE I, HOLMES. Advance Purchase Discounts and Monopoly Allocation of Capacity［J］. American Economic Review, 1993, 83: 135-146.

［6］FUDENBERG, TIROLE. Customer Poaching and Bertrand Switching［J］. The RAND Journal of Economics, 2000, 31: 634-657.

［7］GAL-OR. Quality and Quantity Competition［J］. Bell Journal of Economics, 1983, 14 (2): 590-600.

［8］HOLMES. The Effects of Third Degree Price Discrimination in Oligopoly［J］. American Economic Review, 1989, 79: 244-250.

［9］KATZ. The Welfare Effects of Third Degree Price Discrimination in Intermediate Goods Markets［J］. American Economic Review, 1987, 77: 154-167.

［10］KING. Price Discrimination, Separation and Access: Protecting Competition or Competitors?［J］. Australian Journal of Management, 1999, 24 (1): 21-35.

［11］KLEIN, WILEY. Competitive Price Discrimination as an Antitrust Justification for Intellectual Property Refusals to Deal［J］. Antitrust Law Journal, 2003, 70: 599-642.

［12］ KWOKA. Output and Allocation Efficiency under Second Degree Price Discrimination ［J］. Economic Inquiry, 1984, 22：282-286.

［13］ KWOKA. Price Squeezes In Electric Power ［J］. Electricity Journal, 1992, 5：30-37.

［14］ NORMAN. Spatial Competition and Spatial Price Discrimination ［J］. Review of Economic Studies, 1981, 48：77-90.

［15］ PERRY. Price Discrimination and Forward Integration ［J］. Bell Journal of Economics, 1978, 9：209-217.

［16］ PHLIPS. The Economics of Price Discrimination ［M］. Cambridge：Cambridge University Press, 1983.

［17］ KATZ. Firm Specific Differentiation and Competition among Multi-product Firms ［J］. Journal of Business, 1985, 57：149-166.

［18］ NALEBUFF, STIGLIZ. Information, Competition and Markets ［J］. America Economic Review, 1983, 73：278-283.

［19］ NEVO, WOLFRAM. Why Do Manufacturers Issue Coupons？ An Empirical Analysis of Breakfast Cereals ［J］. The RAND Journal of Economics, 2002, 33：319-339.

［20］ SALOP. The Noisy Monopolist：Imperfect Information, Price Dispersion and Price Discrimination ［J］. Review of Economic Studies, 1977, 44：393-406.

［21］ SCHMALENSEE. Output and Welfare Effects of Monopolistic Third-Degree Price Discrimination ［J］. American Economic Review, 1981, 71：242-247.

［22］ SCHMALENSEE. Output and Welfare Implications of Monopolistic Third - degree Price Discrimination ［J］. American Economic Review, 1985, 71：242-247.

［23］ SCHWARTZ. Third Degree Price Discrimination and Output：Generalizing a Welfare Result ［J］. American Economic Review, 1990, 80：1259-1262.

［24］ STIGLER. A Theory of Price ［M］. New York：MacMillan, 1987.

［25］ STOKEY. Inter-temporal Price Discrimination ［J］. Quarterly Journal of Economics, 1979, 93：355-371.

［26］ STOLE. Nonlinear Pricing and Oligopoly ［J］. Journal of Economics & Management Strategy, 1995, 4：529-562.

［27］ STOLE. Price Discrimination and Imperfect Competition ［D］. Working paper, University of Chicago, 2000.

［28］ VARIAN. Price Discrimination and Social Welfare ［J］. American Economic Review, 1985, 75：870-875.

［29］ WILSON. Nonlinear Pricing ［M］. Oxford：Oxford University Press, 1993.

［30］ THISSE, VIVES. On the Strategic Choice of Spatial Price Policy ［J］. American Economic Review, 1988, 78：122-137.

［31］唐要家，唐春晖，杨坦能. 电信主导运营商价格压榨的竞争效应［J］. 中国工业经济，2012（4）.

［32］唐要家. 三级价格歧视竞争效应与反垄断政策［M］. 北京：经济科学出版社，2016.

第10章
捆绑与搭售

自 20 世纪 90 年代以来，随着新兴网络产业的发展，捆绑销售行为成为企业的重要营销策略，但也带来很多重大的反垄断诉讼案件。在美国微软垄断案中，争议的核心是视窗系统与 IE 浏览器的捆绑是否会损害市场竞争；欧盟微软垄断案涉及的核心问题之一是微软公司将视窗软件与媒介软件的捆绑行为；维萨卡和万事达卡案涉及的核心问题是这两大组织要求商户在接受信用卡的同时必须接受其发行的借记卡的搭售行为（所谓的"honor-all-cards"规则）。

传统的杠杆化理论观点认为，通过捆绑，企业能够将其市场势力从一个市场扩展到另一个市场。因此，捆绑和搭售是有害于竞争的。芝加哥学派则提出了搭售的效率观点，认为搭售杠杆理论不具有合理性，搭售主要是出于效率原因。后芝加哥学派重点分析了搭售的策略效应，在效率观点的基础上修正了芝加哥学派的观点。后芝加哥学派认为搭售的限制竞争效应是可能存在的，在某些情况下，搭售会产生反竞争的市场封锁效应。

10.1 捆绑与搭售的类型

在反垄断经济学中，捆绑和搭售是两个容易引起混淆的概念。一般说来，捆绑是指不同的商品以固定的比例被放在一起作为产品包来销售，搭售则是不同产品按照变动比例被放在一起来销售，通常是消费者在购买一个产品时要以同时购买该企业的另外一个产品为条件。

10.1.1 捆绑

捆绑分为纯捆绑和混合捆绑。

纯捆绑是指两个商品 A 和 B 仅被放在一起来销售，消费者不能单独购买 A 或 B。进一步来说，在纯捆绑下，商品 A 和 B 仅以固定的比例来销售。在某种程度上来说，纯捆绑是非常少见的，但是另一方面很多产品是作为纯捆绑来销售的，只不过人们对之已经习以为常了。如飞机票通常包含餐费，乘客不能分开购买机票和餐费；报纸将新闻与广告捆绑在一起。博克（1978）指出："任何人销售的任何商品都可以被看成是一个捆绑安排。这是因为任何商品或服务都能被分成小的能够被分开出售的部分，只不过是在某一点上销售商不再对产品进行进一步的分离而已。"纯捆绑的主要原因是技术性的。由于技术原因，这些商品捆绑销售会节省成本或只有捆绑才会带来价值。

混合捆绑是指两个商品 A 和 B 除了被分开单独销售外，还被放在一起作为 A-B 产品包来销售。在混合捆绑下，消费者既可以购买产品包，也可以单独购买两种产品。微软的 office 软件包就是一个典型例子。混合捆绑的关键是 A-B 产品包是以折扣价来销售的，当 A-B 产品包不是以折扣价来销售，即等于 A 或 B 各自单独销售的价格时，则 A-B 产品包并不具有捆绑策略效应。

10.1.2　搭售

搭售是指一个产品的消费者只有在同时购买另外的产品 B 时，才能购买产品 A。也就是说，消费者购买产品 A 要以同时购买另外的产品 B 为条件。这里产品 A 称为搭售品，产品 B 称为被搭售品。搭售可以被看作是部分的混合型捆绑或排他性安排。搭售可以分为静态搭售和动态搭售。

在静态搭售中，想要购买产品 A 的消费者必须以同时购买一定数量的产品 B 为条件。静态搭售也被称为"一揽子搭售"，在这种搭售下，两种或两种以上的产品按固定的比例进行销售。企业的产品销售方式是 B 产品单独销售或以 A–B 产品包的形式销售，在消费者不购买 A–B 产品包的情况下，单独购买产品 B 是可能的，但是如果不买 B，则不能购买 A。在某些情况下，对商品 A 拥有市场势力的企业通常通过搭售来增加商品 B 的销售。静态搭售通常是通过排他性的合约或技术兼容来实现的。

动态搭售实际上是一个动态形式的纯捆绑。为了购买产品 A，消费者被要求在今后使用产品 A 的过程中购买一定数量的产品 B 为条件。但是与标准的纯捆绑不同的是，在动态搭售当中，产品 B 对不同消费者的销售数量存在差别，产品销售方式是以 A 和 B 的变动比例来组合销售的。在动态搭售中，产品 A 通常被称为基本品，产品 B 被称为产品 A 的必需品。因此，动态搭售也被称为"必需品搭配销售"，消费者在购买基本品的基础上，生产商根据消费者的消费数量差异对不同的消费者实行不同的价格，这实际上是一种二级价格歧视。与静态搭售不同的是，动态搭售具有如下的特点：第一，被搭售产品 B 的销售数量对不同的消费者存在差异。第二，被搭售产品 B 的销售数量并不是与商品 A 的销售数量同时确定的，消费者要在事后产品 A 的使用中购买产品 B，购买产品 B 的数量通常取决于产品 A 的使用密度。第三，被搭售产品 B 是使用基本产品 A 的必需品，二者之间存在一定的需求相互依赖性。动态搭售的经典案例是 IBM 公司在销售打卡机时要求客户必须从它那里购买纸卡。动态搭售的基本动机是实行价格歧视，根据不同商品的消费者消费产品 A 的价值来对消费者进行区分并索取不同的价格。

10.2　捆绑与搭售效率效应

传统上反垄断法一直是根据垄断杠杆化理论来严格审查捆绑行为，该理论认为捆绑或搭售是多产品垄断企业将一个市场的垄断势力延伸到另一个市场的垄断化行为。芝加哥学派并不认同传统的搭售垄断杠杆化观点，认为捆绑主要是出于效率原因。他们认为在很多情况下，企业并不能运用捆绑将一个市场的垄断势力延伸到另一个市场，从全社会的观点来看，捆绑会产生很多的收益，它本身应当被看作是合法的。

10.2.1　单一垄断利润理论

芝加哥学派的"单一垄断利润理论"认为，在一个市场拥有垄断势力的企业将其垄断势力延伸到另一个市场，利润并不能增加，甚至有可能降低。因为当垄断企业在搭售品市场具有垄断地位，同时在被搭售品市场面临竞争时，由于被搭售品市场是完全竞争的，企业只能以边际成本定价，在两个产品捆绑的情况下，企业并不能够在被搭售产品上多获得利润，企业的利润仍然是搭售品市场的垄断利润。一个拥有市场势力的企业即使不进行捆绑，它同样也能够获得高利润。所以，"企业只能获得一种产品的垄断利润"。进一步讲，在两个产品之间存在互补关系时，在被搭售品市场排斥优质低价的高效率企业，会减少在位企业在搭售品市场的垄断产品销量，这不符合在位企业利益。因此，搭售的杠杆化垄断势力效应是不可能发生的，现实中的企业捆绑行为一定是基于效率原因。

假设两个完全独立的产品 A 和 B，消费者消费两种产品的总数量为 1，消费者对两个产品的效用评价分别为 v_A 和 v_B。假如由于专利等原因，进入者无法进入 A 产品市场，A 产品为企业 1 所垄断，其单位生产成本为 c_A，并且 $c_A < v_A$；B 产品由企业 1 和企业 2 提供，其产品是无差异的，它们之间进行伯特兰德价格竞争，两个企业生产产品 B 的成本分别为 c_{B1} 和 c_{B2}。在博弈第 1 期，企业 1 决定是否进行捆绑；第 2 期，两个企业进行伯特兰德竞争。

（1）无捆绑

在企业 1 不进行捆绑的情况下，由于企业 1 垄断 A 产品，它可以在该市场定价 $P_A = v_A$ 并获得全部消费者剩余，其利润为 $v_A - c_A$。在 B 产品市场，由于企业之间进行伯特兰德竞争，产品由低成本生产企业来供应，B 产品价格等于 c_{B1} 与 c_{B2} 中的最高者。这样，企业 1 在市场 B 的利润为 $\max[c_{B2} - c_{B1}, 0]$。此时，垄断企业的总利润为

$$\pi_1 = (v_A - c_A) + \max[c_{B2} - c_{B1}, 0] \tag{10-1}$$

（2）捆绑

假设企业 1 决定将产品 A 和产品 B 捆绑，并将捆绑产品组合的价格定为 P_{AB}。此时，消费者有两种选择：一是从企业 1 以 P_{AB} 的价格购买产品组合，二是仅从企业 2 那里购买产品 B。要使捆绑成为消费者的首选，产品组合的价格 P_{AB} 必须满足下列条件

$$v_A + v_B - P_{AB} \geqslant v_B - c_{B2} \tag{10-2}$$

这意味着，企业 1 对产品组合所能索要的最高价格为 $P_{AB} = v_A + c_{B2}$。在此情况下，企业 1 的利润为

$$(v_A + c_{B2}) - (c_A + c_{B1}) = (v_A - c_A) + (c_{B2} - c_{B1}) \tag{10-3}$$

因此，捆绑下的企业利润为

$$\pi_1^b = \max[(v_A - c_A) + (c_{B2} - c_{B1}), 0] \tag{10-4}$$

据此，企业 1 在 B 产品市场具有成本优势的情况下，其利润在捆绑和不捆绑下是无差异的，即 $\pi_1^b = \pi_1$；当企业 1 在 B 产品市场不具有成本优势的情况下，捆绑的利润较低，即 $\pi_1^b < \pi_1$。这一结果意味着，对企业 1 来说，捆绑并不是一个有利可图的战略，因此它没有激励实施该行为，除非捆绑能明显降低成本，带来较高的效率收益。

10.2.2　捆绑与搭售的效率效应

芝加哥学派主要解释为什么捆绑与搭售能为消费者提供更多的便利和更低的交易成本，也就是搭售所具有的效率效应。具体来说：

（1）成本节省效应

芝加哥学派认为，捆绑的成本节省主要有两个理由：首先，捆绑和搭售可以带来生产和配送的规模经济与范围经济。设备被用来生产两种或多种产品会降低固定成本支出，带来规模经济和范围经济，当多种产品一起营销时还会降低营销配送成本。软件产业的例子显示，一体化软件的干中学和规模效应会使产品的销售商更方便和更高效地组装，获取联合生产或联合组装的效率优势。其次，捆绑和搭售降低了消费者搜寻与其基本产品最恰当组合产品的搜索成本和自己购买零部件组装的审核成本，实现了交易经济性。在消费者的评价是正相关的时候，搭售的成本协同效应最有价值。在现实当中，捆绑和搭售的成本节省往往能够给企业提供竞争优势，这有可能导致竞争对手退出市场或市场份额减少，引起反垄断诉讼。显然，在此情况下，反垄断法对此加以干预是不恰当的。

（2）效率性定价效应

销售基本产品 A 的垄断企业常常面临的问题是：如果对 A 索取垄断性价格可能会使消费者转而购买其他差别较大的替代产品 C。假设产品 C 的价格较低、效率较差，如果将 A 定价在竞争性市场价格，则消费者不会使用产品 C。如果能找到其他的替代性利用垄断势力的方式，垄断企业会制定竞争性的产品 A 价格，并避免出现消费者选择低效率产品 C 的情况。如果每个消费者都需要一定数量的 A，那么垄断企业获取额外收入的方式是：一是对产品 A 制定竞争性价格，但同时向消费者收取转移支付的费用；二是对产品 A 制定竞争性价格，同时要求消费者购买搭售产品 B，产品 B 是竞争性产品；三是维持产品 A 的垄断价格，但同时要求消费者必须购买配件或必需品 B，产品 B 的价格要高于竞争性价格水平。显然第三种方式并不是最优的选择，因为其会带来产品销量的大幅下降。因此，在大多数情况下，在捆绑和搭配销售时，A 产品的价格通常较低，这有利于产出和消费者福利的改善。当消费者对产品具有多种价值偏好的时候，一个企业可以提供多种捆绑产品组合以供消费者选择，这会带来较高的价值。

捆绑和搭售还可以作为一种消除"双重加成"的工具，提高两个互补产品垄断企业的利润。两个互补产品只有在一起使用时才有价值，消费者要么购买搭售产品要么不买。通常，一个垄断两个互补品市场的企业比两个市场各有一个垄断者时的定价要低。这就是说，同一个企业的捆绑销售会制定较低的价格。这是因为，一体化的垄断者会追求联合产品的利润最大化，而两个分离产品的独立企业会追求各自利润的最大化，这样会产生双重加成，高于一体化垄断者的产品价格。这一理论与纵向一体化中的双重加成理论是十分相似的。当两个产品具有很强的互补性的时候，降低一个产品的价格会促进另一产品的销售。当企业各自独立定价时，它们各自并没有考虑对其他企业的外部影响，如果两个企业能够协调价格或搭售，会使市场价格降低，消费者福利得到改善。

（3）质量控制效应

捆绑保证产品质量的理由主要是：首先，由于搭售产品中通常包含了企业的技能、知识、经验等因素，如果允许消费者购买不同配件自己组装，可能会影响最终产品或系统产品的质量，并损害生产商和消费者的利益。因此，搭售能够防止消费者错误性使用和使用不匹配零部件或互补品所带来的对基本产品的质量影响，并减少由此带来的厂家和消费者之间的纠纷，维护企业的声誉。而且，企业通过搭售可以及时、准确地掌握自家产品存在的问题，并采取措施加以改进。其次，搭售是高质量生产商显示产品质量的有效工具。在产品质量信息不完全的情况下，企业通过动态搭售，对基本产品索价很低但是对其必需品进行搭售时，会显示企业对消费者多用基本产品并多消费必需品有信心，即相信消费者会重复购买，这使企业能够补偿基本品低价销售的损失。由于在基本品产品质量低时，消费者不会重复购买，因而低质量基本品生产商不会有此激励。此时，搭售形成了与浪费性广告的质量信号显示机制相同的效应。

10.2.3　作为价格歧视的捆绑

捆绑和搭售并不是单个产品的定价问题，而是多个产品的定价问题。当两种产品以固定比例销售时，捆绑或搭售可以作为一种价格歧视的工具，使企业更多地占有消费者剩余，获得更高的利润。价格歧视理论是芝加哥学派的主要理论观点。

在消费者对产品的评价不同并且不同消费者对产品的评价具有负相关性的情况下，纯捆绑会降低消费者的异质性，从而使企业占有更多的消费者剩余；混合捆绑不仅降低消费者的异质性，而且同时还使对单个产品评价较高的消费者仍然购买单个产品，从而增加企业利润。假设一个企业生产两种产品 A 和 B，有两个消费者 1 和 2，每个消费者对两种产品各有 1 单位需求，这两个消费者对产品 A 和 B 的保留价格列在表 10-1 中。这里，消费者 1 对产品 A 的评价高于消费者 2，但是消费者 1 对产品 B 的评价则低于消费者 2，即两个消费者对两种产品的评价是负相关的。

表 10-1　　　　　　　　　　**两个企业对两种产品的保留价格**　　　　　　　　　单位：元

	产品 A	产品 B
消费者 1	120	30
消费者 2	100	40

当两个产品分开销售给消费者 1 和 2 时，生产企业对两个产品 A 和 B 的最高要价分别为 100 元和 30 元，因此其总收入为 260 元。如果该企业决定将产品 A 和 B 捆绑在一起来销售，则消费者 1 对 AB 产品组合的保留价格为 150，消费者 2 对 AB 产品组合的保留价格为 140，此时生产企业的最高要价为 140 元，总收入为 280 元。显然，捆绑为企业带来了更高的利润。

上述结果的一个重要前提是消费者 1 和 2 对两种产品的各自评价是负相关的，此时捆绑就成为一种可以增加企业利润的定价行为。如果消费者对商品的评价是正相关的，则捆绑不会带来利润的增加。在表 10-2 所示的保留价格下，消费者 2 对两种产品的保留价格均低于消费者 1，生产企业对两个消费者索要的产品组合 AB 的价格只能是 130 元，此时其总收入为 260 元，这与分开销售是一样的，捆绑并不会带来利润的增加。

表 10-2　　　　　　　　　　　两个企业对两种产品的保留价格　　　　　　　　　　　单位：元

	产品 A	产品 B
消费者 1	120	40
消费者 2	100	30

为了进一步分析不同类型捆绑的影响，我们将分三种情况来展开分析。我们先给出有关的假设。假设有两种产品，产品 1 和产品 2，生产每一种产品所需的边际（或平均）成本是不变的，分别记作 c_1 和 c_2，生产一组产品的单位成本是 $c_B = c_1 + c_2$。假设一个消费者对每种产品各有 1 单位需求。消费者对产品 1 和产品 2 的保留价格或最高支付意愿价格分别为 R_1 和 R_2。我们假设购买一单位捆绑销售产品束的消费者的保留价格为 $R_B = R_1 + R_2$，即捆绑销售产品束的保留价格等于产品组合中各单个产品保留价格之和。作为互补品，产品束的保留价格很可能会高于产品组合中各单个产品分开销售时的价格之和。假设消费者对这两种产品的估价是不同的，即 R_1、R_2 和 R_B 因消费者的不同而不同。一些消费者拥有一个高的 R_1 和一个低的 R_2，对其他消费者们而言情况则相反。如果我们以 R_1 为横坐标轴、R_2 为纵坐标轴画一个象限图，如图 10-1 所示。根据假设我们可以用坐标图中不同象限里的点 (R_1, R_2) 来描述每一个消费者的保留价格。

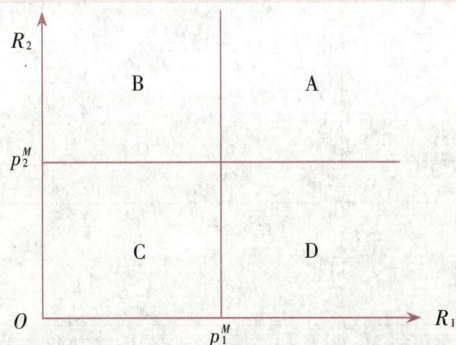

图 10-1　分开销售下的消费者选择

情况 1：分开定价销售

图 10-1 解释了垄断企业提供两种产品的最简单的定价策略，以 p_1^M 和 p_2^M 的垄断价格分开出售两种产品（我们暂且先不去管这些垄断价格是如何决定的）。这可以看作一个地区垄断餐馆以 p_1^M 的价格出售汤和以 p_2^M 的价格出售三明治，同时购买两种食品需要花费 $p_1^M + p_2^M$。消费者的价格组合被区分为四个组：组 A 的消费者对两种产品的

保留价格均高于两种产品的定价，因此他们将对两种产品各购买1个单位；组B的消费者对产品2的保留价格高于其定价p_2^M，但对产品1的保留价格低于其定价p_1^M，因此他们会购买1单位产品2，而不会购买产品1；类似地，组D的消费者对产品1的保留价格高于其定价，因此他们会购买产品1，但他们不会购买产品2；组C的消费者对两种产品的保留价格均低于其定价，因此他们不会购买任何一种产品。

情况2：纯捆绑

现在，假设垄断企业采用一种纯捆绑策略，即两种产品以捆绑的形式出售，产品束的价格为p_B。纯捆绑定价可以用图10-2中加粗的直线p_Bp_B来表示，该直线与横纵坐标轴的交点均是p_B，其斜率为-1。直线p_Bp_B将消费者分成两组：p_Bp_B线以上区域的消费者，p_Bp_B线以下区域的消费者。p_Bp_B线以上区域的消费者对两种产品相加的保留价格高于p_B，将购买产品束。p_Bp_B线以下区域的消费者对两种产品相加的保留价格低于p_B，将不会购买产品束。在纯捆绑的情况下，对两种产品均评价较高的消费者的福利状况得到改善，他们支付的总价格比两个产品分开销售的价格要低，实际上享受了一个折扣价格。但是，对一些消费者来说，尽管其对某一产品的保留价格低于该产品的边际生产成本，但由于两种产品被当作一个产品束来提供，他们在购买其中的某一产品的同时，也购买了不喜欢的商品，因此是非效率的。在图10-2中，这一结果发生在以下两种情况中：p_Bp_B线以上区域中对产品1的保留价格低于c_1的消费者（如位于E），以及对产品2的保留价格低于c_2的消费者（如位于F）。在纯捆绑的情况下，尽管有些消费者的状况变好，有些消费者的状况变坏，但是消费者总体的福利是增加的，企业的利润也是增加的，社会总福利优于分开销售的总福利。

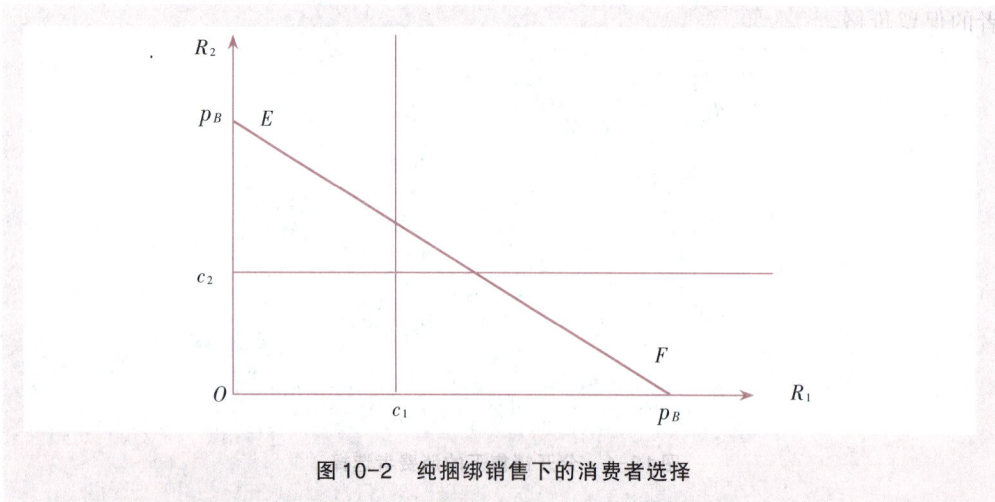

图10-2 纯捆绑销售下的消费者选择

情况3：混合捆绑

这里，垄断企业提供两种销售方式：一是分别以p_1和p_2（这里的价格不一定为垄断价格）的特定价格来分开出售这两种产品；二是以p_B（这里的价格也不一定是纯捆绑价格）的价格捆绑出售这两种产品组合而成的产品束。当然，这里必须是在$p_B = p_1 + p_2$的情况下才有意义。假定消费者对产品1的保留价格为R_1以及对产品2的保

留价格为 R_2。如果其购买该产品束，那么他将支付 p_B 的价格，获得消费者剩余为 $CS_B = R_1 + R_2 - p_B$。如果其仅购买产品 1，他获得的消费者剩余为 $CS_1 = R_1 - p_1$。在图 10-3 中，消费者的购买行为分为四个区域。

在 dab 区域，消费者将只购买产品 1。假设消费者位于 x，如果下列两个条件得到满足的话，该消费者将仅购买产品 1：一是 $CS_1 > CS_B$，这要求 $R_2 < p_B - p_1$；二是 $CS_1 > 0$，这要求 $R_1 > p_1$。$p_B - p_1$ 的差值很容易通过图 10-3 表示出来。因为 $p_B p_B$ 线的斜率为 -1，线段 ab 与线段 bc 的长度相等，且等于 $p_B - p_1$，所以在线 jad 以下所有的点表示消费者对产品 2 的保留价格处于 $R_2 < p_B - p_1$ 的状况；当然，线段 ab 右边所有的点代表 $R_1 > p_1$ 的情况。因此，保留价格处在 dab 区域的所有消费者（比如消费者 x）将会仅购买产品 1。

在 feh 区域，消费者将只购买产品 2。假设消费者位于 y，类似地，只要满足以下两个条件，消费者将只购买产品 2：一是 $R_1 < p_B - p_2$；二是 $R_2 > p_2$。$p_B - p_2$ 的差额可以由图 10-3 中的线 jeh 表示出来，并且在线段 fe 上所有的点代表 $R_2 > p_2$ 的情况。因此，保留价格处于 feh 区域的所有消费者（比如消费者 y）将会仅购买产品 2。

在 daeh 以上的区域，消费者将购买捆绑销售的产品束。假设消费者位于 z，在 $R_2 > p_B - p_1$ 和 $R_1 > p_B - p_2$ 的情况下，对于产品 1 来说，消费者的保留价格处于线 jeh 的右侧部分，对于产品 2 来说，消费者的保留价格处于线 jad 之上部分。如果消费者一定要购买产品的话，他将购买这个产品束，因为此时他将比单独购买其中任一产品获得更多的消费者剩余。对于购买该产品束的消费者而言，$R_1 + R_2 > p_B$ 是必要条件，因为它表明其保留价格必须确保该消费者处于图 10-3 中的 caeg 线以上的区域。换言之，处于 daeh 线以上区域的消费者（如消费者 z）将会购买这一产品束。

在 feab 以下的区域，消费者将不购买任何产品及其组合。设消费者位于 feab 区域，其保留价格低于两种产品各自的定价，因此，他将不会单独购买两种产品中任何一种。另外，他的保留价格之和小于捆绑销售产品束的价格，因此，他将不会购买该产品束。因此，处于 feab 以下区域的消费者将不会购买任何产品。

当我们对分开销售、纯捆绑销售、混合捆绑销售的垄断定价过程进行比较后可知，纯捆绑和混合捆绑销售往往会使垄断企业的销量和利润增加。在混合捆绑销售的情况下，纯捆绑销售中出现的非效率现象会更严重，因此其总体福利不如纯捆绑销售。三种情况下的社会福利结果为：纯捆绑优于混合捆绑，混合捆绑优于分开销售 $CS_p > CS_m > CS_s$。

当捆绑或搭售作为一种价格歧视工具的时候，通常会引起反垄断机构的注意。但是对于作为价格歧视的捆绑或搭售，人们首先应该想到的是它的效率效应，即价格歧视改进了低效率的定价方式。尽管大使用量用户被索取高价，但是他们会以较低的价格购买基本产品；而且基本产品价格的降低也会使低使用量用户能够购买产品 A。因此，作为价格歧视手段的捆绑或搭售可能会增进社会福利。但是在耐用品市场上，价格歧视可能会导致消费者延期消费，生产企业延期降价，这会导致社会福利的降低。综合来看，捆绑或搭售具有价格歧视效应的时候，其福利后果是不确定的。

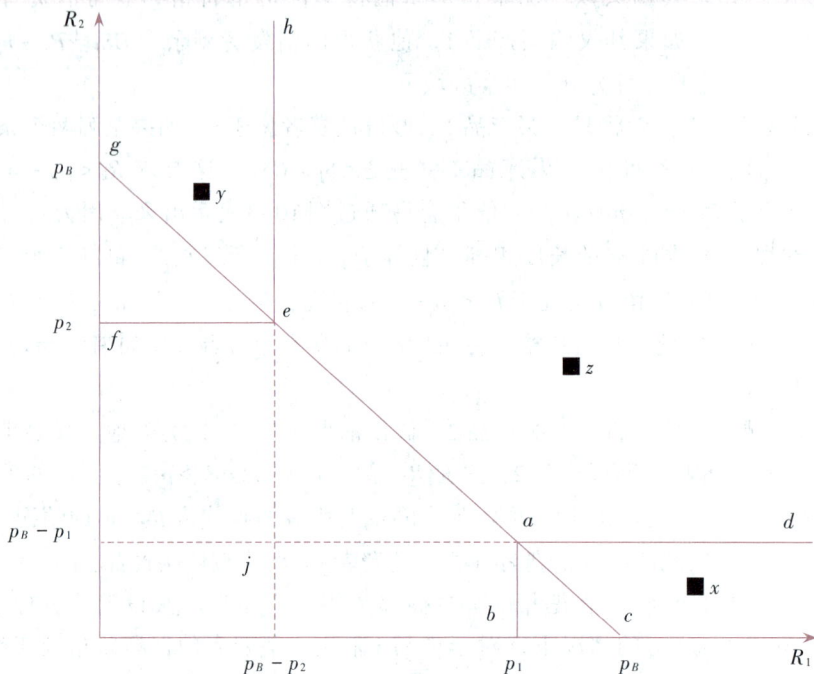

图10-3 产品1和产品2混合捆绑销售的垄断定价

10.3 捆绑与搭售反竞争效应

后芝加哥学派认为，单一垄断利润理论做出被搭售产品市场是完全竞争的假定是非常不现实的，当被搭售产品市场是寡头垄断而非完全竞争时，在搭售品市场具有垄断势力的企业具有通过搭售来排斥被搭售市场潜在竞争对手进入或维护在搭售品市场垄断势力的激励，从而排斥竞争对手。

10.3.1 更具攻击性价格

温斯顿（1990）首先重新分析了垄断杠杆化理论，证明搭售作为一种进入阻止行为的经济学基础，将搭售品市场的垄断势力杠杆化到被搭售产品市场对企业是有利可图的。芝加哥学派单一垄断利润理论存在的问题是，它假设被搭售产品市场是完全竞争的并且规模收益不变。当被搭售产品市场具有规模经济和不完全竞争特征时，将两个产品捆绑销售使在位企业达成了一个将在被搭售产品市场采取更具攻击性竞争行为的可信承诺，从而能够在被搭售产品市场排斥竞争对手。

假设市场存在两个独立的产品A和B，产品A只有企业1能生产，因此企业1垄断了产品A市场，消费者对A产品的支付意愿是v_1，我们把这个市场的需求标准化为1。产品B市场是一个无差别的竞争性市场，由企业1和企业2提供产品，产品价格由市场决定，分别为p_1^B和p_2^B。企业1提供产品A和B的成本分别为c_1^A和c_1^B，企业1以价

格 P_1^{AB} 提供 AB 产品组合。由于产品 A 市场是垄断的，垄断企业 1 将其定价为等于消费者支付意愿 $p_1^A = v_1$ 可以获得最大化利润。我们来分析捆绑和不捆绑对产品 B 市场的影响。

情况1：不捆绑

不存在捆绑或搭售时，企业 1 根据（10-5）式来确定产品 B 的价格

$$(p_1^B - c_1^B) D_1 (p_1^B, p_2^B) \tag{10-5}$$

此时，如果企业 2 的效率更高，即 $c_2^B < c_1^B$，则企业 2 可以制定略低于企业 1 产品 B 生产成本 c_1^B 的价格，从而占据整个市场，并获得利润 $c_1^B - c_2^B$。在此情况下，企业 1 只在 A 产品市场经营，利润为 $v - c_1^A$。

情况2：捆绑

存在纯捆绑或搭售时，企业 1 根据利润最大化（10-6）式来确定产品组合价格 P_1^{AB}

$$(p_1^{AB} - c_1^A - c_1^B) D_1 (p_1^{AB} - v_1, p_2^B) \tag{10-6}$$

在产品组合价格 P_1^{AB} 给定的情况下，我们可以将产品组合的价格看成 $p_1^{AB} = v_1 + p_1^B$，此时企业 1 产品 B 的价格实际上是一个虚构的价格，$p_1^B = p_1^{AB} - v_1$。这是因为，对一个消费者来说，他在决定是否购买企业 1 的产品 B 时，实际上是将企业 1 的产品 B 看作是定价为 $p_1^B = p_1^{AB} - v_1$。由于垄断产品 A 的定价给定为 v_1，此时企业 1 在产品 B 市场的利润最大化函数为

$$\left\{ p_1^B - \left[c_1^B - (v_1 - c_1^A) \right] \right\} D_1 (p_1^{AB} - v_1, p_2^B) \tag{10-7}$$

比较（10-5）式和（10-7）式，我们可以看出，在捆绑的情况下，企业 1 的利润函数中产品 B 的成本被降低了 $v_1 - c_1^A$。这就像企业 1 独立销售被捆绑产品 B，但是它却具有较低的成本一样，即生产产品 B 的单位成本减去了一个单位边际。这是因为在产品组合出售的情况下，企业 1 在产品 B 市场的单位销售损失会被产品 A 市场分担 $v_1 - c_1^A$，因此市场中产品 B 的真实成本被减少了 $v_1 - c_1^A$。一个较低的成本意味着企业将采取更具攻击性的行为。如图 10-4 所示，捆绑使企业 1 的最优反应曲线向下移动，导致两个企业的均衡价格和利润都下降。尽管搭售下的产品组合定价会使企业 1 和企业 2 在产品 B 市场的利润下降，但是对于企业 2 来说，利润下降的幅度更大。当企业 1 产品 B 的虚拟价格低于企业 2 的成本时，企业 2 就会被封锁。

在两个产品分开销售的情况下，企业 1 显然没有激励进入产品 B 市场。由于在它进入后，该市场会变成伯特兰德双寡头价格竞争，均衡价格等于边际成本，企业 1 的进入没有任何收益，相反由于进入要支付固定成本（F），所以其将亏损（$-F$）。在捆绑销售的情况下，如果进入市场后企业 2 获得的利润不足以补偿进入市场时支付的固定成本，则企业 2 将不会进入市场。此时，捆绑会产生"战略性封锁效应"，阻止竞争者进入。

上述分析结论成立的假设条件是：

第一，产品 A 的垄断者能够以可信的承诺采取搭售策略，并且搭售会导致市场排斥效应，否则垄断者的战略将是自欺欺人，不具有承诺可行性，搭售只是增加了市场价格竞争的强度。因为搭售所导致的市场竞争的加剧，不仅会降低新进入企业的利润，

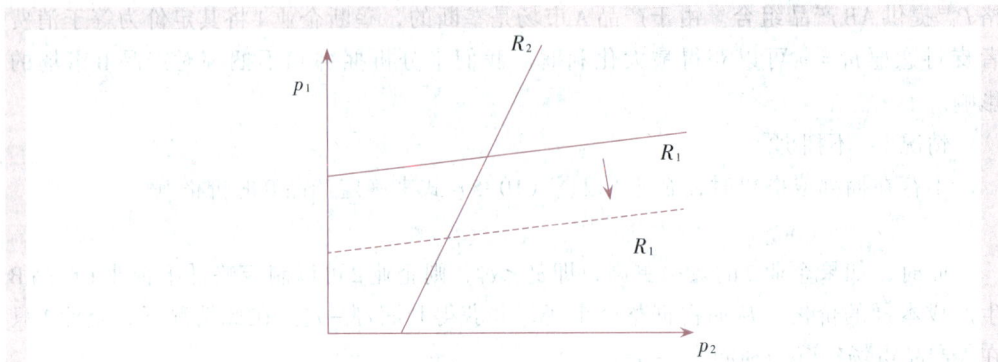

图10-4　捆绑的策略效应

而且同样也降低在位企业的利润。如果搭售不具有承诺可信性，潜在进入企业将进入市场并坚持下来，因为它知道坚持搭售策略会为在位企业带来较低的利润，在位企业将改变搭售的决策。由于在位企业的搭售不具有可信性，此时搭售不会产生排他效应。因此，搭售的排他性效应要发挥作用，必须以企业的搭售行为具有承诺可信性为前提，这种承诺可信性要么通过产品设计来实现，要么是通过技术设计来实现。

第二，两个产品之间的需求具有相互依赖关系，搭售要具有排他性的条件是两个产品之间不存在互补关系，即产品A和产品B是两个独立的产品。当A和B两个产品是互补品时，搭售并非有利可图。假设产品A和B是固定比例的互补产品。A是基本品，B是互补品，单独购买产品B不会给消费者带来价值。在此情况下，如果只有产品A和B的捆绑销售，没有分开单独销售，则没有消费者会单独购买产品B，这会将竞争对手完全排除到市场之外。但是问题是在不搭售的情况下，在位垄断企业会做得更好，搭售并不具有策略的占优性。假设 p^{AB} 为垄断搭售组合产品包的最优价格，由于产品B市场存在竞争，产品B实行边际成本定价 c^B，产品A的定价为 $P^A = p^{AB} - c^B$。在此定价规则下，市场会有两种情况：一是竞争对手退出市场。在此情况下，消费者只关心产品总价格，在位企业的利润同实行搭售时相同。二是竞争对手留在市场当中，在位企业不实行搭售，这会产生两种效应：一是一些消费者会转而购买竞争对手的产品B，但是因为它仍会以价格 $(p^{AB} - c^B) - c^A$ 来销售产品A，而且由于产品之间的互补性，产品A的销量并不会下降，因此这并不会降低在位企业的利润；二是在产品B存在替代品的情况下，以前在搭售情况下不购买的消费者会购买竞争对手的产品，由于两个产品之间的互补关系，这会增加产品A的销量，使在位企业的利润增加。因此，在产品之间具有互补关系的时候，在位企业不太可能采用搭售作为实现排斥竞争对手的工具。

第三，消费者对商品具有一致的偏好。因为在此情况下，不搭售会失去整个产品B市场，因此在位企业会有激励阻止进入。但是如果消费者对产品的偏好是有差异的，则搭售只是作为一种价格歧视的机制而已，通过搭售来排他并非有利可图。

10.3.2　制造进入障碍

纳里贝夫（Nalebuff，2004）构建的模型证明，一个同时生产产品A和B的企业具有"可信"的激励通过捆绑或搭售来阻止进入。这里，捆绑使竞争者的市场进入变得困难，并不是因为在位垄断企业承诺采取更具攻击性的定价，而是因为它阻止了进入者实现充足规模，捆绑给进入者制造了进入障碍。在捆绑的情况下，由于在位者产品B的价格及其利润都高于没有捆绑的情况，因此捆绑成为一个可信的排他策略。

假设产品市场总需求为1，在位企业1是两种产品的垄断生产者，但是面临一个潜在竞争企业2将进入产品B市场的威胁。这里分三种情况：

情况1：不存在进入威胁下的垄断分开销售。此时，在位垄断企业对两个产品的利润最大化价格为$p^A = p^B = 0.5$，总利润为0.25+0.25=0.5。

情况2：进入者进入下的在位者分开销售下。在不存在捆绑的情况下，B产品市场的一个进入者只要定价稍低于在位者的产品B价格，即$p^B - \varepsilon$的水平，它将会占领整个产品B市场，在位者只占据A产品市场，此时两个企业的利润分别为$\pi_1 = 0.25$和$\pi_2 = 0.25$。

情况3：在不存在进入威胁下的在位者纯捆绑。此时，在位者会将捆绑产品A–B定价为1，此时所有认为A+B的价值大于1的消费者将会购买产品组合，在位垄断企业仍占据50%的市场份额，其总利润将为0.5。在面临进入威胁的情况下，在位者存在降价销售的激励，假设捆绑产品的价格为p，则其利润函数为$p(1 - \frac{p^2}{2})$，据此利润最大化价格为$p = \sqrt{\frac{2}{3}} \approx 0.80$。此时，它向68%的市场供应产品，总利润为0.544（如图10-5所示）。

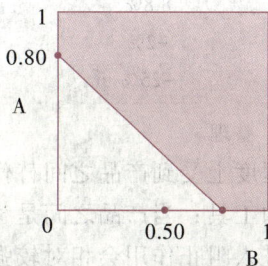

图10-5　不存在进入威胁下的在位者捆绑收益

在进入威胁下，捆绑能在降低进入者利润的同时仍然有利可图，这主要是因为下面两种效应：

一是纯捆绑效应。在位企业将分开销售转变为捆绑会降低进入者的市场规模及其利润。在A–B纯捆绑的情况下，在位者将产品组合定价为1，此时其利润为0.5，这与不存在进入时的垄断价格是一致的。但是这对进入者来说情况则不同了，进入者定价$P=0.5$时，它将只销售给那些对B评价高于0.5并且对A评价低于0.5的消费者，一个对 A 评价高于 0.5 的消费者购买捆绑产品会更好。此时，进入者供应市场的份额为图 10-6 中右下方的阴影面积，进入者只能向占整个市场 25% 的消费者销售产品，相对于不捆绑，其利润下降了 50%。

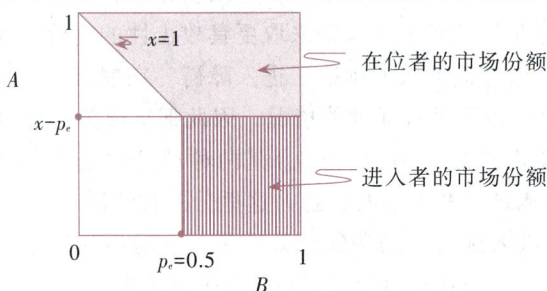

图 10-6　存在进入威胁时纯捆绑的效应

二是捆绑折扣效应。由于相对于分开销售，产品组合 A-B 的价格下降了，捆绑是以一个折扣的方式来出售产品 B，这会进一步降低进入者的利润[①]。在位者将捆绑产品 A-B 定价在小于 1 的水平，尽管降价也降低了在位企业的利润，但是在位企业利润下降得非常缓慢，而进入者利润下降的速度则非常快（见表 10-3）。

表 10-3　　　　　　　　　捆绑对在位者和进入者利润的影响

在位者捆绑品的价格	在位者		进入者	
	不存在进入威胁下的利润	利润下降幅度	存在进入威胁下的利润	利润下降幅度
1.00	0.500	—	0.148	—
0.80	0.544	8.8%	0.105	-30%
0.68	0.523	-2%	0.081	-23%
0.41	0.375	-25%	0.034	-60%

数据来源：根据 Nalebuff（2004）整理。

这里，捆绑排他效应很大程度上受到产品之间替代程度的影响。当产品之间是互补关系时，捆绑是一个强有力的工具；当产品之间是替代关系时，它的进入阻止作用会相对较弱。另外，纯捆绑的进入阻止作用会相对较强，混合捆绑的进入阻止作用相对较弱。

10.3.3　保护垄断租金

乔伊和斯泰凡纳蒂斯（Choi and Stefanadis，2001）、卡尔顿和温德曼（Carlton and Waldman，2002）等学者分析指出，垄断杠杆化理论的背后逻辑并不是多产品垄断企业在被搭售品市场 B 扩大利润，而是为了阻止潜在竞争者将来进入其垄断的搭售

[①]　在 A-B 定价为 1，A、B 各自对消费者的价值为 0.5，成本均为 0 的情况下，捆绑使边际消费者的价值由 0.5 上升为 1，这增加了企业降低价格的激励。

品市场 A，以维护在搭售品市场 A 的垄断地位和垄断租金。因此，在产品完全互补的寡头竞争情况下，搭售成为在位垄断者维持和强化市场垄断势力的一种机制。也就是说，在不存在其他企业进入基本品市场 A 威胁的情况下，企业没有实行搭售的激励。在其他企业有可能进入基本品（搭售品）市场 A 时，在位垄断企业有激励通过搭售来垄断互补品市场 B 以阻止潜在竞争者进入基本品市场 A，从而保护自己在市场 A 的垄断租金。

假设有两种完全互补的产品：基本品 A 和互补品 B。两个产品不能够单独使用，只有组合在一起时才会为消费者带来价值，如电脑和打印机。假设在位企业垄断了 A 和 B 两个互补产品市场。在两个产品分开销售的情况下，如果每个潜在进入者能成功地进行创新，它们都能凭借创新优势进入 A 产品市场或 B 产品市场。但创新需要进行初始的固定投资，因此创新是有风险的。在此情况下，如果在位企业承诺搭售或纯捆绑，潜在进入者只有在两个产品同时取得创新成功的情况下才可能成功地进入。如果仅仅在一个产品的创新上取得成功，由于在位企业的捆绑或搭售，进入者的产品在市场中将不会有任何需求。因此，捆绑或搭售降低了创新投资和技术创新的激励，在位企业实现了对竞争对手的封锁。

在进入者进入互补品市场后更容易进入基本品市场的情况下，在位者显然有激励通过捆绑或搭售排斥进入者，以维护其在基本品市场的垄断地位。比如，我们可以将 B 产品市场设想为一个软件平台，一个进入者只有先建立起这个平台然后才能进入其他市场。在微软垄断案中，如果微软公司通过将视窗系统和应用软件捆绑，一个新的操作系统（OS）供应商如 JAVA 就很难吸引软件开发商开发与其操作系统配套的应用软件，消费者将不会购买或使用该系统（见图 10-7）。在位者通过捆绑或搭售会使进入者在 B 产品市场的销量下降，预期收益减少，在进入成本较高的情况下，这会完全阻止进入者的进入。这里，捆绑实际上提高了进入者进入 A 产品市场的壁垒。因此，捆绑或搭售成为在位者维持垄断势力的策略工具。

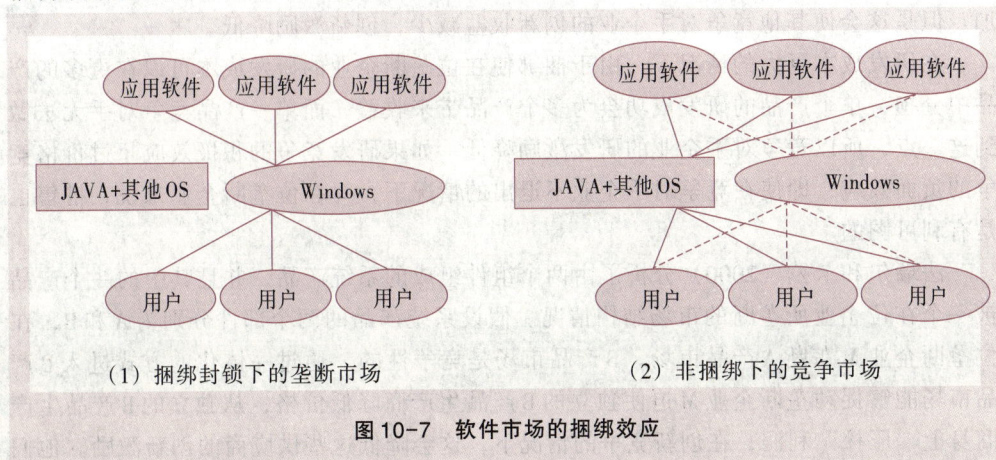

图 10-7 软件市场的捆绑效应

在网络产业，即使潜在进入者进入互补品市场不发生进入成本，但是当互补产品市场存在需求方网络效应时，在位企业垄断互补产品市场的激励会较强。捆绑会使在位企业的产品销量增加，扩大在位企业的网络效应。在这里网络效应具有与进入成本相似的作用，增加了进入者未来进入基本品市场的难度。另外，将垄断的基本品和互补品搭售的行为往往会使在位垄断者成为互补品市场的标准制定者。在基本品市场面临进入威胁时，在位企业就有搭售的激励，以确保最好的标准被采用并通过标准而非基本品市场的高价格来获得恰当的租金。因此，搭售可以使一个垄断企业在新兴市场获得垄断地位和势力。

10.3.4 降低对手创新激励

传统上一般认为，为激励创新，应该在事前引入创新竞争，在事后通过知识产权制度赋予企业对创新成果的独占性。乔伊（1996，1998，2002）分析指出，在位垄断企业能够通过搭售使竞争对手的创新激励降低，知识产权制度有可能成为一种排斥竞争对手的机制。这一点与对创新赋予知识产权是有益于社会的观点不同。

假设在位垄断者的搭售品 A 可以单独销售，那么其被搭售品 B 的性价比越高，则产品 A 创造的价值也就越大。这意味着在位垄断企业可以通过两种方式从被搭售品 B 的市场中获利：一是如果在位垄断企业的产品 B 创新优于竞争对手，则从产品 B 销售中获利；二是由于产品 B 的更多销量，间接地带来产品 A 销量增加并带来收益增加。假设所有产品 B 的竞争对手也生产同样的产品，而且企业创新会使生产成本降低。这里有两种情况：

第一，当在位垄断企业在产品 B 市场的创新超过竞争对手时，其创新带来的产品质量的边际增加会使在位垄断企业的利润增加，此时在位垄断企业进行搭售的激励并不强。

第二，当在位垄断企业在产品 B 市场的创新被竞争对手超越时，在位企业在产品 B 市场没有利润可赚。但是由于两个产品之间的互补性，此时如果它能迫使高效率的产品 B 竞争对手降低价格，则会增加对搭售品 A 的需求，这会使在位企业的利润增加。但是这会使其他竞争对手企业的创新收益减少，创新激励降低。

在研发成本巨大的情况下，由于捆绑使在位垄断企业的研发成本可以在更多的产品中分担，单个产品的研发成功会为多个产品带来收益，而单一产品竞争对手无法做到这一点，所以竞争对手企业的研发激励降低。如果研发竞争的积极效应超过价格竞争的负面效应，即使在竞争对手企业不退出的情况下，对在位垄断企业来说，搭售也是有利可图的。

法瑞尔和卡兹（2000）分析了由两个组件组成的系统产品，并且其中的一个产品被一个在位企业所垄断的市场结构情况。假设系统产品的两个部件分别为 A 和 B，在位垄断企业 M 垄断 A 产品市场，B 产品市场是竞争性的。通过一体化的方式进入 B 产品市场能够促动垄断企业 M 迫使独立的 B 产品生产商降低价格，从独立的 B 产品生产商身上"压榨"利润；在创新竞争的情况下，这会降低这些供应商的创新激励。他们将这种"压榨"概括为三种效应：

价格压榨，即一体化的在位企业 M 策略性地制定产品 A 或 B 的价格，以诱使其他的产品 B 供应商降低价格。

投资压榨，即一体化的在位企业 M 策略性地投资于 B 产品的研发，以诱使其他的 B 产品供应商降低价格。

排他性压榨，即一体化的在位企业在 B 产品市场直接排挤竞争对手。

法瑞尔和卡兹（2000）认为，在位企业一体化搭售行为的福利后果是不确定的。只有在下列条件满足时，反垄断介入才有必要：一是独立的 B 产品生产者的研发努力下降幅度大于在位企业研发努力的增加幅度，二是 B 产品市场的新进入者能有效地生产产品 B，即新进入企业至少能同在位企业的产品 B 生产部门同样有效率地经营。另外，当创新涉及知识产权时，即使上述条件满足，反垄断法也需要与知识产权法进行有效的协调。

10.4 捆绑与搭售反垄断政策

10.4.1 反垄断分析原则

传统的经济学理论一直认为，捆绑和搭售是垄断企业将一个市场的垄断势力延伸到另一个市场的一种方式，因而主张对搭售适用"本身违法"原则。芝加哥学派对捆绑和搭售持效率观点，认为在被搭售品市场存在竞争的情况下，搭售是无利可图的。搭售作为一种企业市场行为，是有其效率原因的。芝加哥学派认为搭售本身是合法的，反垄断机构应该尽可能少干预企业的搭售行为，在搭售案件中应该注重搭售的效率效应。后芝加哥学派采用博弈论和信息经济学的分析工具，指出搭售可能具有反竞争的策略效应。后芝加哥学派只是指出在一定的条件下搭售才会产生反竞争的效应，它没有否定搭售的效率效应。后芝加哥学派的分析并没有为反垄断机构对搭售运用合理推定原则提供任何可以被广泛使用的一系列判定标准。

对于捆绑和搭售，目前经济学理论研究已经达成了三个共识：首先，捆绑和搭售是一种很普通的企业市场行为，在大多数情况下会带来很大的效率收益；其次，捆绑和搭售要产生限制竞争效应需要具备严格的前提条件；最后，捆绑和搭售既可能具有效率原因，又可能具有策略性原因。因此，不应该对搭售适用本身违法原则，而应该适用合理推定原则。对捆绑和搭配销售案件，不仅需要仔细地分析其是否具有反竞争效应，而且同样也需要仔细分析其可能具有的效率效应和竞争促进效应。

这里我们概括出可能会导致捆绑和搭售产生限制竞争的结果和可能会减少搭售产生限制竞争结果的因素（见表10-4）。对一个具有较多容易导致限制竞争效应因素的企业来说，通过捆绑和搭售实现策略性目的会更有吸引力，可能会产生限制竞争的结果。对一个具有较多不容易导致限制竞争效应因素的企业来说，由于捆绑和搭售是无利可图的，因此对企业来说，排他性捆绑和搭售通常是不具有吸引力的，捆绑和搭售更可能出于效率原因。

表10-4 影响捆绑和搭售竞争效应的因素

增加限制竞争效应的因素	减少限制竞争效应的因素
企业拥有市场势力	其中的一个产品是由竞争性市场供应的
所有的企业在该市场当中制定统一的价格	市场势力是来自专利保护
消费者对商品的评价是离散分布的	所有的企业能够进行价格歧视
消费者的价值评价具有多样性	消费者对商品的评价是相同的
两个商品具有低的或零边际成本	消费者的价值评价不具有多样性
两个商品之间是互补的关系	商品具有高的边际成本
互补品市场具有规模经济或网络经济	商品之间是替代关系

10.4.2 美国反垄断政策

在早期，美国反垄断机构认为"搭售除了限制竞争之外没有其他目的"[1]。20世纪70年代后，由于受芝加哥学派的影响，在1984年的Jefferson Parish案件中，美国联邦最高法院对传统的将搭配销售看成是本身违法的法律规则进行了微调，考虑了搭配销售提高福利的效应。在2001年微软案的裁决中，华盛顿区巡回上诉法庭考虑了搭配销售的效率效应，采用了合理推定原则来分析计算机软件平台的搭配销售案件。美国关于搭售的反垄断执法正越来越多地考虑效率效应，权衡搭售的效率收益和反竞争后果。在美国反垄断法中，搭售被定义为"一些组织设定的只有在买者同时购买另一个不同的产品或至少同意将不向任何其他供应商购买的协定"。美国法院审理搭售案件的主要法律依据是《谢尔曼法》第1条和《克莱顿法》第3条。在美国反垄断法当中，对搭售的判定在不同时期明显不同。目前修改的本身违法原则仍然是美国对搭售适用的基本原则，合理推定原则只适用于"平台软件市场"。

（1）早期的本身违法原则阶段

在早期的执法案件中，法院认为企业进行搭售的根本目的就是一种限制竞争的方式。1917年的动画专利公司案、1936年的IBM公司案、1947年的国际制盐公司案、1958年的西北太平洋铁路公司案是早期本身违法原则的典型案例，法院在裁决这些案件时依据的主要理论是垄断杠杆化理论，即搭售是垄断企业将一个市场的垄断势力延伸到另一个市场损害竞争的行为。

在1917年的动画专利公司案中，[2]动画专利公司在销售其拥有专利的放映机过程中要求购买人以仅放映该专利权人的电影为条件。当被许可人世界电影放映公司播放其他公司拍摄的电影时，动画专利公司以其侵犯了专利权人在专利许可协议中的权利为由向法院提起诉讼。法院否认了侵权行为的存在，并依据垄断杠杆化理论指出，专利权赋予的合法垄断势力不应被延伸到另一个市场。

在1936年的IBM公司案中，[3]最高法院对IBM公司和瑞明顿兰德公司在租赁商用电脑过程中要求顾客以从其购买数据打孔卡片为条件来租赁计算机的搭售行为。法院

---

① Standard Oil Co. of California et al. v. United States，337 U.S.193，305（1949）.
② Motion Picture Patents Co. v. Unversal Film Mfg.Co.（1917）.
③ International Business Machines Co. v. United States（1936）.

认为只有IBM公司和瑞明顿兰德公司能生产商用计算机，并且IBM在数据打孔卡片市场占据81%的市场份额，这足以使法院认定这一行为实质性地损害了市场竞争。法院拒绝了IBM公司提出的搭售是为了减少机器故障和维护公司商业信誉的辩护理由，因为法院认为还存在其他合理的和危害更少的替代方法。从反垄断经济学的角度来说，该案中的搭售仅仅是一种价格歧视的方式，并不存在滥用市场势力的问题。

在1947年国际制盐公司案中，[①]国际制盐公司对工业制盐机器拥有专利（品牌为Lixator），这些机器只租不售。在1946年时，国际制盐公司共有840个机器租借协议，其中有13个协议规定，租用者在使用国际制盐公司的制盐机器生产时必须购买使用该公司生产的盐，当然如果租用者能够证明可以在其他地方以低于该公司所提供的价格购买到盐，则可以不受此约束。1947年美国司法部对此提起诉讼，联邦最高法院对上述合约要求展开调查。国际制盐公司的主要辩护理由是，如果使用低质量的盐会影响机器的质量，并影响公司的声誉。最高法院没有对国际盐业公司在两个市场的份额进行调查，而只是依据国际制盐公司对机器拥有专利就认定其具有市场势力，法院驳回了被告的主张并裁决认为，由于其他竞争者被"排斥"在很大一部分盐市场之外，无法向使用Lixator制盐机器的企业供应盐，因此该搭售行为是本身违法的。[②]

在1958年西北太平洋铁路公司案中，[③]西北太平洋铁路公司在西北部及各州拥有大片土地，在对这些土地的销售和出租协定中，它提出了"优先路线"条款，要求土地的购买者和租用者在运费相等的情况下，将该土地上生产的产品交由西北铁路公司运输。最高法院发现被告拥有市场势力，搭售安排是其具有市场势力和限制竞争的明显证据。因此，搭售行为是非法的，"优先路线"条款适用本身违法原则。最高法院在裁决中陈述道：这些搭售协议除了压制竞争以外没有任何目的。它们使竞争者不能自由进入被搭售品市场，这并不是因为强行搭售的一方提供了更好的产品或更低的价格，而只是因为它在另一产品市场上拥有市场势力。

在搭售仅仅是企业的一种滥用市场势力行为的观点影响下，一个自然的政策结论就是应该禁止搭配销售的行为。在这个阶段，判定本身违法的构成要素通常有：①企业的市场势力。买方在搭售品市场具有一定的市场势力通常被认为是判定本身违法的一个前提条件。②分开产品的搭售。搭售包括那些直觉上就是可以分开的产品，如土地和交通服务；也可以是依据一些因素做出，如依据被搭售品通常是否以固定的比例作为一个产品单位，产品的部件是否被分别要价，或者产业中的其他企业是否单独销售产品/捆绑销售产品[④]。③在被搭售品市场具有较大的交易量。非法的搭售应该是在被搭售品市场具有较大交易量的企业，通过搭售能对该市场竞争者产生明显的影响。④额外的辩护。美国法院在某种程度上允许对将要被禁止的搭售安排进行辩护。法院

① International Salt Co. v. United States，332 U.S.3ted States（1936）.
② Peterman（1979）的分析指出，国际制盐公司搭售协议的根本目的不是实行价格歧视而是及时了解其他竞争对手的降价信息。
③ North Pacific Railway Co.et al. v. United States，356 U.S. 1（1958）.
④ 但是仅仅建立"分开产品"是远远不够的，搭售的一个重要的因素是"强迫购买第二个不同的产品"。换句话说，非法搭售和合法捆绑的区别是"销售者利用其对搭售产品的控制迫使购买者购买它不需要或喜欢从别处购买的被搭售品的"。合法捆绑是消费者对分开购买产品还是购买捆绑产品具有自由选择权，而且分开购买产品也是经济上可行的。

认为，在新兴产业的发展初期，一定时期的搭售是合理的，因为搭售一个一体化的系统能够确保复杂设备有效地发挥作用。但是最高法院同时也认为，维护声誉不应该作为辩护的理由，因为搭售并不是维护声誉的唯一方式。

（2）修改的本身违法原则阶段

在1984年的Jefferson Parish案件中，[1]对搭售的判定标准基本上适用本身违法原则，但是同时适当考虑效率辩护理由。在该案中，Jefferson Parish医院与一家私人公司签订合同以获得提供手术麻醉方面的服务。由于该医院已经和一个专业的药品公司签订了由该公司提供全部麻醉服务的协议，被排挤在外的麻醉师海德向该院申请麻醉服务被拒绝。海德提起诉讼，指控该医院的医疗服务与麻醉服务放在一起进行搭售。最高法院认为，非法搭售的必要条件是：①分开产品，即存在两种产品市场；②企业在搭售品市场拥有市场势力；③强迫购买被搭售品或服务；④排斥了很大的市场交易量。由于医院在地区市场仅占有30%的份额，它不具有市场势力，而且没有证据表明医院曾强迫患者接受它指定的麻醉服务，而且手术和麻醉并不是分开的产品，所以最高法院认为该医院的行为并不违法。该案引发了最高法院重新考虑搭配销售的本身违法原则，开始考虑区分好的搭售和坏的搭售。与早期本身违法原则不同的是，最高法院认识到在某些情况下搭售可能改善社会福利，并不是所有的搭售都是限制竞争的。但是主导意见仍然坚持认为应该继续对搭售适用本身违法原则。尽管如此，本身违法原则的适用范围还是被大大地缩小，本身违法原则更多地关注对竞争造成损害的搭售。尽管修改的本身违法原则建立了判断非法搭售的标准，并降低了执法失误的风险，但是总体上仍然适用本身违法原则，它没有针对具体的案件进行具体的分析，并认为总体上搭售的竞争损害效应大于效率收益。

（3）合理推定原则阶段

美国司法部和21个州对微软公司提出了多项反垄断指控，其中的一项就是微软通过技术性或合约性的方式将IE浏览器和视窗系统捆绑在一起。地区法院采用在Jefferson Parish诉讼案中的检验方法，认为该行为满足分开产品检验标准，因而是非法的。上诉法院拒绝了Jefferson Parish诉讼案的检验方法，认为对软件平台应采用合理推定原则，以综合考虑反竞争效应和效率效应。上诉法院认为"将新功能一体化到软件平台中是一个习惯性做法，对此采用本身违法原则将不利于促进平台创新和信息使用"。上诉法庭拒绝采用地区法院适用的经修改的本身违法原则是基于两点理由：

第一，对于像微软这样的案件采用本身违法原则是不恰当的，它会带来一系列的问题。上诉法院认为微软案与一般的搭售案件有两点不同：首先，搭售品和被搭售品具有技术上的一体化关系；其次，搭售提高了搭售品的使用者和互补品制造者的价值。由于这些特点，法院认为不应当想当然地认为其本身违法，而要仔细地对其加以分析。

第二，微软垄断案不满足分开产品检验的适用条件，因而不能加以运用。分开产品检验的适用条件是市场是静态的，并且所有的竞争者在相同的环境下运营。在微软

---

① Jefferson Parish Hospital District No.2 v. Hyde，446 U.S.2（1984）．

案件中这两个条件是不具备的，这是因为：首先，微软在将两个产品一体化的过程中进行了投资和技术开发；其次，将 IE 嵌入视窗本身也是一个创新的行为。

目前，在美国的反垄断执法当中，执法机构重点关注混合捆绑，并将其称为"捆绑折扣"。反垄断机构审查的基本方法是：首先计算捆绑产品组合中所有产品的价格折扣，然后将其运用到竞争性产品当中，如果这些竞争性产品在此折扣价格下其产品价格仍然高于其成本，则可以认定为合法，否则就认定为非法。这一审查方法实际上采用了与审查"掠夺性定价"相同的成本规则。这一方法存在的主要缺陷是它没有充分考虑捆绑行为潜在的市场封锁效应。近年来，美国法院和反垄断机构逐步倾向于采用"反竞争市场封锁"方法来审查捆绑行为。在 2003 年的乐贝奇（LePage）公司诉 3M 公司案中，[①]法院认为 3M 公司的捆绑行为给其他竞争对手造成了明显的进入障碍，并且 3M 公司对该行为无法给出充分的商业理由，因此认定其为非法。

10.4.3　欧盟反垄断政策

欧盟竞争法并没有经历与美国相似的发展进程，但是其对搭售案件的反垄断执法规则却是与美国的发展趋同。欧盟委员会已经发布了三个关于搭售的决议，其中有两个是关于基本品和其必需品的搭售。1988 年的布朗诉英国糖业公司案是典型的案例[②]。布朗是英国的一个食糖商人，他起诉英国最大的食糖生产和销售商英国糖业公司滥用市场支配地位而在零售市场排斥自己。欧盟委员会调查发现，英国糖业公司是以送货到家的价格来销售食糖，从而将食糖销售和食糖运输放在一起进行搭售。由于欧盟委员会认定英国糖业公司在市场中拥有市场支配地位，食糖运输完全可以通过合同的方式由独立的运输企业来完成，搭售剥夺了食糖购买者的选择权，并且送货到家的价格也消除了运输市场的竞争，因而存在市场支配地位的滥用。

在欧盟反垄断执法当中，执法机构采用了"市场封锁"检验方法。根据欧盟 2009 年发布的《滥用市场支配地位指南》，捆绑与搭售非法的条件是：企业具有市场支配地位，两种产品是不同的产品，产生反竞争的市场封锁效应。在案件裁决中通常遵循四步评判程序：

第一步，判断企业是否在相关的搭售品市场具有市场势力。在搭售案件中，实施企业在相关市场具有支配地位是判断滥用搭售的一个前提条件。

第二步，判断是否存在搭售行为。欧盟委员会定义的搭售是将两个或两个以上的明显不同的产品捆绑在一起，并强迫消费者购买捆绑产品而不是给予他们分开购买产品的选择。判断是否存在搭售主要是考虑两个因素：一是产品是不是分开产品。判断两个产品是不是可以被分离通常基于"商业性使用"来做出判断。证明两种产品不同的证据包括：直接证据，即客户会选择从不同的供应渠道分开购买搭售和被搭售产品；间接证据，如专门制造或销售被搭售产品的企业所在的市场不存在搭售产品或不存在占支配地位的企业所捆绑销售的产品，或者能证明特别是在竞争市场中企业的市

---

①　LePage's Inc v. 3M，324 F.3d 141（3d Cir. 2003）.
②　Napier Brown v. British Sugar，Commission Decision 88/519/EEC，1988 O.J.（L284）41.

场势力小，以至于通常不会搭售或捆绑销售此类产品的证据。

二是是否存在强迫手段。根据欧盟竞争法，强迫购买搭售产品是判断滥用搭售的一个重要因素。强迫可以采取多种手段，既可以是利用支配地位进行威胁等消极方式，也可以是利用价格激励等积极方式。

第三步，评价搭售对竞争的影响。竞争效应评估的核心是判断是否会产生市场封锁效应。欧盟委员会认为如下因素对于区分具有可能或现实的反竞争封锁效应的案件而言一般都很重要：

◇ 如果占支配地位的企业将搭售或捆绑销售作为一项持久的策略，那么反竞争封锁效应的风险预计更高，如通过技术搭售，扭转其成本高昂的劣势。

◇ 在捆绑销售的情形下，企业可能同时对多个捆绑产品拥有市场支配地位。捆绑中此类产品越多，反竞争封锁效应可能就越显著。

◇ 对于有兴趣购买被搭售品而非搭售品的客户而言，搭售可能降低竞争强度。如果在被搭售市场中缺少大量只购买被搭售品以维系占支配地位的企业竞争对手的客户，那么搭售会使其面临更高的价格。

◇ 如果搭售品和被搭售品可以多种不同的比例作为投入品用于生产过程，那么客户可能对搭售品的涨价有所反应，即增加对被搭售品的需求而降低对搭售品的需求。占支配地位的企业为了避免这种替换情形，可以将这两种产品进行搭售，结果就是能够提高产品价格。

◇ 如果占支配地位的企业可以在搭售产品市场中调价，那么搭售可以让其弥补在搭售品市场中的调价行为所造成的收入损失，进而在被搭售品市场上提高价格。

◇ 如果对于购买搭售品的客户而言，被搭售品是一种重要的互补产品，那么被搭售品的可替代供应商减少及由此导致此类产品供应量减少，会使得进入搭售品市场更加困难。

第四步，考虑是否还有其他为搭售辩护的理由，也称为"目标性辩护"。从原则上来说，被诉滥用搭售的支配企业可能会进行辩护，但是现实当中这种辩护很少能取得成功。

10.4.4　搭售的反垄断审查

目前，大多数学者和研究机构建议采用"能力—动机—总体影响"的审查步骤。对于搭售行为可采用三步的结构式合理推定审查，具体可以按以下步骤进行：

第一步，搭售反竞争效应产生的市场结构条件。判断限制竞争的搭售是否会产生，主要考虑下列市场结构性因素：

◇ 搭售品和被搭售品是不是两个独立的产品。根据搭售的定义，搭售是两个独立产品的捆绑销售行为。当两个产品不是独立产品时，则不构成搭售。当两种产品可以被分别消费且每个产品有自己的需求时，即符合分开产品的定义[①]。

◇ 企业在搭售品市场具有市场势力。判断企业在搭售品市场具有市场势力是任

[①] 判断两个产品是不是独立产品可以考虑以下几方面的因素：该产品的行业交易习惯、产品之间的功能关系、交易双方对产品的认知、两种产品的销售和价格关系。

何搭售案件分析的重要一步。如果企业没有市场势力，搭售不会具有反竞争效应，而且通过搭售排斥竞争对手也不具有现实可行性。

◇ 被搭售品市场的竞争状况。搭售的反竞争效应都建立在被搭售品市场是不完全竞争的基础上，市场不完全竞争的主要原因是企业面对正的固定成本（规模经济）或网络外部性。在此情况下，通过搭售垄断者在被搭售市场从竞争对手手中抢夺市场，降低了竞争对手的收益，有可能使它们的收益无法补偿其固定成本支出，从而达到排斥的目的。在完全竞争市场由于不存在固定成本，排斥性行为将不具有现实可行性。

◇ 搭售的承诺可信性。将两个产品搭售在一起会引起竞争对手攻击性的价格反应，这会导致市场中所有企业的利润下降。因此，实施搭售的企业必须向竞争对手表明只要竞争对手不退出，它就坚定地执行搭售策略。如果搭售不具有承诺可信性，则可能不会产生反竞争的效应。当存在可信承诺的时候，搭售的排他性效应可能会损害社会福利[①]。

◇ 竞争对手是否也具有搭售的能力。如果企业的竞争对手能够用搭售应对企业的搭售行为，则企业的搭售行为将不会有利可图。

◇ 竞争对手退出的可能性。搭售只有能成功地实现对竞争对手的市场排斥，反竞争的搭售对企业才是有利可图的。如果搭售不能实现将竞争对手排挤出市场的目的，反竞争的搭售并不一定就是有利可图的。但是竞争对手的退出与否是难以预测的。通常企业的退出取决于两个因素：一是搭售产品和被搭售品之间的需求联系；二是市场条件，如产品差别化程度、竞争对手的成本支出和资本结构等。

◇ 进入障碍。即使一些竞争对手退出被搭售品市场，如果没有进入障碍，搭售品企业也不能提高价格，因为新竞争者会很快地进入并消除反竞争的垄断租金。这种现象在技术创新速度快的行业更容易出现。

◇ 不存在买方市场势力。买方势力能够阻止一个企业通过反竞争的搭售获利。即使竞争对手退出被搭售品市场，并且进入障碍足以排除竞争对手的进入，面对集中需求的买方势力，搭售企业也无法提高价格。

第二步：搭售行为是否会严重损害市场竞争？为了判断搭售是否具有反竞争效应，要分析的要素有：

◇ 潜在进入者的互补品质量是否比垄断企业的互补品质量高。

◇ 基本品垄断是否比允许替代生产者提供高质量产品更有利可图。

◇ 如果潜在进入者已经进入互补品市场，它是否将进入基本品市场；也就是说潜在进入者同时进入两个市场是否是有利可图的。

◇ 如果垄断者不搭售，那么潜在进入者将需要了解先进入互补品市场然后再进入基本品市场是否有利可图。

◇ 在被搭售品市场面临竞争的情况下，如果 A 产品垄断者实行 A-B 产品包的价格上升幅度高于 A 产品价格上升减去 B 产品的平均变动成本的幅度，则可以认定为具

---

① 这里就需要分析搭售是技术性的还是和合约性的，尤其是要分析被搭售品市场是否具有规模经济或网络效应。

有排他性。如果搭售没有通过这些检验，则进入第三步分析它的效率效应。

第三步：是否存在弥补反竞争效应的效率效应？这一步要求判断搭售是否产生效率收益，而且这些效率收益是其他方式所无法获得的，只有通过搭售才能够获得，以及这些效率收益是否超过了反竞争效应。在进行这一分析时，由于这些效率效应并不是马上反映出来，还需要考虑动态的影响。

本章小结

捆绑和搭售是重要的企业行为，传统上反垄断法一直对其加以严格禁止。芝加哥学派的"单一垄断利润理论"认为，在一个市场拥有垄断势力的企业将其垄断势力延伸到另一个市场并不能够增加其利润，因此捆绑和搭售一定是基于效率的原因。这些效率的原因包括成本节省、效率性定价、质量控制等。在捆绑或搭售作为一种价格歧视的工具时，其福利效应是不确定的。后芝加哥学派认为，在被搭售产品市场是寡头垄断时，捆绑或搭售会成为在位企业排斥其他企业进入市场的工具，会带来损害竞争的效应。由于捆绑和搭售既有效率基础，也有反竞争效应，因此应该适用合理推定原则进行反垄断审查。

课后习题

1. 在何种情况下捆绑都会有利可图吗？
2. 作为价格歧视的捆绑是否损害竞争？
3. 捆绑是否也存在促进竞争的情况？
4. 搭售为什么会损害竞争？

推荐阅读资料

Adams 和 Yellen（1976），Schmalensee（1982，1984），McAfee、McMillan 和 Whinston（1989）等人的论文是分析捆绑价格歧视效应的经典文献。Whinston（1990）、Nalebuff（1999）、Choi 和 Stefanadis（2001）、Choi（2002）、Carlton 和 Waldman（2002）等人的论文是分析捆绑与搭售策略效应的经典文献。Nalebuff（2003）的研究报告对捆绑和搭售的有关反垄断理论进行了系统的总结评价。

本章参考文献

[1] ADAMS, YELLEN. Commodity Bundling and the Burden of Monopoly [J]. Quarterly Journal of Economics, 1976, 90: 475-498.

[2] AHLBORN, EVANS, PADILLA. The Antitrust Economics of Tying: A Farewell to per se Illegality [J]. The Antitrust Bulletin, 2004, 49: 287-341.

［3］BAKOS, BRYNJOLFSSON. Bundling and Competition on the Internet ［J］. Marketing Science, 2000, 19：630-682.

［4］CHEN.Equilibrium Product Bundling ［J］. Journal of Business, 1997, 70：85-103.

［5］CARLTON, WALDMAN. The Strategic Use of Tying to Preserve and Create Market Power in Evolving Industries ［J］. The RAND Journal of Economics, 2002, 33：194-220.

［6］CHOI. Tying and Innovation：A Dynamic Analysis of Tying Arrangement ［R］. CES Working Papers No.170, 1998.

［7］CHOI, STEFANADIS. Tying, Investment, and the Dynamic Leverage Theory ［J］. The RAND Journal of Economics, 2001, 32：52-71.

［8］CHOI. Antitrust Analysis of Tying Arrangements ［R］. CESifo Working Papers, No. 1336, 2004.

［9］CHOI. Tying and Innovation：A Dynamic Analysis of Tying Arrangements ［J］. Economic Journal, 2004, 14：83-101.

［10］EVANS, SALINGER. Why Do Firms Bundle and Tie？ Evidence from Competitive Markets and Implications for Tying Law ［J］. Yale Journal on Regulation, 2005, 22：38-89.

［11］EVANS, SALINGER. Why Do Firms Bundle and Tie？ Evidence from Competitive Markets and Implications for Tying Law ［J］. Yale Journal on Regulation, 2005, 22：38-89.

［12］NALEBUFF. Bundling, Tying, and Portfolio Effect ［R］. Department of Trade and Industry Economics Working Paper 1, 2003.

［13］NALEBUFF. Bundling as an Entry Barrier ［R］. Working Paper, Yale University, School of Management, 1999.

［14］NALEBUFF. Bundling as an Entry Deterrent Device ［J］. Quarterly Journal of Economics, 2004, 119：159-188.

［15］REISINGER. The Effects of Product Bundling in Duopoly ［R］. Working Paper, University of Munich, Department of Economics, 2003.

［16］MATUTES, REGIBEAU. Compatibility and Bundling of Complementary Goods in a Duopoly ［J］. Journal of Industrial Economics, 1992, 40：37-54.

［17］MCAFEE, MCMILLAN J, WHINSTON. Multi-product Monopoly, Commodity Bundling, and Correlation of Values ［J］. Quarterly Journal of Economics, 1989, 104：371-383.

［18］SALINGER. A Graphical Analysis of Bundling ［J］. Journal of Business, 1995, 68：85-98.

［19］SCHMALENSEE. Commodity Bundling by Single-product Monopolies ［J］. Journal of Law and Economics, XXV：67-71.

［20］SCHMALENSEE, RICHARD. Gaussian Demand and Commodity Bundling ［J］. Journal of Business, 1984, 57：211-230.

［21］WHINSTON. Tying, Foreclosure, and Exclusion ［J］. American Economic Review, 1990, 80：837-859.

［22］WHINSTON. Exclusivity and Tying in U.S. vs Microsoft：What We Know, and Don't Know ［J］. Journal of Economic Perspectives, 2001, 15 (2)：63-80.

第11章
拒绝交易

根据实施主体，拒绝交易可以分为单方拒绝交易和联合拒绝交易。联合拒绝交易也称为联合抵制，一般是将其定性为合谋的案件来进行处理。如中国国家工商管理总局2010年颁布的《禁止垄断协议行为的规定》第七条明确禁止具有竞争关系的经营者就联合抵制交易达成以下垄断协议：联合拒绝向特定经营者供货或者销售商品；联合拒绝采购或者销售特定经营者的商品；联合限定特定经营者不得与其具有竞争关系的经营者进行交易。单方拒绝交易属于一种典型的企业滥用市场支配地位的行为。在欧盟竞争法中，一般性拒绝交易行为也称为拒绝供货行为，是支配企业滥用市场支配地位的行为之一。拒绝供货行为可以有多种表现，如支配企业断绝已经签订的供货协议，不再向另一方供货；或者支配企业拒绝向新进入企业供货；上游设备制造商拒绝对其他下游市场的服务提供商供应维修所需的零配件；以及在计算机和通信产业支配企业拒绝提供竞争者进入市场所需的信息[①]。

拒绝接入不仅指在位企业拒绝竞争者的接入，而且还指在位企业对新进入市场的竞争者或现有竞争者制定不合理的和歧视性的接入条款，以使竞争对手处于不利的市场竞争地位，从而不能有效与其进行竞争的行为。不合理的交易条件可以分为不合理的价格条件和非价格条件，不合理的价格条件如歧视性接入价格，不合理的非价格条件如要求接入企业承担额外的附加义务，过分的、不合理的延迟竞争对手接入行为也是拒绝交易行为的体现。

11.1　拒绝交易的反竞争效应

相对于反垄断实践来说，在反垄断经济学中，对于拒绝交易行为的理论解释还是较弱的，目前其基本的理论基础是提高对手成本理论和市场封锁理论。这里我们重点介绍提高竞争对手成本理论来解释拒绝交易的竞争效应。

在市场当中，在位企业有激励通过提高竞争对手的成本或削弱其满足产品需求的能力来使竞争对手处于不利的市场地位，以维护自己的垄断市场地位。这可以通过多种方式来实现。例如，最极端的方式就是把竞争对手获得一种必要投入品的所有渠道都封锁，如拒绝接入必要设施；和供应商签订排他性的合约，阻止向竞争对手供应重要投入品；采取措施提高竞争对手能够获取的资源价格，尽管在全行业的价格上升中自己的成本也上升，但是只要竞争对手上升的幅度更大，则就是有利可图的；游说政府对行业进入实行管制或设置合理进入障碍。

假设市场当中有两个企业1和2，其市场需求分别为

$$x_1(p_1,p_2)=a-p_1+p_2 \tag{11-1}$$

$$x_2(p_1,p_2)=a-p_2+p_1 \tag{11-2}$$

假设两个企业的成本函数分别为

$$C^1=c_1x_1,\ \ C^2=c_2x_2 \tag{11-3}$$

两个企业的利润函数分别为

[①] 如欧盟委员会要求IBM公司向计算机外围产品的生产者提供进入市场所需的技术信息，以使外围产品的生产商进入市场参与竞争。

$$\pi_1 = p_1 x_1(p_1, p_2) - c_1 x_1 \tag{11-4}$$

$$\pi_2 = p_2 x_2(p_1, p_2) - c_2 x_2 \tag{11-5}$$

企业之间进行古诺竞争，经过简单的计算其价格和利润分别为

$$p_1 = a + \frac{2}{3}c_1 + \frac{1}{3}c_2, \quad p_2 = a + \frac{2}{3}c_2 + \frac{1}{3}c_1,$$

$$\pi_1 = \left(a - \frac{1}{3}c_1 + \frac{1}{3}c_2\right)^2, \quad \pi_2 = \left(a - \frac{1}{3}c_2 + \frac{1}{3}c_1\right)^2 \tag{11-6}$$

根据上述古诺模型的计算结果，对于企业1的利润函数来说，使竞争对手处于成本劣势（即提高c_2）会提高自己的竞争位势，从而获得更高的利润。

假设企业之间进行伯特兰德竞争，则利润函数为

$$\pi_1 = \pi(p_1(c_1, c_2), p_2(c_1, c_2)) \tag{11-7}$$

对企业1的利润函数求企业2成本c_2的偏导数，可得

$$\frac{d\pi_1}{dc_2} = \frac{d\pi_1}{dp_1}\frac{dp_1}{dc_2} + \frac{d\pi_1}{dp_2}\frac{dp_2}{dc_2} \tag{11-8}$$

由于企业之间进行伯特兰德价格竞争，企业1选择利润最大化价格，因此上式第一项等于零。战略效应来自第二项，也就是成本c_2上升导致企业2的价格上升，进而增加企业1的利润。从图11-1中我们可以看到，在价格竞争的情况下，如果企业1能够通过策略性行为使企业2的反应曲线向上移动，则企业1可以获得更高的市场份额和利润。

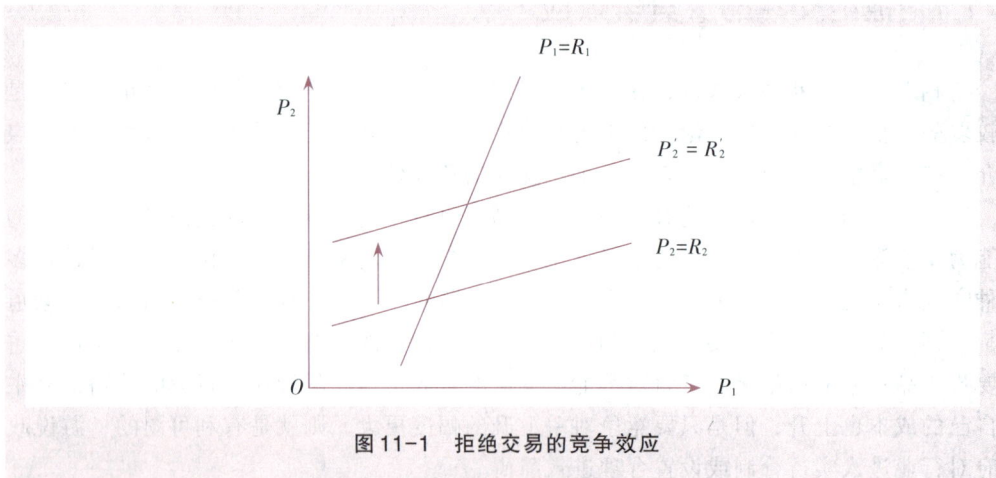

图11-1 拒绝交易的竞争效应

通过拒绝交易来提高竞争对手成本会对竞争对手和消费者产生负面的影响，具体体现在以下两个方面：

第一，对竞争对手的影响：竞争对手成本上升会降低竞争对手的市场份额，更极端的是成本的增加会降低竞争对手对未来经营的利润预期，甚至导致其离开市场。具体体现在两个方面：一是成本提高，竞争对手的利润下降；二是由于主导企业选择了一个新的产出价格，所以边缘企业的利润受到进一步的影响。如果竞争对手的利润没有被降低，策略显然无法实现排斥的目标。但是如果市场受到进入障碍的保护，则主导企业可以在边缘企业进入成本提高的同时仍能够增加利润，尤其是如果边际成本的

增加幅度大于平均成本，并且如果需求是充分的非弹性，则成本增加将有大的转移效应——价格提高要大于平均成本的增加。

第二，对消费者剩余的影响体现在三个方面：一是成本上升导致的价格上升将降低消费者的福利。但是在需求弹性大的情况下，价格的下降会抵消高成本的福利损失；二是产出的减少也导致福利损失；三是成本上升导致价格上升，在不存在提高成本的策略时，可以使用更多的资源生产更多的产品。

11.2 拒绝交易的反垄断政策

在商业交往过程中，经济主体拥有交易的自由是市场竞争体制的重要前提，因而各国法律都对保障经济主体的自由交易权做出规定。在正常的商业交往过程中，拒绝交易行为并不会受到反垄断法的关注。但是在拥有垄断市场势力的单个企业或多个企业联合拒绝交易的情况下，其就有可能会限制市场竞争和损害社会福利，应该受到反垄断法的禁止。因此，在反垄断执法当中，一般企业的拒绝交易行为并不会引起反垄断机构的关注，只有那些严重损害竞争的由垄断企业或支配企业实行的拒绝交易行为才会引起反垄断机构的关注。在现代反垄断执法当中，如何判定垄断企业的拒绝交易行为是否严重损害了市场竞争仍是执法中的一个难题。

11.2.1 美国反垄断法中的拒绝交易

美国对拒绝交易行为的反垄断执法主要是依据《谢尔曼法》第2条禁止"垄断化"来执法。美国联邦最高法院认为，拒绝交易行为一般不违反《谢尔曼法》，但是企业拒绝交易的权利只适用于不存在形成或维持垄断地位的情况，如果垄断企业拒绝交易行为是为了提高或者维持垄断势力，就是非法的。在1919年美国政府诉高露洁公司案中，美国联邦最高法院阐释道只要没有确立或维持其支配地位的目的，《谢尔曼法》并不限制长期存在的经营者或者制造商在一种完全私人的交易中的权利，任何企业对将与之交易的相对人可以自由行使是否与之交易的决定权。在美国反垄断执法实践当中，法院并没有对一般拒绝交易行为的法律适用做出明确的规定，执法理念体现在具体的案例中。

（1）1927年柯达公司案[①]

在美国反垄断法当中，一般性拒绝交易的第一个案件是1927年柯达公司案。在该案中，柯达公司试图通过一体化进入照相材料市场，并对那些将被其收购的零售商停止供应产品。最高法院认为柯达公司的行为是试图垄断的行为。一个在纵向产业链条中的某一环节具有垄断势力的企业为了在上下游市场获得垄断地位而在下游市场采取拒绝交易行为是非法的。

（2）1985年阿斯潘滑雪场案[②]

1985年阿斯潘（Aspen）滑雪场案是拒绝交易的典型案例，该案也是横向市场封

[①]　Eastman Kodak Co.v. Southern Photo Materials Co.（1927）．
[②]　Aspen Skiing Co. v. Aspen Highlands Skiing Corporation（1985）．

锁的典型案例。在阿斯潘滑雪公司诉阿斯潘高地滑雪公司一案中，两家公司同时在科罗拉多的阿斯潘地区经营滑雪场，其中阿斯潘滑雪公司拥有四座滑雪山峰中的三座，阿斯潘高地滑雪公司拥有一座。1970年以来两家企业一直出售有折扣的套票，使滑雪者可以在四个山地上自由滑雪，并在它们之间分配利润。在1977—1978年的滑雪季节，阿斯潘滑雪公司要求阿斯潘高地滑雪公司接受固定分享套票联合利润15%的分配方案，并且在1978—1979滑雪季节分享12.5%的利润。当两家企业对利润的分配产生分歧之后，阿斯潘滑雪公司停止了联合协议，增加了高地滑雪公司消费者到其所拥有的滑雪场的难度，这导致高地滑雪公司的收入大幅下降。美国最高法院认为，阿斯潘滑雪公司具有垄断势力（占90%左右的市场份额），其拒绝交易行为不仅损害了竞争对手的业务，而且还降低了自己的短期需求，但是由于在消除竞争对手后它可以获得长期的垄断利润，因此这是一种明显的垄断化行为。最高法院最后裁决，阿斯潘滑雪公司必须继续与第四座滑雪山峰的拥有者合作，发行允许滑雪者使用在四座山峰滑雪的通用滑雪票，并赔偿给竞争者造成的损害。

（3）1992年柯达公司案[①]

在美国反垄断执法当中，1992年的柯达公司案是关于拒绝交易的典型案件，也是争议最大的案件。1987年17个小的独立服务组织（ISO）企业向法院提起了针对柯达公司的反垄断诉讼。这些小的独立服务组织企业主要是从事冲洗设备维修服务的，在市场中同柯达公司的维修服务展开竞争。在该案中，冲洗设备是耐用品，它需要持续的维修服务。在反垄断经济学中，冲洗设备等耐用品市场一般称为"前市场（foremarket）或初级市场（primary market）"，维修服务是耐用品不可缺少的一部分，所以也称为"后市场（aftermarket）"。维修服务通常需要投入人力并需要大量的配件。在冲洗设备维修服务市场，小的独立服务组织同时也为柯达公司生产的冲洗设备提供维修服务，它们的服务价格通常比柯达公司低15%～30%，但是服务质量同柯达公司是一样的，并且它们能够提供柯达公司无法做到的随叫随到服务，这与柯达公司的服务市场形成了有力的竞争。在1985年，柯达公司实行了一个不再向小的独立服务组织销售零配件的政策，确保冲洗设备拥有者不购买多于它们合理需要数量的零配件，并要求零配件购买者提供拥有柯达公司冲洗设备的证明和拥有经过柯达公司培训的维修人员的证明，同时还要求客户不要转售零配件。

原告认为柯达公司的拒绝供应政策是利用其在零配件市场的垄断势力试图垄断维修服务市场的垄断化行为。在该案中，最高法院重申了在阿斯潘滑雪公司一案中的观点，只有在存在合法的竞争性理由的情况下，垄断者才可以拒绝与竞争对手进行交易。柯达公司认为其拒绝供应政策具有如下的合理理由：确保维修服务质量；控制存货成本；防止小的独立服务组织搭柯达公司在设备、配件和服务市场的便车。在审判过程中，法院没有采用被告柯达公司的主张，而是支持了原告的主张，采取了三倍赔偿的救济措施，并要求柯达公司以非歧视性的价格向其他维修服务商销售配件。

1997年的美国柯达公司案在证据和理论应用、司法程序以及救济措施等方面都

---

① Eastman Kodak Co.v. Image Technical Services，Inc.112 S.Ct.2072（1992）.

引起了很大的争议。控辩双方和法院并没有就以下三个问题给出明确科学的回答：第一，柯达公司是否在原始设备市场（前市场或初级市场）具有市场势力？因为这里涉及耐用品供应和由于转换成本产生的锁定及消费者预期问题，在这些因素影响下如何判定企业的市场势力？各方并没有做出回答。第二，柯达公司拒绝交易行为构成垄断化行为的逻辑合理性是什么？即使柯达公司在前市场具有市场势力，它完全可以通过向独立的维修商索要高的零配件价格来获取垄断利润，拒绝供应并不会带来益处。由于前市场和后市场产品之间是互补的关系，在后市场制定高价格可能是企业采取的一种竞争性行为。通过在前市场对基本品制定低价来促销，并通过在后市场对配件定高价来获取利润。这一行为同吉列公司对刀片和刀架制定不同价格的定价方式一样。第三，柯达是否能够在配件市场和服务市场运用市场势力？在该案中法院仍然采用传统的"垄断化动机检验"方法，并没有对后市场的竞争状况进行分析。因为如果后市场是竞争性的，拒绝交易行为并不会损害市场竞争。

11.2.2　欧盟竞争法中的拒绝交易

在欧盟竞争法中，对违法的拒绝交易行为的认定依据是：企业具有市场支配地位；拒绝交易行为不存在合理的理由；其他企业无法找到可替代资源。欧盟竞争法中关于拒绝交易的典型案例是1974年的Commercial Solvents公司案。Commercial Solvents公司在硝基丙烷和2-氨基正丁醇的生产中具有全球垄断地位。其中硝基丙烷是生产2-氨基正丁醇所必需的原料，2-氨基正丁醇是生产乙胺丁醇所必需的原料，而乙胺丁醇是用于治疗肺结核的药物。尽管Commercial Solvents公司拥有的专利已大部分终止，但是其他企业仍难以找到其他的进货渠道，而且由于生产设备昂贵、开发费用巨大，难以进入该市场。Commercial Solvents公司指示其在意大利的子公司减少对意大利小公司Zoja的乙胺丁醇的供应并提高价格。最初，Zoja公司还可以通过其他渠道获得2-氨基正丁醇，自给生产该原料，但是不久以后就没有了。因此，该公司向欧委会提起对Commercial Solvents公司的指控，称其滥用市场支配地位，企图把Zoja公司排挤出市场。欧盟委员会认为，乙胺丁醇对治疗肺结核是非常重要的，作为垄断者的Commercial Solvents公司的拒绝交易行为并无合理的理由，意在排除竞争对手，于是对其处以罚款，并要求其立即恢复对Zoja公司的供应，价格不得高于以前的最高价。

欧盟委员会2009年发布的《滥用市场支配地位指南》指出，对拒绝交易的反垄断审查重点关注如下三点：一是拒绝所涉及的产品或服务，对于在下游市场中进行有效竞争是客观必要的；二是拒绝很可能消除下游市场的有效竞争；三是拒绝很可能造成消费者福利损失。

11.2.3　中国反垄断法中的拒绝交易

中国《反垄断法》第十七条第三款规定禁止具有市场支配地位的经营者在没有正当理由的情况下，拒绝与交易相对人进行交易。

国家市场监督管理总局2019年发布的《禁止滥用市场支配地位行为暂行规定》

第十六条规定，禁止具有市场支配地位的经营者没有正当理由，通过下列方式拒绝与交易相对人进行交易：实质性削减与交易相对人的现有交易数量；拖延、中断与交易相对人的现有交易；拒绝与交易相对人进行新的交易；设置限制性条件，使交易相对人难以与其进行交易；拒绝交易相对人在生产经营活动中，以合理条件使用其必需设施。但是没有对反垄断审查方法做出说明。

国家市场监督管理总局2021年发布的《关于平台经济领域的反垄断指南》第十四条规定，具有市场支配地位的平台经济领域经营者，可能滥用其市场支配地位，无正当理由拒绝与交易相对人进行交易，排除、限制市场竞争。分析是否构成拒绝交易，可以考虑以下因素：停止、拖延、中断与交易相对人的现有交易；拒绝与交易相对人开展新的交易；实质性削减与交易相对人的现有交易数量；在平台规则、算法、技术、流量分配等方面设置不合理的限制和障碍，使交易相对人难以开展交易；控制平台经济领域必需设施的经营者拒绝与交易相对人以合理条件进行交易。此外，第十四条还对必要设施问题做出了规定，即"认定相关平台是否构成必需设施，一般需要综合考虑该平台占有数据情况、其他平台的可替代性、是否存在潜在可用平台、发展竞争性平台的可行性、交易相对人对该平台的依赖程度、开放平台对该平台经营者可能造成的影响等因素"。

11.3　拒绝交易审查的必要设施原理

11.3.1　必要设施

在现实经济活动当中，服务或交易的完成需要经过多个互补的环节，由于规模经济、网络外部性、专利所有权等原因，某些环节是垄断的，这些垄断环节通常被称为瓶颈。在自然垄断行业瓶颈的例子有：电信业的本地环路、电力系统的传输网络、铁路的轨道和车站、天然气的运输管道、邮政的邮件投递渠道等。在反垄断法中，如果瓶颈设施不能被其他使用者以较低的成本复制出来，则瓶颈设施也称为"必要设施"。反垄断机构已经认定的必要设施包括体育场、桥梁、车站、港口、机场、电力传输网络、本地电话网、操作系统、计算机订票系统等。反垄断法不仅关注于市场化后的自然垄断行业的瓶颈环节垄断企业的排他性行为，而且还包括其他非自然垄断行业的瓶颈（基础设施）问题。如在美国的反垄断执法当中，就曾将露天体育场、港口、计算机操作系统、计算机订票系统、研发合资企业等认定为瓶颈设施，来分析其对市场竞争的影响。

在网络产业实现必要设施的互联互通是实现经济效率和促进市场竞争的重要途径。必要设施的互联互通既有利于资源优化配置，也有利于促进市场竞争。首先，通过接入和互联互通可以更好地实现网络效应，使消费者获得网络外部性收益，提升消费者福利。其次，减少重复建设，提高资本配置效率。在互联互通的情况下，进入者不需要投资建设基础设施，这降低了进入者的进入成本，提高了基础设施的使用效率和社会资本配置效率。最后，在数字平台市场中，互联互通会促进商品、数据信息、消费者的跨平台流动，互联互通能够削弱企业的市场势力，促进平台之间的竞争，有利于促进创新。

11.3.2　必要设施原理

在竞争市场中，任何企业无论是否具有支配地位，都有权选择交易伙伴和自由处置其财产。反垄断法不应过度干预企业的拒绝交易行为，只有在满足必要设施原理的情况下，反垄断介入才是合理的。

根据市场封锁理论，必要设施的所有者通常有激励通过垄断互补产品或下游产品市场损害市场竞争，降低社会福利。因此，应该受到反垄断法的调整。为了有效调整拥有瓶颈设施在位企业的排他性行为，反垄断法制定了"必要设施原理"。"必要设施原理"指出，拥有必要设施的垄断企业会有排斥其他企业的竞争，以垄断互补市场或下游市场的激励。适用该理论的一个前提是垄断者控制了必要设施或资源，而且这些设施和资源非常重要，如果其他企业不使用该设施就无法与之展开有效的竞争。在此情况下，如果垄断企业不合理地拒绝其他企业使用该设施，并且这种拒绝没有重大的合理性，则这种行为就构成违法。

一般说来，必要设施原理的适用必须满足如下四个标准：

（1）必要设施被一个垄断者所控制

该标准说明必要设施原理只适用于控制必要设施的企业具有市场支配地位的情况。对于不具有市场支配地位的必要设施拥有者并不适用。当一个必要设施所有者不具有市场支配地位时，即一个必要设施与其他设施能够互相替代时，市场竞争能够有效地约束企业的市场行为，不会对市场竞争产生不良的影响。

（2）竞争者不能够合理地复制该必要设施

这个标准具有两层意思：一是反垄断机构需要检验是否其他企业目前也能提供该设施，而不仅仅是该企业能提供该设施；二是如果目前该设施不能被提供，需要判断该设施是否能够被其他企业所复制。第一步的分析相对容易操作，第二步是相对困难的，因为要判断在现有经济条件下和在一定的时期内必要设施在未来是否存在竞争。如果该必要设施是明确的自然垄断性质资产，显然不需要作此评价。如果必要设施不是自然垄断性质的产品，那么就需要判断是否存在过高的进入障碍，使得重建该设施具有不可能性。

（3）接入必要设施是维护相关市场竞争所必需的

对"必要"的理解主要是从对竞争的影响角度来进行的，即如果拒绝接入该设施，竞争者将面临很大的不方便性，甚至遭受较大的经济损失。换句话说，只有在竞争者接入的情况下，竞争者才能够有效地参与市场竞争，即只有在拒绝接入必要设施会严重损害下游市场竞争时，必要设施接入原理才能被加以应用。因此需要区分竞争必不可少的设施和仅仅是对单个在位企业有异议的必要设施。如果必要设施属于第一类，则反垄断机构将要求在位企业向竞争者提供接入，以保护竞争过程。如果必要设施属于第二类，那么反垄断机构不应该强迫其开放接入，因为其他企业的接入与否并不影响市场竞争。如果接入并不是维护市场竞争所必需的，则这种强制性接入会带来巨大的经济成本。

（4）必须证明接入设施是可行的

可行性分析涉及技术的可行性和经济的可行性。一是技术的可行性，即开放接入不存在明显的技术性障碍。二是经济可行性，需要对强制接入政策进行成本-收益分析，即必要设施接入的收益要高于成本。三是要考虑错误的强制接入所带来的行政成本和交易成本可能会超过竞争收益。四是接入必要设施不能以牺牲消费者福利和投资、创新激励为代价。在接入会导致在位企业对顾客的服务能力下降并损害行业创新发展和消费者福利的情况下，应审慎适用开放接入义务要求。

通常其他企业会争辩说，历史形成的所有权赋予在位企业一定的成本优势，只有允许它们接入在位企业拥有的设施，才能体现市场的公平竞争。这种观点看似有道理，但是它与反垄断法的效率目标并不一致，反垄断法是通过保护自由竞争而实现经济效率目标，不是为了保护不同效率企业之间的平等竞争。因此，反垄断机构不应当据此理由要求在位企业允许其他企业接入，这会带来对在位企业"资产侵吞"的问题，从而降低企业投资必要设施的激励[①]。

11.3.3　美国和欧盟反垄断法中的必要设施原理

（1）美国反垄断法中的必要设施原理

在美国，当一群企业决定联合抵制或拒绝和某个对手交易并因此排斥了该对手进入特定的市场时，它们的行为就违反了《谢尔曼法》第2条，如果企业之间联合起来拒绝交易则还违反了第1条。对联合拒绝交易行为，传统上法院通常根据本身违法原则来处理。在判决拒绝交易的案件中，法院通常强调必要设施的重要性，认为必要设施是竞争对手赖以生存的稀缺资源。

有关"必要设施原理"的第一个案例是1912年美国铁路联合会诉美国政府案[②]。在该案件中，当时几条铁路的业主成立了一个铁路终点协会，这家协会企业拥有一座横跨密西西比河的铁路桥的所有权，该铁路桥是进入圣路易斯市的必经之路，这使该协会的企业拥有排斥其他企业自由竞争的市场势力。该协会拒绝非协会成员铁路公司的车辆通过该铁路桥。此案的关键在于对桥梁拥有所有权的铁路公司的拒绝行为是否损害其竞争对手。最高法院判决这一行为违反了《谢尔曼法》法第2条关于禁止试图垄断的规定，要求拥有桥梁的铁路企业必须以公平、合理的价格向其竞争对手开放桥梁。

在铁路联合会公司案判决后的很长一段时间，必要设施原理是与联合抵制联系在一起的。在1948年的美国政府诉戈雷夫斯案中[③]，则确定了对单个垄断企业也可以适用"必要设施原理"。在该案中，法院指出，为了防止单个垄断企业运用合法的垄断势力来排斥竞争者，获取竞争优势和损害竞争，单个垄断企业必须与其竞争对手分享基础设施。在1973年的Otter Tail电力公司案中[④]，法院明确指出，"必要设施原理"

---

① 这里我们主要是指非自然垄断性的必要设施，对于自然垄断性的必要设施的接入更多的是由行业规制机构来管理。
② United States v. Terminal R.R. Ass'n of St. Louis，224U.S. 383（1912）.
③ United States v. Terminal Griffith，334U.S.100（1948）.
④ Otter Tail Power Co.v. United States，410U.S.366（1973）.

适用于单个垄断企业的拒绝交易行为。在该案中，Otter Tail电力公司在电力批发和零售市场从事经营，在很多城镇中，拥有唯一的电力传输网络的所有权。当一些城镇要自己从事零售市场售电经营活动时，Otter Tail公司拒绝将批发市场新的电源出售给它们，并拒绝传输其他公司的批发电。由于其他公司在不能接入Otter Tail电力公司系统的情况下无法与之展开竞争，所以法院认为，Otter Tail公司的行为违反了《谢尔曼法》第2条，要求它与竞争对手进行公平合理的交易。

"必要设施原理"形成完整的体系是在1983年的MCI通信公司诉AT&T公司案[①]中。在该案中，第七巡回法院提出了"必要设施原理"的四个要件：一是必要设施被一个垄断者所控制；二是竞争者不能够合理地复制基础设施；三是为了维护相关市场的竞争，接入必要设施是必需的；四是竞争者存在提供必要设施接入服务的可能性。根据"必要设施原理"，第七巡回法院裁定：第一，AT&T公司在市话市场拥有垄断地位，如果不接入其市话系统，竞争对手将无法提供长途服务；第二，由于经济上不可行和不能获得规制机构许可所造成的非经济上的不可行，MCI通信公司不能复制该设施；第三，AT&T曾拒绝MCI通信公司接入其市话系统；第四，AT&T在技术上和经济上存在提供互联的可行性。

（2）欧盟及其成员国竞争法中的"必要设施原理"

在实践中，欧盟委员会通常将《欧洲共同体条约》第82条和第86条结合起来，适用于占市场垄断地位的公用企业以及其他享有特权或者专有权的企业，如国家的邮政、电信等服务机构。在放松管制的自然垄断行业也开始逐步采用"必要设施原理"。比如为了维护电信市场的竞争，委员会发布了《关于对电信市场接入协议适用竞争法的通告》，以规范电信市场拥有必要设施在位企业的接入行为。此外，"必要设施原理"还应用于金融服务业，如委员会针对银行卡支付系统问题，专门发布了《关于对信用转换跨边界使用竞争规则的通告》。德国在1998年第六次修正的《反对限制竞争法》中的第19条关于滥用市场支配地位的规定中规定，"拒绝另一个企业以适当费用接入自己的网络或其他基础设施"是滥用行为，"但是仅限于接入企业出于法律或事实上的理由，以不接入该基础设施便无法参与市场竞争为限；如果支配企业能够证明由于企业经营或其他原因，提供接入是不具有可行性的，则不在此规定之内"。

海联（Sealink）公司案。在欧盟，关于拒绝接入必要设施的第一个案件是1992年的B&I诉海联公司案。在该案当中，B&I和海联两家公司都需要通过威尔士的霍尼黑德（Holyhead）港口从事海洋运输业务，其中海联公司拥有该港口的所有权。B&I公司起诉的事实是：海联公司修改了自己公司的渡船航行计划以使其与B&I公司的轮船到港计划充分接近，由于航道狭窄，这增加了B&I公司轮船倾覆或被碰撞的风险，使B&I公司的轮船更容易受损，进而导致B&I公司的客户减少、运输计划被打乱，增加了经营难度。委员会认为，港口是必要设施，海联公司是港口服务市场的垄断者，其修改自己公司的渡船航行计划并不存在合理的理由，该行为造成了对B&I公司的损害，因此海联公司滥用了其在港口服务市场的支配地位。

---

① MCI Communication Co. v. AT&T，708F.2d 1081（7th Cir, 1983）.

布鲁诺（Bronner）公司案。布鲁诺是奥地利的一家报纸企业，发行量占当地市场份额的3.6%。当地还有另外一家叫作Mediaprint的报纸企业，其发行量占当地市场份额的71%。从这个数字可以看出，Mediaprint在这个市场上占有绝对优势地位，同时Mediaprint还拥有一个有力的竞争武器，那就是独有的送报到户的发行网络。布鲁诺要求Mediaprint准许它使用其发行网络但是遭到拒绝。Mediaprint拒绝的理由是建立这个发行网络耗费了大量的资金，因而不希望与竞争对手分享。因此，布鲁诺公司向国内法院提起诉讼，由于涉及对欧盟竞争法的解释，国内法院将此案提交到欧洲法院。欧洲法院审理认为：首先，Mediaprint的市场份额确实能够证明其在相关的市场上占有支配地位；其次，直接到户的发行网络对一家报纸来说无疑是非常重要的设施，因为它使报纸到达客户终端的时间比任何其他发行方式都要快，对读者来说也最方便；最后，法院也认为对于布鲁诺这样的公司来说，重新建立一个类似的发行渠道几乎是不可能的。但是，法庭的结论并不认为Mediaprint应当准许布鲁诺使用其发行网络，原因在于法院发现在这个市场上，还存在其他的发行方式，如邮政、商店和报亭。尽管这些发行渠道比直接到户的发行网络效率要低（比如邮政发行到达用户的时间要晚于Mediaprint公司的直接到户发行），但是Mediaprint的拒绝交易行为还不足以把竞争对手排除出这个市场。在布鲁诺案中，委员会认为在下述条件下，拒绝供应投入品是一种滥用行为，并且在此情况下强制向竞争对手开放接入是必要的。这些条件是：这种拒绝交易行为不存在合理的理由；拒绝交易行为消除了市场竞争；该技术是其他企业从事生产经营活动不可分割的一部分，并且不存在实际或潜在的替代物。布鲁诺案的检验规则可以适用于各种形式的必要设施，如港口、铁路、码头等。

11.4　知识产权拒绝许可的反垄断政策

知识产权持有者拥有合法的垄断地位，各国专利法都赋予专利权人在一定时期内排除他人制造、使用或销售专利所主张的发明成果的权利。专利法赋予专利持有人排他性权利的根本目的是让专利持有人获得合理的利润来补偿其研发投入，并激励其持续地进行研发投入。在一般情况下，知识产权持有者的拒绝许可，是专利法赋予专利持有人的基本权利，是激励研发和鼓励创新的重要制度要素。因此，在大多数情况下，拒绝许可不会与社会利益发生冲突，应当受到法律的尊重和保护。但是在特殊情况下，知识产权人的拒绝可能会构成滥用市场支配地位，受到反垄断法的规制。由此带来的问题是，如何合理划分专利法的知识产权保护和反垄断法的边界；作为专利法赋予权利人的一项基本权利，拒绝许可在何种情况下构成非法。正如美国联邦贸易委员会（2011）指出的，反垄断法一个尚未有效解决的重要问题是专利垄断企业是否有义务与其竞争对手进行交易，拒绝许可的反垄断执法仍面临诸多挑战。[①]

① FTC Guide to the Antitrust Laws，http：//www.ftc.gov/bc/antitrust/refusal_to_deal.shtm，accessed on February 23，2011.

11.4.1 美国拒绝许可的反垄断政策

对于拒绝许可行为，总体上美国对知识产权法的重视高于对竞争法的关注，在很多情况下倾向于通过减少竞争的必要性以保护知识产权人的激励机制。在美国法律下，所有权是神圣的，私有财产的使用和开发很少受到限制，任何人没有义务交易、供应或者分享其拥有的财产。美国反垄断法通常认为一个企业没有义务与其竞争对手进行交易或者帮助竞争对手。这一长期存在的原则同样适用于知识产权。美国联邦最高法院在1908年的大陆纸袋公司案中就指出，专利持有人没有义务许可其专利，专利持有人拒绝许可并不是不合理或必然地反竞争。在2004年的Trinko案中，美国联邦最高法院指出：作为一个一般的规则，《谢尔曼法》并不限制长期认可的企业自由独立决定与谁交易的权利。对此，美国国会特别指出，专利权人拒绝使用或者拒绝许可他人使用其发明不属于专利权滥用。

在Trinko案中，Trinko公司指控美国电信行业的一家本地交换运营商（competitive local exchange carrier，CLEC）Verizon公司故意以歧视性方式来履行向竞争对手提供接入服务的订单，目的是阻止顾客使用新进入者的服务。本地交换运营商Verizon公司在《1996年电信法》颁布以前就在CLEC市场获得了独家垄断地位，《1996年电信法》的目的是创造各类电信市场的竞争，该法要求Verizon公司以分捆绑和公正的方式向其他企业提供CLEC网络接入服务。Trinko公司是AT&T的一个客户，是一个CLEC，并租用部分Verizon的网络来开展业务运营。然而，Trinko公司起诉Verizon公司违反了《谢尔曼法》第2条禁止单个企业以歧视性方式进行交易来寻求或维持垄断势力。最高法院支持Verizon公司的主张。美国联邦最高法院指出，反垄断法不反对一个公司通过研发必要设施来获得市场支配地位，此时要求该公司与其竞争对手共享基础设施有违反垄断法的目标，并会降低各类企业对基础设施进行投资的激励。此外，迫使共享基础设施也可能降低其竞争对手的"投资激励"，因为它们可以借此成为更加成功的竞争对手。因此，如果一个企业被看作是一个垄断者，美国法院不会迫使它与竞争对手分享"必要设施或专利"，即垄断者没有义务与竞争对手分享知识产权，专利持有人拒绝许可行为本身并不构成对反垄断法的违反。美国联邦最高法院在裁决中指出，一个企业获取垄断性价格的利润（即使是短期的）是吸引企业从事创新的重要激励，为了保护创新激励，专利持有企业的垄断势力并不违法，只有在存在明显的反竞争行为的情况下，这种垄断势力才构成违法。

美国司法部和联邦贸易委员会联合发布的2017版《知识产权许可反垄断指南》中指出，反垄断执法机关将把知识产权与其他财产权同样对待。《知识产权许可反垄断指南》指出：知识产权法赋予知识产权持有人一定的排除其他人使用的权利。这些权利有助于权利人从专利技术的使用中获得利润。知识产权权利人的排他性权利同其他形式私有产权人的权利是相同的。反垄断法通常并不禁止一个企业单边拒绝帮助它的竞争对手，因为这样的要求会极大地损害投资和创新激励。[①]传统上在美国反垄断

---

① 具体参见 U. S. Department of Justice and the Federal Trade Commission，Antitrust Guidelines for the Licensing of Intellectual Property，2017.第2.1节。

执法中，只要一个企业不是通过非法的方式获取垄断地位或者采取非法的方式维持或延伸垄断势力，则一个垄断企业对自己产品索要高价格或者拒绝许可就不构成违法。因此，美国反垄断执法机构和大多数法院倾向于认为拒绝许可本身合法，只在极特殊的个别情况下，拒绝许可才构成非法。基于上述思想，美国反垄断执法通常不禁止拒绝许可行为，美国的反垄断执法判例非常少。

在美国涉及知识产权反垄断案件中，反垄断机关和法院一般不采用"必要设施原理"。传统上，对于一般拒绝交易行为的反垄断审查可以采用"必要设施原理"。"必要设施原理"最初是由美国针对自然垄断行业垄断企业的拒绝交易行为的反垄断执法所发展出来的。根据美国反垄断司法判例，"必要设施原理"主要适用于传统的具有自然垄断属性的基础设施行业，"必要设施原理"是否适用于知识产权许可案件在美国学界还存在较大的争议，美国联邦法院在知识产权反垄断案件中通常拒绝采用"必要设施原理"。首先，大多数学者认为，传统意义上的必要设施主要是指公路、桥梁、铁路等实物资产的基础设施，但是在知识产权领域，由于技术创新的动态性和竞争性，专利技术往往并不满足"必要设施原理"的四个条件，知识产权不应被看作必要设施。其次，必要设施原理会降低创新激励，知识产权就是赋予权利人合法的垄断权来获取收益以补偿研发投入的成本，从而维持创新激励，"必要设施原理"要求专利权人与竞争对手分享其专利技术会降低投资于研发的创新激励。再次，"必要设施原理"的适用需要较多的行政介入，错误运用"必要设施原理"可能会限制市场的创新竞争，阻碍技术发展，损害社会福利。因此，美国反垄断机关和法院在知识产权反垄断案件的审查或裁决中拒绝采用"必要设施原理"。但是，美国反垄断执法机关和法院拒绝采用"必要设施原理"并不等于其不禁止反竞争的拒绝许可行为，只是因为"必要设施原理"是一个有缺陷的理论依据，其在具体反垄断案件审查中更关注拒绝许可行为的竞争效应并据此做出判断，即拒绝许可行为是否会带来严重损害竞争的结果，是否相关市场较大部分的商业活动因拒绝行为受到封锁竞争效应的限制。

总体来说，美国本质上是排斥对拒绝许可行为适用反垄断法的，主张坚持拒绝许可是知识产权持有人所拥有的专利法赋予的合法权利，美国反垄断禁止的拒绝许可行为仅限于极少数特定情况，并特别注重将拒绝许可的竞争效应作为判定是否构成非法垄断化行为的主要依据。在 2019 年美国圣何塞地区法院对 FTC 诉高通公司案的裁决中，地区法院基于构成非法拒绝的特殊情况的三个要件来进行审查：一是单方拒绝或终止一个自愿的且有利可图的交易；二是即使存在合理的价格补偿，被告仍然拒绝交易，这显示拒绝行为具有反竞争动机；三是证据显示被告拒绝向竞争对手提供已经在市场销售的产品。在此基础上，地区法院进一步分析认为该拒绝许可行为封锁了较大部分的市场份额，设置了竞争者的进入障碍，消除了竞争对手和竞争性标准的出现，阻碍了技术创新，带来了严重损害竞争的结果。

11.4.2　欧盟拒绝许可的反垄断政策

欧盟竞争执法机构对知识产权持有者滥用拒绝许可具有较低的容忍度，倾向于对滥用行为进行更严格的反垄断执法。总体上来说，欧盟在拒绝许可执法中对竞争法的关注高于对知识产权法的关注。在通常情况下，欧洲法院对成员国知识产权给予尊重，但当知识产权被滥用以致影响成员国之间的自由竞争时，其将受到竞争法的禁止。欧盟竞争法尽力维护知识产权保护和市场竞争的平衡，既不放任知识产权人的限制竞争行为，也尊重知识产权人的正当权益，防止对知识产权权利人合法权益的损害。欧盟竞争法的基本立场是，首先尊重知识产权权利人基于成员国知识产权法而享有的各种独占性权利，这种独占性权利的行使本身并不当然构成支配地位的滥用。但是，当知识产权被以不正当的方式滥用以致影响到成员国间的自由竞争时，就构成了对竞争法的违反。欧盟竞争法对拒绝许可反垄断政策主要体现在司法判例当中，这些司法判例逐步明确了拒绝许可构成非法滥用的条件和反垄断审查方法。

在关于著作权的麦吉尔案中，欧洲初审法院认为，欧盟的有关法律确实保护当事人的知识产权，当事人维护自己作品的专属权本身并不构成对优势地位的滥用。然而，对知识产权的保护仍然不能超过一定的界限，这个界限就是不得与《欧洲共同体条约》第82条的规定相违背。欧洲初审法院确立了判断拒绝许可行为违法的三个具有普遍适用意义的审查标准或拒绝许可的"特殊情况"：一是拒绝许可行为阻止具有市场需求的新产品的出现；二是拒绝许可行为不具有正当性理由；三是拒绝许可行为造成了对二级市场竞争的限制。一旦行为人的行为符合这些标准，尤其是当行为人凭借知识产权垄断了市场基础设施时，法律就会赋予权利人向竞争者开放某些产品或服务所需要的强制性义务。

在布朗诺案中，居支配地位的媒介印刷报业拒绝了布朗诺报业加入其配送网络的请求。布朗诺案本身不包含知识产权许可，但是它的判决明确了"必不可缺"的含义和具体标准，即当该投入品不存在潜在或现实的替代品，或者生产该投入品存在技术、法律或经济障碍或不合理的困难时，投入品就构成开展业务所不可或缺的。法院指出，在以下情况下拒绝交易将构成滥用：一是拒绝可能会消除具有消费需求的日报市场的所有竞争；二是由于送报上门没有实际或者潜在的替代物存在，服务项目本身是开展个人业务中不可或缺的；三是这种拒绝不具有客观公正的合理性。

在IMS健康案中，IMS健康公司试图禁止NDC公司使用其数据分析结构，理由是其拥有软件版权。在此案中，欧洲法院提出了一个用于确定拒绝许可知识产权是否构成滥用的四要素检验：一是知识产权涵盖的产品和服务项目是实施一种特定业务（经营一个次级市场）所必不可缺的；二是拒绝许可阻止了具有潜在消费需求的新产品的出现；三是拒绝许可不具有客观合理的理由（即缺乏效率基础）；四是拒绝是一种在二级市场上排除任何或所有有效竞争的手段。

在欧盟微软垄断案中，欧洲法院进一步说明，如何对麦吉尔和IMS健康案中提出的"特殊情况"进行审查。欧盟委员会的裁决主要是基于以下几点：一是微软公司在相关市场居于支配地位；二是拒绝行为构成了对以前供应水平的破坏；三是由于拒绝提供的信息是微软竞争者不可或缺的，拒绝行为存在消除了相关市场竞争的风险；四是拒绝提供信息限制了技术发展并且限制了消费者的选择；五是拒绝行为缺乏客观合理的理由。由此，欧盟委员会认为微软公司拥有的包含互操作性信息的操作系统的专利是其他企业从事软件开发的必要投入品，拒绝许可造成了对市场竞争的损害，因此属于滥用支配地位的行为。据此，欧盟委员会采取了强制许可政策，要求微软公司向所有潜在被许可人许可专利技术。对此，微软公司认为，其拒绝行为是为了保护巨额的研发投入，从而维护创新激励。欧委会对微软拒绝提供信息的行为进行成本-收益分析后认为，拒绝行为的总体影响是负面的。对于欧盟委员会的裁决，微软向欧洲法院提起上诉。欧洲法院在案件裁决中指出，只在例外情况下，支配企业拒绝向第三方许可专利才构成违法。欧洲法院给出了四种例外情况：一是受拒绝许可影响的产品或服务是相邻市场实施者从事某一特定商业行为不可或缺的组成部分；二是拒绝许可排除了相邻市场的有效竞争；三是拒绝许可阻碍了技术创新和具有潜在需求新产品的出现；四是拒绝许可不具有客观合理的理由。

根据欧盟的有关法律规定和司法判例，欧盟对拒绝许可构成非法滥用的审查主要关注以下四个要件：

（1）拒绝许可的专利技术具有客观必要性或不可或缺性。根据欧盟判例法，对"不可或缺性"的判定主要依据两点：一是该设施不存在现实或潜在的替代品；二是该设施必须是其他竞争者参与竞争客观需要的。在麦吉尔案中，欧盟法院指出不能复制不仅指面临的实体性障碍，也包括面临的经济或法律障碍。根据欧盟委员会2009年《滥用行为指南》对"不可或缺"的界定，欧盟委员会将审查竞争者是否能在可预见的将来有效地复制支配企业生产的投入品，至少在较长时期内能够抗衡拒绝供应的消极后果。这里复制的含义是指能够创造替代性的有效率供给，从而对支配企业在下游市场的行为构成竞争性约束。显然，欧盟竞争法中的"不可或缺性"条件本质上是运用了"必要设施原理"，但是比"必要设施原理"更为灵活。

（2）拒绝许可具有消除下游市场有效竞争或全部竞争的风险。支配企业的拒绝许可一般会立即或缓慢地消除下游市场的有效竞争。拒绝许可更可能消除竞争的几种情况为：一是支配企业在下游市场中的份额较高；二是相对于下游市场竞争对手，支配企业在下游市场面临较小的生产能力约束；三是被拒绝的下游市场竞争对手的产品与支配企业的产品具有可替代性；四是下游市场受拒绝许可影响的竞争者的比例较高；五是原本由被排除竞争对手供应的需求分流到支配企业的可能性较大。

（3）拒绝许可给消费者造成损害。根据欧盟案例法和2009年《滥用行为指南》，拒绝许可给消费者带来的损失主要是阻止了具有市场需求的新产品或新技术的出现。欧盟竞争执法机构在麦吉尔案和IMS健康案中确立了拒绝许可违法的"阻碍有市场需求新产品出现"的条件，即"新产品"审查要件，并将这个条件作为执法机构采取强制许可的重要理由。

（4）拒绝许可没有客观合理理由。这主要是考虑必要设施持有人拒绝许可行为是否存在合理的理由，具体如许可是否存在能力限制、是否存在技术性障碍等。欧盟委员会2009年发布的《滥用行为指南》指出，竞争执法机构将主要通过分析支配企业的投资来确定拒绝许可对效率的影响，如果拒绝供应是支配企业为了获得相应的投资回报以继续投资于研发的激励，则拒绝供应就具有合理性。

11.4.3　中国拒绝许可的反垄断政策

中国专利持有人拒绝许可行为反垄断执法的主要法律依据是《反垄断法》第十七条和第五十五条。《反垄断法》第十七条明确禁止具有市场支配地位的经营者滥用市场支配地位、没有正当理由的条件下拒绝与相对人交易的行为；第五十五条特别规定，如果滥用知识产权，排除竞争的行为同样适用本法。2019 年国务院反垄断委员会印发的《关于知识产权领域的反垄断指南》第十六条指出，拒绝许可是经营者行使知识产权的一种表现形式，在一般情况下，经营者不承担与竞争对手或者交易相对人进行交易的义务。但是，具有市场支配地位的经营者，没有正当理由拒绝许可知识产权，可能构成滥用市场支配地位行为，排除、限制竞争。具体分析时，可以考虑以下因素：经营者对该知识产权许可做出的承诺；其他经营者进入相关市场是否必须获得该知识产权的许可；拒绝许可相关知识产权对市场竞争和经营者进行创新的影响及程度；被拒绝方是否缺乏支付合理许可费的意愿和能力等；经营者是否曾对被拒绝方提出过合理要约；拒绝许可相关知识产权是否会损害消费者利益或者社会公共利益。

11.4.4　拒绝许可反垄断政策导向

从反垄断法的意义上来说，一般的专利拒绝许可行为本身并不构成非法滥用，只在特殊情况下，拒绝许可才可能构成非法滥用。因此，反垄断法禁止的单方拒绝许可行为应该局限在较窄的范围，即仅限于"特殊例外情况"。

拒绝许可的反垄断审查应该采用如下的步骤：第一步，判定专利持有人是否在相关市场具有市场支配地位；第二步，判定涉案专利技术是否为被许可人参与市场竞争不可或缺的投入品或必要设施；第三步，审查具有必要设施属性的专利技术的拒绝许可是否造成对竞争的严重伤害；第四步，审查该拒绝许可行为是否具有客观合理的理由并权衡其福利影响。

本章小结

具有市场势力的单个企业或多个企业联合拒绝交易会带来严重损害竞争的效应，因此它是反垄断法禁止的对象。支配企业的拒绝交易是一种滥用支配地位行为，其反竞争效应的理论解释是它是支配企业提高竞争对手成本或实现市场封锁的策略工具。在支配企业垄断必要设施的情况下，反垄断法确立了"必要设施原理"。适用该理论的条件是：垄断者控制了必要设施，竞争者无法合理地复制这些设施，这些设施和资源是其他企业有效参与竞争所必不可少的，而垄断企业不合理地拒绝其他企业使用该设施，并且这种拒绝没有重大的合理性理由。对于知识产权许可中的拒绝交易行为，反垄断法应该谨慎适用"必要设施原理"，合理平衡维护竞争与保护创新激励的关系。

课后习题

1.对于美国1992年柯达公司案的裁决结果你是如何看的？

2."必要设施原理"的适用要满足哪些条件？

3.为什么对知识产权拒绝许可行为应谨慎适用"必要设施原理"？

4.在数字经济中，数据成为重要的资源，数字平台企业的拒绝数据接入问题是否适用必要设施原理？

本章参考文献

［1］AGHION，BOLTON. Contracts as a Barrier to Entry［J］. American Economic Review，1987，77：388-401.

［2］BERHEIM，WHISTON. Exclusive Dealing［J］. Journal of Political Economy，1998，106：64-103.

［3］DENECKERE，MCAFEE.Damaged Goods［J］. Journal of Economics and Management Strategy，1996，5（2）：149-174.

［4］EAGELS，LONGDIN. Refusals to License Intellectual Property［M］. Oxford：Hart Publishing，2011.

［5］HOVENKAMP，JANIS，LEMELY. Unilateral Refusals to License in the US［J］. Competition Law and Economics，2006，2（1）：1-13.

［6］MCFADDEN. Conditional Logit Analysis of Qualitative Choice Behavior［M］// ZAREMBKA P. Frontiers in Econometrics. New York：Acdemic Press，1973.

［7］韩伟. 世界知识产权组织竞争政策调研报告评介［M］. 北京：法律出版社，2016.

［8］唐要家，曹美玲. 一体化专利持有企业拒绝许可的封锁效应与反垄断审查［J］. 产经评论，2018（1）.

［9］唐要家，曹美玲. 专业研发企业拒绝许可的策略激励与竞争效应［J］. 财经论丛，2018（12）.

［10］唐要家. 标准必要专利许可滥用反垄断研究［M］. 北京：知识产权出版社，2020.

第12章
知识产权反垄断

20世纪90年代以来，随着新技术和新经济的发展，创新竞争成为重要的竞争形式，技术创新被视为竞争的主要手段。反垄断执法面临的一个重大挑战是如何适应不断加快的技术创新和因知识产权作用扩大所带来的影响。在美国、欧盟、中国等反垄断案件中，涉及知识产权的案件数量日益增多。反垄断法面临的一个重要问题是如何权衡动态效率和静态效率，如何协调反垄断法与知识产权法的关系，有效调整滥用知识产权行为，实现创新和竞争效率的协调。

在最广泛的意义上，知识产权是一种对智力创造成果所享有的无形的个人财产。从法律的表述来说，知识产权包括了下述领域：专利、版权、掩膜作品、商业秘密、商标、机密信息，以及其他类似的权利。这些形式多样的法律保护方式覆盖了诸如发明、发现、作品中创造性的表述、音乐、电影、集成电路布图设计、非公开信息、商业标志以及产品外观。从法律意义上来说，知识产权主要有四种形式：专利、商业秘密、商标、版权。

相对于其他财产权利，知识产权具有如下独有的特征：知识产权更容易被其他未经授权的竞争者非法利用，更容易被复制且在被侵权的同时不会影响其他人的使用；知识产权生产的固定成本往往非常高，而知识产权应用的边际成本往往非常低；知识产权的界限不容易清楚界定，往往需要执法机构和法院进行裁决；知识产权的价值实现往往需要与其他生产要素或其他知识产权进行结合；知识产权的权利一般具有有限的期限。

知识产权制度授予发明者对发明成果拥有排他性的权利，目的是鼓励企业进行研发投资和创新成果的应用，促进整个社会的科技创新和技术进步。获得恰当的研发投资回报是激励创新的重要力量，知识产权的根本目的是为创新提供激励。如果没有独占权的保护，几乎不会有人从事开发、创新活动，并将其创新成果投放市场，这会损害长期经济效率的提高。在此情形下，企业之间自主研发合作和政府实行知识产权制度是重要的制度选择。

知识产权也可能成为企业滥用支配地位的行为。滥用知识产权行为主要体现在知识产权许可中的行为，是指在授权许可中，知识产权拥有者采取一些不合理许可条款，使得一项知识产权的许可具有限制市场竞争的效果。滥用知识产权行为也被称为"知识产权许可中的限制性行为"或"限制性知识产权许可行为"。具体来说分为三个方面：一是专利企业之间的横向限制，典型的是交叉许可和专利联营；二是许可中的纵向限制，包括价格限制、应用领域限制、地域限制、回授、搭售（一揽子许可）；三是标准必要专利（SEP）的专利劫持行为。

12.1　知识产权与创新激励

12.1.1　替代性创新与互补性创新

在传统产业当中，产业技术创新形式主要是替代性创新模式，技术创新主要体现为新技术对现有技术或旧技术的更新或替代。由于企业之间的创新竞争实际上是市场垄断权的争夺，因此通过先于竞争对手获得专利来获取市场创新先占优势是企业的重要竞争策略选择。这里创新先占优势实际上类似于以过度资本投资来阻止竞争者进入的策略性排他效应。通过拥有市场独占权，在位企业能够实现单产品生产的规模经济和多产品生产的范围经济。因此，企业之间的组织关系往往是建立在专利化和封闭化的大规模单个企业基础上。在替代性创新模式下，许可者和被许可者是分离的，二者之间既是一种纵向交易关系，也是一种潜在的替代竞争关系。由于获取或维持市场垄断地位以获取垄断利润是企业的根本行为目标，因此，知识产权往往成为在位企业重要的策略性排他工具，专利权企业有激励通过拒绝许可、侵权诉讼、对被许可方施加纵向限制等方式，来排斥或封锁竞争对手，以维持自己的长期垄断地位。

在系统产业，创新具有明显不同于传统产业的替代性特点，不同企业之间的创新是互补关系，这一特点对企业市场行为和市场绩效具有重要的影响。在系统产业中大部分产品是分级嵌套的系统，产品实体是由不同层级的组件或子系统组成的。在架构给定的情况下，创新具有显著的互补性。系统产品中的创新互补性不仅体现在同代技术不同子模块之间的横向互补性，而且还体现在不同代技术之间的纵向互补性。由于这些产业最终产品是由很多的互补性子系统组成的，在生产过程中，这些子系统是以模块化方式存在的，通过外包生产组织体制，每个模块化子系统由不同的企业来完成，在这些高技术产品生产链条中，每个模块的生产过程也是一个知识创新过程，因此这些模块子系统实际上是知识的载体，包含了生产企业的知识创新成果。但是作为一个系统，系统中的某一组成部分的价值依赖于互补的另一组成部分的价值，即子模块之间是互补的关系，不同的互补模块只有在共同构成了一个完整的产品系统时才有价值，任何一个单个模块是没有价值的。因此，在互补性创新模式下，合作比独占更重要。

在系统产业，创新具有非常强的累积性。在电子、通信、计算机、软件等快速技术变革的产业中，重大技术创新往往会创造出一个上游和下游的"创新链"，即一项创新是在以往的创新和其他人创新的基础上完成的，创新更多的是原有技术知识的一种升级，这样的创新被视为"累积性创新"。累积性创新包括两种形式：后续创新和互补创新。这就是说，现有的创新不仅有益于现在的创新者和消费者，而且有益于建立在该创新基础上的后续创新或下一代创新，或者企业之间的创新是互补关系，某一创新成果的出现会有益于其他创新，新的创新将现有创新作为重要的投入品。在互补性创新体制下，企业市场行为的主要动机不是通过垄断技术来排斥竞争者，而是通过网络化、联盟化、社区化等开放的组织形式来实现互补性创新的有效利用，实现在相同架构规则下的系统效应或不同架构规则下的网络效应。因此，在互补性创新模式下，合作和兼容是企业的重要策略行为选择，创新主导企业不仅不会排斥其他企业，反而会通过外包、许可资助等方式来邀请其他企业进入产业网络和生产价值链当中。但是，如果赋予现有企业过度的知识产权保护，则很多的后续创新将不可避免地侵权，这反而会阻碍技术创新。

12.1.2　"专利丛林"与知识产权的创新阻碍

在累积性创新模式下，强调对创新成果赋予独占权的传统知识产权保护制度，必然要对每个创新子模块赋予排他性的专利权，从而出现互补性专利和阻碍性专利。在累积性创新模式下，创新互补性和代际依存性带来的主要问题是"套牢"和"反公共地悲剧"，这会使传统的知识产权保护制度产生创新阻碍效应，背离了知识产权保护和促进创新的初衷。

由于创新的累积性带来创新成果的代际依存性，二次开发的专利被认为从属于一代技术即基本专利。由于从属专利和基本专利之间技术知识的相互包容和相互交叉，它们都会因为相互侵权而彼此受到阻碍，因此被称为阻碍性专利。因为从属专利包含基本专利的知识，因此它的实施必然会侵犯基本专利；同样基本专利在没有经过从属专利权人同意的情况下也不能实施在从属专利基础上开发的专利技术。在专利持有人彼此之间互补性程度高以及合作契约不完备的情况下，个别专利持有人很可能会凭借互补性所形成的垄断谈判势力而采取"敲竹杠"行为，以更多地分割许可的事后盈余。对采用者和后来创新者来说，其基于现有创新成果基础上的创新或商业化应用往往会面临多重侵权诉讼，从而陷入被"套牢"的危险境地，其创新激励将会受到影响。

在互补性创新下，互补性专利是因不同的发明者就一项大发明中的不同组成部分分别申请专利而形成的，互补性专利是指这些专利包含的技术如果没有其他任何一个专利的许可都将变得毫无价值。由于互补性专利通常没有替代物，不同的专利执行完全不同的功能，因此也称为"必要专利"。如果互补性专利的专利权人之间不合作，专利的商业应用将受到阻碍，并进而阻碍创新和产业发展。

互补性专利的创新阻碍作用主要体现为"专利丛林"和"专利门票"。"专利丛林"是指，由于专利数量过多导致专利权的重叠现象严重，错综复杂的专利之间形成依赖关系。对于软件等系统产品来说过多、过细的保护会使得一个产品可能包含很多的专利技术。同时，专利申请的一定"隐蔽性"和专利申请的时间延迟（相对于技术开发速度而言），很可能会使企业在产品生产过程中无意之中就侵犯了某项知识产权。"专利门票"是指，由于系统产品生产需要得到多个专利持有人的专利许可，只有获得所有权利人的许可，一个企业才能合法地进行商业化生产，这在一定程度上增加了许可的协调成本。在专利重叠的情况下，一个专利就可以阻止成千上万的专利的实施。

"专利丛林"和"专利门票"使要采用创新知识来制造新产品的企业极有可能侵害多数专利和陷入无形的专利侵权陷阱当中。因此，在互补性创新情况下，知识产权保护制度会带来阻碍创新的"反公共地悲剧"问题。传统的公用品悲剧是指如果资源没有有效的产权保护，由于资源使用无须支付任何代价，资源将会被过度使用，牧场、水资源、森林资源等是典型的例子。然而，在互补性创新模式下，在赋予发明专利权保护后，由于专利数目众多和专利之间的互补性，企业使用每一个专利前都必须取得所有专利权人的许可，这反而会使知识资源无法被充分使用，成为后续发明与创新的障碍，这种情形与传统的"公共地悲剧"恰恰相反，因此被称为"反公共地悲剧"。在多个企业拥有互补性专利和牵制性专利的情况下，"反公共地悲剧"使原本知识产权制度鼓励创新的目的落空，并阻碍创新。

在企业之间缺乏有效协调机制的情况下，"专利丛林"现象使得要采用创新知识来制造新产品的企业面临的另一个问题是"多重专利负担"。由于每个专利权利人都是一个垄断者，会制定垄断性的许可费。当一个产品的生产技术要使用 N 个这样的专利时，便存在 N 重垄断利润加成问题。

假设每个企业的专利成本是 c_i，每个专利模块的价格（许可费）是 p_i，被许可企业采用专利需要发生一定的固定成本支出 k。由于下游产品市场是竞争性的，反需求函数为 $p = k + \sum_1^n p_i$。

在企业之间非合作的情况下，每个企业的利润为

$$\pi_i = D(p)(p_i - c_i) \tag{12-1}$$

利润最大化的一阶导数为

$$\frac{d\pi_i}{dp_i} = D(p) + D'(p)(p_i - c_i) = 0 \tag{12-2}$$

据此，n 个企业的最大化条件为

$$D(p) + D'(p)\sum_1^n (p_i - c_i) = 0 \tag{12-3}$$

经过整理得

$$\sum_1^n \frac{(p_i - c_i)}{p} = -\frac{D(P)}{PD'(P)} \cdot n \tag{12-4}$$

将价格弹性和需求函数代入上式，则得到互补性许可下的定价规则

$$\frac{p - (k + \sum c_i)}{p} = \frac{n}{\varepsilon} \tag{12-5}$$

在单一垄断市场结构下，单一垄断企业的定价规则为

$$\frac{p - (k + \sum c_i)}{p} = \frac{1}{\varepsilon} \tag{12-6}$$

对两种市场结构的定价规则进行比较我们可以发现，当生产某一产品的 n 个独立的互补性专利被 n 个企业所分别垄断时，会带来 n 倍的垄断利润加成。在某些情况下，n 重垄断利润加成会产生比单个专利独占权高得多的垄断社会福利净损失，甚至可能会超过知识产权保护所带来的创新激励效应的效率收益，从而阻碍了创新成果的应用。

由于知识产权制度实施的一个基础就是赋予企业创新垄断权所带来的创新促进效率收益高于垄断的成本，当这一条件不具备的时候，知识产权便不再是促进社会福利提高的有效制度安排。首先，由于 n 重垄断利润加成导致许可技术的成本过高，其他企业可能采取两种行为来应对：一是进行自主研发，这会导致重复性研发投资问题；二是当许可生产的成本高过收益时，企业不进行新技术的产业化，这会导致某种新技

术产品不被生产，从而产生在专利数量迅速上升的同时大量专利得不到商业化应用的"专利沉睡"现象，产生虚假的专利繁荣。其次，即使其他企业采用该新技术进行生产，但是由于生产成本高会直接导致最终产品的市场价格过高，消费者将不得不支付高价格，这就导致一部分在竞争性价格下会购买的消费者没有购买，而其他消费者则会减少消费量，从而损害消费者的福利，带来社会福利净损失。最后，从动态来看，由于 n 重垄断利润加成抑制了专利的商业化发展，这反过来会降低专利持有人的收益，从而降低了其创新的激励。

"反公共地悲剧"和"多重专利负担"说明，在互补性创新模式下，传统的以专利为核心的知识产权制度不再是促进创新的有效制度，在某些情况下可能会阻碍创新。为了扫清互补性创新模式下知识产权使用所带来的障碍，一方面需要对传统的知识产权制度在系统产业中的使用进行改革，另一方面企业为了克服这些障碍会自发地进行组织创新，通过企业间研发合作、联合制定标准、交叉许可和专利联营等协调方式实现由与多个许可方谈判向与单个许可方谈判、由多个许可垄断者向单个许可垄断者转变，从而降低许可谈判的交易成本和专利应用的生产成本，实现专利的有效利用。

12.2　许可中的限制性协议

12.2.1　许可中的横向协议

当专利技术之间是互补的并且相互不一致时，交叉许可或专利联营等横向合作方式就成为有效的事后许可合约安排。由于互补性带来的多许可方谈判和互补性许可方的机会主义行为问题，许可交易中企业之间的横向合作能整合互补技术，降低交易成本，排除专利实施中的交互限制，避免昂贵的法律诉讼。

近年来，在电子、通信、计算机、软件等系统产业，以交叉许可、专利联营等为主要形式的企业间研发合作行为日益成为创新的主要组织形式和企业创新策略行为选择。由于这些组织形式往往是企业之间的横向合作协议，因此它也引起了各国反垄断机构的关注。对于系统产业日益增多的研发合作行为，传统的以追求垄断为目的的创新理论是无法有效解释的，因为在该理论中合作与独占存在根本的冲突。在网络经济学理论中，由网络外部性所导致的市场"冒尖"实际上成为企业进行创新和维持垄断的强化因素。市场独占权创新理论的反垄断政策含义当然是对企业间的研发合作行为采取严厉的禁止政策，防止企业之间的合谋。但是由于系统产业独特的互补性创新模式和研发合作的内在效率效应，不适当的反垄断执法可能会阻碍系统产业的技术创新。

（1）交叉许可

交叉许可是指两个或者多个知识产权人之间可以互相使用其他方所拥有的知识产权的企业间协议，交叉许可也因此被称为"知识产权交换知识产权（IP for IP）"战略。交叉许可在半导体、计算机等高新技术行业是一个突出的现象，如英特尔和IBM等主要参与企业建立了交叉许可关系，它们不仅相互许可已有的专利，还就未来将发布的专利也约定交叉许可。

　　交叉许可的效率效应主要体现在如下几个方面：一是交叉许可有利于清除互补性创新中专利权利人之间的相互阻斥、避免昂贵的侵权诉讼；二是交叉许可将互补性技术组合起来，节省了多方谈判的交易费用；三是交叉许可避免了最终产品生产企业的多重专利费难题，增加了专利使用的商业价值，促进技术专利的传播和使用，是有利于竞争的；四是交叉许可克服了专利之间的冲突，降低了不确定性和专利实施的成本，通过增加研发收益而增强了企业的长期研发投资激励。

　　知识产权人也可能利用交叉许可协议限制竞争，尤其是被用来实现固定价格、分配市场和顾客的机制以及包含非相关专利时，就可能构成对反垄断法的违反。如果交叉许可使企业之间在下游市场实现了合谋，则它可能会损害社会福利。交叉许可还会形成其他企业进入研发市场的进入障碍，可能会阻碍未来的创新竞争。

　　由于交叉许可既有效率效应也有反竞争效应，因此，对交叉许可应采用合理推定原则，只有当交叉许可协议严重损害竞争时才对其加以禁止。

　　美国1997年的英特尔公司案是关于交叉许可的典型案例。案件的起因是英特尔公司与美国国家半导体（NS）公司同时收购了"Clipper"芯片的原开发商仙童（Fairchild）半导体公司，其中开发了Clipper的仙童公司Advanced Processor部门被鹰图（Intergraph）公司所收购，而英特尔曾经于1987年与NS签署了交叉许可协议，因此使用了Clipper芯片的专利，鹰图公司认为这侵犯了该公司拥有的Clipper芯片的专利。1997年，鹰图公司向一些原始设备制造商发出通知，指控英特尔公司侵犯了其知识产权。由于双方协商失败，英特尔公司取消了原来给予鹰图公司获得其商业秘密的优惠。同年鹰图公司对英特尔提出反垄断指控，鹰图公司认为英特尔的报复行为已经损害了其业务发展，是限制竞争行为。联邦贸易委员会裁决认为，英特尔公司的行为是一种滥用行为。

　　这一裁决结果反映了美国反垄断机构在处理交叉许可反垄断案件中存在的不足：首先，英特尔取消给予鹰图公司优惠待遇的行为是不是一种垄断化行为是值得怀疑的。因为并没有证据显示这种行为增强了企业的市场势力。其次，英特尔的这种行为并没有严重地损害市场竞争。因为二者之间并不是竞争者的关系，而是互补性技术拥有者之间的交叉许可合约关系，其合约纠纷并没有影响到微处理器市场的竞争，所以竞争损害的观点是不成立的。最后，英特尔公司的行为实际上是企业之间解决知识产权纠纷的行为。当交叉许可合约双方就合约执行存在分歧的时候，当然可以终止合约的执行，因此英特尔公司的行为是正当的行为。美国联邦贸易委员会的这一判决结果有可能会加剧恶意诉讼的出现，不利于专利交叉许可等企业自我协商方式的发展。美国学者穆瑞斯（2000）对该案给予的评价是：联邦贸易委员会的裁决错误地运用了法律、错误地运用了政策并错误地运用了事实。

　　（2）专利联营

　　专利联营是指各专利权人将它们的专利权或委托代理权集中在一个专门的法人实体或组织，通过该法人实体或组织实现成员之间的相互许可或向第三方许可。它通常应用在生产某一标准化产品需要多项专利的情况下。专利联营协议通常在技术的生命周期内都是有效的，当这一技术生命周期结束后该协议也自然终止。

①专利联营的效率效应

第一，专利联营是清除障碍专利十分有效的方式。因为障碍专利中各专利权人都具有排除对方从事制造、使用、销售专利技术的权利，只有将它们联合起来，相互授权，才可避免相互阻碍的情形发生。在清除障碍专利的同时，专利联营也促进了技术的迅速发展，如果没有专利联营，技术将因众多的专利纠纷而被阻碍。

第二，专利联营能减少专利许可的交易费用。在企业之间的创新成果具有互补性的情况下，专利联营会将外部性内部化，企业之间共同的专利许可定价会比与各个企业单独定价时的价格要低，并会降低多重许可的交易费用，促进社会福利的提高。专利联营建立了一个授权许可专利技术的有效机制。在专利联营中，专利所有人将他们的专利联合起来并建立一个独立的组织负责办理所有专利的许可业务，这种方式使得专利许可具有显著效率。因为一些公司往往都有获得一组专利的需要。如果没有专利联营，一个公司将不得不分别从核心专利的所有人处获得整个核心技术。这种分别获得许可的过程不仅需要更多的时间、金钱和资源，而且会导致一些专利权人产生在许可过程中不对被许可人退让的情形。比如，如果专利权人知道他拥有的专利是实施一项技术过程中所需要的最后一项专利，且知道该专利消费者如果不能获得其许可将无法最后将该技术付诸商业生产，这时，专利权人就会要求显著提高专利权使用费。通过允许被许可人与一个单一的实体进行协商并提供其所需要的一组专利，专利联营可以减少交易次数，降低交易成本并避免许可人拒绝让步情形的发生。

第三，专利联营还是解决法律冲突，包括专利侵权和专利权属冲突的最高效的途径。当不同公司在从事相同的研究或处在相同的生产领域，它们经常会产生专利冲突，包括相互侵权的主张或关于专利所有权的争议，并由此引发诉讼。在美国等国家，专利诉讼的成本很高，且专利诉讼具有很大的不确定性和风险性。因为在诉讼中，法官很可能发现涉讼专利是无效的或不可执行的从而判决该专利无效。相较于这种耗时、耗力且具有不确定性的专利诉讼，许多公司更愿意选择通过建立专利联营或交叉许可协议的方式来解决纠纷。这种解决方案不仅十分高效，而且成本低。特别对那些小型公司，这种解决方式更具吸引力，因为它们没有足够的能力去打一场侵权官司。而对那些害怕专利在法院被宣告无效的专利权人而言，这种方式也具有很大的吸引力。另外，专利联营经常要求成员对其核心技术的任何改进专利进行回馈授权，以减少将来诉讼的风险。

②专利联营的反竞争效应

第一，专利联营有可能成为企业之间的一种合谋机制。根据合谋理论，企业之间合谋可实施的一个重要条件是各方能够签订有约束力的合约并有效监督合约的执行。由于专利联营企业之间就专利许可问题达成了有一定约束力的协议，如果专利联营的协议中还包含相互限制专利产品的销售价格、生产量、销售量、销售渠道、销售地域等内容，就可能阻碍下游市场的竞争。

第二，专利联营有可能成为市场优势企业联合滥用市场势力、排斥竞争对手的手段。由于现代的专利联营往往是知识产权和技术标准交织在一起，因此具有"准自然垄断性"。在面对新进入者进入或潜在进入者竞争时，专利联营企业可能会通过联合拒绝许可、一揽子许可、歧视性许可、纵向限制和强制性排他回授等手段，来排斥和阻碍竞争者的市场进入和创新竞争。

第三，专利联营有可能阻碍创新。专利联营可能是市场主导企业将企业事实标准变成行业标准的一种隐蔽策略，从而阻碍了其他企业的创新和标准发展。由于行业内的主要企业都参加了专利联营，在协议对未来的创新成果也规定了共享要求的情况下，会阻碍企业的创新激励，影响行业的技术发展。

关于专利联营的经济理论分析显示，不会引起限制竞争问题的专利联营一般包括以下的要素：一是必要专利。必要专利的专利联营不应该受到反垄断法的禁止，如果专利联营的专利之间是替代性的，则它可能会损害社会福利。二是专利联营的所有专利是合法的并且没有过专利保护期，通常包括一个识别和清除非必要专利和无效专利程序机制的专利联营是不会引起限制竞争的后果的。三是专利联营的开放性。由于封闭性专利联营的联营协议排除其他企业的参加，致使被排除的企业失去在采用被许可技术的产品市场上与其进行有效竞争的能力。而开放性专利联营对企业的参与保持开放性，并且也不禁止单个企业的单独许可行为，因此是促进竞争的。四是专利联营对第三方的许可条款体现了公平、合理和非歧视的原则。由于必要专利是一种"必要设施"，根据"必要设施原理"，其所有者应该对竞争企业提供公平、合理和非歧视的接入。五是被许可方拥有生产和经营的自主权，不受专利联营的严格限制。六是专利联营被许可方设定为非强制的、非排他的回授条款，以保证专利在内部成员企业之间的创新竞争。

在1997年的MPEG-2案中，哥伦比亚大学、索尼、富士、飞利浦、松下等单位建立了MPEG-2技术标准的专利联营，该组织为电信、有线电视、数字光盘、卫星通信等企业提供一站式服务。为了识别专利联营中各个专利的必要性，该组织聘请了独立专利专家来进行识别。竞争对手以其违反司法部和联邦贸易委员会1995年发布的《知识产权许可指南》为由向美国司法部提起诉讼。美国司法部在1997年的审查函中最终认可了MPEG-2技术标准的知识产权许可模式，并决定不采取强制许可政策。美国司法部这一裁决结论是基于以下几个方面的因素考虑：一是该专利联营只包括互补性的而非竞争性的专利，它们各自为遵守MPEG-2技术标准所必需。二是该许可是非独占性的，参加联营的每一个专利仍然可从单个的许可人那里单独得到，因此该联营不是采取一种要求被许可人接受其不想要的多重许可的机制。三是该专利联营利用专家来选择哪些专利是必需的，可以包括在联营中，因此避免了不适当地将联营中其他专利的竞争性替代专利包括在内的情况。四是该专利联营承诺对其他企业实行平等接入或许可。该专利联营允许单方面同该标准进行竞争，这意味着它没有任何内容限制许可人开发替代技术，因此该专利联营协议将不会限制创新。五是该专利联营带来了显著的效率，联营协议减少了获得制造MPEG-2产品所需的各种许可证的时间和费用，该联营可能是有利于竞争的。基于相似的理由，1998年美国司法部批准了由飞利浦、索尼和先锋公司所组建的DVD标准的专利联营。

12.2.2 许可中的纵向限制协议

（1）转售价格限制

纵向价格限制一般即指维持转售价格。许可贸易中的维持转售价格是指许可方对利用被许可方生产的产品或服务的销售价格进行限制，要求其按照一定的价格销售利用专利技术生产的产品。专利权人为了确保专利产品在消费者心中的形象，往往会在许可协议中要求被许可人以一定价格出售，或售价不得低于某个价格。此种限制虽然有利于专利权人，但是却不利于整体市场的竞争。由于纵向价格限制有可能会限制企业之间的竞争，传统上在反垄断执法中，对于许可中的价格限制通常是适用本身违法原则。但是从效率角度来看，许可中的价格限制可能是许可人维护自身利益的一种合理行为，它可能是基于效率原因，如果没有这种机制，企业可能根本不会进行技术许可，这不利于创新和技术的扩散。因此，对其适用合理推定原则是恰当的。

（2）应用领域或地域限制

应用领域限制实质是许可人对被许可人的许可技术使用领域进行限制。通过限制使用领域，专利权人可以在不会被诉实施价格歧视行为的同时，在每个使用领域实现充分的市场价值。当这种限制被用作竞争者之间分割市场或便利合谋时，会损害企业之间的横向竞争。在信息不完全和环境不确定性的情况下，通过应用领域限制，可以促使每家企业投资并承担相应的风险，消除外部性。因此，对许可中的应用领域限制应采取合理推定原则，只有当领域限制可能会导致横向限制竞争问题时才受到反垄断法的关注。

许可中的地域限制是指对许可的地域范围或区域独占做出限制。在美国等国家，通常采用"权利穷尽"原则，对于有期限限制的知识产权保护的产品进一步使用或再销售的限制，在该产品按照知识产权所有者的授权进行首次销售之后，就不能作为知识产权保护项目而具有法律效力。在反垄断法中，如果许可人和被许可人之间具有竞争关系，两者之间的地域限制有可能被用作减少市场竞争的工具，则应当受到反垄断法的禁止。

（3）回授要求

回授是指在许可协议中，被许可人同意给予知识产权许可人使用其对许可技术改进成果的权利。由于信息不对称，专利持有人不能有效地控制被许可人的技术使用，如提成制专利费的计算困难。许可人也可能担心被许可人使用许可技术作为自己的研发投入并通过对专利的改进提高从而在与许可人的竞争中获取竞争优势。为了降低这种风险，许可人可能会在许可合约中设立回授条款，甚至可能会坚持强制回授或强制交叉许可。

回授合约安排向被许可人和许可人提供一种共同承担风险的方法，使许可人有权获得与许可技术或许可技术引发的进一步创新的好处。首先，回授可以促进创新，回授条款为许可人在基于原始专利基础上的创新提供了一些知识产权保护，可以促进原始创新和创新成果的后续许可。其次，回授可以节省交易费用。由于许可中的高交易费用和潜在的市场失灵，如果没有回授，许可人和被许可人可能会设计更复杂的许可合约条款。最后，回授条款有利于促进竞争。回授条款会激励许可人许可技术，并保持与竞争者之间的有效竞争。

在某些情况下，回授条款也可能会产生损害竞争的效应。首先，回授条款有助于许可人维持其对技术的垄断地位，不利于市场竞争。其次，回授条款可能会破坏被许可人进行研发的积极性，削弱被许可人进行研发的动力，并因此限制了创新市场的竞争。一般说来，非排他性回授允许被许可人自己使用，并允许被许可人向他人许可，这通常会促进竞争和创新；而排他性（独占性）回授则禁止被许可人向他人许可，会阻碍竞争和创新。

（4）商业回报分享要求

商业回报分享协议是指许可方许可被许可方使用其获得专利保护的研究方法，被许可方将使用该研发方法获得的商业化开发的产品的收益部分分配给许可方的协议。商业回报分享协议在制药行业和生物科技行业应用比较多，通常情况下被许可方使用许可方的研究方法，但约定通过分享获得药品的商业回报来替代支付许可费用。

商业回报分享协议在以下几个方面具有增加效率、促进竞争的效果：首先，商业回报分享协议可以降低许可方与被许可方的谈判成本，尤其在双方对研究方法的估价和对获得产品的判断不一致时，可以促使双方达成协议，从而促进研究方法使用的推广；其次，商业回报分享协议可以在许可方与被许可方之间合理分配风险，从而提高化解风险的效率。

商业回报分享协议在以下方面具有影响竞争的可能性：如在生物科技和药品研发过程中，制药企业往往需要大量、综合使用不同的研发工具和研究方法，才能获得新药产品。当这些研究工具和研究方法分别属于不同的权利人所有时，就会造成许可费叠加的后果，导致制药企业研发的激励降低，形成新药研发领域中的反公地悲剧。

（5）搭售和一揽子许可

在许可贸易中，搭售行为是指许可人要求被许可人向其购买其他产品或服务，以作为许可一项技术的条件。与搭售相类似，一揽子许可是指许可人要求被许可人在购买一项专利技术的同时购买其他不需要的专利。

从纯技术的角度来讲，搭售和一揽子许可的主要原因是许可的技术与被搭售的物品或专利通常都是相关联的，甚至从技术或产品质量的角度来讲都是必须共同使用的或最好共同使用的技术知识。专利技术一揽子许可的另外一个原因，是由于存在所谓的"阻挡专利"。有时候由于技术或者专利法方面的限制，企业对一项专利的合法使用必须以其同时拥有另一项专利的许可为前提。在这种情况下，一揽子许可交易可使该企业同时得到两项专利技术许可，从而清除所谓的"阻挡专利"。从经济效果来看，搭售和一揽子许可在一定场合下是促进资源有效配置的。由于专利许可人可以通过价格歧视提高自己的利润，所以更愿意在开始的时候投入更多的资源进行研究与专利技术开发。一揽子许可对社会的好处，还表现在降低知识产权交易过程中的交易成本，这是因为在很多时候交易双方很难就诸多单一的专利许可一一达成协议。

搭售和一揽子许可也会对竞争和社会福利带来负面的影响。首先，搭售可能是一种垄断杠杆化行为。许可人可以通过搭售把其在搭售品市场上的市场势力延伸到被搭售品市场上，从而损害被搭售品市场上的竞争。其次，搭售具有排他性，会限制其他产品的市场竞争。按照搭售许可的要求，被许可人必须从许可人那里而不能从第三者那里购买一些其他的物品，这也会阻碍许可人与第三者之间的竞争或潜在竞争。因此，对搭售和一揽子许可要采用合理推定原则来进行分析。一般说来，在企业不具有市场支配力的情况下，搭售一般不会损害市场竞争。在关于一揽子许可的案件中，拥有市场势力企业的强制性一揽子许可通常会损害市场竞争。因为如果被许可人有选择的自由，可以自由决定是选择一揽子许可还是选择单独许可，就不会引起反垄断问题。因此，企业是否拥有选择的自由是问题的关键。

12.3　标准必要专利的专利劫持

在现代高科技行业的产品生产和消费当中，标准扮演了日益突出的作用。在通信、计算机、智能手机等高科技行业，技术标准往往是由多项受到专利保护的互补性专利技术构成的，由于标准是采用该技术标准生产相关产品不可或缺的必要投入品，企业采用该标准必然要使用其包含的专利技术，因此受到专利保护的技术标准不可或缺的专利就成为标准必要专利。标准必要专利（SEPs）是指那些对特定技术来说不可或缺并且已经被认定为标准的技术专利，即该专利技术是实施标准所不可或缺的，在专利有效且未授权的情况下，实施标准必然会侵犯该专利的知识产权。

12.3.1　标准必要专利的专利劫持风险

在标准必要专利的情况下，市场结构往往会体现出明显的"事前竞争、事后垄断"的格局。在信息、通信等行业，正式的行业技术标准的制定往往是由标准制定组织（SSO）在众多竞争性技术中选择出来的。在标准制定之前，实现同一功能的技术往往有多种选择，满足同一功能的技术方案之间存在充分的竞争，但是标准制定最终只会选择其中一项技术纳入标准，由此技术标准一旦确定，标准必要专利所面临的竞争性替代技术的竞争约束就消失了。

标准化会赋予标准必要专利持有企业较强的事后市场势力。首先，专利和标准的结合使标准必要专利成为下游企业从事产品生产的必要投入品，下游企业对标准必要专利具有较强的依赖性；其次，在标准实施过程中，标准实施企业为实施标准会进行大量针对特定标准的专用性投资，其采用包含该专利的技术标准就会被锁定在该技术路径中，由于标准实施企业为采用标准支付了巨额的沉淀成本投资（主要是研发和生产设备投资），其如果不采用该专利技术而是采用其他替代性技术，则标准专用性投资将变得毫无价值。因此，从供给侧来看，专利实施企业被专用性投资所锁定。再次，从需求角度来看，在标准必要专利的情况下，由于标准会使实施标准企业的产品实现与其他产品的互操作或兼容，需求侧外部性会使其生产标准兼容的产品获得较大的收益。如果实施企业转向其他替代性技术标准，一方面会发生新的研发投入和专用性资产投资，另一方面在标准之间竞争有限的情况下，其采用替代标准生产的产品将无法与原有的相关产品实现互操作或兼容，由此可能造成其采用替代标准生产的产品销量有限甚至没有销路，造成巨大的转换损失。综上，巨大的专用性资本投资和高转换成本造成标准必要专利实施者无法在事后转向替代性技术或者替代性标准，或者面临巨大的转换成本。因此，一个专利技术一旦被认定为标准之后，竞争性技术替代将消失，标准必要专利持有人就会具有很强的市场势力。

由此，在标准制定后，标准所包含的专利就成为标准必要专利，由于较高的转换成本，标准实施企业被锁定后，必要专利持有人就具有了较强的市场势力，它就有激励在事后利用标准化赋予的市场势力来向被许可人索要不合理的高许可费、对许可技术使用范围进行限制、被许可人不能对专利提出无效或非侵权索赔，或者对被许可人实施不合理的回授条款、被许可人不能寻求禁令救济等排斥竞争者的行为。专利持有人的上述行为也被称为"专利劫持"行为。在现实当中，专利劫持行为有很多种：一是专利持有人在实施人实施标准后索要不合理的高许可费；二是专利持有人故意隐瞒所持有的必要专利，然后在标准大范围应用后向标准实施企业主张专利并索要高许可费所采取的专利伏击行为；三是必要专利持有人在许可中提出明显不合理的许可条款；四是必要专利持有人在事后对愿意进行许可谈判的实施人寻求禁令救济行为。

标准必要专利持有人的专利劫持行为具有多重危害。具体来说，首先，专利劫持会使标准必要专利持有人向标准实施人索要超过其专利技术价值贡献的许可费，占有实施人专用性投资的准租，从而对实施人的利益造成损害，降低了其实施标准和采用专利技术的激励；其次，专利劫持带来的高许可费会阻碍对社会有价值的标准的采用，并影响技术创新；再次，专利劫持对同一标准的其他必要专利持有人的利益造成损害，影响了这些专利持有人获取与其价值贡献相称的标准应用带来的价值；最后，在专利实施产品市场为非完全竞争市场的情况下，专利劫持给实施人带来的高成本会转嫁给最终消费者，导致最终消费者支付比较高的产品价格，造成对消费者福利的损害。

12.3.2 标准必要专利FRAND许可承诺

为了规制标准必要专利持有人的专利劫持行为，标准制定组织在标准制定时都要求标准必要专利持有人做出"公平、合理、非歧视（FRAND）"的许可承诺，从而降低专利标准化之后专利劫持行为发生的可能性，消除标准必要专利许可潜在的竞争损害问题，并合理平衡各方的利益。但目前标准制定组织并没有对FRAND许可承诺的具体含义做出明确的界定，FRAND仅仅是一个基本的必要专利许可的原则性规定，这在一定程度上限制了其约束专利劫持行为作用的发挥。因此，如何科学计算FRAND许可费成为各国法院与反垄断执法机关面临的重要挑战，也是判定标准必要专利持有人索要的专利是否构成非法专利劫持的关键。

（1）经济学方法

递增价值原则是确定FRAND许可费的基础。Swanson 和 Baumol（2005）指出为了消除标准制定赋予必要专利持有人市场势力带来的专利劫持问题，标准制定组织应该以事前多个替代技术相互竞争的许可费为基准，因为事前竞争的许可费反映了必要专利相对于最佳替代技术的商业价值贡献。事前竞争的递增价值方法是事前竞争标准的体现。根据确定合理许可费的事前竞争规则，在事前竞争的情况下，由于不同专利技术之间存在替代竞争，因此在竞争市场情况下，一个专利技术所能索要的最高许可费是被许可人采用该专利所能带来的相对于其最佳替代技术的递增价值。在具体的案件中，执法机构需要区分特定专利技术的递增价值贡献与专利对标准的价值贡献。对于某一许可费是否为"公平合理"的判定必须基于许可费与专利经济价值之间的合理关系来确定。欧盟委员会 2011 年发布的《横向合作协议指南》指出，合理许可费应该基于知识产权的经济价值，这主要是通过比较专利持有人在事前标准制定时索要的许可费和事后整个行业被标准锁定后索要的许可费，或者由独立的专家对必要专利的必要性和价值贡献进行评价，以及根据事前标准制定过程中专利持有人披露的许可条款来确定。

有效成分定价规则（ECPR）法是经济学家 Baumol 和 Swanson（2005）基于经济效率的事前竞标模型提出的，用于评价专利许可是否符合 FRAND 原则。假设专利持有人既研发专利，也在下游从事使用该专利生产最终产品，并且下游市场的产品是完全竞争替代的。根据有效成分定价规则，合理的许可费 P_i 应该为自己使用专利技术生产下游最终产品的销售价格 P_{fi} 减去专利持有人向下游竞争对手许可专利技术的递增成本 IC_i，即

$$P_i = P_{fi} - IC_i \qquad (12\text{-}7)$$

公式（12-7）说明，专利持有人的无歧视许可费应该等于持有企业向自己许可索要的隐含价格，即等于自己产品的最终销售价格减去向竞争对手许可的递增成本。此时，对专利持有人来说，通过许可获得收益和自己使用专利生产下游产品的收益是无差异的。由此，这实际上是每个专利合理的许可费应该基于专利对最终产品的边际价值贡献来确定。同时，在其他要素投入价格给定的情况下，最终产品价格上升也会导致许可费的提高。

（2）司法方法

法院在具体案件审理中确定 FRAND 许可费主要采用可比较协议法和"自上而下"法。

在 2013 年微软公司诉摩托罗拉公司案中，罗伯特法官确定 FRAND 许可费分为三步：第一步，法院分析专利族对标准的重要性，即要同时考虑所有标准必要专利对标准的贡献比例，也考虑专利族作为一个整体对标准的技术贡献；第二步，法院分析专利族作为整体对被诉侵权产品的重要性或贡献；第三步，法院分析以其他可比较的专利许可费作为参照基准来确定该专利族的 FRAND 许可费率，可比较许可费的选择主要是依据专利对标准的重要性和对被诉侵权产品的重要性来判断。

在美国 2011 年 Innovatio 公司案中，法院采用了下游生产商的经济学家证人雷纳德提出的自上而下（top-down）法。霍尔德曼法官认为自上而下法符合递增价值方法的思想，更接近 FRAND 许可费。自上而下法的分析过程是：首先，基于 Wi-Fi 芯片（最小可售实施单元）的平均价格；其次，在此基础上计算生产商生产每个芯片所能

获得的平均利润，这构成许可费的上限；最后，计算出 Innovatio 公司拥有的标准必要专利数量在802.11标准必要专利总数量中的比重或者企业拥有的该必要专利技术贡献占标准价值的比重。具体的FRAND许可费计算公式为：

$$FRAND许可费 = \frac{最小可售单元价格}{} \times \frac{每个可售单元平均利润边际}{} \times \frac{该专利技术贡献}{标准价值}$$

总体来说，自上而下法较好地解决了多个互补性专利组成标准的情况下如何科学确定单个必要专利的许可费，其确定的许可费非常接近事前谈判许可费，并能有效防止出现许可费叠加的问题，因此目前被多个国家的法院在标准必要专利案件中借鉴应用，但是该方法应用面临的一个尚未很好解决的问题是如何确定多个互补专利总体许可费率。

12.4 知识产权反垄断政策

12.4.1 知识产权保护与反垄断法的关系

知识产权是基于创造性的智力成果而依法享有的专有独占性，权利人在相关市场上拥有一定的控制与支配地位，合法排斥他人的竞争，这是知识产权制度的内在属性。从表面上看，专利体制授予企业一定时期的法律垄断地位，是与反垄断法的促进竞争目的相冲突的。但是从根本上来说，二者并不是冲突的，二者是互补的，都是促进社会福利的提高。知识产权制度授予一个企业创新成果在短期内的合法垄断地位可以鼓励创新，专利体制还鼓励企业通过专利许可实现技术创新成果的扩散，这有利于其他企业通过获取专利技术进入市场参与竞争。在电脑、软件、生物等技术密集型产业，技术创新往往是企业最重要的市场竞争手段，不断的技术创新促进了企业之间"争夺市场的竞争"。在这个意义上，知识产权制度显然是与竞争目标相一致的，是促进市场竞争的重要手段。反垄断法是通过促进竞争以实现静态效率，也就是在现有技术给定的情况下实现资源的有效使用；知识产权制度是鼓励创新，实现动态效率。因此，反垄断法与知识产权法的政策目标是一致的，即促进创新和提高消费者的福利。

由于知识产权制度的内在特点，知识产权权利人往往具有市场独占性[①]。这主要是因为：知识产权保护所产生的专有性构成其他竞争者的市场进入障碍，知识产权标准化后，其他人要开发替代的技术往往需要投入巨大的财力和人力，在许多时候几乎不可能在短期内实现。知识产权标准化后，知识产权权利人可以从容地确定许可费，对价格的控制能力加强。显然，知识产权制度赋予专利权利人一定的合法市场垄断地位，但是这种垄断不是绝对的，而是相对的。如果专利权利人以此为基础，采取限制竞争行为以获取垄断利润和维持市场地位，就会与反垄断法相冲突。政府授予专利权人对专利成果在一定时期内的垄断权，并不意味着政府要保证专利权人垄断任何市场。对技术创新成果的垄断并不意味着对市场的垄断。知识产权本身并没有赋予专利权利人免予反垄断法制裁的权利，其任何排他性行为也应当受到反垄断法的禁止。

---

① 但是在反垄断执法中，一般并不假定知识产权产生了反垄断意义上的市场支配力。

反垄断法并不是一般意义上的禁止垄断，现代反垄断法本身是保护通过技术创新取得的市场垄断地位，但是反对滥用垄断地位的行为。各国的反垄断执法实践显示，反垄断法本身并不反对知识产权制度赋予专利权利人在一定时期内对创新成果拥有的独占地位，通常在反垄断法中都对知识产权实行了反垄断法的适用豁免，但是豁免的条件是知识产权权利人不以此为基础，采取滥用知识产权行为以维护垄断地位和阻碍市场竞争。这说明与合法取得市场优势地位一样，依照知识产权法获得的垄断地位同样是受到法律保护的，并不是反垄断法要关注的对象。因此，如果专利或其他形式的知识产权确实赋予企业一定的市场支配力，那么该市场支配力本身并不违反反垄断法。

但知识产权权利人的权利也不是无限制的，既然知识产权是一种独占权，如果权利人滥用垄断地位实施限制贸易或排斥竞争的行为，并对市场竞争秩序产生了严重的损害，就应当受到反垄断法的禁止。反垄断法要反对的主要是滥用这种垄断地位的行为，因为滥用知识产权行为是妨碍技术进步和经济发展的，是与反垄断法和知识产权法的立法宗旨相违背的。因此，知识产权权利人可以享有知识产权法授予的合法独占权，但是不能将专利作为进行合谋或影响其他企业参与竞争的手段。反垄断法所关注的并不是企业是否拥有创新成果的垄断权，而是这种垄断权的行使是否严重地损害了市场竞争。正像其他财产权一样，某些有关知识产权的行为可能具有反竞争性。执法机关对有关知识产权的行为适用与其他任何形式的有形或者无形财产适用的反垄断一般原则一样，只是在具体行为的分析上有所不同。因此，美国司法部和联邦贸易委员会发布的《知识产权许可的反垄断指南》指出：根据反垄断法，知识产权既不特别地被免除反垄断法的审查，也非格外地受到反垄断法的质疑。

反垄断法与知识产权法是一种互补的关系，反垄断法能够为技术创新提供有效的研发激励，尤其是在知识产权制度不适应快速技术创新的行业发展现实时，这一点体现得就更为明显。将反垄断法和知识产权法有机地协调起来，发挥其互补性作用，可以减少各自的非效率性，有助于增强这两部法律执行的有效性，并会增强制度的可行性。因此，需要将反垄断法和知识产权法有机地协调起来，这不仅应体现在立法上的相互衔接方面，而且还应体现在执法上的相互协调方面，促进反垄断法和知识产权法协调的一个重要途径就是反垄断机构和知识产权保护机构双方共同发布关于知识产权反垄断执法的指导原则或司法解释。

12.4.2 知识产权相关市场界定

根据反垄断法，限制竞争的知识产权行为是企业滥用市场支配力的一种形式。对知识产权行为反垄断分析的一个重要内容，就是在确定知识产权人是否滥用市场支配地位限制有效竞争之前，首先要确定受知识产权影响的相关市场和认定企业是否拥有市场支配地位，而这需要先明确界定相关市场。与一般的市场界定不同的是，知识产权相关市场除包括产品市场外，还包括技术市场和创新市场：

（1）产品市场

一般而言，反垄断法为确定一个相关产品市场范围，首先要确定一个特定的产品，其次是确定某一特定产品的替代品及其范围。反垄断法确定地域市场的主要方法是考查企业的销售范围，从某种意义上来讲，企业的销售范围就是地域市场范围。同时，还要适当考虑消费者是否能方便地选择竞争产品、消费偏好以及政府政策、运输成本、产品特性等因素。但从知识产权的观点来看，相关地域市场一般被选定为技术标准中知识产权受保护的地区或滥用行为发生的地区。

（2）技术市场

技术市场是由被许可的技术及其近似替代的现有同类技术所构成的市场，近似替代技术是指与被许可技术具有足够的替代性、能够明显地对被许可技术市场势力产生限制的技术或产品。技术市场主要是技术创新的扩散、技术专利的授予和技术转移问题。当知识产权权利与使用知识产权的产品分开销售时，反垄断主管机构则可以根据技术市场对许可安排的竞争效应进行分析。

（3）创新市场

创新市场是指企业之间就某一领域中未来新技术或新产品的研究开发进行竞争形成的市场，包括特殊新型或改进型产品或方法的研发和该研发的近似替代物。此近似替代物是指对相关研发的市场支配力的行使构成重大限制的各种成果、技术和产品。创新市场中企业之间的竞争是争夺市场的竞争，企业之间通常进行研究开发竞赛。只有在从事相关研发的能力与特定公司的特定资源相联系时，反垄断主管机构才会界定创新市场。

一般的产品市场界定是根据相关市场中现有产品来计算市场集中度的，是建立在高市场集中度与高市场势力紧密相关的假定基础上。但是对于以创新为主的产业来说，潜在创新并不是要与市场上的现有产品进行竞争，而是努力开发下一代的升级产品，竞争是争夺市场的竞争而非现有市场内的竞争。因此，在创新性产业当中，更多的应该关注于许可对未来产品的影响。滥用知识产权行为不仅影响了现有市场的竞争，而且更主要的是它降低了潜在企业的创新，影响了未来市场的竞争。现有的经济理论和实证研究结果表明，市场集中度与创新之间并不存在明确的线性相关关系，这一点在技术创新密集的行业体现得尤其明显。因此，在分析知识产权对竞争的影响时，市场份额不是确定市场支配地位的唯一因素，还必须考虑其他的因素。一个企业拥有市场支配地位既可能是因为其拥有垄断势力，也可能是在竞争压力下在位企业有持续的创新结果。判断一个企业是否拥有市场势力更重要的是看其他企业进入市场的难易程度，尤其是技术创新对市场进入的影响。

为了更好地指导反垄断执法，美国、欧盟设立了相应的反垄断安全区和豁免制度。根据美国1995年《知识产权许可反垄断指南》的规定，企业市场份额在20%以下的处在安全区内，反垄断法无须加以关注。根据欧盟《技术转让集体豁免的第240/96号条例》的规定，对于彼此竞争的企业，在其竞争的每个市场上共同市场份额不超过20%的可以得到豁免；对于非竞争的企业，在相关技术和产品市场上共同市场份额不超过30%的可以得到豁免。

12.4.3 知识产权反垄断审查

美国1995年《知识产权许可反垄断指南》认为，在大多数情况下，对知识产权许可中的限制行为适用合理推定原则，但是对于搭售、禁止被许可人使用竞争产品的实施许可、一揽子许可、固定价格、市场分割、联合抵制、转售价格维持、搭售、独家交易、在许可中规定独占性回授或者权利转让条款、许可人在知识产权过期或无效后仍要求对方支付提成费、合同约定不得对专利的有效性提出反对等行为则适用本身违法原则。在2007年4月，美国司法部和联邦贸易委员会发布了《反垄断执法与知识产权：促进竞争与创新》的报告，对单方拒绝许可专利、联合制定标准、交叉许可和专利联营、知识产权许可的不同形态（禁止主张权利条款、回授条款、商业回报分享协议）、知识产权搭售和捆绑中的反垄断问题、超过专利法定有效期延伸市场支配力行为的反垄断执法问题进行了具体细致的分析。

在欧盟，知识产权许可协议受《欧洲共同体条约》第81条和第82条的调整。欧盟在2004年颁布新的《关于技术转让协议适用条约第81条第3款的772/2004号条例》，同时颁布《关于对技术转让协议适用〈欧洲共同体条约〉第81条的指南》。欧盟委员会认为，判断知识产权许可协议是否违反欧盟竞争法，必须从经济和法律的角度来判定该行为是否可能严重影响成员国之间的贸易或市场竞争，因此需要考虑的要素有：协议当事人各自的规模及其市场份额，产品或者技术的性质，许可是独占性的还是非独占性的，许可协议实施的经济内容，包括协议是否为地区许可网络的一部分。

在反垄断执法当中，一个企业通过技术创新或高效率经营获得市场支配地位本身并不违法，但是利用其支配地位排斥市场竞争是违反反垄断法的。显然，知识产权权利人以不当方式行使权利而谋求维护垄断地位，限制竞争，损害技术创新和经济效率，应当受到反垄断法的调整。由于大多数知识产权滥用行为本身既具有促进效率的合理性，又有损害竞争的负面后果。所以，对大多数知识产权滥用行为应采用"合理推定"原则，权衡其效率收益和竞争损害效应，对其做出判断。但是在某些情况下，许可中的限制具有明显的限制竞争的结果，因而不需要做进一步的分析，对其适用本身违法原则。在知识产权有关的反垄断案件中，为提高反垄断执法有效性，通常采用如下的审查规则：

第一，纵向限制与横向限制的区别。许可安排如果影响的是互补关系中的活动，企业之间的关系就是纵向关系。纵向合约安排是许可中的最主要形式。通常企业之间的纵向限制对竞争的损害较小，它更多的是依据合理推定原则来进行分析。如果没有许可，相关企业之间是实际上或潜在的竞争对手，则企业之间的关系就是横向关系。竞争者之间的横向许可协议涉及价格、产量和市场分割，横向限制常常损害企业之间的竞争，适用本身违法原则。因此，在滥用知识产权的专利许可案件中，首先要区分限制是横向限制还是纵向限制。

第二，价格控制与非价格控制的区别。通常涉及价格的控制在本质上是违法的。因此，为了确定许可证中的限制是否合法，必须考查其对价格的直接影响。

第三，品牌之间的竞争与品牌内部竞争的区别。品牌之间的竞争通常是涉及不同产品企业之间的竞争,品牌内的竞争通常是涉及单一产品链条内的不同企业之间的竞争。通常品牌之间的竞争高于品牌内部的竞争,增强品牌之间竞争的限制即使损害了品牌内部的竞争也可以通过反垄断审查。

第四,单一限制与附属限制的区别。单一限制是指那些主要目的是削弱竞争的限制,它们通过提高价格或限制产量来实现对竞争的影响。附属限制是附属于其他各方面均合法的交易,并与这些交易具有合理的关联。反垄断主管机构主要关注许可安排的实际效果,而不是其形式上的条款。

从反垄断法的意义上来说,滥用知识产权行为是一种滥用市场势力、损害市场竞争的行为。滥用知识产权的首要条件是企业具有市场势力。滥用知识产权是指知识产权的权利人在知识产权许可过程中滥用市场势力的行为。从反垄断执法来说,滥用知识产权行为的要件是:企业具有市场势力、行使了限制市场竞争的知识产权许可行为、该行为严重损害了市场竞争。通常对滥用知识产权行为的反垄断审查分为三步:

第一步,判断许可是否限制了市场竞争,如果专利许可没有限制市场竞争,或许可人及其被许可人在受该限制实质影响的各相关市场中的合计市场份额小,则无须做进一步分析。

第二步,在许可限制涉及知识产权的基础上,进一步确定该限制是否具有或很可能具有反竞争的后果,如果不具有反竞争的后果,则无须做进一步的分析。

第三步,在前两步得出消极结果的情况下,反垄断机构必须权衡反竞争效应和创新激励效应,以做出判断。只有当专利许可限制导致了极大的反竞争后果,它才应该受到反垄断法的处罚。如果一种限制不产生反竞争的后果,或者促进创新或竞争的影响超过了反竞争的后果,则这种限制应该被看作合法的,对此无须做进一步的分析。

本章小结

知识产权反垄断问题是反垄断执法最棘手的问题之一。知识产权在激励创新的同时也可能阻碍创新。在互补性创新的情况下,交叉许可、专利联营在促进技术许可交易的同时也可能成为企业价格合谋的工具,产生限制竞争和阻碍创新的效应。专利许可中的价格限制、应用领域限制、地域限制、回授、搭售和一揽子许可等纵向合约限制也可能会产生限制竞争的效应。标准必要专利通常具有"事前竞争、事后垄断"的市场结构,必要专利持有人往往利用标准赋予的事后垄断势力来实施索要高价格等专利劫持行为。判定必要专利持有人是否实施了非法的专利劫持行为,关键是科学确定其索要的许可费是否违反FRAND承诺。FRAND许可费的经济学原则是事前竞争规则,司法方法主要是可比较协议法和自上而下法。反垄断法与知识产权法的政策目标是一致的,即促进创新和提高消费者的福利。因此,需要将反垄断法和知识产权法有机地协调起来,既鼓励创新也维护竞争。

课后习题

1. 知识产权反垄断执法如何权衡静态效率和动态效率？

2. 知识产权保护制度是否总是有利于创新？为什么？

3. 一个拥有专利的企业是否有激励许可其技术？

4. 有哪些制度形式可以缓解"反公共地悲剧"问题？

5. 请阅读国家发改委对高通垄断案的裁决意见，并分析如何判定专利持有企业的许可滥用行为。

本章参考文献

［1］BESEN，RASKIND. An Introduction to the Law and Economics of Intellectual Property ［J］. Journal of Economic Perspective，1991，5：3-27.

［2］FARRELL，KATZ. The Effects of Antitrust and Intellectual Property Law on Compatibility and Innovation ［R］. Antitrust Bulletin，1998，43：609-650.

［3］BERNHEIM，WHINSTON. Common Agency ［J］. Econometrica，1986，54：923-943.

［4］GAL-OR. A Common Agency with Incomplete Information ［J］. The RAND Journal of Economics，1991，22：274-286.

［5］REY，TIROLE. A Primer on Foreclosure ［J］. Handbook of Industrial Organization，Vol.3，2003.

［6］ROCKETT. The Quality of Licensed Technology ［J］. International Journal of Industrial Organization，1990，8.

［7］SCOTCHMER. Protecting Early Innovators：Should Second-Generation Products Be Patentable? ［J］. The RAND Journal of Economics，1996，27：322-331.

［8］SHAPIRO，VARIAN. Information Rules：A Strategic Guide to the Network Economy ［M］. Boston：Harvard Business School Press，1999.

［9］TAYLOR，SILBERSTON. Economic Impact of Patents ［M］. Cambridge：Cambridge University Press，1973.

［10］TOM，WILLARD K，JOSHUA，et al. Antitrust and Intellectual Property：From Separate Spheres to United Field ［J］. Antitrust Law Journal，1997，66：167-229.

［11］王先林. 知识产权与反垄断法——知识产权滥用的反垄断问题研究 ［M］. 北京：法律出版社，2001.

［12］王先林. 实施国家知识产权战略与规制知识产权滥用 ［J］. 美中法律评论，2005（2）.

［13］唐要家，曹美玲. 一体化专利持有企业拒绝许可的封锁效应与反垄断审查 ［J］. 产经评论，2018（1）.

［14］唐要家，曹美玲. 专业研发企业拒绝许可的策略激励与竞争效应 ［J］. 财经论丛，2018（12）.

［15］唐要家，李恒. FRAND承诺下标准必要专利搭售许可的动机及其竞争效应 ［J］. 产经评论，2019（4）.

［16］唐要家. 标准必要专利许可滥用反垄断研究 ［M］. 北京：知识产权出版社，2020.

第13章
数字经济反垄断

目前世界经济正在经历一个重大的历史转变，从工业经济转向数字经济、从实物产品转向数字产品。数字经济是推动中国经济高质量增长的新引擎，同时也是政府政策关注的重点领域。数字经济的概念又有宽的界定和窄的界定。窄的数字经济概念界定特指完全是由于现代信息通信数字技术发展所催生的新兴产业，这些行业主要是指互联网金融、互联网零售、互联网信息安全、数字内容、数字文化娱乐、智慧医疗、互联网教育、互联网新型住宿、互联网新兴餐饮等。宽的新经济概念界定则是泛指所有基于互联网、信息通信技术、数字技术的有关产业，既包括我们通称所指的新兴的数字经济行业，也包括传统产业数字化转型采用互联网和新兴数字技术的数字化产业。为此，宽的数字经济界定可以概括为数字技术产业化和传统产业数字化。大型数字平台日益突出的市场支配地位及其对整个经济的巨大影响，引起了各国反垄断的关注，但同时由于数字经济的发展具有明显不同于传统经济的独特发展规律，对反垄断执法提出了诸多新的挑战，如何创新反垄断体制以应对数字经济发展带来的挑战成为各国反垄断政策的重心。

13.1　数字经济的独特规律与市场特征

13.1.1　数字经济的发展规律

数字经济作为一种新兴的产业、新的技术和新的商业模式，其具有明显不同的发展规律。

（1）数据成为经济增长的第一要素

数字经济的发展主要是建立在对大数据的高效开发和利用上，大数据不仅是一种重要的资源，也是一种重要的资产。英国《经济学人》杂志指出，在数字经济时代"整个世界最有价值的资源不再是石油而是数据"[①]。2020年4月9日中共中央和国务院发布的《关于构建更加完善的要素市场化配置体制机制的意见》明确将数据看作与土地、劳动力、资本、技术等传统生产要素并列的生产要素。作为一种资源，数据的最基本特征是非竞争性，一个用户采集和开发利用数据并不会降低其他用户采集和开发同一数据的价值，并且原始数据往往难以排他性使用。因此，数据不再是稀缺性经济资源，不会出现公共资源使用的"公共地悲剧"问题，促进数据开放共享和更多人及时使用数据会极大地促进创新和社会福利。

互联网企业对消费者用户大数据的收集和开发应用可以开发新的商业模式并进行有针对性的个性化营销，在大幅降低整个经济运行成本的同时也会极大地提高消费者的福利。在数字经济市场，平台之间的竞争更大程度上是质量竞争，而平台服务质量很大程度上取决于平台掌握的数据规模及其基础上的算法，一个企业掌握大数据并具有强大的数据挖掘能力将使其获得独特的竞争优势并拥有较高的利润收益。作为一种企业战略资产，数字商务企业有激励过度乃至恶意收集和使用用户数据，竞争企业有激励恶意盗取竞争对手的商业数据以进行不正当竞争。对于具有支配地位的数字平台

---

① The Economist, "The World's Most Valuable Resource is No Longer Oil, But Data," May 6, 2017.

企业来说，大数据会成为一种新的竞争策略工具。由于进入者在短期内无法获得大量和多维度用户数据，数据优势会使在位平台获得持续的市场势力，大数据可能会成为新进入企业参与市场竞争的重要进入障碍。同时为了维持这种数据市场势力，在位数据支配企业有可能采取并购、拒绝接入等市场封锁行为来排斥竞争对手。

（2）需求侧和供给侧都具有显著的规模经济

数字经济不仅具有非常强的供给侧规模经济，同时也具有非常强的需求侧规模经济，需求侧规模经济也称为网络效应。网络效应是指用户连接到一个网络的价值取决于已经连接到该网络的其他用户的数量。网络效应也被称为网络外部性或需求方规模经济，它是指当更多的用户消费某一商品时一个用户额外消费一个商品会获得更高的价值。网络效应会带来消费福利的巨大提升，但同时强的正反馈效应带来赢家通吃和赢家多吃的高集中度和垄断化趋势。供给侧规模经济的形成机制是，更多的消费者消费商品，导致企业销售更多的商品，进而导致企业生产商品的单位成本更低。供给侧规模经济产生的根本原因是较高的固定成本被更多单位的产品所分担。新经济需求侧规模经济的形成机制是，当更多的消费者消费某一商品或服务时，额外消费一单位商品或服务的价值更高。因此，新经济供给侧规模经济和需求侧规模经济的共同作用使新经济具有了更低的供给成本并为消费者和社会创造了更高的价值。

需求侧规模经济产生的商品边际价值递增来自网络效应的正反馈机制。网络效应分为直接网络效应和间接网络效应。直接网络效应是指消费者需求之间的相互依赖性，使用一种产品的用户数量的增加可以直接增加其他用户的效用。在直接网络效应下，平台一侧用户数量的增加会给这些用户带来更大的价值，从而吸引更多的用户加入。间接网络效应也称为交叉网络效应，在跨侧网络效应下，平台一侧用户数量的增加会带来另一侧用户的价值增加，因此会吸引另一侧用户的加入。在网络效应的情况下，用户基础越大的平台越会吸引更多的用户，从而出现强者愈强的正反馈效应，往往带来一家独大的市场结构或少数大企业主导的高集中度市场结构。

（3）多边平台为主的商业模式

以亚马逊、阿里巴巴、Facebook（脸书）[①]、Google（谷歌）、Uber 等为代表的企业都是典型的数字平台企业。数字平台在新经济发展中扮演核心的角色，平台商务模式成为数字经济生产、交易、消费的中心。以平台为中心的市场组织也被称为多边市场，平台最基础的经济功能是促进多个不同群体达成交易。与传统的单边市场不同，多边平台市场具有独特的定价机制，由于多边市场中的平台定价需要吸引平台两侧用户参与平台交易并以实现交叉网络效应最大化为目标，因此平台收费的重点不是价格水平而是价格结构，平台收费往往是对一侧用户实行低价格、免费乃至补贴，而对平台另一侧用户实行高价格。这种一侧用户零价格而另一侧用户高收费的不平衡价格结构颠覆了传统单边市场中企业定价不能低于边际成本的定价规则。

在数字经济中，平台不仅是促进交易实现的中介，它还扮演了重要的私人规制者的角色，对各方通过平台完成交易制定规则并建立制度保障，从而促进整个平台生态的协同发展。为了促进平台不同侧用户之间的有效交易，它需要制定一套相对完整的

[①] 2021年10月28日，Facebook 正式改名为 Meta——编辑注。

技术准则、交易规范和治理制度。首先，对平台的相关交易方进行监管并构建良好的平台交易生态，可以使平台企业更好地共享双边市场交易创造的价值。实现有效的自我监管是符合平台企业利益的。其次，在平台交易过程中，消费者一方始终处于弱势，消费者既缺乏事前识别和判断单笔交易风险的充分信息，也缺乏事中和事后有效抗衡商家欺骗行为的手段。因此，在平台交易中，消费者一方具有天生的脆弱性。平台当然有激励和有义务维护弱势消费者权益的责任，从维护消费者权益的角度出发尽可能设计更完善的制度来构建信任的交易关系和安全的交易环境。

（4）快速创新带来的动态性和不确定性

数字经济发展的根本动力是创新，创新极大地重构原有的经济生产和商业消费模式，促使新产业和新的商业模式不断出现。数字经济也被称为高创新密度的行业和动态竞争的市场，数字经济中的企业竞争主要是创造新的产品、进入新的市场、建立新的商业模式和应用新的技术。由于创新天然具有的不确定性特征，不仅创新本身是不确定的，而且一个创新成果的商业化能否成功也是不确定的，技术不确定性和市场不确定性使新经济内生地需要一个鼓励创新、允许失败和试错的空间，避免政府监管人为地设立市场进入障碍或增加创新创业的成本。

数字经济的创新往往是颠覆性的，创新通常会改变整个行业的商业模式和竞争状态。创新竞争者不是蚕食在位企业现有业务的市场份额，而是通过商业模式创新对在位企业构成颠覆性影响或完全取代。克里斯坦森和雷诺在2003年出版的《创新者的解答》一书中将创新区分为"破坏性创新"与"维持性创新"。维持性创新是持续性地为消费者提供越来越好的产品和服务，而破坏性创新则会在某些方面降低主流市场产品的性能，引入与主流市场产品完全不同的特质。破坏性创新会引起突然的和无法预期的巨大变化，甚至可能会完全消除现有的技术、产品和在位企业的市场地位。①破坏性创新会带来巨大的经济增长促进贡献，并且带来的新技术和新商业模式给消费者和社会带来巨大的益处。大量的破坏性创新是由破坏性企业所驱动的，这些企业并不是采用同在位企业相同的传统技术或商业模式，而是向消费者提供完全不同的商业模式和消费价值。典型的如阿里、京东领导的电子商务对传统线下零售业的巨大冲击，网约车对传统出租车行业的巨大冲击，支付宝、蚂蚁金服等互联网金融对传统金融业的冲击。破坏性创新企业的发展会对采取传统商业模式的在位企业构成巨大的威胁，往往会完全取代采取传统商业模式的在位企业，或者极大地挤压在位企业的市场份额而使其市场边缘化乃至完全退出市场。尽管破坏性创新的进入者会在比较短的时间内迅速占据市场的较高份额并往往具有较强的市场支配地位，但是其仍然面临巨大的竞争压力。在位企业的竞争压力主要来自三个方面：一是在同一个市场其他大企业的创新竞争；二是其他市场的企业通过一体化进入市场带来的竞争；三是具有巨大的创新不确定性和破坏性创新特质的小企业的创新竞争。

---

① CHRISTENSEN，RAYNOR. The Innovator's Solution［M］. New York：Harvard Business Review Press，2003.

13.1.2　数字经济的市场结构特征

数字经济具有明显不同的经济规律和市场竞争特征，这些独特的经济规律和竞争特征给现行的反垄断政策带来诸多挑战。有效的数字经济竞争政策设计应该契合和适应数字经济市场竞争的独特性，因此准确把握数字经济竞争特征是竞争政策制定的起点。

（1）数据与算法成为影响市场竞争的重要因素

数据是数字平台从事各种商业活动的重要投入要素，也是企业获取和维持竞争优势的重要战略资产。数字商务企业大量采集用户数据，并基于算法向消费者提供个人化的服务，有利于提高消费者福利。在数据成为决定企业竞争优势重要战略资产的情况下，大数据与人工智能算法的结合往往会赋予大数据控制者较强的数据垄断势力。一个拥有较少数据的企业将很难与掌握较多维度数据的支配企业展开竞争。特别是在企业采用自我学习算法的情况下，训练和优化算法需要大量地、持续地投入多维度数据，如果一个企业的数据量少、维度单一且更新缓慢，则会对算法优化和算力提升带来不利的影响，从而无法对在位企业构成有力的竞争约束。由此，数据构成新的重要的市场进入壁垒，控制数据会赋予数字企业较强的市场势力。基于大数据数字企业的定价不再是人的决策而是机器的决策，人工智能算法日益成为企业定价的主要方式。算法定价可能会促进竞争，更迅速及时地对竞争对手的价格变动做出应对，从而促进价格竞争，带来巨大的效率收益。因此，在一个有效竞争的市场，应该鼓励企业获取更多的信息并实现信息共享，采用算法定价。但是在寡头市场，企业之间通过算法定价或过多地分享信息则会促进合谋。总体来说，平台既可能通过数据投资、研发和商业化应用来提高消费者福利和经济效率，也可能会利用数据来实行剥削性定价、提高进入壁垒，实施封锁竞争对手等单边的数据滥用行为，寡头企业也可能利用大数据算法定价来实现默契价格合谋，实施以垄断重要数据为目的的企业并购，以及滥用用户数据信息。

（2）平台成为重要的市场竞争主体

数字经济平台主要特征包括：一是平台涉及多个不同的用户群体，这些用户群体需要借助平台这一中介来实现彼此的交易或相互作用，因此也被称为双边市场或多边市场。二是平台两侧用户具有非常强的相互依赖性或相互作用，即存在较强的交叉网络效应，任何对单侧用户的决策都将通过交叉网络效应对另一侧用户产生影响。三是平台具有独特的价格机制，为吸引更多的不同用户群体通过平台来实现交易或相互作用，充分利用交叉网络效应，实行不平衡价格结构，对一侧用户实行低收费、免费乃至补贴，而对另一侧用户实行高收费以获利。四是平台基于大数据和算法决策来为两侧用户的相互作用提供高效率的中介服务，并通过制定平台交易规则实行对平台生态的规制。数字经济平台的多边市场模式、网络效应、大数据与算法决策、中介服务的提供者和治理者等新的经济特征，对传统反垄断政策提出了很多挑战，包括如何界定数字平台的相关市场、如何评价交叉网络效应对竞争的影响、如何分析消费者免费下的消费者福利、如何分析支配企业定价中的价格水平与价格结构。

（3）高集中市场结构与可维持的市场势力

在数字经济市场，由于网络效应、大数据与算法的结合，市场往往会出现"冒尖"，一家或少数几家平台企业占据大部分市场份额的"赢家多吃"的高集中现象。例如美国谷歌长期占全球搜索引擎市场90%以上的市场份额，2020年Facebook在全球社交媒体市场占据75.5%的市场份额。在2018年中国数字平台商务市场中，百度占搜索引擎市场的份额为68.5%，美团占外卖市场的份额为58.6%，天猫占在线零售市场的份额为53.5%。由于网络效应、大数据与算法的结合产生明显的支配地位自强化机制，新进入企业很难在市场当中与支配平台展开有效竞争，市场内竞争和市场进入竞争都受到削弱，市场可竞争性程度的下降产生可维持的平台市场势力。高技术数字平台突出的市场支配地位及其日益强化的趋势引发了较大的竞争政策争议。一种观点认为，数字平台企业的强市场支配地位和高集中市场结构严重阻碍了市场竞争，应该对其采取更严格的反垄断政策，甚至主张对支配数字平台实行结构拆分；另一种观点则认为，数字平台的支配地位和市场高集中度是符合效率要求的，是创新的结果，对此不应采取特别的反垄断规制政策。这些不同的观点很大程度上影响了各国竞争政策的走向。

（4）市场具有显著的动态竞争性

由于数字经济具有明显的高市场集中的特征，因此传统市场竞争的主体力量——市场内竞争的作用受到削弱，市场竞争过程由传统的市场内竞争为主日益转向争夺市场的竞争为主。争夺市场的竞争最主要的形式是破坏性创新对传统的商业模式和市场结构产生的颠覆式影响，这也是熊彼特所称的"创造性破坏"竞争过程。破坏性创新要么是通过新业务新模式的新企业进入来实现，要么是通过已有企业的跨界经营来实现。在动态创新竞争中，任何单个企业的市场支配地位都是短暂的，市场竞争体现为一系列的"赢家通吃的竞赛"。在数字经济中，动态竞争构成了强大的竞争力量，促进了市场的可竞争性，但动态竞争并不足以保证在所有市场的竞争都是有效的，如果在位支配企业的行为对潜在的创新竞争和市场进入构成严重阻碍，拥有可持续的市场势力，严重影响了市场的可竞争性，则应受到反垄断法的严格禁止。因此，在破坏性创新与以争夺市场为主的动态竞争中，判断市场势力和竞争损害需要重点考虑动态竞争因素，突出对市场进入壁垒和动态创新激励的影响，将维护市场的可竞争性作为反垄断政策的重点，突出潜在竞争的作用，而不是仅关注市场内的现实竞争。

（5）普遍的跨界经营

数据具有显著的范围经济，相同的数据及挖掘获取的知识信息可以在边际成本为零的情况下被同时应用到多个领域，这不仅会进一步增强平台的大数据优势，促进数据驱动的创新，同时也会带来更高的收益和快速成长性。跨界经营已经成为谷歌、百度、阿里等数字平台企业普遍采用的经营战略，支配平台通过跨界经营构建了以核心平台为中心的数字产业生态。典型的如美国谷歌公司的业务，包括金融、地图、新闻、旅游、机票搜索、购物、图书、视频和云计算等；阿里的业务除了淘宝的在线零售，还投资在线支付、物流、数字金融、社交媒体、数字娱乐、云计算等。数字平台的跨界经营一方面为平台企业的市场进入提供了便利，平台企业可以利用其用户基础、大数据等资产迅速进入新的业务市场，同时也会使相互竞争的平台在多个市场展开竞争，这会极大促进平台之间的现实竞争和潜在竞争。因此，尽管数字经济高集中市场结构限制了单个产业竞争，但跨界经营带来的跨行业竞争则显著增强。虽然如此，支配平台的跨界经营也可能会带来反竞争的风险：一是产业生态和跨界经营提高了市场进入障碍，单一市场竞争的企业较难进入市场；二是跨界经营会引起市场势力杠杆化问题，跨界经营的支配平台有激励将其在核心业务市场的市场势力延伸到相关业务市场，实行市场封锁行为；三是实现跨界经营的混合并购会消除潜在竞争者，将潜在竞争对手杀死在萌芽状态；四是在寡头市场多市场竞争和算法定价的结合有可能便利企业合谋。

13.2 双边市场与数字平台

13.2.1 双边市场的界定

数字平台是数字经济最重要的商业主体，根据平台经济学理论，平台也被称为"双边市场"或"多边市场"。双边市场（two-sided market）或多边市场（multi-sided market）是指，通过某个交易平台进行交易，使得不同终端用户形成互动，并通过适当的定价，使市场的每一端都能够参与的一类市场。也就是说，交易平台既要吸引每一端的用户，同时总体上保持盈利或者至少保持盈亏平衡。罗切特和泰勒尔（Rochet and Tirole，2004）将双边（或多边）市场定义为，通过一个或几个平台能够使最终用户"相遇"或相互作用，并通过合理地向每一方收费而试图把双方（或多方）最终用户群维持在平台上的市场。在经济学意义上，双边市场更确切的定义是，给定每一端市场的定价总和，如果交易平台上实现的交易与在总价格水平不变下的市场两侧的价格结构或两侧的相对价格有关，这样的市场就是双边市场；反之，如果交易平台上实现的交易量只与买方和买方支付的总价格有关而与其相对价格无关，这样的市场就是单边市场（Rochet and Tirole，2004）[1]。

双边市场包括三个参与主体：平台企业和两侧（或多侧）不同的用户群体。在双边市场中，平台企业独立于买卖双方，是买卖双方实现交易的中介平台。在双边市场中，平台不仅仅是为各方提供交易中介，而且它还扮演价格规制者、许可管理者、竞争组织者、交易规则制定者等多种角色。

在单边市场中，所有的用户或消费者在使用或消费某一产品或服务时是相同的，而在双边市场中，市场交易涉及两种类型截然不同的用户，每一类用户通过平台与另一类用户相互作用而获得价值，平台是不同侧用户实现相互作用的重要中介。双边市场的基本结构如图13-1所示。比如在淘宝平台，买方B向商家S购买了一款产品，买方和商家都需要借助平台来实现并完成交易。

双边市场具有四个显著的特点：一是平台是数据信息的节点；二是平台不同侧用户之间具有交叉网络效应，平台两侧的用户彼此相互产生外部性，因而出现"鸡生蛋还是蛋生鸡"的问题；三是平台实行不平衡价格结构；四是平台扮演生态规制者角色，通过治理制度设计等来实现不同群体间的外部性内部化，为不同群体创造递增价值并实现平台生态的价值最大化。

---

[1] 价格结构是指在总体价格给定的情况下，总体价格在买方和卖方之间的分配状况。在网络产业中，价格结构对经济效率有重要的影响。通常在网络产业中向一方多收费而向另一方少收费的非对称价格结构会促进经济效率的提高。

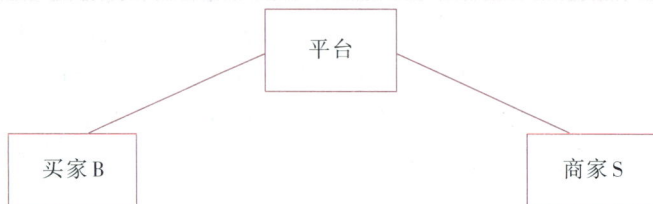

图13-1　双边市场的基本结构

13.2.2　双边平台的类型

在现实经济生活中，双边平台广泛存在，它们在现代经济系统中具有非常重要的作用。数字经济平台包括很多形式，如在线零售平台、在线广告平台、搜索引擎平台、社交媒体平台、系统与软件平台、支付系统平台、分享经济平台、数字内容平台、云平台等。依据不同的标准，平台可划分为多种类型。

（1）依据平台功能的类型划分

伊文思（Evans，2003）从双边市场产生的目的和功能出发，对双边市场进行了类型划分（见表13-1），具体来说：

①市场创造型。这种双边市场的特点是方便双边用户的交易，通过交易平台提高搜寻交易对象的效率和交易双方匹配成功的可能性。拍卖行、房屋中介、股票和期货交易所、购物中心等都属于这类双边市场。

②需求协调型。这类双边市场能帮助两侧用户通过交易平台来满足其需求。视窗操作系统、银行卡系统、移动增值业务平台、浏览器、网络游戏等都属于这类双边市场。

③受众创造型。这种双边市场交易平台的主要职能是吸引观众、读者和网民等，这样企业才愿意到交易平台上发布广告和产品信息。电视、报纸、杂志、电话黄页及门户网站等就属于这类双边市场。

表13-1　　　　　　　　　　　　　　　双边市场的分类

类型	市场创造型	需求协调型	受众创造型
具体产业	电子商务平台、房地产中介、拍卖行、搜索引擎、证交所、超市等购物中心	操作系统、浏览器、银行卡系统、移动通信平台、网络游戏、高校等	电视、广播、报纸、期刊、门户网站、通信平台、电话黄页

资料来源：根据Evans（2003）整理。

（2）依据平台主要收入结构的类型划分

从平台的收入结构来看，平台可以分为如下四种类型：

①佣金为收入基础的平台。佣金为收入基础的平台主要是在线数字商务平台，也被称为"在线市场"或"交易场所"平台，典型的如电子商务平台、第三方支付、在线旅游预订平台、Uber、APP商店。平台一般是向商家收取佣金。这种收费机制是一

种收益分享机制，佣金总额与单笔交易额和交易数量有关。

②广告费为收入基础的平台。广告费为收入基础的平台主要包括搜索引擎、社交媒体、新闻门户网站等。平台通常向广告商收费，对消费者用户免费乃至负价格（补贴）。典型的如Facebook的收入中90%来自在线广告的广告费。平台通过向消费者用户提供内容并实行不平衡的价格结构吸引大量消费者用户，获得海量的关于消费者用户的数据，从而为广告商提供更有针对性目标的广告，通过更高的广告投放价值来吸引广告商并向其收费。

③注册费为收入基础的平台。注册费为收入基础的平台主要为数字内容和系统软件平台，如数字音乐、在线视频、在线视频游戏、视窗软件等。这些平台的重要特征是提供创新性产品，这些产品通常受到知识产权的保护。注册费的征收通常针对消费者用户，并且往往向用户收取固定费用，注册费总额往往与使用数量无关。

④赞助费为收入基础的平台。赞助费为收入基础的平台主要是提供公共服务或促进知识扩散，具有利他主义平台的收费模式，平台运行经费主要靠社会捐助来实现平衡。典型的如美国的维基百科、社会科学研究网（SSRN）等。在SSRN平台，论文作者免费向SSRN平台提供自己的工作论文，读者则可以免费下载和阅读平台的学术论文，平台的收入主要来自平台作者、用户或社会捐助。

（3）根据用户平台单属和多属情况的分类

根据用户同时接入平台情况，平台可以分为单属平台和多属平台。在单属平台下，用户只能接入一个平台。在多属平台下，一个用户可以同时接入多个竞争性平台。在多属平台结构下，同时存在多个相互竞争的平台，这些平台既可能相互独立也可能相互连通。如在房地产交易市场，一个要出售房屋的卖方可能同时与多个房产中介签订非排他的代理协议，以获得更多的买方；同样要购买房屋的买方也可以同时与多个房产中介联系，以获得更多的房源。多属平台为市场两侧的用户提供了更多的选择空间，但也加剧了平台之间的竞争。

13.2.3 双边市场的网络外部性

在双边市场中，通常有两种不同的网络外部性：使用外部性和成员网络外部性。

成员网络外部性也称为同侧网络效应，主要是双边市场一侧的用户越多，彼此的价值越大。比如在社交媒体平台，使用同一平台的用户越多，可以交流的对象越多，因此带来的效用就越大。但在淘宝等在线零售平台，成员外部性则并不突出，在特定情况下如双十一促销时，过多的用户参与商品抢购反而会带来负成员外部性。在成员外部性的情况下，平台对交易双方收取的是与交易数量无关的一笔固定费用的会员费，例如在银行卡支付系统中，信用卡发卡机构通常向持卡人（消费者）收取一笔固定的年费。但对于靠广告费支持的平台，平台往往是对消费者免费的，如腾讯公司的微信就是对消费者用户免费。

使用外部性是一种事后外部性。使用外部性是指市场某一侧的需求决策影响另一侧的成本和收益，因此也称为交叉网络效应。总之，消费者和商户之间是互相强化的关系。也就是说，每一侧用户的决策都会对另一侧用户的福利产生影响，但平台交易的每一侧用户在做出决策时又不会考虑这种影响。典型的如电子商务平台——淘宝，更多的买家在平台购物，会吸引更多的卖家，商品更丰富且价格竞争更激烈；反过来，当更多的卖家在平台销售时，会吸引更多的买家在平台购物，卖家的销售机会更多且营销成本更低（见图13-2）。

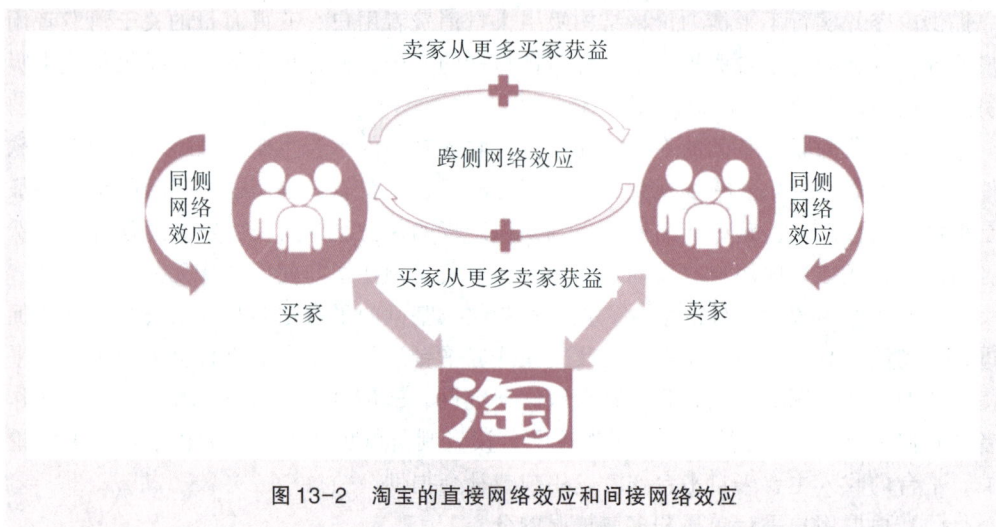

图13-2　淘宝的直接网络效应和间接网络效应

区分不同网络效应的意义在于：首先，在双边市场发展过程中，不同外部性具有不同的作用。由于成员外部性的正反馈效应，市场双边的用户只有达到临界规模，网络才能够得以生存和发展。对于使用外部性来讲，重要的问题是实现网络的有效使用，促使更多的买方和更多的卖方通过平台交易。其次，对于不同的外部性，需要解决的问题不同，采取的策略也必然有所不同。对于成员外部性来说，它需要解决的问题是，设法吸引市场双边加入平台，扩大网络规模；对于使用外部性来说，它需要解决的问题是，如何设计合理的价格结构，达到有效的交易水平。最后，在双边市场中，由于平台企业两侧消费者的相互依赖和网络外部性，平台企业有很强的激励来实现外部性的内部化，通过科学地设定不同侧消费者支付的价格比例来吸引消费者。

13.2.4　双边市场的定价

双边市场的定价不仅涉及对不同侧消费者收取的价格总水平，也取决于对不同侧消费者收取的价格结构。价格水平是平台向两类用户收取的总价格，价格结构是指平台在两侧用户（买者和卖者）之间分摊总价格的结构或各方承担的总价格比例。在使用外部性的情况下，平台必须科学设计价格结构来确保平台两侧的用户参与平台交易。在双边市场当中，价格结构不仅影响企业的利润，也影响经济效率。美国银行卡案例也说明，政府对双边市场的关注和干预也主要是针对双边市场的，即双边市场这种非平衡的价格结构是否会损害社会福利。

双边市场平台企业的定价规则不像我们熟悉的定价规则，双边市场平台企业分配的最优价格与边际成本是不成比例的，市场一侧用户支付的价格甚至可能低于其边际成本或不支付任何价格，而另一侧则支付整个交易的费用。如在美国信用卡组织中，美国运通卡向商户收取交易额2%的变动费用，但是对持卡消费者则不收取任何的交易变动费。平台企业设计价格结构时考虑的核心问题是哪一方应该承担更多的总价格比重，这取决于各方对网络外部性影响的大小。平台企业可能往往向市场的一侧倾斜价格，如果市场中B侧用户对S侧用户产生了比S侧用户对B侧用户更大程度的外部性，则B侧用户往往得到一个较低的价格甚至免费使用，以此来吸引更多的用户。比如在夜店中，女性顾客对男性顾客具有较大的间接网络外部性影响，因此其免费或支付相对低的价格，男性顾客则支付高价格。像多产品企业定价的拉姆齐模型，企业通过定价来部分地补偿生产的共同成本，市场一侧用户对共同成本的贡献可能大于另一侧用户。由于网络使用的外部性，这种不对称的价格结构往往能显著地提高经济效率。

成员外部性涉及交易非敏感性终端用户成本。成员成本包括由平台收取的固定费用和使用这一侧支出的技术性固定成本。例如，一个应用软件开发企业不仅需要支付固定的平台费，而且还要支付固定的软件开发成本。一般说来，在很多情况下，平台为鼓励应用软件的开发可能会向软件开发商索取较低的固定费用甚至给予开发资助。平台向用户收取成员费的主要目的是弥补成本。对终端用户来说，最重要的是总的交易非敏感成本。在此情况下，如何在买方和卖方之间分配固定费用就成为一个重要的问题。在双边交易过程中，固定成本构成了一种沉淀成本，从而可能会产生套牢问题。比如在银行卡支付系统，一个消费者采用刷卡消费比用现金消费时每次交易多获得剩余b^B，一个商户向该消费者销售了价值为v的商品，则该商户向持卡消费者索要的最后定价为$v+b^B$，此时持卡消费者没有任何剩余。如果当初在申请信用卡时消费者还支付了固定的年费或交易成本，则此时他就被商户的收费所"套牢"。

平台向终端用户的收费受到各种因素的影响，具体来说主要有：

一是需求弹性和外部性。需求弹性是对平台不同侧用户收费的一个重要影响因素。影响平台一侧弹性的一个重要因素是该侧的用户基础。当被俘获的消费者数量增加时，由于吸引更多的卖方与买方，因而收益增加，即买方的价格将中性地下降，卖方的价格也将下降。同样，一侧的低价格吸引更多的用户对另一侧产生很大的外部性，这将给平台带来利润。

二是服务提供商的相关市场势力。如果终端消费者是通过中介来与平台发生接入交易的，那么平台可能会通过低价格来降低中介的市场势力。平台降低接入费有助于消除双重加成问题。

三是某一侧的剩余创造程度。当通过降价来吸引某一侧的用户能给另一侧带来较大外部性的时候，对该侧的低价格就会带来更多的剩余。

四是平台竞争与平台多属情况。在平台竞争的情况下，平台为了吸引更多的卖方会对卖方索要低价格，但是平台竞争并不一定会带来更有效率的价格结构。在消费者参与多属平台的情况下，价格通常较低。在一侧消费者是单属平台，另一侧消费者是多属平台的情况下，平台通常会对单属平台的消费者索要垄断性接入价格。但是也可能平台为了吸引单属消费者而实行低价格，但是对多属平台消费者索要较高的价格。

　　五是捆绑与搭售。在双边市场，平台往往将多种服务捆绑或搭售。与一般的单边市场不同，双边市场中的捆绑和搭售能使平台更好地平衡买方和卖方的行为，它并不必然会降低社会福利。

13.3　数字经济反垄断政策重点

　　数字经济发展和平台商业模式并没有颠覆反垄断执法原则和政策体系，影响的只是少数具体的政策工具和分析方法。因此，反垄断法的基本原则及基本的法律规定仍然适用，但是反垄断法的工具与方法则需要创新，以更好地适应数字经济的发展。数字经济下的反垄断政策创新必须基于个案来进行，以增强反垄断审查政策的科学性和针对性。

13.3.1　算法合谋

　　在数字经济下，亚当·斯密的"看不见的手"将被"数字的手"所取代，算法定价将成为数字经济新的重要的定价形式。数字商务企业普遍采用大数据算法决策也引起人们对企业借助算法来实现默契价格合谋的担忧。由于价格合谋一直被认为是企业滥用行为的首恶，并且算法合谋主要是通过人工智能的自我学习方式来实现的，对现有的反垄断政策提出了很多新的挑战，因此算法合谋问题成为各国反垄断机关面临的新课题。

　　（1）算法促进合谋的机制

　　算法定价促进企业合谋的机制主要体现在如下三个方面：一是基于算法的商业决策通常并不需要寡头企业之间通过直接的沟通来达成协议，算法会自动根据竞争对手的价格制定自己利润最大化的价格。尤其是基于深度学习技术的算法能在没有人工指令的情况下自动制定合谋的价格，为合谋提供了自动实现的工具；同时算法能对市场条件的变化和竞争对手的价格自动做出反应，实现动态定价，更容易在市场变化中实现默契合谋。二是大数据和算法的结合明显提高了企业间相互作用的频率和市场透明度。算法合谋通常基于对大数据的动态处理和分析，算法使企业不仅可以实时地跟踪分析竞争对手的定价行为，而且可以有效区分市场价格变化是单个企业的定价行为还是市场波动造成的，避免了不确定性引发的价格战，使寡头企业更容易及时准确地识别单个企业的背叛行为。三是由于算法定价是基于竞争对手的定价自动做出的反应，因此一旦发现单个企业的背叛行为，其他企业会快速自动实施惩罚性低价格，从而使惩罚具有严厉性。由于基于算法的价格合谋能够自动达成合谋协议，及时发现背叛行为，并迅速做出可信的严厉惩罚，从而使背叛合谋协议的行为变得无利可图，降低了单个企业的降价激励，促进了企业之间的价格合谋。由于算法降低了企业之间的沟通协调和监督成本、增加了市场透明度、提高了对背叛行为的监督和惩罚的有效性，算法在一定程度上会降低传统上价格合谋所要求的市场结构门槛，在企业数量相对较多、市场集中度门槛相对较低的寡头市场，或者在市场价格和供求波动较大的不确定性市场，企业之间也可能会实现相对稳定的价格合谋。因此，算法定价明显提高了价格合谋出现的可能性。

（2）算法合谋的反垄断政策

不同类型的算法合谋具有不同的合谋机制并对反垄断政策提出不同的挑战。基于算法导致的合谋效应，我们对四种类型的算法合谋及其面临的反垄断问题总结在表13-2中。可以看出，对于信息传递者、轴辐协议、可预测代理人这三种类型算法的合谋，现有的反垄断法能够有效地加以应对，通过企业间的协议证据、信息沟通证据以及附加因素分析或算法审查，可以找到企业之间存在合谋动机和协议的确凿证据。但是对于自主学习算法合谋，现有的反垄断法尚缺乏有效的执法工具应对，在非法合谋的协议要件认定、主体责任确定和救济措施方面还存在明显的政策空白，因此现行价格合谋反垄断执法面临较大的政策空白，需要通过反垄断政策创新加以解决。

表13-2　　　　　　　　　算法合谋的类型及反垄断政策问题

类型		性质	协议证据	反垄断政策
信息传递者	显性合谋	实施已有合谋的新手段	明确证据	本身违法
轴辐协议	显性合谋	借助第三方实现合谋	混合证据	本身违法为主，个别案件合理推定
可预测代理人	默契合谋	有意识平行行为	间接证据	合理推定为主，个别案件本身违法
自主学习	默契合谋	无意识平行行为	无证据	合理推定（违法审查依据和方法存在空白）

资料来源：唐要家、尹钰峰（2020）。

算法合谋的反垄断政策创新主要体现在如下几点：

第一，激活集体滥用条款。根据各国法律，企业之间存在"协议"是认定非法价格合谋的要件，由于自主学习算法合谋是在企业之间缺乏任何协调或信息交流的情况下实现的，依据现有法律无法认定其存在"协议"要件。对于规制自主学习算法，美国在《谢尔曼法》失效的情况下，可以依据《联邦贸易委员会法》第5条禁止"不公平竞争方法"的规定来执法。欧盟在适用《欧盟运行条约》第101条禁止合谋规定失效的情况下可以适用第102条所禁止的共同滥用市场支配地位行为，即使没有确凿的证据显示企业之间具有共同实现合谋的动机，但如果这些企业共同设定不公平的高价格也将构成非法滥用。中国《反垄断法》也面临规制自主学习算法合谋的法律依据难题，对此反垄断执法机关可以扩展解释《反垄断法》第19条关于集体市场支配地位的法律界定，激活"集体滥用支配地位"条款来有效规制自主学习算法合谋。

第二，科学界定反垄断意义上的非法协议。为了应对算法默契合谋带来的挑战，反垄断法应对合谋的"协议"采取更宽泛的界定，而不仅仅局限在企业之间存在明确的相互沟通证据上，应更多关注"一致行为"的事实和达成限制竞争合谋结果的事实，并侧重附加证据因素的获取，从而确保竞争规则的科学适用。在算法合谋的情况下，如果对算法程序的审查证据显示当事企业都清楚采用该算法定价会带来价格合谋结果并且没有对此加以拒绝而是共同采用，则可以认定当事企业之间存在反竞争的合谋协议。因此，如果被告在开发算法的过程中具有谋求反竞争结果的动机或意识到采用算法会自然地带来反竞争结果的可能，则可以认定为其构成反竞争的合谋协议。

第三，依据动机来认定非法的协议。自主学习算法定价具有显著的效率效应，但在特定市场情况下，也会产生价格合谋效应。对自主学习算法定价的反垄断政策不应采用本身违法原则，而应采用合理推定原则。但是反垄断面临的难题是如何区分合法的算法定价与非法的算法定价。以算法程序审查方法来判断算法程序是否存在合谋的动机有两种：一是静态的检验，主要是在程序不运行的情况下检验程序代码；二是动态检验，主要是在程序运行的情况下人为设定一些输入变量来观察算法运行的输出结果，以判定算法运行是否会自然产生合谋的结果。当然，如果对算法程序代码的审查发现其具有明确的反竞争合谋动机和产生反竞争合谋效果的可能，则应对其适用本身违法原则。由于代码审查的高技术性，应该吸收技术专家来参与。

第四，明确当事企业的法律主体责任。对于算法合谋，反垄断的法律主体责任首先应该是由当事企业承担，在合谋事实成立的情况下，当事企业不能以自己不知情或未主动参与来免责，因为算法始终是工具，人才是主体。当事企业在采用算法时有责任确保算法的运用不会带来限制竞争的结果，这是其应尽的基本义务。即对于算法的使用，当事企业负有合理地注意和预测其可能产生反竞争非法效果的义务。算法始终是执行人的指令或任务的工具，本质上它是人实行合谋的一种便利机制。不管算法的人工智能水平有多高，采用该算法来作为决策工具的当事企业都应该对其产生的后果负责。因此，不管何种形式的算法合谋，反垄断责任主体都应该是定价算法的使用者——当事企业和企业的直接责任人。

第五，实行有效的算法事前规制。事前规制将算法设计放在突出的位置，坚持"基于设计来遵从法律"的原则，要求算法程序设计遵守和体现竞争原则，即从源头来消除算法合谋问题的产生。基于设计来遵从法律的规则要求算法开发者和算法使用者通过算法设计来确保遵守竞争法，即算法设计应该确保其不会带来反竞争的合谋效应。算法设计主要包括两个方面：一是技术设计，二是组织设计。技术设计是指规制机构可以在事前的算法设计阶段就介入，尤其是对算法的设计设定一定的不能违反的红线或原则，如对算法设计提出明确的"竞争中立"或"竞争友好"要求，要求算法开发者和算法应用企业确保算法的设计和应用不会带来限制竞争的效果，从而突出技术设计的基础性和预防性作用。组织设计则要求当事企业建立有效的内部治理制度，对算法运行可能产生的反竞争效应进行有效的监督，通过制度保障来确保算法的运行遵守竞争法。"基于设计来遵从法律"原则实际强调算法设计者和使用者的主体责任，突出算法使用者私人规制的主体地位，这是一种低强度和低成本的规制方式。

13.3.2 纵向限制协议反垄断政策

反垄断经济学显示，纵向限制协议并不是必然导致反竞争的结果，其既具有效率促进效应，也具有反竞争效应。因此，对纵向限制协议不应采取与横向垄断协议相同的本身违法禁止原则，而应采用合理推定执法原则，基于个案分析来判定特定纵向限制协议是否构成非法。

（1）最惠消费者条款

最惠国条款（简称MFN条款）也被称为最惠消费者条款。在线平台实施的最惠国条款有时也称为"跨平台价格校准协议"，通常是指平台企业要求商家在其平台提供的报价不应低于在其他平台或销售渠道的报价，给予其他平台或销售渠道的更低报价或更优惠交易条件也要同时适用于该平台，即商家不能向其他平台或在自己的官网提供更低的价格或更优惠的交易条件，这一要求能使该平台始终获得最好的报价或交易条件或者与其他平台或渠道等同的报价或交易条件。平台MFN条款实际上提供了一种平台之间价格校准的机制，它并不确定绝对价格水平，而是确立相对价格关系，即比价关系。

平台MFN条款既有效率促进效应，也有竞争损害效应，应采用合理推定原则。首先，在线平台实施MFN条款效率促进的主要理由是消除搭便车问题、解决专用性投资套牢问题、降低合约谈判的交易成本。其次，平台企业主导实施的MFN条款的反竞争损害主要体现为两个方面：一是它可能成为寡头企业消除价格竞争和维持高价格的合谋机制；二是它是平台支配企业排斥竞争对手实现市场封锁的排他机制。现有的关于支配平台实施MFN条款竞争效应的理论和案例研究大都认为，MFN条款具有较大的损害市场竞争的可能，仅在特定情况下才会具有显著的效率效应，因此都主张对支配平台的MFN条款采取严格的反垄断执法。

在基于个案运用合理推定原则的反垄断审查过程中，为了提高反垄断审查的效率，执法机构需要重点关注更可能产生严重损害竞争的平台MFN条款。根据反垄断经济学理论和欧盟、美国的司法判例，在下列几种情况下的平台MFN条款应该受到反垄断执法的严格禁止：①支配平台强制实施的针对不同平台之间定价或交易条件的MFN条款具有反竞争效应，商家主动实施的主要针对最终消费者的MFN条款通常反竞争危害会较小。②宽MFN条款往往具有削弱价格竞争、促进价格协调或封锁竞争者的效应，应该受到反垄断执法的重点关注。窄MFN条款是单一的委托人与代理人之间的关系，往往具有消除搭便车和专用性投资套牢的效率基础，通常不会产生严重限制竞争的结果。③宽MFN条款和代理模式的结合往往具有促进合谋的效应，更容易产生限制价格竞争的合谋结果。④具有双重价格校准条款的MFN条款具有非常严重的竞争损害效应，应特别受到严厉禁止。[①]⑤具有高市场累积率的MFN条款。

（2）"二选一"独占交易协议

双边市场支配平台实施的"二选一"独占交易协议应该受到反垄断法的重点关注。多边平台市场独占交易协议与单边市场独占交易协议具有明显不同的市场基础和行为机制。单边市场单一品牌生产商对其经销商实施的独占交易协议通常仅仅限制了品牌内的竞争并且具有较强的效率基础，而多边平台市场支配平台实施的独占交易协

---

① 双重价格校准条款的MFN条款是指不同平台或最终消费者之间的MFN条款和不同商家之间MFN条款的结合。

议则明显限制了平台之间的竞争，具有明显的损害市场竞争效应。具体来说：首先，相对于单边市场，在双边平台市场，跨侧网络效应使支配平台企业具有更强的激励和能力来实施以消除平台多属为目的的独占交易协议，以维护自己的市场垄断地位并获得高利润。其次，在多边平台市场，用户平台多属是促进市场竞争的最重要因素，维护平台企业之间的竞争是促进效率和创新的基础。平台多属是新进入平台能够获得参与竞争所必需的用户基础的主要途径，而独占交易协议则消除了这一便于进入者参与竞争的路径，从而构成对竞争对手的市场封锁。最后，由于双边市场的强跨侧网络效应，这一独占交易协议会带来比传统单边市场更严重的社会福利损失。因此，由于平台市场的独特经济规律，支配平台实施的独占交易协议更容易产生长期的严重损害市场竞争的市场封锁效应，因此对支配性平台企业独占交易行为应该给予更大的反垄断执法关注，而不是放任支配性平台通过反竞争的独占交易协议来维持和延伸垄断市场势力，对支配平台的独占交易协议采取过于宽松的反垄断政策。

数字平台独占交易协议具有独特的竞争损害效应。首先，由于数字平台提供的中介服务通常是一种无差别的同质产品竞争，此时即使一个支配平台具有领先的用户基础，其也很难阻止创新性竞争者参与竞争，而"二选一"独占交易协议会使支配平台实现对商家的锁定，并且由于交叉网络效应，会增加平台对消费者的黏性，实现对竞争对手的封锁，从而使竞争对手无法获得与其竞争的有效用户规模。其次，在商家拥有自由选择权的情况下，支配平台征收高佣金率会造成商家流失，其实行高收费的能力将受到较强的竞争约束，独占交易协议使商家失去了自由选择权与平台讨价还价的能力，增强了平台剥削性和占有商家剩余的能力。最后，在寡头平台都采用"二选一"要求的情况下，独占交易协议会产生类似于地域独占的"市场分割"效应，成为一种缓解寡头价格竞争的默契合谋机制。在具体案件的反垄断审查中，独占交易竞争损害的直接证据主要体现为两个：一是支配企业实施独占交易协议后直接导致其市场份额明显上升的同时主要竞争对手的市场份额明显下降；二是独占交易协议造成竞争对手退出市场或潜在竞争者无法进入市场。在双边平台市场，判断独占交易协议是否封锁竞争应重点关注其是否会限制竞争对手实现有效的用户临界规模或充分实现交叉网络效应。

多边平台独占交易协议的反垄断审查重点如下：①支配平台的市场势力大小，重点是平台的用户规模、两侧用户的转换成本、交叉网络效应强度、平台市场结构等。②独占交易协议涉及的商家是不是具有强顾客吸引力的知名品牌商家，即独占交易签约商家是不是具有较强的交叉网络效应或用户流量吸引力。③独占交易行为是否具有市场累积效应，独占交易是否已经成为行规或受其影响的商业在相关市场具有较高的市场份额比例。基于上述隐私，由于目前中国平台经济中的"二选一"行为主要是由支配平台强制实施的，协议针对的商家主要是具有较强消费者吸引力的知名品牌商家，并且"二选一"行为已经成为很多行业的行规，具有较高的市场累积率，因此这类"二选一"行为应该受到反垄断执法的禁止。

13.3.3 滥用行为反垄断政策

数字经济中支配平台具有更强的市场势力和更强的激励来实施滥用行为。在数字经济中，支配平台面临的竞争约束相对较少，商家和消费者对平台具有更强的依赖性，支配平台具有更强的市场势力，同时网络效应（特别是跨侧网络效应）会使排他性行为具有更高的预期收益，从而为平台实施排他性行为提供更大的激励。滥用市场支配地位行为主要分为两大类：一是剥削性滥用，即支配平台向第三方供应商征收不合理的高价格或向消费者过度收集个人隐私信息；二是排他性滥用，即支配企业排除其他企业参与市场竞争，排他性行为既包括保护或增强支配企业在核心业务市场的地位，也包括将核心业务的市场势力延伸到相关市场的杠杆化行为。滥用行为反垄断审查的重点是竞争损害，即特定行为是否会"严重损害市场竞争"。

（1）自我优待

搜索引擎、在线零售等平台日益进入上下游市场，典型的如谷歌进入下游专业搜索市场、阿里进入公有云市场、亚马逊在平台开展与商家相竞争的产品生产和销售等。在支配平台日益一体化经营的情况下，其有激励将核心业务市场的平台垄断势力延伸到相关市场，对自己的下属部门和其竞争对手实行差别化的政策，偏向自己的下属部分，歧视性对待纵向相关市场的竞争对手，使相关市场的竞争对手处于不利的市场竞争地位，从而利用核心业务市场的垄断势力来排斥和封锁相关市场的竞争对手。支配平台的自我优待行为的竞争损害理论主要是两个：一是为了维护核心业务市场的垄断势力，封锁潜在竞争对手进入其垄断的核心业务市场；二是将核心业务市场的垄断势力延伸到下游市场，即实行垄断杠杆化行为。在大数据和算法定价的情况下，自我优待行为也具有明显的效率效应，也是数字平台商业模式的重要机制，特别是对于搜索引擎、社交媒体等偏向行为是支持其不平衡价格结构和吸引流量的重要手段。

自我优待行为有助于平台提高针对用户的服务质量，并且是搜索引擎等平台商业模式的重要支撑机制，在很多情况下是具有效率效应的。但是在特定情况下，支配平台实施的自我优待会产生市场封锁效应。因此，对偏向行为的反垄断审查应该坚持合理推定原则。偏向行为的反垄断政策应该特别明确如下两点：第一，谨慎使用"平台中立"规制政策，应采取"非歧视性"平台行为规制。为避免平台的自我优待行为，一些学者提出了"平台中立"的政策主张，但目前对于如何保证实现平台中立目标还缺乏有效的规制手段和体制保证，而且不恰当的"平台中立"政策会产生阻碍竞争和创新的风险。总体来说，"平台中立"政策既缺乏理论基础，也缺乏实践支持，不应成为平台规制的政策选择。对于自我偏向行为，可行的反垄断规制政策是制定平台基本的行为规则，特别是提出平台行为的"非歧视性"要求，即平台对其商家提供的中介服务不应实行歧视性待遇，偏向自己下属部门或特定商家，从而使竞争性商家处于明显不利的市场竞争地位。第二，反垄断审查需特别关注自我优待行为对创新激励的影响。反垄断执法机构在判定自我优待行为是否违法时需考虑其对创新激励的影响，因为创新活动不仅能够提高用户的服务质量和在线体验，还能够提高商家与用户的匹配度和交易量。阻碍创新的自我优待行为会降低消费者的服务质量和其他商家参与市场竞争的能力。因此，反垄断法应禁止阻碍创新的自我优待行为。

（2）算法价格歧视

算法价格歧视是数字经济企业定价的重要方式，算法价格歧视也被称为基于大数据的个人化定价，是指企业基于大数据算法来对消费者实行个人化定价。算法价格歧视可以使企业拥有近乎完全的信息，甚至可以实现一级价格歧视（完全价格歧视），使支配企业通过个人化定价来占有全部的消费者剩余，由此支配数字企业实行的算法个人化定价引起一些消费者的反对并呼吁政府进行反垄断干预。

算法价格歧视反垄断规制应坚持总消费者福利目标。由于大数据算法价格歧视往往是在损害消费者福利的同时有利于企业利润提高，消费者福利和社会总福利往往并不同步，因此反垄断规制政策首先需要明确是坚持消费者福利最大化目标还是社会总福利最大化目标。显然，根据消费者福利最大化目标，那些降低消费者剩余但有利于企业利润和社会总福利提高的价格歧视应该受到禁止；而根据社会总福利最大化目标，只有既损害消费者福利也损害社会总福利的价格歧视才应受到禁止。由于价格歧视的福利结果往往是有人受益、有人受损，即在提高对某些消费者收费的同时降低对其他消费者的收费。因此，大数据算法价格歧视应该充分考虑对包括所有消费者在内的总消费者福利标准而非个别消费者福利标准。

算法价格歧视反垄断审查应采取合理推定原则。经济学理论已经证明，不管是在线实施还是离线实施，价格歧视的福利效果通常总是优于垄断统一定价。当在线市场具有较强的竞争性的时候，价格歧视更可能是一种促进竞争和消费者福利的定价形式。经济学理论研究显示，在寡头竞争市场价格歧视往往是促进竞争的，除非价格歧视导致寡头企业之间实现价格合谋。因此，在反垄断审查中应避免运用本身违法原则，而应运用合理推定原则来综合判断其对所有消费者的总体影响。算法价格歧视的竞争效应受到消费者的信息掌握情况（搜寻成本）、消费者的策略性反应、转换成本、平台多属、隐私保护技术和隐私保护政策等因素的影响，对算法价格歧视的反垄断审查需要基于数字经济的独特规律来进行个案审查。但是，在实施企业是具有显著市场势力的平台企业时，垄断平台大数据算法价格歧视则会成为一种剥削性滥用的"不公平高价"行为，应该受到反垄断法的严格禁止。

算法价格歧视的规制政策应综合运用多部法律和多种手段。算法价格歧视并不一定发生在垄断市场或由支配企业实施，非支配企业也可能实施有害的价格歧视，并且大数据价格歧视不仅涉及消费者权益和交易公平性问题，还涉及消费者隐私保护等问题。因此，竞争政策仅仅是规制个人化定价的规制政策工具之一，其仅适用于实施企业具有市场支配地位的情况。对于大量由非支配企业实施的个人化定价行为，对此竞争法将无所作为，需要依据《消费者权益保护法》《反不正当竞争法》《电子商务法》《个人信息保护法》等相关法律来执法。大数据算法价格歧视的反垄断规制政策，不仅包括政府的反垄断执法、隐私保护监管等行政行为，也要更多地采用市场化或技术性措施。政府应该鼓励针对个人的隐私保护技术的发展或比价网站的发展，鼓励消费者的隐私保护行动，降低消费者的平台转换成本，增强个人数据可携带权和平台多属性。

算法价格歧视规制政策应突出透明义务和消费者知情-同意规则。算法价格歧视的福利损害很大程度上取决于消费者的行为反应，特别是消费者的信息掌握程度或信息获取难度。增强消费者的知情权和信息获取能力能显著化解支配平台算法价格歧视的竞争损害。为此，透明性义务要求是重要的反垄断规制政策，即要求商家使用消费者个人信息数据实行个人化定价需要明确告知消费者。数字商务企业收集消费者个人数据然后用来制定针对该消费者的个人化价格必须征得消费者的同意，并且消费者拥有退出权。增加数字商务企业个人化定价的透明度会保障消费者的知情权，赋予消费者自由选择权，从而消除个人化定价对消费者的损害。具体来说：一是企业应该获得消费者同意采集和使用其个人信息数据；二是企业应该事先告知消费者其个人数据信息可能会被用来制定个人化价格；三是企业应明确告知消费者其面对的价格是个人化价格。同时，反垄断机关应特别禁止误导性或欺骗性的个人化定价行为，如虚假声称针对某个人的价格是"最优惠价格"；虚假的降价促销宣传；虚假的价格折扣。

（3）不公平高价格

平台对单侧用户高收费有可能是一种剥削性滥用行为。由于交叉网络效应，数字平台的定价往往实行不平衡价格结构，往往对消费者用户免费而对商家用户实行较高的收费。平台确定价格水平和价格结构是出于利润最大化而非社会总福利最大化，平台利润最大化定价格结构并不一定符合社会总福利最大化目标。不能想当然地认为，在总价格水平不变的情况下，平台调整价格结构对用户福利和社会总福利的影响是中性的。在特定情况下，支配平台的价格结构会产生降低社会福利的效果，成为一种更多占有商家交易价值的租金攫取机制，构成反垄断法所禁止的剥削性滥用行为。

平台对单侧用户高收费的反垄断审查应突出平台定价的特殊性。由于支配平台不平衡价格结构既包含了效率的因素，也包含了市场势力滥用的因素，因此不应采用本身违法原则，而应采取合理推定原则。首先，反垄断审查需要同时考虑价格水平和价格结构。当支配平台通过提高单侧用户收费或同时提高两侧用户收费来提高总价格水平时，它是一种典型的非法不公平高价格；当支配平台提高一侧用户的收费，但同时降低另一侧用户的收费，而总价格水平不变时，其福利效应是不确定的，需要采用合理推定原则来进一步地权衡分析。其次，反垄断审查需要考虑价格结构对平台所有用户的总体影响。如果支配平台对一侧用户的高收费造成的损害无法被另一侧用户的收益增加所抵消，则该行为就构成对竞争法的违反。最后，审查应重点关注交叉网络效应。单纯从相对价格来说，平台不平衡价格结构似乎是有人受益、有人受损。但是由于交叉网络效应，商家支付高价格并不一定是利益受损方，如果其支付的相对高价格是补偿对另一个用户的低价格，此时不平衡价格结构会吸引更多的消费者用户进行交易，则商家的总收益也会增加。因此，需要考虑对单侧用户高收费所引发的交叉效应给该侧用户带来的收益增加，即对单侧用户高收费是否严重背离实现交叉网络效应或吸引两侧用户参与交易的合理必要的程度。

平台对单侧用户高收费的反垄断审查不应主要依据成本因素。传统上，反垄断法判定不公平高价格主要是依据成本因素和价格比较来做出判断的，但是由于平台不平衡价格结构并未遵循成本定价规则，因此基于成本的反垄断审查方法是失效的。同时，由于不同平台的收费模式存在差别以及相同收费模式下收费结构、收费所包含的服务内容等存在具体的差别，不同平台的收费水平往往不具有可比性。在双边市场中，判定对单侧用户的高收费是否合法需要同时考虑服务成本、交叉网络效应和市场势力。如果平台对单侧用户的收费严重背离单侧交叉网络效应贡献和平台服务成本，则该高收费主要是市场势力滥用的结果，应该受到禁止。如果对单侧用户收费没有包含显著的市场势力因素，则不平衡价格结构并不构成违法。因此，需要同时考虑服务成本、交叉网络效应和市场势力来做出判定。

（4）拒绝接入数据

目前对于反垄断机关是否需要对支配企业拒绝竞争对手接入其占有的数据行为进行干预还存在较大的争议。美国法学界和执法部门长期坚持认为，支配企业没有义务与竞争对手分享其占有的资源或资产。在美国 Panhandle 东部管线公司案中，法院指出：垄断者没有必要对竞争对手或者顾客提出的每一个需求都同意，垄断者的义务是消极的，[①]而不是积极地促进竞争。由于数字经济是数据驱动的创新，要求支配企业与其竞争对手分享数据会降低企业的创新激励。欧盟竞争政策执法机构也认可保护数据驱动创新的重要意义，主张在大多数情况下反垄断法不应强制要求企业与其竞争对手分享数据，但同时也指出在特定情况下，如果支配平台企业的数据满足必要设施属性，拒绝接入数据行为会严重损害市场竞争，则反垄断执法机构可以对该行为加以规制。

对于拒绝接入数据是否适用"必要设施原理"尚存在较大争议。美国法院拒绝在拒绝接入数据的案件中运用必要设施原理，担心其会严重损害创新投资激励。在美国 Facebook 诉 Power Ventures 案中，法院就认定 Facebook 不允许第三方网站接入其网站数据是合法的，认为 Facebook 有权管理接入和使用其掌握的数据。欧盟竞争法则支持拒绝接入数据行为可以适用必要设施原理。根据欧盟竞争法，当一个企业拒绝其他企业接入其排他性控制的数据并且该数据是其他企业进入相关市场所"必要"的时候，其就有可能构成违反竞争法所禁止的非法滥用行为。欧盟竞争法对拒绝接入数据案件的反垄断审查主要判断接入数据是否是竞争者参与竞争所"不可或缺的"的必要设施条件，以及拒绝接入是否会对市场竞争造成严重损害的"竞争损害"条件。

总体来说，对拒绝接入数据行为应谨慎适用必要设施原理。在数字经济中，数据不仅是一种投入要素，更是一种维持企业竞争优势的有价值的资产，这是激励企业采集、加工、处理和应用数据并从事大数据驱动创新的重要动力，泛用必要设施原理会造成对数据开发利用和创新的阻碍。在数字经济中，由于数据具有明显不同于传统自然垄断行业"必要设施"的经济特征，特别是在很多情况下数据并不满足"不可复制性"要求，因此即使适用必要设施原理，其也应仅限于少数的例外情况。即使反垄断机关干预拒绝接入数据行为，其在运用强制接入支配企业占有的消费者数据的救济政策时，需要同时考虑对支配企业给予合理的货币补偿并要征得消费者的同意，以维护支配企业的创新激励，保护消费者的隐私信息。

---

① 消极义务是指避免实施反竞争行为。

13.3.4 数字平台并购控制政策

并购是数字经济平台企业快速成长并实现跨界经营的重要方式。数据平台企业并购主要具有两个新的特征：一是大量并购初创企业。谷歌、脸书等支配平台的并购主要针对那些在未来会成为强有力竞争对手的初创企业，从而通过并购来消除潜在的竞争威胁，这种类型的并购也被称为"杀手并购"。二是大量进行跨界混合并购。谷歌、亚马逊、腾讯、阿里等大型数字平台通过建立新企业或收购初创企业而进入多个与其核心业务并不直接相关的业务领域，形成庞大的平台生态。

传统上企业并购通常是促进效率的，但是数字平台的企业并购则往往具有较大的严重损害竞争的可能。首先，由于数字经济市场内在的高集中化趋势，支配平台企业的并购往往会成为加剧市场集中和拓展跨界经营的重要方式，从而严重降低现实的市场竞争；其次，支配平台对创业企业的并购会严重损害市场的潜在竞争，典型的案例如消灭潜在竞争者的Facebook并购Instagram，Google并购DoubleClick等。很多学者都认为，传统过于宽松的企业并购控制反垄断政策是造成大型数字平台市场势力迅速增长并具有不可逆转市场势力的重要原因，都主张要重新制定平台经济的并购控制政策，对支配平台的并购实行更为严格的并购控制政策。

（1）完善并购申报门槛

由于数字经济市场竞争的最大影响力量是创新性进入者，小规模创业企业的进入会对未来市场竞争带来重要的影响，创业企业往往会快速成长并造成对在位企业的替代，从而对在位支配企业构成非常大的竞争压力。因此，在数字经济市场，创业企业的破坏性创新对在位支配企业的市场势力将构成重要的威胁。为此，在位支配企业有很强的动机通过并购创业企业来消除潜在竞争，以维持市场支配地位。在某些情况下，支配数字企业对具有高创新性、用户基础快速成长的创业企业的并购会消灭潜在竞争者，严重阻碍市场竞争和损害创新。这种以消灭具有竞争威胁创业企业为目的的并购也被称为"猎杀并购"。由于创业企业处于成长阶段，其规模相对较小，根据现有的并购审查申报标准要求，这样的并购往往达不到审查门槛标准，因而现有的竞争政策无法对此加以禁止。在此情况下，为了防止并购对潜在竞争者的消除，并购反垄断审查或申报不一定严格拘泥于企业营业额门槛限制。企业并购控制政策应该在采用现有企业营业额标准的同时增加补充性的并购交易值门槛标准。目前德国和奥地利已经在并购控制政策中采用了并购交易值门槛，采用这一门槛标准的合理性在于创业企业的并购价格能够反映其对市场竞争的潜在影响。

（2）创新损害应成为并购审查的优先关注点

创新是数字经济行业发展的根本驱动力，也是企业之间竞争的主要手段。数字市场的并购审查需要考虑并购是否会影响并购后的创新激励。一定要注意数字市场创新竞争的动态性影响，将并购对创新的影响作为重要的反垄断审查因素。对横向并购创新损害效应的分析应该适用单边效应方法。企业并购反垄断审查的单边效应主要是单边价格效应，即重点分析发起并购的企业会在多大程度上内部化与被并购企业竞争所产生的"商业盗窃"效应。商业盗窃效应是指并购前企业A涨价会导致消费者流向被兼并企业 B 并给企业 A 带来的收入减少，因此在反垄断审查中通常采用"转移率"进行经济分析。由于反竞争的并购大都发生在具有显著"商业盗窃效应"的情况下，可以采用"单边创新效应"来分析企业并购对创新的影响，即首先分析并购企业之间在并购前是否存在显著的"创新商业盗窃效应"，如果"创新商业盗窃效应"显著，则进一步分析并购特有的效率。在反垄断审查中，可以采用"创新转移率"进行分析，即如果产品 B 被成功研发会对企业 A 的利润造成的损失。创新转移率越高，商业盗窃效应越显著，两个企业并购后越有激励限制产品 B 的创新。

（3）潜在竞争损害应成为并购审查的重点

保持市场的可竞争性，维持有效的潜在竞争，对维护数字经济市场竞争具有特别重要的意义。因此，会消除潜在竞争的企业并购应该受到禁止。数字市场并购反垄断审查要将并购可能消灭潜在竞争作为反垄断审查的重要因素，具体来说：一是并购是否消除潜在的竞争者，二是并购是否会阻碍竞争者的成长或进入市场。如果支配企业要并购的对象是一个有很大可能在未来成为其强有力的竞争者，则该并购就可能会构成对市场竞争的严重损害。通常，潜在竞争者通常包括具有快速成长性的企业，能在合理时期内进入市场并实现临界用户规模，能够以相同的成本来获取有效参与竞争所需的数据或风险资本支持。换句话说，潜在企业或新进入者的商业模式、潜在或现实的竞争优势能够使其具有较大的可能性在未来对在位支配企业构成有效的竞争约束，即在产品、服务、技术或整个商业模式等方面有较大的可能性对在位支配企业构成较强的竞争性替代。由此，对并购潜在竞争效应的反垄断审查分为两步：首先，需要证明被并购企业目前是在位企业一个重要的竞争约束，或者证明如果没有并购在可预见的未来它很可能会成为有力的竞争力量。其次，需要确定如果允许并购后，市场是否存在足够的实际或潜在竞争者并对并购后的企业形成持续且充分的竞争压力，特别是市场进入壁垒是否会排除其他潜在竞争对手的进入，或者相邻或纵向相关市场的潜在竞争者是否已经制订了具体的市场进入计划。

（4）实施更为严格的非横向并购控制政策

长期以来，反垄断经济学分析认为非横向并购更多的是促进经济效率的，因此各国反垄断法都对非横向并购采取较为宽松的并购控制政策。数字经济极大地改变了非横向并购的竞争效应，其也可能产生严重损害市场竞争的结果。跨界进入是潜在竞争者实现进入竞争的便捷方式，因此是数字经济重要的潜在竞争力量，而支配平台的跨界并购则往往会造成对跨界进入的封锁。因此，在数字经济背景下，不宜继续坚持非横向并购基本不会产生严重损害竞争结果的观点，要重视纵向并购和混合并购可能存在的较高的竞争损害风险，实施更严格的非横向并购反垄断审查，采取与横向并购相似的并购审查政策。

改变对纵向并购过于宽松的反垄断政策。鉴于数字平台普遍的纵向一体化经营以及借此实施垄断杠杆化行为的风险，反垄断应实施更严格的纵向并购控制政策。在数字经济背景下，数字支配平台往往都通过纵向并购来进入相关的市场，一体化数字平台有激励通过并购将平台市场的市场势力延伸到相关业务市场，并在纵向相关市场实行排斥竞争对手的封锁行为。在数字经济中，企业纵向并购的竞争损害主要体现在单边效应，具体体现为市场封锁和提高竞争对手成本效应、获取影响竞争敏感信息效应。市场封锁和提高竞争对手成本是指并购后是否会拒绝向竞争对手提供产品或服务，以及提高产品或服务价格或降低产品或服务质量来提高竞争对手的成本；获取影响竞争的敏感信息是指企业能够通过纵向并购获取和控制与上下游市场竞争对手有关的敏感商业信息，这些信息能够被用来阻止竞争对手从事某种促进竞争的行为。

混合并购的反竞争效应需要受到重点关注。在数字经济中，跨界经营成为支配数字平台的重要经营策略，其跨界经营主要是通过并购实现的。平台跨界经营的效率基础是范围经济，服务不同的市场或供应不同的产品可以使用相同的投入要素，即实现对如大数据、云服务、支付服务、运算能力等要素的充分利用，实现数据驱动的创新，形成平台生态；从需求侧来说，混合并购会更好地实现需求侧协同消费效应，提高消费者福利。但混合并购也会带来反竞争效应，主要体现为：（1）提高市场进入壁垒。跨界经营带来的大数据和算法改进，可以使平台开发针对单个消费者的个人化营销，同时多样化经营或服务增强了平台对消费者的吸引力，增加用户黏性和对用户的锁定，使平台获得更多的用户注意力或流量，提高了竞争对手的进入壁垒。（2）市场封锁。数字平台在上游核心业务市场具有支配地位，通过混合并购来进入下游相关市场后，其有激励将上游市场的垄断势力延伸到下游市场，并实行封锁下游竞争对手的行为。特别是在数字平台是商家与消费者进行交易所绕不开的通道时，混合并购会进一步强化支配平台的市场势力。（3）捆绑/搭售。支配平台可能通过混合并购来实行捆绑/搭售行为，跨界经营的企业要求平台用户同时购买平台的多项产品或服务，从而更多地攫取用户的剩余或实现对竞争对手的封锁。

13.4　数字经济反垄断体制创新

数字平台发展对传统反垄断实施体制的有效性提出了重大的挑战，传统反垄断体制明显不适应数字经济的商业现实，迫切需要创新数字经济反垄断体制与政策，全面提升反垄断监管效能。

13.4.1　建立更有效的反垄断实施体制

数字经济反垄断监管需要协同多部法律和多个部门。数字经济市场支配企业垄断行为的竞争影响具有多维性，竞争法是基础性的维护竞争的政策。目前，中国数字经济中不仅存在支配企业实施的扭曲市场竞争的垄断行为，而且还大量存在由各种规模平台实施的侵犯用户隐私、虚假广告、恶意捆绑、金融诈骗等严重损害消费者利益的不正当交易行为，数字经济野蛮生长状态尚未根本改变。反垄断法不是解决数字经济竞争问题的唯一工具，并不是所有的竞争问题都用反垄断法解决，有时其他政策可以更好地解决数字市场竞争问题。为更有效地维护数字市场竞争和保护消费者的利益，实现多元的经济社会目标，数字经济竞争政策需要协调《反垄断法》、《反不正当竞争法》、《消费者权益保护法》、《电子商务法》、《个人信息保护法》和《数据安全法》等相关的互补性法律，将强化国家市场监督管理总局在反垄断执法中的主导地位和建立多部门协同执法体制机制结合起来，建立权责明确的反垄断市场监管与部门行业监管关系，并协调行政执法与民事诉讼司法裁决的关系，以更好地维护市场竞争，保护消费者利益与公共利益。

数字经济反垄断应强化事前监管与事后反垄断执法的协同。反垄断主要是事后执法，此时垄断违法行为已经发生并且竞争损害已成事实。由于数字经济的高集中市场和企业垄断势力具有的内在自强化机制，特别是"守门人"平台同时对平台内竞争和平台间竞争造成损害，此时仅仅依赖事后反垄断执法往往难以充分恢复市场竞争，无法有效应对平台超级垄断势力。为克服反垄断事后执法的不足，反垄断监管需要重心前移，重点强化事前监管以阻止垄断的出现，建立"事前监管+事后查处"的反垄断新体制。事前监管主要针对具有"守门人"地位的支配平台，重在明确行为规则，强化结构控制，明确平台经营行为规则和支配平台具有不得扭曲市场竞争的义务要求。为防止高集中市场的出现，要严格禁止可能导致市场过度集中的企业并购，对具有守门人地位平台提出特别的要求，其拟议进行的任何并购都要事前向反垄断机关报告。

数字平台反垄断应提升国家反垄断执法机关的执法效能。数字经济快速创新带来的不确定性和平台多边市场商业模式竞争损害分析的复杂性显著提高了平台反垄断的难度，以及数字平台网络化发展带来了全球性或全国性市场，这对国家反垄断机关的执法能力提出了更高的要求，全面提升反垄断执法效能成为重大挑战。由于受到人员编制与预算的限制，目前国家市场监督管理总局无法应对数字平台反垄断执法的繁重任务，迫切需要增加机构人员编制，特别是增加经济学家、法学家和数字技术专家的数量，以提高执法能力。为此，可以改造反垄断专家委员会，使其成为反垄断局下属的一个常设机构，主要负责反垄断政策起草、重点行业市场研究、重大案件审查分析，外部专家作用的发挥主要通过在案件中引入专家证人制度或建立独立专家意见征询制度。

13.4.2 创新数字经济反垄断政策手段

数字经济反垄断应实现多种政策手段的最佳组合。数字经济发展为反垄断提供了更多的政策工具选择，而不再是单一的行政调查和事后处罚。数字经济反垄断执法的政策手段除了传统的行政和法律手段，反垄断还应特别重视技术性方案在促进竞争和约束垄断滥用行为中的独特作用，实现技术、规则、行政、法律等多种政策的组合应用，以达到最佳的政策效果。另外，反垄断执法应该充分利用大数据和人工智能技术，赋予执法机关接入平台数据的权利以及平台配合机关执法调查并提供数据接入的义务，强化反垄断机关对市场垄断风险的实时监控、及时预警和智能识别，实现智能监管。

强化支配平台的事前行为规则监管。支配平台应负有特别的义务，即支配平台有义务确保在没有合理理由的情况下其经营行为没有扭曲平台内市场竞争、剥削或歧视平台用户，维护公平的交易环境。为此，支配平台经营行为应该遵循规则透明、交易公平、安全信任、客观中立、开放接入的基本规则。对支配平台的事前行为监管要求应主要包括平台制定的治理规则具有透明度，不得随意终止对商家或消费者的服务，不能实施不公正的商家排名或声誉评价；平台不能向商家收取不合理的费用或实施明显不公平的合约条款；平台不能歧视性地对待平台用户和第三方合作商；不应在没有合理理由的情况下拒绝接入和互操作性；不能限制平台消费者或商家的平台多属；不能强迫用户接受其提供的服务或实行强制捆绑、恶意安装应用软件等；不能在消费者不知情的情况下实行个人化价格；应保护消费者隐私安全以及消费者数据可携带权等。

强化"基于设计来遵从法律"的事前算法监管。鉴于平台企业大量采用算法决策，由此带来数字经济突出的算法垄断问题，反垄断执法应强化算法事前监管，对算法设计提出竞争合规要求，从而实现防患于未然。"基于设计来遵从守法"的算法监管规则要求算法开发者和使用者确保算法设计不会带来反竞争结果，通过事前监管算法设计来消除算法合谋和算法滥用的风险。事前算法监管的重点是算法设计不得包含引起反竞争效应的程序设计，如算法设计不得促进价格合谋，算法运行不得对竞争对手实行歧视性对待或排他、算法运行不得侵犯用户隐私等。为了对算法进行有效监管，平台使用的算法应该遵循竞争中立、规则透明和可问责原则，监管机构不仅要明确算法设计的代码规则，也要强化算法合规义务的审查。

实施有效的促进数据接入与开放共享的政策。数据接入具有重要的竞争促进和增长驱动作用。强化数据开放接入是防止数据垄断和促进市场竞争的最重要政策选择。促进数据开放的最主要政策是确立消费者个人数据可携带权，即消费者用户有权将其个人数据以数字化格式从一个在线服务提供商转移到另一个服务提供商，这会明显打破支配平台的数据垄断。为此，正在制定的中国《个人信息保护法》规定的个人隐私权应包括个人数据可携带权。与此同时，反垄断监管应对支配平台提出进一步的数据互操作性要求，鼓励私人互操作性标准制定和基于FRAND原则的标准必要专利许可，促进平台之间的数据共享。另外，鉴于第三方接入用户数据的重要作用，在金融、交通、能源等行业应通过行业监管来确保第三方能够接入其他平台拥有的用户账户，禁止支配平台的数据封锁。

本章小结

数字经济具有明显不同的发展规律，大数据、算法与网络效应的结合导致市场更容易出现一家独大的高集中市场结构，市场竞争更可能受到扭曲。数字平台是典型的双边市场，为实现交叉网络效应，平台会对两侧用户实行不平衡的价格结构。平台市场势力通常受到网络效应、平台多属程度、用户转换成本等因素的影响。

数字经济反垄断的重点是算法合谋、平台纵向限制协议、平台滥用行为和平台并购控制，对数字经济中支配平台实施的各种垄断行为的反垄断审查应该充分考虑数字经济的独特现实和竞争影响因素，基于个案分析来做出裁定。由于数字经济的独特发展规律，传统的反垄断体制和反垄断政策工具明显不适应，数字经济反垄断需要创新反垄断体制和政策手段，强化事前监管与事后执法的结合，提升反垄断机构执法能力，并注重多种政策手段的组合应用。

课后习题

1.为什么在网络产业中一个充分竞争的市场会产生垄断？
2.为什么网络产业在位企业有激励通过低价格来建立较大的安装基础？
3.为什么双边市场会出现不对称的价格结构？
4.政府是否有必要对双边市场的交易价格进行干预？

推荐阅读资料

关于双边市场的经典文献是 Rochet 和 Tirole（2002，2003）、Caillaud 和 Jullien（2003）、Wright（2004）、Armstrong（2006）、Evans（2003）、Evans 和 Schmalensee（2007、2008）。

本章参考文献

［1］ARMSTRONG. Competition in Two-Sided Markets ［J］. The RAND Journal of Economics，2006，37（3）：668-691.

［2］CAILLAUD，JULLIEN. Chicken and Egg：Competition among Intermediation Service Providers ［J］. The RAND Journal of Economics，2003，34：309-328.

［3］EVANS，SCHMALENSEE. The Industrial Organization of Markets with Two-sided Platforms ［J］. Competition Policy International，2007，3：151-179.

［4］EVANS. The Antitrust Economics of Multi-Sided Platform Markets ［J］. Yale Journal on Regulation，2003，20（2）：325-381.

［5］ECONOMIDS. The Economics of Networks ［J］. International Journal of Industrial Organization，1996，14：673-699.

［6］EVANS. Some Empirical Aspects of Multi-Sided Platform Industries ［J］. Review of Network Economics，2003，3（2）：191-209.

［7］FARRELL，KLEMPERER. Coordination and Lockin：Competition with Switching Costs and Network Effects ［J］. Handbook of Industrial Organization，Vol，3，2003.

［8］KATZ，SHAPIRO. Product Introduction with Network Externalities ［J］. Journal of Industrial Economics，1992，40：55-84.

［9］RYSMAN. The Economics of Two-Sided Markets ［J］. Journal of Economic Perspectives，2009，23（3）：125-43.

［10］ROCHET，JEAN-CHARLES，JEAN TIROLE. Platform Competition in Two-Sided Markets ［J］. Journal of the European Economic Association，2003，1（4）：990-1029.

［11］ROCHET，JEAN-CHARLES，JEAN TIROLE. Two-sided Markets：An Overview ［D］. IDEI Working Paper，2005.

［12］Wright. One-sided Logic in Two-sided Markets ［J］. Review of Network Economics，2004，3

(1)：44-64.

[13] 唐要家，钱声绘. 平台最惠国条款的竞争效应与反垄断政策 [J]. 竞争政策研究，2019（4）.

[14] 唐要家，杨越. 支配搜索引擎偏向行为的市场封锁效应 [J]. 产业经济评论，2019（6）.

[15] 唐要家. 数字平台的经济属性与监管政策体系研究 [J]. 经济纵横，2021（4）.

[16] 唐要家. 数字平台反垄断的基本导向与体系创新 [J]. 经济学家，2021（5）.

第14章
反垄断法的实施

反垄断法是维护自由竞争的基本法律之一，反垄断法本身并不能创造出一个公正和自由的市场环境，而必须依靠一个有效的反垄断实施体制。正如波斯纳（2003）所说，反垄断政策的健全不但依赖于法律规则，还依赖于执法机制。只有好的规则是不够的，还必须有执法的机制保证法律以合理的成本获得合理程度的遵守。

14.1　反垄断实施体制

反垄断实施体制的界定

反垄断法的实施体制主要是法律的执行体制和法律的责任体制。由于一个国家反垄断法的实施体制模式根植于整个国家的历史、司法体制和政治体制，不同的反垄断实施制度模式对反垄断法的实施程序和效果都具有重要的影响。

反垄断法的实施主体通常包括反垄断专门机关、私人和法院等。首先，反垄断专门机关是各国实施反垄断法的核心组成部分，在反垄断执法当中扮演主要角色，为了实现公共利益，反垄断主管机关主动出击对限制竞争行为进行调查并直接做出行政裁决，或者作为公诉人向法院提起诉讼，因此反垄断行政机关的执法也被称为反垄断法的公共执行。其次，反垄断法的私人实施是指限制竞争行为的受害人向法院起诉，要求违法企业赔偿其损失的活动。因此，私人实施也可以称为私人反垄断诉讼或反垄断民事诉讼。最后，与前两个主体的主动执法不同，法院的作用主要体现在两个方面：一是审理反垄断民事诉讼和刑事诉讼案件，二是裁决当事方对有关案件的上诉案件，并对反垄断机关的行政执法行为进行司法审查（见表 14-1）。

表 14-1　　　　　　　　不同主体在反垄断法实施中的角色

主体	发现	起诉	处罚
反垄断专门机关	对重大限制竞争行为主动展开调查取证	公诉方	行政制裁
私人	向公共执法机关举报或向法院提起民事诉讼	私诉方	获得奖励或民事赔偿
法院		案件审理与上诉裁决	刑事制裁

从经济学的角度来说，反垄断法的实施不仅是违法企业与专门机关、私人和法院之间的博弈过程，而且也是在执法资源有限的约束下最优的执法资源配置问题。反垄断法的实施体制实际上是为实现制止犯罪目标的一个机制设计问题，具体来说主要包括如下三个方面：

第一，反垄断执法机构体制及其执法能力建设。反垄断执法机关在发现和处罚企业行为中扮演主角，反垄断执法机关的执法能力是决定执法成败的关键。但是，传统的反垄断执法体制设计更多的是着重于如何加强反垄断机关的执法能力，这实际上是将反垄断执法机关看作是执法的主导乃至唯一的主体。反垄断执法面临的重要约束是信息不完全，现实的执法实践显示，仅仅依靠反垄断执法机关并不能有效解决信息不对称问题，也不能有效改变企业的合谋激励。因此，反垄断执法体制是信息不对称下的机制设计问题，这不仅涉及反垄断机关的执法政策和体制创新，同时也涉及不同执法体制和执法主体角色配置问题。

第二，公共执法与私人执行的有效结合。在反垄断执法当中，公共执法机构往往扮演主导的角色，但是由于预算约束、信息缺乏和利益集团的寻租，公共执法可能会产生法律实施不足的问题，无法实现立法的目标。因此，在有效发挥公共执法机构作用的同时，还应积极发挥私人执行体制的作用，补充公共执法的能力缺口，减轻公共执法由于信息不对称带来的不能及时发现违法行为的缺陷，增强法律的威慑力。私人（个人或企业）对违法行为在获取信息方面有优势。如果一个损害竞争的行为发生，私人会比公共机构更迅速、更直接地感受到。私人诉讼和投诉能够有效降低公共执法机构与执法企业之间的信息不对称，减少了公共机构信息缺乏的问题，增加了违法行为被发现的可能性，进而降低了企业违法的激励。

第三，有效的违法制裁机制。有效的反垄断执法不仅要及时充分发现企业违法行为的确凿证据，而且还必须对违法企业给予有效的制裁，以威慑违法企业或其他企业的违法行为，防止违法行为的重复出现。从执法效能来看，通过实行有效的法律制裁，不仅可以实现事前阻止违法行为的发生，而且还通过对违法行为的事后惩处来实现对有违法动机企业的有效威慑。

14.2　反垄断行政执法机构

14.2.1　反垄断机构设置原则

从世界反垄断执法的实践来看，尽管各国的反垄断机构设置各具特色，在独立程度、权限范围等方面有一定的差异，但有效反垄断机构体制具有如下的共同点：

（1）司法与行政的协调性和制衡性

从法经济学的观点来看，法律是激励经济主体从事促进经济效率提高活动的最有力工具之一。之所以如此，是因为公正的执法体制有助于经济主体形成对经济活动的稳定预期。如果执法体制缺乏公正性和稳定性，则经济主体无法形成稳定的预期，从而投资的激励较低。反垄断法是市场经济的基础性法律，因而反垄断执法的公正性是执法有效性的关键。要保证执法体制的公正性，形成权力制衡体制是根本。各国反垄断执法体制的实践和制度演进显示，就反垄断执法的有效性来说，法院主导体制要优于行政主导体制。法院主导体制更能够保证执法的独立性和公正性。在法院主导体制当中，国家最高权力机关对反垄断法的制定和执法机构的设立起了决定性的作用，行政机构发挥专业和效率优势负责具体的反垄断法的执法，法院对执法的原则和公正性发挥积极的司法审查作用，立法机关对司法实行监督。反垄断的司法机关和行政机构之间实际上既是一种分工合作又是一种彼此竞争制约的关系，立法、执法、司法相互分开，既相互制约又相互配合，从而保证反垄断法的有效实施，体现出较高的反垄断执法体制的制度效率。因此，有效的反垄断执法体制既需要制衡行政权力对执法的干预，又需要制衡执法机构的权力行使，也就是说执法机构本身也不应当是垄断的。

（2）机构的独立性和权威性

反垄断执法机构应具有充分的权力以对限制竞争行为和行政干预进行制约。反垄断机构的独立性和权威性体现在多个方面：首先，对反垄断机构的组成、职责、权限应该由法律做出明确的规定；其次，机构设置应具有独立性和一定的权威性；最后，利益的独立性。在转轨经济体中，如果没有权威性，行政主导体制往往容易受到行政权力的阻碍。在转型经济体中，由于行政主导体制的历史传统影响，虽然设立了专门的反垄断执行机构，但是反垄断主管机构通常是在政府主管部门的管辖之下，反垄断主管机构的人事任免和经费来源很大程度上是由中央行政机构决定的，对政企结合的限制行为、垄断性公用企业的限制竞争行为和大型企业的并购行为的反垄断执法很容易受到行政权力的影响和干扰，有可能使执法偏离了反垄断法保护竞争的初衷。因此，缺少独立、权威的执法机构和充分的执法权力很难保证反垄断法的有效实施。在转型经济体中，转型经济的制度之间存在不衔接性、行政性垄断、政企不分并出现大量寻租行为的情况，要体现出独立性，使反垄断机构成为维护社会福利最大化的机构，而不是维护少数利益集团利益最大化的机构，成为反垄断执法体制建设的核心。反垄断执法机构级别的定位、权力的安排、组织的设置、人员的构成、经费的保障、执法程序的设计以及执法效力的确定都必须围绕保证该机构的独立性与权威性展开，反垄断执法机构的设计和执法程序都应该在法律中做出明确的规定。

（3）机构运行的高效性

根据法经济学的观点，反垄断法的执行应该讲求效率，执法体制的设计应该采用成本收益分析方法。反垄断执法的效率性是反垄断执法体制设计的重要因素。任何国家机关的设置都必须符合高效性原则，反垄断执法机构工作的全局性、复杂性和专业性，决定了更应当强调这一机构精干效率的要求。因此，反垄断执法机构的设置还要强调机构精干，运转高效。首先，反垄断机构内部要进行科学的分工，不同的部门负责不同的专业化职能工作；机构编制的规模要适当，结构要合理，既要严格限制机构内核心人员的职位数，又要确保一般工作人员的数量。其次，反垄断机构的反垄断执法并不是"凡垄断必反"，只有那些严重损害市场竞争和降低社会福利的限制竞争行为才会受到反垄断法的关注，并要恰当运用"本身违法"和"合理推定"原则来处理反垄断案件，以提高执法效率。再次，反垄断机构的工作开展还要取得其他行政和司法部门的协同配合，尤其是在对案件的调查取证阶段，其他部门的配合是非常重要的。最后，考虑到国家的地域广大和工作的繁重性，还要处理好中央反垄断机构和地区性反垄断机构之间的关系。

（4）人员组成的专家性

从反垄断执法的内在特点来看，反垄断是高度专业化的执法活动，它涉及经济、法律等多方面的知识和丰富的反垄断司法经验，由于反垄断案件的日益复杂和经济学对反垄断执法影响的日益扩大，在反垄断执法中大量采用"合理推定"原则的情况下，在判定某一行为是不是违法行为时，首先应当进行经济分析，然后才能做出法律判断；而且对反垄断案件采取的措施，不仅仅是对企业违法行为的一种简单的惩罚，更重要的是能够有助于社会福利的改善和为其他企业的行动提供有效的参照，不适当的措施可能会损害经济发展和社会福利。这就要求执法部门和执法人员不但具备深厚的法学和经济学知识，而且有丰富的处理案件的经验和高超的经济政策水平。这决定了反垄断执法机构的工作人员绝非一般行政官员所能胜任，也不是普通的法官所能把握的。从各国对反垄断执法队伍选聘和任用的条件和程序来看，都体现出专家化的倾向，基本上都是由经济学家、法学家及其他学科、行业的专家组成，并设立专门的专家咨询机构。另外，为了执法机构的稳定并保障执法人员的权利，许多国家都赋予反垄断执法机构的官员以特殊的待遇，如终身制或连任制，非因反垄断执法人员自身的违法行为不得免职等。

14.2.2 反垄断行政机构体制

在反垄断实施体制当中，反垄断主管机关的公共执法体制是主体，其中反垄断执法机构的科学设置及其职责的合理确定是有效执法的核心，因为确立反垄断主管机构及其职权是一个关系到反垄断法能不能得到有效实施的重要问题。由于各国国家司法体制和行政体制的差别，反垄断机构体制具有不同的模式。

（1）双轨执法体制：美国

美国实行的是双轨制的联邦反垄断公共执法体制，反垄断执法权赋予了司法部反托拉斯局（AD）、联邦贸易委员会（FTC）。司法部和联邦贸易委员会共同承担《谢尔曼法》和《克莱顿法》的执法职责，但是司法部不能执行《联邦贸易委员会法》。联邦贸易委员会除执行反垄断法外，还执行和实施与反垄断没有直接关系的《联邦消费者保护法》。

司法部反托拉斯局是一个在反垄断以及有关事务方面代表政府从事管理活动的专门机构。司法部反托拉斯局在行政上隶属于司法部，由助理司法部长担任负责人，其主要职能是实施美国的反垄断法，监督和贯彻反垄断法的执行，主要职责是对反垄断案件展开调查，并根据调查结果权衡是否提起民事和刑事诉讼。司法部反托拉斯局在民事诉讼中是原告，而在刑事诉讼中则充当检察官的角色。司法部有权独立执行联邦反垄断法的刑事条款，并对"赤裸裸的"卡特尔等反竞争行为采取刑事制裁措施。在国际反垄断案件中，司法部还可以代表美国政府提起诉讼。司法部反托拉斯局设有三个职能部门：一是华盛顿区的审判处，二是地方办事处，三是专家办公室。其中专家办公室又根据分工不同而设有不同的内部职能机关，包括经济政策办公室、政策规划办公室、外国商业组织办公室、工业办公室。

联邦贸易委员会（FTC）是根据1914年的《联邦贸易委员会法》设立的一个独立行政执法机构，其法律性质与地位、人员结构、职责与权利等都由法律直接规定。美国创立联邦贸易委员会的主要想法是它作为一个专家型的专业行政执法机关执行法律，而不受司法的影响，同时还就新法律的内容和范围向企业界提供指南。联邦贸易委员会的执法基础是该法第5条，即宣称"不公平的竞争方法"为非法。任何违反《谢尔曼法》和《克莱顿法》的行为，同样也违反《联邦贸易委员会法》第5条。联邦贸易委员会是一个具有准司法权的执行部门和管理机构。联邦贸易委员会享有行政权、准立法权、准司法权和起诉权等。当事人对联邦贸易委员会裁决不服的可以请求联邦上诉法院进行司法审查，直至最高法院。联邦贸易委员会由委员和办事机构组成。联邦贸易委员会实行委员会会议制，由4名委员和1名主席组成。委员是由总统根据参议院的推荐统一任命的，任期为7年。在5名委员中，属于同一政党的委员不得超过3名，这样做的目的是体现反垄断机构内部的制衡思想。联邦贸易委员会独立于政府，它只对国会负责。联邦贸易委员会下设竞争处、经济处、消费者保护处等部门。

在美国，司法部和联邦贸易委员会主要扮演"指控机关"的角色。司法部反托拉斯局根据《谢尔曼法》和《克莱顿法》，可以提起刑事和民事诉讼；联邦贸易委员会有权提起民事诉讼和采取行政性救济措施。司法部可以启动民事和刑事诉讼程序，但民事诉讼程序通常是由联邦贸易委员会负责。联邦贸易委员会实施执法权主要是通过行政裁决来完成，但是也可以根据《联邦贸易委员会法》第12条（2）款提起民事诉讼。联邦贸易委员会的救济措施仅限于发出衡平法上的法令，如禁止或不作为的命令。

（2）同一行政机关执法模式：中国

根据中国《反垄断法》第九条，国务院成立了反垄断委员会，其主要职责是：研究拟定有关竞争政策；组织调查、评估市场总体竞争状况，发布评估报告；制定、发布反垄断指南；协调反垄断行政执法工作等。《反垄断法》没有明确规定反垄断法执法机关的具体职能。在2008年《反垄断法》实施至2018年3月间，中国反垄断执法职能分散在三个部门，分别由商务部、国家发改委和国家工商总局负责。三个部门之间具体的分工为：商务部负责经营者集中审查和对外贸易中的垄断行为，国家发改委和国家工商总局负责垄断协议及滥用市场支配地位，这两个机构之间的界限在于是否涉及价格，如果涉及价格，垄断协议和滥用行为则由国家发改委负责，其他类型的垄断协议和滥用行为由国家工商总局负责。三个执法机关也相继分别成立了下属的反垄断执法部门，具体主要是商务部的反垄断局、国家发改委的价格监督检查司、国家工商总局的竞争执法局。2018年3月，依据国务院机构改革方案，国家整合三家反垄断执法机构职责，组建国家市场监督管理总局，形成集中统一执法模式。

14.3　反垄断法的私人实施

在法经济学当中，关于公共实施和私人实施的优劣一直存在争议。贝克尔和斯蒂格勒（1974）认为，竞争性的私人实施通常来源于罚金的激励，能够取得最佳的执法效果，有效地制止违法行为。兰德斯和波斯纳（1975）、施瓦兹（1981）和波斯纳（1992）对此观点提出了不同的看法，他们认为在公共执法体制下，如果执法的概率等于1，对违法行为的罚金数量应该设定在等于违法行为造成的社会成本的水平，通过提高罚金和降低执法的频率，社会能够以较低的成本实现同样水平的制止犯罪的目的。但是在私人实施体制下，提高罚金将增加私人实施的激励，从而提高执法的概率。因此，从全社会的观点来看，私人执行可能会带来过度制止犯罪的结果。波林斯基（1980）指出私人实施受到成本收益规则的限制，由于私人实施往往具有更高的执法成本，因此并不会产生过度制止犯罪的结果。

由于反垄断法的实施主要是维护公共利益而不是个别竞争者的利益，具有公益性，因此需要反垄断专门行政机关代表国家，去主动发现和制裁各种限制竞争行为，以维护公共利益。反垄断专门机关公共执法体制有效性的核心是执法能力和执法激励问题。首先，由于公共执法机构受到严格的预算约束，因此有限的经费和人员限制了其执法能力。这增加了公共执法机构与违法企业之间的信息不对称问题，企业限制竞争行为被发现的可能性降低，违法预期净收益的增加增强了企业采取反竞争行为的激励。尤其是对于秘密进行的卡特尔来说，这一问题更为突出。因此，在能力有限的情况下，反垄断专门机关通常将资源集中于社会成本巨大的反垄断案件上，而不是所有的限制竞争行为。尽管如此，这并不会改变反垄断执法中的信息不对称问题，因此如何设计激励相容的执法机制是非常重要的。其次，反垄断专门机关的目标通常被假设为最大化社会福利目标，但是公共执法机构的执法者同样会追求个人利益。公共执法机构是一个多人组成的庞大机构，内部同样存在代理问题，机构内部的职能分工体制使每个人在工作中并不是从全社会的角度思考问题，同时利益集团的寻租活动也会在一定程度上扭曲公共执法机构的目标。因此，反垄断执法同样会存在"政府失灵"的问题。

私人实施是反垄断法实施体制的重要组成部分，与公共执法形成有益的互补。第一，私人诉讼能弥补反垄断主管机构执法能力的缺口。私人诉讼具有弥补反垄断主管机构资源限制造成的执法能力不足问题。由于反垄断主管机构的有限财政，未必有足够的财力对所有的案件作细致的调查。例如在美国，由于受制于预算约束，反托拉斯执法机构提起的案件远远少于按照目前对反托拉斯成文法的解释所能够胜诉的案件，它们通常尽量圈定一批较为严重的反托拉斯行为，并把自己的执法活动限定在这些行为上，而私人诉讼可以起到案件分流作用。第二，私人诉讼有助于匡扶正义。受到限制竞争行为损害的当事人，可以通过私人诉讼，就其由于不当限制竞争行为遭受的损失获得赔偿。这样也使得反垄断法的规则直接与私人受害者的利益相关联，这也称为"直接正义"。由于反垄断主管机构更多地为公共利益服务，其很难主动地去关注如何补偿违反反垄断法行为所造成的损害，因此反垄断主管机构所很难做到这一点。第三，具有威慑效果。个人或企业对违法行为具有获取信息的优势。如果一个损害竞争的行为发生，个人或企业会比公共机构更迅速、更直接地感受到。因此，私人诉讼能够有效降低公共执法机构与执法企业之间的信息不对称，减少公共机构信息缺乏的问题，违法行为被发现的可能性增加了，进而降低了企业违法的激励。同时，在三倍赔偿体制下，如果反垄断主管机构能够证明违法行为的存在，较高的赔偿金额也是对企业反竞争行为的一种严厉惩罚，私人诉讼会增加企业从事违法行为的成本，并因而降低采取限制竞争行为的激励。第四，私人诉讼有利于实现对于反垄断主管机构的制约，减少公共执法当中的"俘获"问题。反垄断私人诉讼的导入，一定程度上可以起到限制公权力的作用，可以和反垄断主管机构形成一定竞争和互动，促使反垄断主管机构执法水平的提高。第五，普及竞争法。反垄断私人诉讼还有助于宣传反垄断法理念，唤起社会各界对反垄断法的信心，扩大反垄断法的民众基础，培育竞争文化。

但是私人实施的诉讼行为也受到批评，具有如下的局限性：首先，敲诈性诉讼和私人滥诉。在私人诉讼中，由于私人承担的成本主要是调查费用和部分的审理成本（表现为诉讼费用等形式），而且大多数的私人诉讼是通过庭外和解来解决的，因此私人诉讼的收益往往较大，这激励了敲诈性诉讼。尤其是在三倍赔偿制度下，会产生大量的无意义私人滥诉。在面对高效率优势企业竞争的情况下，企业往往会通过提起无意义的诉讼来打击高效率的竞争对手。其次，激励不足。在限制竞争行为的影响具有普遍性的情况下，由于搭便车问题，会出现私人诉讼激励不足的问题。再次，运行成本较高。反垄断主管机构执法的全部费用源于国家财政支出，在财政支出有限的情况下，大量私人诉讼会增加法院的行政成本。而且，私人诉讼的存在会使诉讼双方为了胜诉发生很大的诉讼支出，这也增加了私人诉讼制度的成本。在执法资源和执法能力有限的情况下，导致法院行政资源和社会法律资源配置的低效率。最后，创新阻碍效应。由于害怕成为私人诉讼的目标，企业会对一些法律尚未明确的行为和领域望而却步，这会影响企业的商业创新。

在反垄断执法体制当中，不管是公共实施还是私人实施，都面临一定的限制条件。在反垄断执法当中，在有效发挥公共执法机构作用的同时，积极发挥私人实施体制的作用，能够补充公共执法能力缺口，弥补公共执法由于信息不对称带来的不能及时发现违法行为的缺陷，增强法律的威慑力。反垄断法是一种公法和私法的混合体，反垄断法的私人执行体制能够有效弥补公共执法的不足。大多数经济学家仍然支持公共执行和私人执行并行的双轨执法体制，反垄断公共实施和私人实施并行的双轨体制能带来满意的执法效果。

14.3.1　私人诉讼的原告资格

起诉条件是法院受理案件的依据，符合起诉条件是权利人取得原告资格进而获得诉讼救济的前提，所以如何确定原告的资格对于私人诉讼具有十分重要的意义。反垄断案件涉及公益，存在多层次的受害人，如竞争者、中间商、零售商、消费者等，而且还存在直接的受害人通过转售把损害完全转移给消费者的情况。所以究竟谁有资格成为原告的问题也就显得异常复杂。原告范围过宽会引发过度诉讼，直接加大了法院的负担，但原告范围过窄则不利于私人提起反垄断诉讼，并可能导致真正的受害人得不到赔偿。因此，反垄断法需要对私人诉讼的原告资格做出明确科学的规定。通常，提起诉讼的"私人"包括自然人、合伙企业、公司、非公司组织等，而且这些人和组织必须是受到限制竞争行为损害。在受限制竞争行为影响的人（组织）数较多的情况下，允许提出集体诉讼。提起诉讼的当事人应该与被告的违法行为之间具有密切的因果关系。在美国，要达到反垄断法的三倍损害赔偿条件，一般认为要符合下列要件：原告必须是《克莱顿法》第1条所定义的"人"；必须已出现违反"反托拉斯法"的事实；原告的企业或财产必须已受到直接损害；违法与损害事实之间必须有直接的因果关系，即原告所受的损害是反托拉斯法所禁止的原因；原告所受损害必须事实上可用金钱来衡量。在日本，要达到反垄断法上的损害赔偿条件必须具备下列要件：必须是事业者存在私人垄断、不正当的交易限制及不公正的交易方法中的任意一条；必须是已发生了损害；必须是所从事的违法事实与损害之间存在因果关系；事业者不能通过证明不存在故意或者过失来逃避前项规定的责任；请求权者是被害者。

对于消费者的反垄断法损害赔偿请求权，美国适用"直接购买者原则"加以限制，该原则又是从法院对"传递抗辩"的禁止态度上引出的。所谓"传递抗辩"是指购买商因在价格被固定情况下购买货物，支付超高价格受到损害而提起的三倍损害赔偿诉讼中，被告抗辩说原告没有资格起诉和索赔，因为原告支付超高价格的损失已经转嫁给其客户，所以原告的财产或企业实际上并没有受到任何损害。在美国1968年汉诺威鞋案中，确立了"非直接购买者原则"并驳回了被告的"传递抗辩"。法院的理由是确切的非法的超高价格本身已经构成了可以起诉的损害，无须考虑购买商的利润是否同时也被降低。美国最高法院认为，根据《克莱顿法》第4条的规定，直接的购买商因限制竞争行为而遭致支付超高价格的损失时，有资格提起三倍损害赔偿诉讼，这一权利不因被告提出如下抗辩而有所改变：原告并没有受到损害，因为经过一系列的销售环节，原告支付超高价格的损失已经转嫁给其他客户。美国法院拒绝"传递抗辩"表明，当原告为直接购买者时，从事限制竞争行为的被告不得因原告已将其支付的超高价格转嫁于下游企业或消费者而主张应将该超高价格剔除于原告之损害赔偿额之外。法院认为，在这种情况下，原告往往会因支付超高价格而损失若干利润，而且终端消费者往往人数众多，而单个消费者的损害赔偿额却不多，很难由这些单个消费者一一诉请救济。由美国法院拒绝"传递抗辩"的态度可以看出其坚持"直接购买者原则"的态度，因为这二者在法理上具有相关性：如果原告并不是直接购买者而是消费者，消费者以直接购买者已将超高价格转嫁给自己为由提起三倍损害赔偿诉讼，自然不会受到法院的支持，否则违法者会因同一行为支付两次损害赔偿。另外，如果要在重重销售环节之中计算出各环节购买者的个别损害，对于法院来说是无法胜任的艰巨任务，由直接购买者享有全部的损害赔偿请求权会更有效。

14.3.2　私人诉讼主体的证据与程序要求

在私人诉讼中，私人诉讼主体必须是受到限制竞争行为损害的人，并且提起诉讼的当事人应该与被告的违法行为之间具有密切的因果关系。在美国私人诉讼制度中，私人原告必须首先证明违法行为给其造成损害事实存在，而且损害事实证据必须符合法律的证据要求。

在反垄断案件中，私人要证明合谋等违法行为造成损害的事实存在是具有一定难度的。当私人对违法者提起诉讼时，作为对法律实施负有责任的公权力机构，应当根据情况对原告给予必要的帮助。反垄断主管机构在证据收集方面有其独特的优势，如果在这些方面给私人原告以帮助，将有利于其权利的实现，可以节约在证据收集方面的成本，并且能够尽量减少由于证据不足带来的违法行为难以被追诉的情况。因此，应该要求反垄断机关向民间原告转交其在调查中所收集到的全部非机密信息，并鼓励将反垄断机关在案件调查审理中的法庭记录用作私人损害诉讼中的证据。

在美国反垄断执法当中，私人反垄断诉讼可以直接使用公共反垄断执法的裁决结果作为证据。这被称为"跟随（follow-on）"诉讼，即私人当事人借助于反垄断主管机关先前的调查和处理决定来指控被告的反垄断违法行为，但它并没有将反垄断主管机关的处理决定作为前置程序。这一先前程序制度通过披露信息为私人三倍损害赔偿诉讼扫清了障碍。在此情况下，私人反垄断诉讼实际上搭上了公共反垄断的"便车"，在三倍损害赔偿诉讼发展过程中发挥了极其重要的作用。

在欧盟，为了给私人诉讼提供支持，欧盟通过立法直接明确规定反垄断主管机构负有提供证据的义务，如欧盟《关于实施条约第81、82条规定的竞争规则的条例》第15条1款规定：在实施第81、82条的有关程序中，成员国法院可以请求委员会移交其所掌握的信息。

14.3.3 损害额的计算

在美国私人损害赔偿的请求中，被告需要证明损害、因果关系以及损害额，在更多的情况下法院需要同时对这三者进行认定。如果最终不能认定存在损害金额，那么也不能认定损害和因果关系。从这个意义上来说，损害额的认定是至关重要的。在日本、欧盟等国家或地区，损害额的计算从根本上决定了最终的赔偿额度，影响私人起诉主体的起诉激励。在大多数情况下，要精确地测算出实际损害额往往是不可能的，也不符合执法的效率要求，反垄断损害请求的标准是要求损害能合理地估算出来。因此，反垄断机构需要有明确合理的损害计算方法。

在实际执法中，两种类型的损失计算方法是可以接受的：第一种方法，计算利润损失。在执法当中，首要的和能够精确衡量的原告损失是利润损失。该方法可能存在的问题是如何判断如果不发生违法行为的状况。因为经济环境总是处于变化当中，很难准确区分违法行为与其他因素的影响。但是美国在执法过程中采用"标尺比较方法"来解决，即通过允许原告建立没有违法行为下的假设情况与真实情况的比较来确定损失额。第二种方法，计算企业制定过高价格所获得的额外收益。这种方法相对比较简单，它只需要比较实际支付的价格和没有合谋时价格的差别即可。这种方法计算出来的结果通常高于第一种方法计算出来的结果。但是由于价格本身受到供求等因素的影响总是处于变化当中，在计算不存在合谋时的价格时存在一定的精确性困难。

在实际执法当中，美国法院一般将可赔偿的反垄断损害分为三种：多付价款损害、利益损失与收益减少损害、被终止的商业损害。第一，多付价款损害指原告由于销售者违反《反垄断法》的行为造成购买者为其产品支付了过高的价格。第二，利益损失与收益减少损害是原告所诉称的反垄断损害中最普遍的一种，包括已损失利润、减少的收入及预期利润损失等。计算这种损害的方法因案情的具体情况与违法行为的性质不同而不同。第三，被终止的商业损害指被告的违法垄断将原告排挤出市场所造成的商业经营上的损害。在这种情况下，原告不仅可以要求被告赔偿过去的利润损失，而且可以要求被告赔偿如果原告仍在市场未来可能获得的利润。

对损害额的计算，美国反垄断法确立的原则是："如果没有（but-for）"检验，即当事人可以请求补偿违法损害行为下的实际情况和不存在违法损害行为情况下的差别部分，这是"恢复原状"法律赔偿原则的体现。在执法当中，私人损害的计算公式是：$(p^c - p^{bf})D(p^c)$，其中 p^c 是合谋时的产品销售价格，p^{bf} 是"如果没有"的价格，$p^c - p^{bf}$ 称为违法所得，$D(p^c)$ 是合谋时的产品市场需求量。[1]在反垄断执法中，要想绝对精确地计算出上述损害是很难的，也不符合效率原则。因此，重要的是找到一种科学的、近似的非合谋状况的价格参照基准。在实际执法中，美国运用"如果没有"规则确定基准价格的方法主要有：前后方法、标尺方法、基于成本方法、计量方法、模拟方法。这些方法也被日本、加拿大等一些国家反垄断执法机构所采用。

（1）前后方法。前后方法就是将事前没有合谋的时期作为参照基准，将合谋发生之前的价格水平与合谋发生之后合谋存续期间的价格水平进行比较。法院在运用这种方法时，通常要确定一个评估价格水平的"标准期间"，并据此确定一个最初的价格和最终的价格。前后方法假设在此期间内价格随时间呈线性变化，反垄断机构还需要根据每个时期的市场条件如供求、汇率等因素来对价格进行适当的调整。前后方法的最大优势是简便易行，但是由于在"标准期间"价格的变化还受到多种其他因素的影响，因此，价格随时间的变化不一定是线性的，这会造成计算的误差。

（2）标尺方法。标尺方法是指将受被告行为影响的价格与其他未受被告行为影响的价格进行比较，即将其他不存在卡特尔的相似市场作为参照基础来计算两者之间的差额，以此来确定多付的价款。作为标尺的市场必须与受关注的市场具有相同的供求条件、成本状况和市场结构状态。在大多数情况下，通常采用其他国家相同或相近产品的市场作为标尺市场。当标尺市场与受关注市场并不充分相近时，采用该方法计算出的损害就不具有充分的可信性。因此，能否找到充分相近的市场就成为决定标尺方法有效性的关键。

（3）基于成本方法。基于成本方法是通过比较基于平均成本或边际成本并加上合理利润加成构成的正常市场价格与由于卡特尔提价所形成的实际市场价格之间的差异来计算卡特尔造成的损害。也就是说，如果在某一时期内，市场价格高于企业的生产边际成本，则可以认为市场当中存在合谋。这种方法的主要问题是其前提假设是基于完全竞争市场的最优条件，即价格等于边际成本。在现实的许多不完全竞争市场中，即使没有合谋，企业之间的策略性相互作用也可能产生价格高于边际成本的情况，据此认为存在合谋显然是武断的。另外，在变化的市场环境下，计算边际成本和确定合理的利润加成还面临很多的计算难题。

（4）计量方法。计量方法的最大特点是在计量分析当中充分考虑了各种影响价格的因素。在实际运用当中，通常采用虚拟变量模型和剩余模型两种方法。在虚拟变量模型中将价格作为因变量，供求等因素和虚拟变量（合谋期间设为1，非合谋期间设为0）作为自变量，如果虚拟变量对价格具有正的显著影响，则可以据此计算合谋期间的损害。检验公式为：$P(t) = \delta + \beta X(t) + \gamma V(t) + \varepsilon(t)$。其中 $P(t)$ 是价格，$X(t)$ 是市场需求或成本变量，$V(t)$ 是虚拟变量，$\varepsilon(t)$ 是其他因素的影响；然后估算出 $\bar{\delta}$、$\bar{\beta}$ 和 γ 等参数，并得出 $p^{bf} = \bar{\delta} + \bar{\beta} X(t)$。

（5）模拟方法。模拟方法主要是以寡头市场作为分析的假设前提。在反垄断经济

---

[1] 由于在计算中没有考虑福利净损失，因此计算出来的罚金低于最优水平，仅限于补偿受害方的目的。

学中，经济学家主要采用两种模型来分析寡头市场企业之间的同时竞争博弈行为，即古诺数量竞争模型和伯特兰德价格模型。在实际运用当中，古诺数量竞争模型更普遍。运用古诺数量竞争模型估计"如果没有"价格时需要三类信息：测算出反映市场集中的HHI指数、估计出市场需求价格弹性、根据每个企业的市场份额估算出相应的加权平均边际成本。根据古诺竞争模型，在非合谋的情况下，每个企业的利润边际是：$(P-MC)/P=HHI/e$，对上式变换得 $P=(MC\times e)/(e-HHI)$，则该式就是寡头市场的"如果没有"价格，它显示价格位于垄断和竞争价格之间，并且随企业数量增多而趋于下降。古诺模型的缺陷是其建立在强假设基础上，结果可能与实际存在较大差异。

14.3.4　损害赔偿标准

损害赔偿标准的确定需要考虑两个因素：一是为私人诉讼提供充分的激励并提供充分的赔偿救济，二是有效地威慑犯罪行为。目前，各国反垄断法对损害赔偿的规定主要是三倍赔偿和单倍赔偿两种体制。

（1）三倍赔偿

从美国私人反垄断执行来看，损害赔偿标准的确定主要是为受限制竞争行为损害的私人提供充分的赔偿救济。美国的反托拉斯法的法律责任以三倍损害赔偿制度最具特色。《谢尔曼法》第7条规定：任何因反托拉斯法所禁止而遭受财产或营业损失的人，可以在被告居住的、被发现或有代理机构的区向美国区法院提起诉讼，不论损害大小，一律给予其损害额的三倍赔偿及诉讼费和合理的律师费。《克莱顿法》第4条规定：任何个人，如果其经营或财产所受到的损失是由于他人违反托拉斯法行为引起的，都可以在任何地区的法院提起诉讼……法院可以裁定其得到所蒙受的实际损失的三倍赔偿，以及诉讼费用，包括合理的律师费用的支出。

美国的三倍损害赔偿法律责任形式兼具惩罚性和补偿性两个方面，是一种惩罚性补偿。在惩罚性方面，在三倍赔偿的同时，还可以通过其惩罚威慑违法者和潜在的违法者，使违法者意识到其违法行为的残酷后果，预防违法行为的发生。美国反垄断机关始终认为，企业惧怕三倍损害赔偿是阻止卡特尔的强有力工具。在补偿性方面，要充分考虑因行为者的行为而遭受损失的受害者的利益平衡。三倍损害赔偿强调对受害者的充分补偿，其补偿的数额远远高于所受到的损害。这种超额补偿制度事实上已经超出了一般的补偿概念，它可以有效地激励受害者调查违法行为并提起诉讼。另外，三倍损害赔偿也是为了给私人诉讼主体提供充分的诉讼激励。因此，美国实行的三倍损害赔偿法律实际体现了三个目的：损害赔偿、威慑犯罪和提供私人诉讼激励。

关于美国反垄断三倍损害赔偿制度，长期以来很多学者认为它会带来一系列的负面影响，认为三倍损害赔偿最大的弊端是其可能导致"威慑过度"、"实施过度"和激励滥诉的不良后果。"威慑过度"是指法律制裁的力度与违法行为造成的损害不成比例，从而有可能限制正常的竞争行为；"实施过度"是指在三倍损害赔偿的激励下，反垄断私人原告起诉的案件数量过多、增长过快，以致形成滥诉、缠诉，使法院系统和被告疲于应对；而激励滥诉的不良后果是激励毫无根据的诉讼或策略性利用反垄断法来打击竞争对手。但是对于上述弊端，这些学者并没有给出充分的实证数据支持。

（2）单倍赔偿

单倍损害赔偿是依"填补损害"原则的传统损害赔偿制度。按照单倍损害赔偿的方式，受到垄断行为损害的原告只能从违法者处获得与损失相等的赔偿。实行单倍损害赔偿制度的国家主要有日本、德国、法国、英国、澳大利亚、加拿大等。例如，日本《禁止私人垄断及确保公正交易法》第25条规定：实施私人垄断或者不正当交易限制或者使用不公正的交易方法的事业者，对受害人承担损害赔偿责任。德国《反对限制竞争法》第33条规定：违反本法规定或卡特尔当局的处分者……有故意或过失的，还负有赔偿因该违法行为所造成的损害的义务。所以，原则上垄断行为人也以赔偿权利人所受之实际损害为赔偿范围。

14.4　反垄断法律责任

一部法律的实施不仅需要对违法者施以有效的制裁，而且还需要一个有效的制度架构来保证以合理的成本来迅速地认定违法行为和有效制裁违法行为，从而实现对违法行为的有效阻止。法律制裁措施是确保法律得到有效实施和实现立法目标的重要手段。法律制裁手段是国家机关强制违法行为人履行其应负的法律责任，即强制其付出代价。反垄断法的制裁制度就是通过对违法行为进行制裁来构筑一个有效的威慑体系。

从法经济学的角度来说，法律的一个基本功能在于改变参与非法活动的激励，通过使从事违法行为变得成本高昂来阻止违法行为。一般来说，参与非法活动的人是那些收益超过成本的人，而提高参与非法活动的成本会导致某些人减少或放弃参与的非法活动。正如波斯纳（2001）所言："一个救济体系的基本目标是威慑人们不敢违反法律。"芝加哥学派的伊斯特布鲁克（2000）法官也认为"威慑是反托拉斯法最优先，甚至可能是唯一的目标"。

14.4.1　社会最优的执法处罚

在反垄断经济学中，对反垄断法实施问题的研究主要是探讨最优的执法机制。贝克尔（1968）、斯蒂格勒（1970）、贝克尔和斯蒂格勒（1974）、兰德斯（1983）、萨利斯（1984）等都对犯罪与惩罚的机制设计问题进行了深入的分析。这些分析认为，法律的实施需要权衡制止犯罪的社会收益和制止犯罪、起诉以及惩罚违法者的成本，以寻求社会最优的执法。

一个企业是否从事违法行为需要进行成本和收益的权衡，只有在从事违法行为的预期净收益为正时，企业才会从事违法行为。企业从事违法行为的净收益不仅取决于违法行为的所得，还取决于从事违法行为被反垄断主管机构发现的概率（包括罚金、监禁等的惩罚）。

假设企业从事违法行为的收益为 g，惩罚带来的犯罪成本为 f，被发现的概率为 p，从事违法行为的净收益为 $g-pf$。假设守法时的收益为零，则企业从事违法行为的激励条件是

$$g - pf \geqslant 0 \qquad (14-1)$$

从该式可以看出，从事违法行为收益（g）的上升会导致犯罪的增加，惩罚（f）和被发现的概率（p）的上升会导致犯罪行为的下降。

由于违法行为通常是收益低于社会福利损失的，假设在企业从事违法行为给消费者带来的福利净损失为 h，则违法行为总是 $g < h$。在此情况下，根据贝克尔（1968）定理，最优的预期惩罚是

$$pf = h \qquad (14-2)$$

法律实施的主要目标是制止犯罪，从事前来看就是制止犯罪行为的发生，从事后来说就是制止犯罪行为的继续。但是对违法行为的调查、起诉和执行处罚等执法活动是有成本的，反垄断机构的执法活动是受到严格的预算约束的。

假设反垄断执法的目标是制止犯罪，那么反垄断机构可以通过加强调查取证来提高违法企业被定罪的可能性（p），使其充分地接近1，或者使惩罚（f）超过违法的收益，这样会使违法行为的数量任意降低。然而这样做必然会导致执法成本的无限上升，增加违法的社会成本，甚至可能会使执法成本超过制止犯罪的收益，得不偿失。因此，从全社会来看，最优的执法状态是执法的边际成本等于执法的边际收益。

如果需求曲线是线性的，并且边际成本曲线和平均成本曲线水平并相等，则价格合谋的福利损害大概是：

$$社会福利总损害 = 消费者福利转移 + 消费者福利净损失 = \frac{3}{2} 违法所得^{①} \qquad (14-3)$$

公式（14-3）说明，在现行需求曲线的情况下，垄断行为的社会损害大约是违法所得的1.5倍。如果边际成本曲线是向上倾斜的曲线，上面的公式有可能会高估垄断行为的社会损害。因此，上面公式计算出的结果是垄断社会损害的上限，消费者福利转移部分（企业违法所得）是垄断社会损害的下限。

根据最优威慑理论，要实现有效的威慑效果，重要的不是罚金数额，而是预期的罚金数额。如果成功执法的概率为 ρ，执法成本为 C，因此，最优的罚金应该是：

$$最优的罚金 = \frac{3}{2\rho} 企业违法所得 + C \qquad (14-4)$$

这样，在反垄断执法当中，对社会损害的计算可以简化为通过测算违法所得来方便地测算出来，从而大大降低了执法的成本。根据标准的经济学分析，如果合谋垄断价格为 P_m，竞争性价格为 P_c，合谋产量为 Q，则企业的违法所得为：

$$(P_m - P_c) Q \qquad (14-5)$$

在测算企业违法所得时，还需要具体解决两个问题：一是由于完全竞争市场并不存在，因此，竞争性价格基准的确定会影响测算结果；二是由于企业垄断行为并不是单期的静态行为，往往持续一定的时间，违法所得应是垄断行为持续期间总的违法所

---

① 这里消费者福利转移到合谋企业的部分也称为企业"违法所得"。

得。总体来说，判定合谋社会损害的重点是确定合谋的严重性和持续时间。

确定合谋的提价幅度并测算违法所得是确定合谋损害的重要基础，也是计算罚金和确定民事赔偿的依据。由于完全竞争市场并不存在，在执法当中我们很难确定何种价格水平是竞争性市场的价格。在美国、欧盟等国家的反垄断执法中，通常采用以下四种竞争性价格基准：

第一，事前基准：将企业合谋前（没有合谋时期）的市场价格作为参照基准。

第二，标尺基准：将其他不存在价格合谋的相似市场作为参照基准。

第三，成本基准：基于平均成本并加上合理利润构成的正常市场价格作为基准，或者在数据可得的情况下通过测算边际成本确定的竞争性价格作为基准。

第四，计量基准：在充分考虑了各种影响价格的因素基础上，采用计量方法来测算出竞争性价格，并以此作为竞争性价格基准。

在现实的反垄断执法当中，基于个案的上述基准选取会大大增加执法的成本，而且在很多情况下，由于市场环境的变化和数据无法获取，上述基准并不能够得到正确运用。为此，在美国的反垄断执法当中，通常假设合谋的涨价幅度为10%，以此作为计算基础罚金的标准，提高执法效率。[①]

另外，在计算企业违法所得的过程中，反垄断机关通常采用企业会计年度作为时间单位来计算，将平均每一会计年度违法所得乘上合谋持续时间，计算出合谋的违法总所得。

14.4.2　法律制裁措施

反垄断法律制裁手段主要包括行政制裁、民事制裁和刑事制裁三种形式。

（1）行政制裁

行政制裁的主要作用在于迅速制止和排除各种限制竞争行为，恢复被破坏的市场竞争机制，并对受到限制竞争行为损害的当事人提供有效的救济。行政制裁主要包括禁止命令、纠正命令和行政罚款。反垄断主管机构可以发布命令禁止企业继续从事限制竞争的行为。如果有必要还可以要求违法的企业采取必要的专门措施来消除限制竞争行为的有害影响，并确保不再从事这样的行为。在某些情况下，还可以采取行政罚款的手段来确保企业遵守法律和行政程序要求。

从世界各国的反垄断执法来看，日本对行政制裁的规定最为具体，在执法中也主要采用行政制裁手段。根据日本《禁止垄断法》的规定，行政制裁手段主要包括：劝告，即对违法者停止违法行为的行政建议，具有法律约束力；命令采取排除措施，其手段具体可以是命令企业主提交书面报告、停止违法行为以及为排除违法行为而采取的其他必要措施；命令交付课征金，即由公正交易委员会对违法者处以罚金；竞争恢复措施，要求违法企业采取措施恢复市场竞争。

中国《反垄断法》第四十六条规定：达成并实施垄断协议的，由反垄断执法机构责令停止违法行为，没收违法所得，并处上一年度销售额百分之一以上百分之十以下

---

① 10%的涨价标准是由美国司法部反托拉斯局的道格拉斯·金斯伯格提出来的，但是他并没有给出相应的理由。对此，很多经济学家认为10%的标准过于武断。

的罚款；尚未实施所达成的垄断协议的，可以处五十万元以下的罚款。经营者主动向反垄断执法机构报告达成垄断协议的有关情况并提供重要证据的，反垄断执法机构可以酌情减轻或者免除对该经营者的处罚。行业协会违反本法规定，组织本行业的经营者达成垄断协议的，反垄断执法机构可以处五十万元以下的罚款；情节严重的，社会团体登记管理机关可以依法撤销登记。

（2）民事制裁

民事制裁的主要作用在于使因垄断和限制竞争行为而遭受损害的当事人的经济损失得到赔偿。当事人可以此向法院提起损害赔偿的民事诉讼。在民事责任的设计中，不仅要规定违法企业赔偿受损害者的经济损失和合理的诉讼费用，而且还可以考虑规定惩罚性赔偿。民事损害赔偿不仅有助于威慑违法者和激励私人起诉，而且也有助于匡扶正义。在反垄断执法当中，对私人诉讼的损害赔偿，不同的国家做出了不同的规定，典型的是美国的三倍损害赔偿和以日本、德国等国家为代表的单倍损害赔偿。

美国反托拉斯法规定的三倍损害赔偿制度至今仍属世界仅有，在美国反垄断法中，《谢尔曼法》第7条明确规定了三倍损害赔偿制度。根据该规定，受违法行为损害的企业或消费者可以提起私人民事诉讼，要求违法企业对由于其违法行为而遭受损害的当事人给予三倍损害赔偿并承担合理的诉讼费用和律师费。

世界上多数国家在反垄断损害赔偿方面选择了单倍损害赔偿，即仅规定赔偿受害人的实际损害，较典型的有日本、德国、法国、俄罗斯及韩国等。2012年中国最高人民法院制定的《关于审理因垄断行为引发的民事纠纷案件应用法律若干问题的规定》第一条指出，因垄断行为受到损失以及因合同内容、行业协会的章程等违反反垄断法而发生争议的自然人、法人或者其他组织，可以向人民法院提起民事诉讼。第十四条规定：被告实施垄断行为，给原告造成损失的，根据原告的诉讼请求和查明的事实，人民法院可以依法判令被告承担停止侵害、赔偿损失等民事责任。

（3）刑事制裁

刑事制裁的作用主要是在于严厉制裁严重危害市场竞争和损害社会福利的行为。反垄断法中的刑事制裁一般主要包括罚金和监禁两种。刑事罚金主要是对严重违法企业或个人实施的惩罚性制裁，刑事监禁则主要是针对严重违法企业中对违法行为负直接责任的管理者或员工实施刑事监禁。

刑事责任的作用主要是在于严厉制裁严重危害市场竞争和损害社会福利的行为。反垄断法中的刑事制裁一般主要包括罚金和监禁两种，在美国等国家，对个人的刑事罚金和刑事监禁可以并用。从各国反垄断法刑事制裁的实施情况来看，"多用罚金、慎用监禁"是一种较为普遍的做法。在反垄断执法当中，应该采取慎刑原则，即谨慎运用刑事制裁手段，只对适用本身违法原则的严重违法行为实行刑事制裁。比如，在美国反垄断法中，尽管刑事措施比较多，但几乎所有由司法部提起的刑事诉讼都是针对本身违法的恶性卡特尔行为。

从发展趋势来看，刑事处罚具有不断加重的趋势。如美国1890年的《谢尔曼法》最初规定，公司和个人的刑事罚金最高额为5 000美元。此后，美国通过修改法律不断提高罚金数额，在1990年美国最高法院将罚金额上限提高到1 000万美元，在2004年则提高到1亿美元。1890年的《谢尔曼法》最初规定个人监禁最长为1年，在2004年则最长可判处10年监禁。美国反垄断法的刑事责任是：公司罚金1亿美元或者违法所得或总损失2倍中的最高者；个人罚金最高为100万美元（见表14-2）。从美国反垄断机构的实际执法来看，1990年以来反垄断刑事罚金的数额也呈不断上升的趋势。美国年度刑事罚金由1990年1.69亿美元上升到2009年的10亿美元。

表14-2　　　　1890年以来美国《谢尔曼法》对合谋刑事处罚的法律变化

年份	最高公司刑事罚金	最高个人刑事责任	
		罚金	监禁
1890年	5 000美元	5 000美元	1年
1955年	5万美元	5万美元	1年
1974年	100万美元	10万美元	3年
1987年	100万美元或违法所得两倍中的最高者	10万美元或违法所得5%中的最高者	1年
1990年	1 000万美元或违法所得两倍中的最高者	35万美元或违法所得5%中的最高者	3年
2004年	1亿美元或者违法所得两倍中的最高者	100万美元或违法所得5%中的最高者	10年

资料来源：作者根据有关法律整理。

在美国反垄断执法当中为了提高执法的有效性，美国在1994年对司法部反垄断局进行了重组，分设刑事执法办公室和民事执法办公室，分别负责刑事执法和民事执法，刑事执法占据了反垄断局40%的行政资源。目前，美国、英国、法国、澳大利亚、加拿大、德国、挪威、日本、韩国、爱尔兰、斯洛文尼亚等国家的反垄断法都明确规定了反垄断法的刑事责任，而欧盟、中国、西班牙等国家和地区则没有规定反垄断违法行为的刑事责任。美国《谢尔曼法》明确规定价格合谋的刑事责任是对公司和个人的刑事罚金以及对个人的刑事监禁，英国、法国、日本等国家的刑事责任主要是刑事监禁。

本章小结

反垄断法的实施主体通常包括反垄断行政机关、私人和法院等。反垄断机构设置的原则是：司法与行政的协调性与制衡性，机构的独立性和权威性，机构运行的高效性，人员组成的专家性。私人实施是反垄断法实施的重要组成部分，它能有效弥补公共实施的不足，私人实施要有效发挥作用必须以有效的制度设计为基础。反垄断制裁的目的是威慑犯罪。从全社会来看，最优的执法状态是执法的边际成本等于执法的边际收益。反垄断法律制裁手段主要包括行政制裁、民事制裁和刑事制裁三种形式。

课后习题

1. 请阅读《美国量刑指南》、欧盟《2006年罚金指南》和中国《反垄断法》关于反垄断罚金计算的法律规定，比较各国规定的差异，分析其可能对执法效果的影响。

2. 中国应该建立什么样的反垄断民事诉讼制度？

3. 中国反垄断执法目前没有设置刑事制裁，民事诉讼制度还没有有效建立起来，现有的不超过违法企业上一年度营业额10%的罚金规定能否有效威慑价格合谋行为？

本章参考文献

[1] BECKER, STIGLER. Law Enforcement Malfeasance, and Compensation of Enforcers [J]. Journal of Economics, 1974, 98: 371-400.

[2] BECKER. Crime and Punishment: An Economic Approach [J]. Journal of Political Economy, 1968, 76: 169-217.

[3] CRANE. The Instituional Structure of Antitrust Enforcement [M]. Oxford: Oxford University Press, 2011.

[4] POLINSKY A M, SHAVELL S. The Economic Theory of Public Enforcement of Law [J]. Journal of Economic Literature, 2000, 38: 45-76.

[5] KATZ. Recent Antitrust Enforcement Actions by the U.S. Department of Justice [J]. Review of Industrial Organization, 2002, 21: 373-397.

[6] KOWAL S. Criminal Antitrust Enforcement: A Global Challenge [R]. Washington Legal Foundation, 2004.

[7] 唐要家. 反垄断法能有效威慑卡特尔犯罪吗? [J]. 财贸经济, 2009 (11).

[8] 唐要家. 价格合谋的反垄断政策研究 [M]. 北京: 中国社会科学出版社, 2011.

[9] 郑鹏程. 美国反垄断法三倍损害赔偿制度研究 [J]. 环球法律评论, 2006 (2).